Johann S. Mohr

Der Meister und sein Mythos

Spiegelbilder zu Leben, Werk und
Persönlichkeit Rudolf Steiners

Der Meister und sein Mythos
Spiegelbilder zu Leben, Werk und
Persönlichkeit Rudolf Steiners

Autor: Johann S. Mohr

1. Auflage 2007

Alle Rechte, insbesondere das Recht der Verfielfältigung
und Verbreitung sowie der Übersetzung vorbehalten.

Kein Teil des Werkes darf in irgendeiner Form (durch
Fotokopie, Mikrofilm oder andere Verfahren) reproduziert
werden oder unter Verwendung elektronischer Systeme
verarbeitet, verfielfältigt oder verbreitet werden.

Alle Rechte beim Autor.

Herausgeber:
AMICI DI DIRK
Ediciones de la Nueva Medicina, S.L.
Aparto de Correos 209
E-29120 Alhaurin el Grande
Spanien
Fax +34-952-49 16 97
www.neuemedizin.com
E-Mail: amicididirk@hotmail.com

Alle Rechte vorbehalten

Printed in Spain
Januar 2007
ISBN 84-96127-24-9
Depósito legal: S. 80-2007
Impreso en Gráficas Varona, S. A. – Salamanca

gewidmet
Dr. med. Mag. theol. Ryke Geerd Hamer
zum 70. Geburtstag

Vorwort

Dr. med. Mag. theol. Ryke Geerd Hamer

Als vor Jahren der Verfasser und ich nach einem Seminar zusammen saßen, geriet ich ins Dozieren und meinte: Eigentlich müsste doch mal jemand eine Biographie schreiben, bei der die Regeln und Naturgesetze der Germanischen Neuen Medizin berücksichtigt werden, denn das ist doch die wahre, d.h. nachprüfbare Realität.

Der Verfasser machte ein ahnungsvolles Gesicht und – schrieb das vorliegende Buch, das eine ziemliche Erweiterung seines vorigen über „Das Rätsel der Todeskrankheit Rudolf Steiners" darstellt.

Das war zwar nur eine Teil-Biographie gewesen, aber schon ein ganz großer Wurf in die richtige Richtung.

Mit diesem neuen Buch, der fast vollständigen Biographie Rudolf Steiners, hat er die Messlatte für jeden nachfolgenden Biographen hoch gelegt.
Diese Biographie, die erste nach den Regeln der Germanischen Neuen Medizin, müsste ein Bestseller sein; nicht nur weil das Buch so brillant und so kundig von einem Kenner des gesamten Anthroposophie-Kontextes geschrieben, man möchte fast sagen – zelebriert ist, sondern auch, weil ja eine solche Biographie, wie gesagt, nun der wahren Realität entsprechend, d.h. die Persönlichkeit, in diesem Fall Rudolf Steiners, auf dem nachweislichen biologischen Hintergrund der Germanischen Neuen Medizin zeichnet. Das hat vor ihm noch keiner fertiggebracht. Darin liegt die Erstmaligkeit dieses Werkes.

Mohr hat die oberste Devise, die in meinen Seminaren gepredigt wird im Umgang mit Patienten – „Behutsamkeit" bei seinem biographischen „Patienten" – quasi perfekt eingehalten. Denn das Neue ist ja, dass die biographierte Person nunmehr gleichzeitig als Patient nach den Regeln der Germanischen Neuen Medizin beforscht und seine Sonderprogramme ermittelt werden, die wir früher Krankheiten nannten.

Dazu musste der Verfasser dieser Biographie die Germanische Neue Medizin nicht nur kennen, sondern auch eigentlich praktizieren, um die biographischen Daten nach dem Verständnis der Germanischen Neuen Medizin einordnen, d.h. an den richtigen Platz und in das richtige Gesamtverständnis bringen zu können.

Nun kommen wir zum Kern der Sache.

Mohr hat richtig beschrieben, dass Steiner schon mit vier Jahren eine sog. Revierbereichs-Konstellation hatte, d.h. zwei Revierbereichs-Konflikte, und damit war der wahrscheinlich rechtshändige Steiner in Konstellation, die vermutlich hervorgerufen wurde durch die frühen Erlebnisse: 1. brennender Zugwagen, 2. Zornausbrüche des Vaters.

Dabei müsste allerdings die Mutter Steiners beim ersten Revierkonflikteinschlag eine markante Rolle gespielt haben, zeigt doch die spätere Art seiner Beziehung zu Frauen eine betont mütterlich, asexuelle Ausrichtung, was eben darauf hinweist, dass die ursprüngliche Konfliktprägung durch bzw. wegen der Mutter gleichsinnig eine ödipale Grundstruktur herausgebildet hatte.

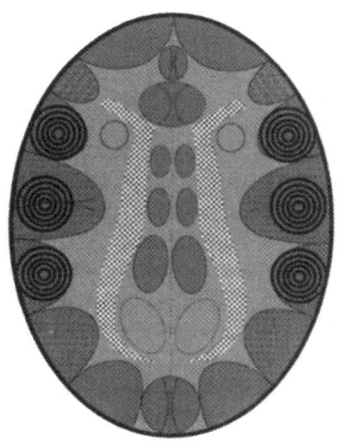

Aus der gewissenhaft minutiös rekonstruierten Vita Steiners ergibt sich aber praktisch folgendes (schematische) Bild für die Großhirnrinden-Konflikte: Es müssen bei beiden Konflikten je drei Sinnvolle Biologische Sonderprogramme (SBS) eingeschlagen haben, zuerst auf der rechten Hirnseite **gleichzeitig** drei, und dann auf der linken Hirnseite auch **gleichzeitig** drei. Das heißt: Steiner war bis kurz vor seinem Tod, als er die drei Konflikte der linken Hirnseite lösen konnte (Rektumtumor und Lungenembolie etc.) und daran (unnötigerweise) starb, (er selbst glaubte, Gift bekommen zu haben) auf dem biologischen Reifestand eines Vierjährigen!

Das hört sich vielleicht für die meisten Leser unglaublich und unverständlich an, denn wir wissen doch gewöhnlich nicht zwischen dem **biologischen Ausreifungsstand** und der **intellektuellen Kapazität** zu unterscheiden. Vielleicht ist es noch etwas leichter zu verstehen, wenn man sagt, dass sogar ein hochintelligenter Mensch wie Steiner sein ganzes Leben lang biologisch-reifemäßig wie ein Vierjähriger reagiert und gehandelt hat. Auch seine nicht vorhandene Sexualität entsprach folgerichtig der eines Vierjährigen, ebenso sein kindlicher Körperbau und sein „child-face".

Bei den höher organisierten Tieren entspricht der biologische Reifegrad der Herdenmitglieder ihrem Status innerhalb der Gesamt-Hierarchie in ganz natürlicher Weise, was beim zivilisierten Menschen immer weniger übereinstimmt. Nimmt man als Prototyp hoher intellektueller Kapazität in unserer Kultur z.B. die Position eines Professors, so könnte aus dieser Sichtweise gesehen der biologische Reifestand z.B. auch bei manchen oder nicht wenigen Hochschulprofessoren gelegentlich unter dem ihrer Studenten liegen.

Ich will es an einem kleinen Beispiel erklären:

Einem neun Monate jungen Wolf, der gleichwohl durch zwei Biologische Konflikte auf der biologischen Reifestufe einer zwei Monate alten Welpe stehen geblieben ist und damit im Wolfsrudel das hierarchische Schlusslicht bildet, fällt es ein, mit hoch erhobener Rute und hochgestellten Ohren zwischen seinen Wolfskollegen zu gehen, vergleichbar dem obigen Vorgang im Hörsaal. Einige Wölfe knurren unmissverständlich. Wenn dann nicht augenblicklich der junge Wolf die Rute senkt und die Ohren abklappt, beißt ihn ein Wolf ins Ohr, dass er aufjault und solchen „hierarchischen Frevel" sicher nie wieder begeht.

Übertragen auf den Menschen z.B. sitzen die Studenten staunend und ehrfürchtig zu Füßen jenes reifemäßig retardierten „achtjährigen Professors" und bewundern sein mit kindlicher Stimme vorgetragenes Fachwissen. In Wirklichkeit unterordnen sie sich dem Achtjährigen als Pseudo-Leitwolf.

So figurierte auch der hochintelligente Steiner, der den philosophischen Lehrstuhl anstrebte, dann Generalsekretär der deutschen Theosophischen Gesellschaft wurde und schließlich 1907 sich zum General-Großmeister der Memphis-Misraim-Loge ernennen ließ, seine Meinung oder Ansichten beliebig oft wechselte, als vierjähriger Pseudo-Leitwolf.

Diese biologische Sichtweise ist neu, führt sie doch ein bislang unbekanntes aber entscheidendes Faktum für die biographische Beurteilung ein, die ja im Falle Rudolf Steiners noch dazu eine historisch und kulturell hochrangige Persönlichkeit umfasst. Das Neue an diesem Maßstab hat nichts mit Höher- oder Minderwertigkeit des betreffenden Menschen zu tun und beinhaltet nicht im geringsten den Versuch einer argumentatio ad hominem, darf jedoch umgekehrt als kennzeichnendes Merkmal einer Persönlichkeitsentwicklung in einer biographischen Untersuchung nicht übersehen werden.

Zu Zeiten Steiners schien es nur auf Eloquenz und Dialektik anzukommen. Wenn man dann noch ein großes Fachwissen hatte und mit Fachtermini nach Belieben wie ein Artist jonglieren konnte, galt man als klug und – überlegen.

Dass der biologisch vierjährige spätere Logen-Großmeister Steiner zu Anfang autistisch (=depressiv), später wechselnd biomanisch, in Schwebekonstellation, in manischer postmortaler Konstellation oder sich in Mythomanie befand, in der mit Hilfe seines über Jahre währenden Kokain-Abusus drei oder gar fünf Vorträge am Tag halten konnte, diese Diskrepanz fiel anscheinend damals niemanden auf und heute auch nicht, hätte nicht der Verfasser Mohr diese Dinge ans Licht geholt.

Es mag unwahrscheinlich klingen, wie ein solcher Mensch, manisch, der wie von allen Furien gehetzt scheint, mit dem Reifegrad eines Vierjährigen, dazu in seinen letzten Jahren fast permanent unter Kokain stehend, der angeblich so begnadete Stifter der anthroposophischen Weltanschauung werden konnte. Die Verwunderung betrifft allein das Phänomen und ist nicht (ab-)wertend gemeint, sondern als wertfreie Feststellung nur nach den Regeln der Germanischen Neuen Medizin überhaupt zu verstehen.

Der Verfasser Mohr beschäftigt sich in diesem Zusammenhang damit, ob die schizophrene Konstellation auch einen Biologischen Sinn hat (sog. Hellsichtigkeit), was in biologischer Hinsicht sicher der Fall ist. Das gilt z.b., wenn wir einen Biologischen Konflikt bzw. SBS nicht lösen konnten oder durften und noch ein zweites Sinnvolles Biologisches Sonderprogramm dazutritt, so dass wir in einer Konstellation sind, die einen „Biologischen Übersinn" hat.

Mohr hat versucht, bei Steiner einen solchen Übersinn zu finden, z.B. seine Hellsichtigkeit, die begann, als der vierjährige Steiner die gestorbene Tante wahnhaft erblickt und hört und sie dann im Ofen verschwinden sieht.

Wir haben in der Psychiatrie unterschieden zwischen Träumen, die verrückt sein konnten oder wahnhaft – und paranoiden Wach-Sensationen, wie es die von Steiner beschriebene „Hellsichtigkeit" ist.

Sicher ist, dass wir früher mit den paranoiden Wahn-Inhalten nichts anzufangen wussten und uns erst die Germanische Neue Medizin beigebracht hat, die Wahninhalte oder die Art des Wahns (z.B. Schwebekonstellation) mit den beiden Einzel-SBS in Verbindung zu bringen. Allerdings müssen wir uns, glaube ich, davor hüten, diesen biologisch ausgerichteten „Übersinn" wiederum intellektuell zu sehen und damit zu miss-verstehen, um die biologisch minderjährigen „Pseudo-Leitwölfe" – aber keinesfalls darum minderwertigen – zu rehabilitieren.

Wie gesagt, all dies soll keine Persönlichkeitswertung sein. Kaum jemand kann etwas dazu, was er biologisch geworden ist, vor allem in der Kindheit. Wir wollen auch Rudolf Steiner kein Unrecht tun: „de mortuis nil nisi bene".

Aber wenn Mohr sich schon das hehre Ziel gesetzt hat, die Vita Steiners der Wahrheit gemäß zu schreiben, das heißt nach den Regeln der Germanischen Neuen Medizin, dann sollte man auch dieses schreiben, auch wenn es der Interpretation des Verfassers eine andere Richtung gibt.

Meinen ganz persönlichen Dank richte ich an den Verfasser, der mir diese erste Biographie – *nach den Gesetzen und Regeln der Germanischen Neuen*

Medizin – zu meinem 70. Geburtstag gewidmet hat, während ich in dem Gefängnis Fleury Merogis inhaftiert war.
Diese Widmung war für mich damals wie ein Silberstreif am Horizont.

Alhaurin el Grande, im November 2006

Dr. med Mag. theol. Ryke Geerd Hamer

Facharzt für Innere Medizin – mit Berufsverbot seit 20 Jahren – wegen „Nichtabschwörens der Neuen Medizin" und „mich nicht Bekehrens zur Schulmedizin"

Inhaltsverzeichnis

Einleitung 6

Stationen eines Lebensganges 10

Von der Universitas Salana zur universitas seraphica 130

Der Einzige und seine Evolution 145

Schienenwege 164

Weltgeschichtliche Betrachtungen
mit spiritueller Ökonomie und okkulter Dialektik 244

Fata Morgana und andere Spiegelungen 271

Nachwort 323
Anmerkungen 325
Zeittafel 330
Danksagung 333
Quellen und Literaturverzeichnis 334
Namensverzeichnis 344

Einleitung

Rudolf Steiner und kein Ende? So könnte, auf ihn abgewandelt, zu diesen biographischen Untersuchungen bemerkt werden. Gibt es denn nicht zur Genüge mehr als ausreichende Gesamt-Biographien, wertvolle lebensgeschichtliches Material erschließende Studien, eine detaillierte Lebenschronik sowie umfangreiche Bilddokumentationen zu dieser Persönlichkeit? Liegt nicht seit 1997 eine aktuelle Biographie von annähernd eintausend Seiten vor? Ist damit das biographische Feld nicht erschöpfend abgeweidet?

Abgesehen von der grundsätzlich nie vollständig erfassbaren Biographie eines Menschen, deren Lücken zu füllen eine mehr oder weniger interessante Forschung ergeben mag, liegen im Fall Steiners Gründe vor, die Nachträge notwendig erscheinen lassen.

Denn einzelne Veröffentlichungen, die zum Teil seit der monumentalen Biographie Lindenbergs erschienen sind, wie die Erinnerungen des Steiner-Schülers Ehrenfried Pfeiffer (1999), der jetzt unzensierte Briefband mit Marie Steiner (2002), aber auch die Bände über Ita Wegman (1990 f) von Zeylmans van Emmichoven sowie der Briefwechsel Steiners mit Edith Maryon (1990) und u.a.m. enthalten aufschlussreiche und wesentliche Aussagen, die von den Biographen bisher nicht angemessen beachtet wurden und zu neuen Gesichtspunkten oder gar Änderungen des bekannten Persönlichkeitsbildes von Steiner beitragen.

Neben diesen neu hinzugekommenen bzw. nicht gebührend gewürdigten Dokumenten lassen die bisherigen auto- und biographischen Werke viele Fragen zur Vita Steiners offen. Ja, sie werden gar nicht erst gestellt. Seine Herkunft, das genaue Geburtsdatum, sein Promotionsverfahren, die Trennung seiner ersten Frau von ihm, Art und Ursache seiner tödlich verlaufenen Erkrankung usw. sind nur einige solcher wohl nicht unbedeutenden Lücken in seiner auch heute nur unvollständig bekannten Vita.

Unorthodoxe Analysen zu einem nicht so homogenen Persönlichkeitsbild Steiners lieferten in ihren schwer zugänglichen Dissertationen einige nicht-anthroposophische Forscher wie der Germanist Wolfhard Raub (1963) und die inzwischen verstorbene Volkskundlerin Barbara Zinke (1978), sowie Juliane Weibring mit ihrem 1997 erschienenen Buch aus feministischer Perspektive. Diese aber werden weitgehend ignoriert und haben kaum Spuren in den offiziellen Darstellungen hinterlassen.

So besteht ein dringender Bedarf, Steiners noch immer nicht voll erschlossene Vita mit Materialien und Zusammenhängen zu vervollständigen (Kap. I-III). Die vorliegende Arbeit hat sich keineswegs lückenlose Vollständigkeit zum Ziel gesetzt, sie will jedoch auch die heterogenen Aspekte seiner Persönlichkeit erfassen und im Gesamtbild einbringen. Das bislang einseitig gezeichnete Leitbild von Steiners Person und „Lebensgang" stellt nur einen Teil davon dar, wie das die Beobachtungen E. Pfeiffers bei der Brandkatastrophe des ersten Goetheanums sehr eindringlich belegen, als er *den Menschen* Rudolf Steiner erlebte. Auf diese verborgenen Seiten weist auch ein eigenes Schreiben Steiners an Ita Wegman im Jahr vor seinem Tod: *Du lernst mich auch ganz anders noch kennen als andere Menschen mich gekannt haben, oder kennen.* Demnach kann er durchaus als *der große Unbekannte* (Poeppig) gelten, der er aber nicht bloß für die Außenstehenden, sondern, wie diese seine Worte belegen, auch innerhalb der eigenen Reihen weitgehend geblieben ist.

Was aber dieses Unbekannte und Heterogene ausmacht, wodurch es bedingt wird, soll hier nachgetragen werden, da das anthroposophische Imprimatur hinsichtlich (noch) vorhandenen Quellenmaterials mit sichtlicher Diskretion das Bild der Einheitlichkeit, Geschlossenheit, Kontinuität im Leben Steiners vorgibt und Krisen, Brüche, Widersprüchlichkeiten als Kontrapunkte harmonisch zu kanonisieren sucht.

Wer sich die Aufgabe stellt, die Gesamtentwicklung eines Denkers darzustellen, hat uns die besondere Richtung desselben auf psychologischem Wege aus den in seiner Biographie gegebenen Tatsachen zu erklären.

Mit diesen programmatischen Worten Steiners in seiner Einleitung zum zweiten Band der naturwissenschaftlichen Schriften Goethes hat er zugleich für die Erforschung seiner eigenen Persönlichkeitsentwicklung den Grundstein gelegt, der knapp einhundertzwanzig Jahre später um die Qualität der biologischen Bedingungen, wie sie aus den Forschungsresultaten der Germanischen Neuen Medizin® Dr. Ryke Geerd Hamers hervorgehen, erweitert werden muss (s.d. Grundsatzbemerkung im Anmerkungsteil). Es war bislang ein Mangel der vorliegenden Biographien, auf keine methodische Persönlichkeitsanalyse zurückgreifen zu können und somit Steiners Persönlichkeit nur von seiner äußeren Leistung und inhaltlichen Qualität aus, die wiederum in hohem Maße weltanschaulich gebunden ist, zu bewerten. Erst Hamers wissenschaftliche Erkenntnisse psychobiologischer Zusammenhänge schließen diese Lücke und liefern das Instrumentarium, direktive Aussagen über Rudolf Steiners Persönlichkeit zu erbringen. Somit scheinen nach all den inzwischen hinzugetretenen Materialien zur Vita Steiners und den biologischen Grundlagen Hamers zum Verständnis von Biographie und Persönlichkeit jetzt erst die Voraussetzungen für eine biographische Analyse der Persönlichkeit Rudolf Steiners vorhanden zu sein (Kap. IV)!

Was musste alles eintreten, dass jener Eisenbahnersohn aus einfachen Verhältnissen ein mit enzyklopädischem Wissen beschlagener und anscheinend aus kosmischer Weisheit schöpfender, in Tausenden von Vorträgen sprühender universaler Geist wurde, der mit seiner Anthroposophie vielen *Hunderten von Menschen aus hoffnungsloser Dürre zu einem Leben voll vertieften geistigen Inhaltes verholfen* (Gabriele Reuter) hat?

So wird es im Besonderen der Analyse seiner biologischen Bedingungen zukommen, Steiners Persönlichkeit und Produktivität verständlicher als in numinoser Vergoldung seiner Anhängerschaft darzustellen und weiterführend auch Kriterien zu seiner Lebensleistung zu bilden, die bislang auf gegnerischer Seite in Vorwürfen endeten, sein Werk insgesamt sei Plagiat, Synkretismus, Scharlatanerie.

Steiner und sein Lebenswerk, die Anthroposophie, sind insoweit identisch, dass mit der Untersuchung seiner Persönlichkeit auch die Anthroposophie als *Gegebenes* einer Prüfung bedarf, zu der er selbst seine Leser und Zuhörer nachdrücklich aufgefordert hat. Diese werkimmanente Analyse wird an wesentlichen Elementen des anthroposophischen Gebäudes in nuce vor allem in den Kapiteln V und VI unternommen.

Warum Spiegelbilder? Spiegel bilden ihr Objekt in anderer, zugleich ungewohnter Perspektive ab, indem aus ihrer Position, Vergrößerung oder simultaner Mehrfach-Verwendung vorteilhafte Sehhilfen geschaffen werden können. Schon Steiners eigene autobiographische Zeugnisse wechseln die Perspektive gegenüber dem Maßstab seines ausführlichen, aber Fragment gebliebenen „Lebensganges", wenn er in dem früheren autobiographischen Vortrag von 1913 erst- und einmalig jenes Erlebnis der Hellsichtigkeit während seiner Knabenzeit in Pottschach anführt oder in dem späteren skizzenhaften Entwurf seines Lebens überraschend und ohne jegliche Erläuterung eine Korrektur seines Geburtstermins anbringt. Diese wechselhaften Aspekte haben besonders in der materialbeschaffenden biographischen Literatur, namentlich bei L. Müllner (ungenanntes Domizil Steiners in Brunn a.G.), E. Pfeiffer (Gespräch in der Brandnacht) und in den von Zeylmans van Emmichoven herausgegebenen Briefen Steiners an Ita Wegmann als auch in der verarbeitenden Biographie Weibrings zu überraschenden Einsichten verholfen. So werden also in den verschiedenen Kapiteln dieser Untersuchung an bestimmten Stellen seines Lebens und Werkes als auch von der Persönlichkeit Rudolf Steiners Spiegelbilder entworfen, die aus ungewohnter Perspektive Neues erkennen lassen und zugleich die Eigenschaft aufweisen, ihm selbst den Spiegel vorzuhalten. Dadurch dass reichlich belegtes Material angeführt werden kann und eine größere, ernsthafte Auseinandersetzung anvisiert wurde ist dem Vorwurf vorgebeugt, bei diesen Untersuchungen seien seitenverkehrte Bilder entstanden, die dem Leser etwas fälschlich vorspiegelten.

Sowenig Religionen, Theorien, Systeme, Programme als *Fertighäuser für arme Seelen* (Karlheinz Deschner) bezogen werden sollten, sosehr sollten ihre Lieferanten vor blinder Autoritätsgläubigkeit und idolisierter Leitfigurierung bewahrt, einer kritischen Sichtung zugunsten autonomer Urteilsbildung unterzogen werden, wo vor unangenehmen Fragen, sofern sie angebracht sind, nicht zurückgescheut werden darf und ebensowenig vor nicht genehmen Antworten, wenn sie begründet sind. Gerade durch die Ergänzung des biographischen Gesamtbildes bei Rudolf Steiner darf letztlich einer Wertung seiner Persönlichkeit nicht ausgewichen werden, auch mit der Konsequenz, scheinbar ein Demontieren des großen Eingeweihten vorzunehmen, wovon Arundhati Roy schreibt, dass es die Demontage des Großen ist, die das 21. Jahrhundert für uns auf Lager habe: *Großer Bomben, großer Staudämme, großer Ideologien, großer Widersprüche, großer Länder, großer Kriege, großer Helden, großer Fehler.*

Ob aber dann *der kleine Gott droben im Himmel*, auf den A. Roy wartet, sich wirklich für uns bereit macht und uns den ersehnten Frieden bringt oder nicht, es würde wohl nichts grundsätzlich ändern, wenn wir hier ‚unten' nicht selbst den Mut haben, uns unseres selbstverantworteten Denkens zu bedienen. Wer sich dabei nie verloren hat, hat sich selbst noch nicht finden können.

Stationen eines Lebensganges

Herkunft – nomen est omen

Rudolf Steiners Vorfahren stammten aus dem hügeligen niederösterreichischen Waldviertel, einem uralten Grenzland, das von den modernen Verkehrsverhältnissen spät und nur unvollständig erschlossen wurde. Der Großvater Johann Steiner lebte als Revierjäger und Bestandwirt (Vorratswirt) in Pernegg, einem alten Stift, das im 18. Jahrhundert an das benachbarte Praemonstratenser-Stift in Geras gefallen war.

Alter Stich vom Kloster Bernegg

Der Vater, ebenfalls mit Vornamen Johann, wurde in Geras am 23.6.1829 geboren und verlebte dort Kindheit und Jugend *im engsten Zusammenhange* (GA 28, S. 1) mit dem Stift. Von den Mönchen hatte er Unterricht erhalten und ein Stipendium *zur Ausbildung für die ersten Klassen des Gymnasiums* (Steiner; zit.b. Chronik, S. 25) bekommen. Danach trat er in die Fußstapfen seines Vaters, tat dies allerdings in der Nachbarschaft des

Geraser Waldbezirkes, in Horn, als Revierjäger der gräflichen Familie Hoyos-Sprinzenstein. Die Grafen Hoyos, ein spanisches Rittergeschlecht, hatten mehrere Besitzungen in Österreich – eine auch bei Pottschach – und übten von 1822 an bis zur Revolution von 1848 die Herrschaft in und um Horn aus, wo sie im Schloss residierten.

Dort lernte Johann Steiner seine spätere Frau Franziska Blie kennen. Franziska Blie, am 8.5.1834 in Horn geboren, war Näherin und die Tochter des Webermeisters und Leinenhändlers Josef Blüh, der 1820 mit der Geburt seines ältesten Kindes zum ersten Mal im Horner Kirchenindex greifbar ist.

Die Ortschaft Horn in einer Fotografie aus dem Jahr 1873

Auffallend in der mütterlichen Herkunftsfamilie erscheint der seltene Name Blie – familiär auch zu Blüh variiert –, der auch heutigentags in Österreich nur noch ein einziges Mal außerhalb der Horner „Sippe" vorkommt. Der erstmals am 26.1.1820 im Horner Kirchenbuch erwähnte Name Blüh wird dort noch so am 7.11.1853 aufgeführt, bevor er am 10.10.1854 vom identischen Träger als Blie notiert wird, um nach 1877 ausschließlich in dieser Schreibweise aufzutreten. Da das Vorkommen dieses Namens im deutschsprachigen Österreich äußerst selten ist, liegt die Herkunft der mütterlichen Vorfahren vermutlich im angrenzenden Böhmen, Mähren oder Galizien, was durch eine Bemerkung Rudolf Steiners über seine Mutter gestützt wird, sie habe slawisches Blut (Picht, S. 42).

Der Name Blie taucht allerdings weder im Tschechischen, Slowakischen noch Polnischen auf. Vielmehr hatten die im Mittelalter nach Osten abwandernden Juden die deutsche Sprache als Dialekt in ihrem Jiddischen bewahrt und strömten zum Teil zurück, nachdem Kaiser Josef II. im Patent von 1787 die Judenemanzipation eingeleitet hatte, wobei sie nun feste Familiennamen annehmen mussten. Neue Namen in jüdischer Sprache waren verboten, während die alten weitergetragen werden durften (s.d. Kessler, S. 81).

„A mejdl in füln bli" heißt aus dem Jiddischen übersetzt: ein Mädchen in der Blüte der Jahre, Bli(e) bedeutet also tatsächlich hier Blüte (Lötzsch/Duden) und zugleich in österreichischer (Horner) Mundart gesprochen Blüh bzw. Blieh (mit angedeutetem kurzem a nach bli).

Im grenznahen Horn waren schon im 17. Jahrhundert Tuchmacher und Färber aus Schlesien, Mähren, Holland und Deutschland vom Stadtherrn nach Horn geholt worden. Da es im Gegensatz zum deutschen Judentum im slawischen Osten ein erstaunlich vielfältiges und in seiner Qualität geschultes Handwerkertum unter den Juden gab – zum Teil mit eigenen Zünften – wozu auch Färber und Tuchmacher zählten, dürfte der Horner Stammvater Josef, der eben Leinenwebermeister und -händler war, beruflichen Anschluss an diese Ortstradition gesucht haben.

Nachdem mit dem aktiven und passiven Wahlrecht für Juden (1848) auch der unzureichende Status der tolerierten und der rechtlich beschränkten Juden aufgehoben und mit deren Gleichberechtigung die Zulassung zu verschiedenen Ämtern mit der Reichsverfassung von 1849 durchgesetzt worden war, war die 1787 begonnene Judenemanzipation abgeschlossen. Wahrscheinlich liegt in diesem politisch – rechtlichen Abschluss der Grund, warum unter den Horner Blüh's statt der üblichen Anpassung an den deutschen Familiennamen nun der umgekehrte Wunsch einer jüdischen Namenstradition zum erlaubten Namenstausch führte, während die Assimilierung seit dem Ende des 18. Jahrhunderts gerade dazu beigetragen hatte, den oft noch innerhalb von Familie und Gemeinde geführten hebräischen Namen abzulegen und dafür den in der deutschen Umwelt daran anklingenden Namen alleine zu führen. So wäre mit Blie als ursprünglichem Namen, Blüh als dem assimilierten und dann dem wieder erlaubten Blie die geschichtlich begründete Abfolge der Namenswechsel verständlich. (**Anm. 1**) Dass Josef Blüh amtlich erst anno 1820 im Horner Kirchenregister auftaucht und somit für zugewandert gelten kann, fügt sich mit der österreichischen Politik der Judenemanzipation zusammen, welche die Ansiedlung von Juden in dem im 18. Jahrhundert fast judenfreien Niederösterreich ermöglichte (Kessler, S. 46).

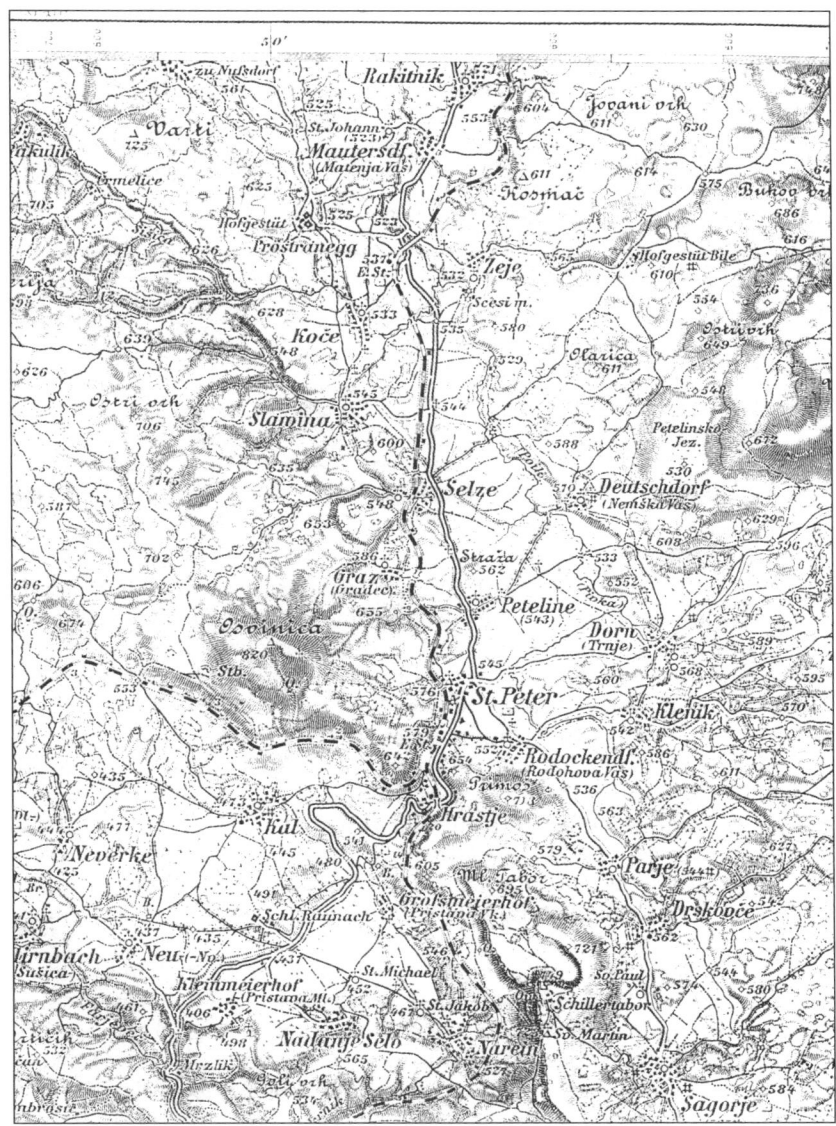

Karte der Bahnstation Prestranegg und dem elterlichen Heiratsort Slamina

Jahr	Ort	Trauender Priester	Brautleute
Monat und Tag	Name und N° des Hauses	Parochus-Vicarius Delegatus	**Vor- und Zunamen** des Bräutigams, der Braut, ihrer Eltern, sammt dem Geschlechtsnamen der Mutter, Karakter derselben und Wohnort der Eltern
1860			
Mai 8.	*[handwritten]* N° 6 ... N° 50	/	*[handwritten entries]*

Der väterliche Name Steiner findet sich hingegen in Österreich häufig. Er bedeutet: mit Edelsteinen versehen (Goldschmied) oder auch mit Marksteinen (Straßenpflasterer, Feldmesser) (s. Duden Familiennamen). Das Luxusgewerbe des Goldschmiedes, Juweliers etc. durfte vormals von Juden außerhalb der Zünfte ausgeübt werden und die Berufsbezeichnung findet sich darum auch häufig als Name bei den deutschen Juden wieder (Kessler, S. 65 f).

Selbst wenn also in genealogischer Hinsicht bei Rudolf Steiner jüdische Herkunft zumindest mütterlicherseits wahrscheinlich ist, dürfte bei seinen Eltern ein praktizierendes Judentum auszuschließen sein, wie das bei vielen solcher Familien der Fall war. Umgekehrt war die klösterliche Förderung des Vaters und seine Zugehörigkeit zur katholischen Kirche ebensowenig mehr als eine nominelle Mitgliedschaft, zu der sich der zunächst freigeistig gerierende Vater erst im Alter entschiedener bekannte.

Zu ihrer Verehelichung benötigte Johann Steiner die Zustimmung seines Dienstherrn, der sie ihm allerdings verweigerte. Ehehindernisse durch Dienstherren gab es bereits im Mittelalter europaweit nach dem ungeschriebenen Gesetz: „no land, no marriage". Ganz besonders unter Metternich wurden Eheschließungen erschwert und Besitzlosen praktisch nicht bewilligt. Ausläufer dieser restriktiven Bevölkerungspolitik, bei der Familienplanung und Sexualität seit dem 14. Jahrhundert gezielt unter die kontrollierende Macht von Kirche und Staat geraten waren, fanden sich in den österreichischen Kronländern noch bis in die Zeit vor dem 1. Weltkrieg.

Heiratseintragung der Eltern im Kirchenbuch

Obwohl die ‚Internationale Arbeiterassoziation' im Jahr 1863 die allgemeine Aufhebung der Eheverbote forderte, was fünf Jahre später im Norddeutschen Bund erfüllt worden war, wurden die verbleibenden Gesindeordnungen mit ihren Eheverboten für Hauspersonal erst 1919 ungültig (Heinsohn/Steiger, S. 270; Morus, S. 291).

Um also Franziska Blie heiraten zu können, musste Johann Steiner seine Stellung in der von ihm zeitlebens geliebten Heimat aufgeben und sich anderweitig umsehen. Es gelang ihm, bei der österreichischen Südbahn eine Stelle als beamteter Telegraphist zu erhalten. Zur Ausbildung versetzte man ihn Hunderte von Kilometern weit weg in die damalige Krain, nach Prestranek (Pröstranegg), in der Nähe von Triest. Das Eisenbahnnetz war mittlerweile auch in Österreich in starkem Ausbau begriffen. 1838, nur drei Jahre nachdem in Deutschland die erste Eisenbahnlinie von Nürnberg nach Fürth eröffnet worden war, hatte Österreich mit dem Bau der sogenannten Kaiser – Ferdinands – Nordbahn die Strecke Wien – Prag begonnen und war dann mit der Südbahn von Wien über den Semmering nach Graz gefolgt. Mittlerweile war das Netz soweit ausgebaut, dass die Achse Wien – Triest (über Prestranek) anschloss und in östlicher Richtung nach Budapest weiterführte.

Am 8.5.1860, dem 26. Geburtstag von Franziska Blie, ließen sich Johann Steiner und Franziska somit fern der Heimat in der katholischen Pfarre Slamina trauen.

Während der anschließenden Schwangerschaft seiner Frau versetzte man ihn weiter an den Ort Kraljevec (Königsdorf). Die kleine Bahnstation lag an der sogenannten Mur-Insel zwischen der Mur und der Drau. *So ist es gekommen, dass mein Geburtsort weit abliegt von der Erdgegend, aus der ich stamme* (GA 28, S. 2).

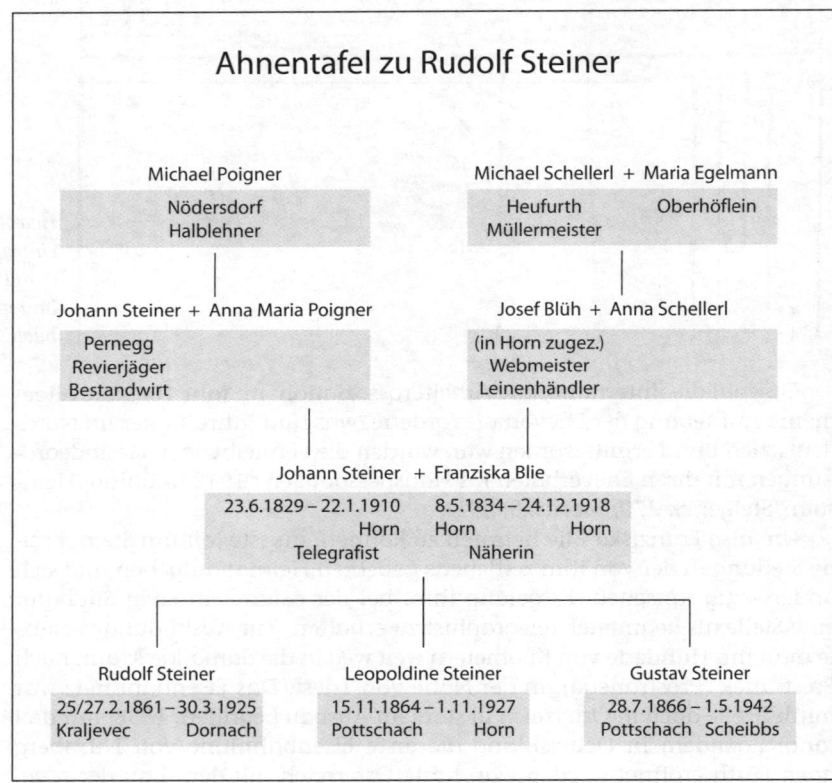

Kindheit

Dort, im ungarisch-kroatischen Teil des Vielvölkerstaates Österreich, kam Rudolf Steiner vermutlich am 25.2.1861 zur Welt.

Amtliches Geburtsdatum ist hingegen der 27.2.1861, das Steiner erst kurz vor Vollendung des 60. Lebensjahres im engeren Kreis und in einem autobiographischen Fragment auf den zwei Tage früheren Termin korrigierte. Es wird u.a. vermutet, dass die im Kirchenbuch eingetragene Taufe vom 27.2. für die Datumsangabe verantwortlich ist, ein früher nicht unüblicher Brauch. Die eigentliche Taufzeremonie fand im Nachbarort Draškovec, einem größeren Ort mit Kirche, statt, wo das Kind auf den Namen Rudolf Joseph Lorenz getauft wurde. Die beiden zusätzlichen Namen stammten von den Taufpaten Josepha Jakel und Lorenz Deim (Chronik, S. 27). Seinen Vornamen Rudolf hatte er nach dem zwei Jahre früher geborenen österreichischen Thronfolger erhalten (Beck, 1997, S. 3). Damit erfüllte sich der patriotisch gesinnte Johann Steiner nicht bloß eine untertänige Laune, vielmehr bekundete er darin offensichtlich zugleich sein erwartungsvolles Interesse an der Laufbahn des Erstgeborenen, das eher noch zunehmen sollte, da die beiden Nachkömmlinge, eine Tochter und ein taubstummer Sohn, für solche Projekte völlig ausfielen. Eine Gemeinsamkeit mit dem Lebenslauf des adligen Namenspatrons war allerdings nicht gegeben und setzte nur im Umstand jeweiliger Legendenbildung posthum ein.

Schon kurz nach der Geburt ihres ersten Kindes wurden die jungen Eltern um den Jungen in Aufregung versetzt, da er *von der Hebamme so schlecht verbunden* worden war, *dass er viel Blut verlor. Erst als das Blut durch den Wickelpolster sickerte, bemerkte man es. Infolge dieses Blutverlustes*, so gab die im Alter berichtende Schwester Steiners die Familienmeinung wieder, *war Rudolf Steiner immer ein schwaches Kind* (zit.b. Lindenberg, 1997, S. 26). Offensichtlich war eine Nabelblutung aufgetreten, die schnell lebensbedrohliche Folgen hätte haben können. Ob nun deswegen oder, wie ein anderer Biograph mutmaßt, wegen einer langen und schwierigen Geburt eine *Nottaufe* (Poeppig, S. 14) gegeben wurde, bleibt ungeklärt. Die Fürsorge der Eltern um ihren zarten Sohn, dessen konstitutionelle Schwäche sie auf den frühen Blutverlust zurückführten, wurde sicherlich von dieser Annahme verstärkt, wie das vor allem in der beschützenden Haltung des Vaters bis in die Studentenjahre seines Sohnes zum Vorschein kommt.

Als kleines Kind soll er *furchtbar geschrieen* haben, so dass er zur Beruhigung *um das Haus herumgetragen werden* musste, da *die Nachbarn davon gestört waren* (zit. b. Chronik, S. 27). Als eine weitere Eigenheit aus seiner Frühzeit hat Steiner überliefert, in unbeaufsichtigten Momenten nach den

Mahlzeiten seinen Suppenteller oder seine Trinktasse auf den Boden geworfen zu haben, da er entschieden von ihrem einmaligen Gebrauch ausging und dann eifrig über den Scherbenhaufen hinweg der Mutter zurief: *Mutter, ich bin schon fertig* (GA 28, S. 4).

Im Lauf des Jahres 1862 war Johann Steiner erneut versetzt worden, diesmal nach Mödling, südlich von Wien. Nach einem halben Jahr dort, Anfang 1863, erhielt er dann den Posten des Stationsleiters an der Semmeringbahn in Pottschach.

Mit der Familiengründung mussten die Steiners Ortswechsel größeren Ausmaßes hinnehmen und dabei einige Male die Sprach– und Landesgrenzen im Vielvölkerstaat überschreiten. Für Rudolf Steiner kennzeichnen diese schon früh einsetzenden Ortsveränderungen, das geographische Grenzgängertum in Kindheit und Jugend und die familiär-berufliche Orientierung an den modernen Verbindungswegen der Bahn manche charakteristischen Aspekte seines weiteren Lebens.

Pottschach liegt im Tal des Schwarzaflusses und bedeutet „verbotenes Wasser", d.h. den Untertanen war es verboten, darin zu fischen. Von der Schwarza hatte man einen Mühlbach abgeleitet, der an der Spinnereifabrik Bräunlich, gegenüber der Bahnstation, vorbeifloss und die dort benötigte Energie lieferte. Zwischen der baumwollverarbeitenden Fabrik und dem Bahnhof bestand ein reger geschäftlicher Verkehr, ohne dass die kindliche Neugier Rudolfs im Fabrikgelände Zutritt gefunden hätte. Weiter bachabwärts befand sich nur drei Minuten entfernt eine Mühle, wo sich der Knabe gerne bei den Müllersleuten aufhielt. Zu seinen weiteren Lieblingsplätzen gehörte die kleine Kanzlei des Vaters und der Warteraum im Bahnhofsgebäude. Dort spielte sich auch das den künftigen Weg bestimmende Erlebnis seiner Kindheit ab. In einem ‚zweiten Gesicht' erschien ihm im Wartesaal eine Frau, die ihn aufforderte, soviel als möglich im Leben für sie zu tun, woraufhin sie dann in den Ofen verschwand. Wie sich durch briefliche Benachrichtigung Tage später herausstellte, hatte eine weit entfernt wohnende Schwester der Mutter am betreffenden Tag Selbstmord verübt, was aber die Eltern dem Sohn jahrelang verheimlichten.

Dieses wichtige Ereignis vermerkte Steiner nicht in seiner Autobiographie, wohl aus dem Bedenken heraus, eine nicht selbsterarbeitete Hellsichtigkeit könnte ihm abträglich bewertet werden; denn er selbst unterschied ein atavistisches Hellsehen wie das seiner Kindheit von einem durch Schulung selbsterworbenen. Nur in einer autographischen Notiz und dem internen biographischen Vortrag von 1913 berichtet er davon. Wie daraus hervorgeht, hatte er seinen Eltern von dem Erlebnis Mitteilung gemacht. Anscheinend war dem Knaben keine physiognomische Ähnlichkeit der unbekannten Frau mit der Mutter aufgefallen, denn er erfuhr erst nach

Jahren, dass ihm in jenem Gesicht die Tante erschienen war, als sie den Selbstmord begangen hatte. Von den Eltern wurde er mit der Bemerkung: *Du bist a dummer Bua* (BGA Nr.49/50) abgefertigt, was ihn dazu anhielt, ein halbes Leben lang innere Schauungen vor anderen zu verbergen, um solch unverständiger Abfuhr zu entgehen.

Denn Schauungen blieben ihm seitdem erhalten: *etwa von jenem Zeitpunkt ab* lebte der Knabe *mit den Geistern der Natur ... mit den schaffenden Wesenheiten hinter den Dingen, in derselben Weise, wie er die äußere Welt auf sich wirken ließ.* Nun unterschied er *Dinge und Wesenheiten, „die man sieht", und solche, „die man nicht sieht"* (BGA 83/84, S. 7). Erst dadurch konnte ihm die anmutige Natur seiner Umgebung mit ihrem Grün, *das von überall her in dieser Landschaft freundlich lächelte* und die benachbarten Berge, den majestätischen Schneeberg (2047 m), die Raxalpe, Wechsel und Semmering, *gleichsam aus sich hervorsteigen* (ebd., S. 3) ließ, zu einem *Schauplatz geistiger Wesenheiten und Vorgänge* (ebd., S. 11) werden.

Während der Pottschacher Zeit wurden 1864 und 1866 die Geschwister Leopoldine und Gustav geboren. Über die beiden erfährt man aus der Autobiographie nichts näheres und auch von der Mutter nur summarisch, dass sie, *da Glücksgüter nicht vorhanden waren, in der Besorgung der häuslichen Angelegenheiten aufgehen (musste). Liebevolle Pflege ihrer Kinder und der kleinen Wirtschaft füllten ihre Tage aus* (ebd., S. 2), wobei Stricken, Häkeln und das Nähen der Familienbekleidung mit zu ihren Tätigkeiten gehörte.

Die Schwester Leopoldine, „Poldi" genannt, (15.11.1864–1.11.1927), blieb zeitlebens unverheiratet bei den Eltern wohnen und erlernte von ihrer Mutter besonders die Fertigkeit in den Handarbeiten, aus deren Einkünften sie später zum Familienerwerb beitrug. Wenige Jahre vor ihrem Tod, als Rudolf Steiner auf dem Krankenlager lag, benötigte sie infolge einer Sehbehinderung, die sie nahe ans Erblinden brachte, eine Pflegerin.

Den taubstummen Gustav versuchten die Eltern in verschiedensten Anstalten unterzubringen. Es scheiterte jedes Mal daran, dass er dort ausriss. An seinem jüngeren Bruder konnte Rudolf Steiner praktische Beobachtungen zur Sinnesbehinderung machen und erlernte zur Verständigung mit ihm die Taubstummensprache. Nachdem die Schwester gestorben war, wurde Gustav von privaten Helfern aufgenommen und verstarb am 1.5.1942 an Herzversagen (Mitt. 1983/1).

Vater Steiner war darauf bedacht seinem ältesten Sohn, der auf der Bahnstation in die moderne technische Welt versetzt war, frühzeitig Lesen und Schreiben zu vermitteln. Doch der hatte mehr Interesse daran, mit Vaters Papiermesser die Schreibfeder aufzuspalten und seine Neugier auf die Elastizität der Feder zu richten oder die eilig vollgeschriebene Seite mit Streusand zu trocknen und etwas vorzeitig auszuprobieren, wieweit denn die Trocknung gediehen war, so dass die verschmierten Schriftbilder „letzter Hand" häufig mit dem freundlich gemeinten väterlichen Spruch vom unverbesserlichen Patzer quittiert wurden. Mit sechs Jahren schickte ihn der Vater in die Dorfschule zu dem betagten Lehrer Matthäus Neuwirth, den er von den lokalen Stelldichein am Bahnhof kannte, zu denen die Schaulustigen damals von den täglich durchfahrenden Zügen veranlasst wurden und mit dem er sich angefreundet hatte. Als aber sein Sohn von der Lehrerfamilie eines groben Unfugs bezichtigt wurde, den jedoch des Lehrers eigener Filius angestellt hatte, und aus der Schule gelaufen kam, kündigte der resolute Stationsvorsteher dem Lehrer die Freundschaft auf und nahm den Jungen aus der Schule. Solche Konsequenz ging zu dieser Zeit noch an, da die allgemeine Schulpflicht erst 1869 durch das Reichsvolksschulgesetz eingeführt wurde. Bis der Dorflehrer im Jahr darauf in den Ruhestand ging übernahm Johann Steiner wieder selbst den Unterricht Rudolfs und übergab ihn dann dem Nachfolger, Lehrer Engelbert Semler, in die kleine Dorfschule.

Ehemalige Pottschacher Dorfschule vor ihrem Abbruch 1987

Eine andere Bekanntschaft aus dieser Zeit bestand mit dem Zisterzienserpater Robert Andersky, Pfarrer im benachbarten St. Valentin, der einen etwas unkonventionellen Umgang mit seiner Amtswürde an den Tag legte. Ebenfalls von den durchfahrenden Zügen angelockt, bereicherte der schaulustige Pater den frugalen Speisezettel der Familie Steiner mit seinen Kenntnissen über gebackene Blüten der Akazienbäume, die die Gleisstrecke säumten.

1869 erfolgte erneut eine Versetzung Johann Steiners in das ungefähr 30 km nordöstlich davon gelegene Neudörfl an die Ödenburger Bahn. Inzwischen hatten sich politische Änderungen und Spannungen für Österreich ergeben. Bismarck hatte durch seinen erzwungenen Krieg gegen Österreich 1866 die kleindeutsche Lösung durchgesetzt, was zur innenpolitischen Schwächung Österreichs führte. Nun wurden die Forderungen Ungarns, des mächtigsten Mitgliedes des Vielvölkerstaates so drängend, dass 1867 die ‚Ausgleichsgesetze' erfolgten, die den Ungarn gleiche Rechte einräumten und schließlich im Jahr 1869 zur Proklamation des Königreiches Ungarn führte. Mit diesem Zeitpunkt beginnt die K.u.K. Doppelmonarchie Österreich – Ungarn, deren innere Grenze zwischen Cis – und Transleithanien der Fluß Leitha bildete. Neudörfl lag unmittelbar an der Leitha auf ungarischem Gebiet (Transleithanien) und erstreckte sich in zwei mehr oder weniger dicht stehenden Häuserreihen zweieinhalb Kilometer bis zum äußersten Punkt: dem Bahnhofsgebäude, dem neuen Domizil der Familie Steiner.

Bahnhofsgebäude mit Dienstwohnung und der benachbarten Kirche im neuen Wohnort Neudörfl vor dem 1. Weltkrieg

Das „neue Dörfl", wie die Wiener Neustädter die nachbarliche Gründung St. Nikolaus an der Leitha pikiert benannt hatten, war als Weinort hauptsächlich von Winzern besiedelt. Die Ortskirche hatte man zum Schutz vor Überschwemmungen auf die erhöhte Hügelseite am Dorfende erbaut. Nur der Friedhof lag noch zwischen ihr und dem Bahnhof. In der Ferne ragte der mächtige Schneeberg *erinnerungsweckend* ins Blickfeld des kleinen Rudolf. Nur wenig unterhalb der Kirche führte der Weg zur hiesigen Dorfschule.

Neudörfler Schule

Dort unten zweigte der angelegte Dorfbach, der in einem Graben inmitten der breiten Hauptstraße floss, in die einzige Nebenstraße, zum Kurial (kirchlicher Grund und Boden) ein. An diesem Bächlein wuschen die Dorffrauen ihre Wäsche, die Kinder badeten an heißen Tagen darin und in den Sommernächten quakten weithin hörbar die Frösche. Das Ortsbild wurde damals von einer mächtigen Lindenallee entlang des Dorfbaches und den im Kurial angepflanzten Walnussbäumen geprägt, worüber Steiner rückblickend sagte, die Anpflanzung der Linden sei der Neutralisierung der benachbarten Friedhofsatmosphäre zugute gekommen. Für die dort heimisch gewordenen Walnussbäume hingegen kommt vermutlich die spätrömische Gepflogenheit unter Kaiser Marc Aurel (278-82) in Betracht, der in den österreichischen Weingebieten Walnussbäume hatte anpflanzen lassen, da die Nüsse als Gegenmittel zum Rausch verwendet wurden und es in diesen Landen zu Ausschreitungen und Totschlägerei unter betrunkenen Soldaten gekommen war (Gawlik, S. 270).

Die breite Dorfstraße mit angelegtem Bach

Wenn nun im Herbst die Nüsse herangereift waren, sicherten sich die Dorfkinder ihre Ausbeute, indem sie mit Steinen die schmackhaften Früchte herabwarfen. Als Zugezogener blieb der Knabe aus dem Eisenbahnerhaus dabei Außenseiter. Der Ortsfremde wurde von den anderen Dorfjungen in der Hackordnung auf den niedrigsten Rang verwiesen und verspürte seinerseits keinerlei Neigung, dagegen zu opponieren. Jeglicher Form von Prügelei hat er sich nach eigenen Worten immer zu entziehen gewusst, da er mit seiner schwächlichen Konstitution wohl immer dabei den Kürzeren gezogen hätte.

Familie Steiner bewirtschaftete zur Aufbesserung ihres kärglichen Einkommens in der Nähe des Bahnhofs einen Garten. Der kleine Rudolf half mit bei den Arbeiten auf dem Kartoffelfeld und versorgte die eigenen Schweine (GA 327, 7.6.1924). Nur bei den „Kleinhäuslern", den ärmeren Bauern mit ihren strohgedeckten Häusern gegenüber dem Bahnhof und der Kirche, also den unmittelbaren Nachbarn, ging er bei der jährlichen Weinlese mit und durfte an deren Dorfhochzeiten teilnehmen.

Der umgebende Wald mit seinem damals reichlichen Vorkommen an Brombeeren, Himbeeren und Erdbeeren bot im Sommer erfrischende Abwechslung bei Tisch. Einen halbstündigen Fußmarsch entfernt parallel der Gleise lag die nächste Bahnstation Sauerbrunn, wohin Rudolf zumindest in der Ferienzeit frühmorgens durch den von Zigeunern besiedelten sogenannten Zigeunerwald ging, um das perlende kohlensaure Wasser aus einer schon den Römern bekannten und von Fürst Esterhazy um 1800 gefassten Heilquelle zu holen.

Ein von der ganzen Familie geliebter Spaziergang führte mehrere Kilometer durch den Wald zu einer auf kleiner Anhöhe stehenden Kapelle und bot bei klarem Wetter Aussicht bis zum Neusiedler See. Zu diesem Aussichtspunkt liebte es der kleine Rudolf besonders auch alleine durch den Wald zu streifen.

Zurückgezogen von Gleichaltrigen, ohne Spielkameraden und Freunde am Ort, lernte der Junge, der körperlich von *schwachem Gliederbau* und seelisch noch ohne Durchsetzungskraft war

außer seinen Eltern
Nur wenig Menschen kennen.

Er kompensierte diesen Mangel mit der Naturstimmung, die ihm infolge seiner Hellsichtigkeit ein viel innigeres Erleben verschaffen konnte.

Und wenn auch wenig Menschen nur
des Knaben Lebenskreis betraten,
Es fehlte ihm an Freunden (!) nicht.
Wenn in den nahen Bergen
Erglühte golden Sonnenhelle,
Dann sog des Knaben sinnend Auge
Das Geistesgold in seine Seele ein:
Und seines Herzens Wesen,
Es ward so morgensonnengleich. –
Doch wenn durch finstre Wolken
Der Morgensonne Strahl nicht drang
Und düstre Stimmung alle Berge überzog,
Da ward des Knaben Auge trüb
Und wehmutvoll sein Herz – –
So war er hingegeben ganz
Dem Geistesweben seiner engen Welt,
Die er nicht fremder fühlte seinem Wesen
Als seines Leibes Glieder. (!)

Die Natur mit ihren Blumen und Bäumen sprach zu ihm.

Es waren ihm ja Freunde auch
Des Waldes Bäume und die Blumen;

Es sprachen Geisteswesen aus den Kronen,
Den Kelchen und den Wipfeln –,
Verstehen konnte er ihr Raunen – –,
Geheimer Welten Wunderdinge
Erschlossen sich dem Knaben,
Wenn seine Seele sich besprach
Mit dem, was leblos nur
Den meisten Menschen gilt.

Im nahegelegenen Wald des Rosaliengebirges entsprangen drei Quellen, die er in gut einer Viertelstunde erreichen konnte. An einer von ihnen wurde ihm im Alter von etwa acht, neun Jahren ein besonderes Erlebnis zuteil. Hier weilte er oft bis in die späten Abendstunden, als der Mond schon heraufgezogen war, den Licht- und Farbenspielen des Wasserspiegels hingegeben, denen seine eigenen Gesichte entstiegen.

An einem nahen Orte war er dann,
Wo aus den Felsen eine Quelle drang
Und tausendfach zerstäubend
Die Wassertropfen über Steine sprengte.
Wenn Mondeslichtes Silberglanz
Zu Farbenfunkelspielen zauberhaft
Sich spiegelt' in des Wassers Tropfenstrom,
Da konnt' der Knabe stundenlang
Am Felsenquell verharren.
Und Formen, geisterhaft gebildet,
Erstanden vor dem Knabenseherblick
Im Wassertreiben und im Mondenlichtgeflimmer.
Zu dreien Frauenbildern wurden sie,
Die ihm von jenen Dingen sprachen,
Nach denen seiner Seele Trieb gerichtet. –
Und als in einer milden Sommernacht
Der Knabe wieder an der Quelle sass,
Es griff der Frauen eine viele tausend Stäubchen
Des bunten Wassertropfenwesens
Und reichte sie der zweiten Frau.
Die formte aus den Tropfenstäubchen
Ein silberglänzend Kelchgefäss
Und reichte es der dritten Frau.
Die füllte es mit Mondessilberlicht
Und gab es so dem Knaben.

Der hatte alles dies geschaut
Mit seinem Knabenseherblick. –
Ihm träumte in der Nacht,
Die dem Erlebnis folgte,
Wie er beraubt des Kelches
Durch einen wilden Drachen ward. –

Dreimal noch erlebte der Junge dies „Quellenwunder", bis es sich ihm versagte und erst nach 21 Jahren, als er nach Weimar gezogen war, wieder auftauchte. Nun sprachen die drei Wasserfrauen verheißungsvoll zu ihm, worauf ihm nach dem langen Wiedersehen träumte,

... dass ein wilder Drache
In Kreisen um ihn her sich schlich –
Und nicht ihm nahen konnte:
Es schützten ihn vor jenem Drachen
Die Wesen, die er einst am Felsenquell geschaut
Und die aus seiner Heimat
Mit ihm zum fremden Ort gezogen waren.

Doch zur Neudörfler Zeit streifte er öfters und ausgiebig zur Quelle (**Anm. 2**), wie er es in seinem Mysteriendrama „Die Prüfung der Seele" geschildert hat:

Und sorgend oft vermissten abendlich
Die Eltern den geliebten Sprossen. –

Schulzeit

In der Bauernschule des neuen Wohnortes wurden damals üblicherweise alle Schulkinder der fünf Klassen in einem Raum unterrichtet. Dem Hilfslehrer Heinrich Gangl fiel der Neue mit seinem Schriftbild sogleich auf: *Ich rundete alle Buchstaben, ignorierte die Oberzeilen, und schrieb alle Worte unorthographisch* (BGA Nr. 49/50).

Er las über die Worte hinweg, lebte gleich in deren Vorstellungen, ohne natürlich immer zu wissen, was gemeint war. Als einmal der Dorfpfarrer Franz Marajz seinen Neffen zu Besuch hatte und es weihnachtlicher Brauch der Schule war, die Kinder eine Glückwunschkarte auf buntem Papier an die Eltern schreiben zu lassen, hatte dieser an seinen Onkel natürlich nicht so wie die anderen unterschrieben, sondern abweichend mit „ihr herzlich ergebener Neffe". Dem zehnjährigen Steiner der Bedeutung nach nicht geläufig, dafür umso inniger klingend, imponierte dies so, dass auch er seine Karte in der von ihm favorisierten Weise unterschrieb.

Durch das Erleben des ‚zweiten Gesichts' in eine weitere Welt hineingestellt, die von den Eltern nicht respektiert wurde und das Kind mit seinem Geheimnis in die Vereinsamung zwang, nahm sein inneres Vorstellungsleben eine übergeordnete Stelle bei ihm ein. Darum bedeutete ihm das eigenständige Entdecken geometrischer Figuren in einem vom Hilfslehrer entliehenen Lehrbuch eine erste Bestätigung seiner inneren Wahrnehmungen, wo ihn eine rein innerlich anzuschauende Welt geometrischer Formen heimatlich verwandt ansprach und damit *inneres Glück* bereitete. An der Geometrie lernte er so *das Glück zuerst kennen* (GA 28, S. 11). Hier fühlte er sich zum erstenmal in der Eigenart seiner inneren Wahrnehmungen bestätigt und gerechtfertigt, hier erlangte seine bislang geheime zweite Welt Anschluss an eine allgemein akzeptierte Realität.

Da er wie alle Dorfjungen in der Kirche zu ministrieren, im Chor zu singen und Glocken zu läuten hatte, wurde er ausnahmslos dazu miteinbestellt, obwohl sein Vater kein Kirchgänger war. *Herrendienst geht vor Gottesdienst* galt diesem als Maxime bis zum Ende seiner Dienstzeit – danach wurde er ein *frommer Mann* (GA 28, S. 15). Jedenfalls wollte er die Ministrantendienste seines Sohnes nicht allzu ausgedehnt wissen, was zu Verspätungen bei den Kirchendiensten führte. Als dem säumenden Ministranten daraufhin Schläge durch den Pfarrer drohten, entzog der entrüstete Vater ihn der *Kirchendienerei* (BGA Nr. 49/50). Immer wenn es um das Wohl seines Erstgeborenen ging, intervenierte der Vater unerbittlich, gelegentlich auch vehement.

Ehemaliger barocker Innenraum der Dorfkirche, in der Rudolf Steiner ministrierte

Obwohl Rudolf Steiner den kirchlichen Kultus trotz – oder vielleicht auch gerade wegen – seines freigeistigen Elternhauses tief gemüthaft erlebte, blieb er nach eigenen Angaben vom katechetischen Lehrgehalt unberührt. Über das Hauptereignis des christlichen Glaubens, die österliche Auferstehung, will er in seiner Kindheit in Unkenntnis geblieben sein (Rittelmeyer, S. 63). Gefirmt worden war er nie und nach der vierten Realschulklasse hatte er keinen Religionsunterricht mehr besucht, da unter dem antiklerikalen Liberalismus in Österreich die Emanzipation von der Kirche als Reaktion auf das Konkordat von 1855 auch im Schulwesen angestrebt wurde.

An Repräsentanten kirchlichen Lebens machte er bis in die Neudörfler Zeit hinein mehrfach amüsante und zuweilen wenig respektable Erfahrungen. Einmal das Schauspiel jenes St. Valentiner Pfarrers, eines großen, breitschultrigen Originals, der seinen Pottschacher Amtskollegen nicht sehr ernst nahm und ihn, der in der Familie Steiner als *komische Figur* galt, *unter den Arm nahm, aufhob und eine ganze Strecke weit wie ein Paket trug* (BGA Nr. 49/50).

Spaß machte dem Kind die Anekdote, wie derselbe kauzige Pfarrer beim angekündigten Besuch des Bischofs zu spät kam, denn er musste erst noch aus dem Bett geholt werden, nachdem der Bischof schon in der Kirche angekommen war.

Ein Neudörfler Bauernsohn, der zum Stolz der Einwohner Zisterzienserpater geworden war, kam gelegentlich wieder auf Besuch. *Da konnte man dann beobachten, wie ein Wagen, den eine bauernmäßig gekleidete Frau und jener Pfarrer zusammen schoben, immer schwerer und schwerer wurde. Das war nämlich ein Kinderwagen, und mit jedem Jahr gab es ein Kind mehr für diesen Kinderwagen. Man konnte von dem ersten Besuche an bei diesem Geistlichen eine merkwürdige Vermehrung seiner Familie beobachten, die als eine „Beigabe" seines Zölibates mit jedem neuen Jahr immer sonderbarer erschien* (BGA Nr. 83/84).

Immerhin beeindruckte Steiner der Neudörfler Pfarrer Marajz, ein *Magyar vom Scheitel bis zur Sohle; Klerikaler bis zum Messer*, der predigen konnte, dass *alle Kirchenstühle ins Wanken kamen* (BGA Nr.49/50) und später Domherr zu Oedenburg wurde. Dieser führte ihn mit zehn Jahren ans kopernikanische Weltsystem heran, für den jungen Steiner ein nachhaltiges Erlebnis.

Als Kind zeichnete er gern und talentiert, gefördert durch den Hilfslehrer, was ihm bei der Aufnahmeprüfung für die in Wiener Neustadt liegende Bürgerschule zugute kam. Beeindruckt von seinen Zeichnungen, welche die Schwächen seiner Schreib- und Lesekünste beim Prüfungskollegium in den Hintergrund treten ließen, bestand er sie zur Freude der Familie und der sich mit geehrt fühlenden Dorfhonoratioren glänzend. Der Vater dachte daraufhin weiter und schmiedete den Plan, dem Sohn zu einer Eisenbahnerkarriere, möglichst als Ingenieur, zu verhelfen. So schickte er ihn gleich danach zu einer zweiten Aufnahmeprüfung an die Wiener Neustädter Realschule. Ein Gymnasialbesuch, wie er in dem von Zisterziensern geleiteten Gymnasium der Stadt möglich gewesen wäre, lag zum späteren Leidwesen Steiners dem Vater nicht im Sinn. Nachdem der Elfjährige dort ebenfalls die Prüfung glücklich bestanden hatte, führte ihn ab 1872 sein täglicher Schulweg über die Leitha-Grenze nach Cisleithanien.

Die von etwa zweihundert Schülern besuchte Realschule war zunächst neben den anderen Schulen im Karmeliterinnenkloster untergebracht. 1863 war die vormalige Unterrealschule vom Landtag als Oberrealschule errichtet worden und seit 1870 gesetzlich zur Vorbereitung ausschließlich für die technische Hochschule bestimmt. Bis das eigene Schulgebäude anno 1874 fertiggestellt worden war, ging Steiner in das benachbart gelegene in der Neugasse, alles nur wenige Schritte vom Bahnhof Wiener Neustadt entfernt.

Die Realschule in Wiener Neustadt 1898

Nun fuhr der Neudörfler Realschüler morgens mit dem Zug etwa zwanzig Minuten vor sieben Uhr vor der Haustür los, erreichte den Wiener Neustädter Bahnhof nach knapp viertelstündiger Fahrzeit und kam abends den fünf Kilometer langen Weg zu Fuß zurück, da erst wieder nach 20 Uhr eine Rückfahrtmöglichkeit bestand und die Eltern offensichtlich Wert darauf legten, dass ihr Sohn seine Kräfte durch einen unmittelbar nach Schulschluss angetretenen Heimweg nicht verausgabte. Im Winter war die Strecke manchmal eingeschneit, Zugverkehr dann gar nicht möglich, so dass er den langen Weg durch den oft *knietiefen Schnee* zweimal waten musste. Für gewöhnlich kam er nicht vor 18 Uhr zuhause an. Gelegentlich ging ihm Poldi entgegen, um ihm die *Riesentasche aus schwarzem Leder*, angefüllt mit allen Schulsachen, schleppen zu helfen.

Zugfahrplan von 1878 der Strecke Neudörfl – Wiener Neustadt

Je nach Klassenstufe hatte er zwischen achtundzwanzig bis dreiunddreißig Wochenstunden auf sechs Schultage verteilt, so dass er ab mittags versorgt sein musste. Während der ersten vier Realschuljahre bekam er in Wiener Neustadt unentgeltlich ein warmes Mittagessen durch eine zufällige Bekanntschaft seines Vaters mit der Familie eines Eisenbahnerkollegen, der im Lok-Maschinenwerk beschäftigt war. Seine Hausaufgaben erledigte er in einem leerstehenden Waggon im Wiener Neustädter Bahnhof, der ihm bis zur Abfahrt vom Stationschef konzediert worden war.

Bahnhofsgebäude von Wiener Neustadt 1900

Durch diese besonderen Verhältnisse bedingt war er für die folgenden sieben Schuljahre bei seinen Mitschülern als Spielkamerad *gestrichen* (Picht, S. 38) und bestätigte auch hier seine Rolle als Außenseiter. Weder an Unternehmungen am Glacis (d.i. die unverbaute Fläche vor der Stadtmauer) noch bei den Streichen der Mitschüler war Steiner je beteiligt. Deswegen nicht weniger clever, zeigte sich sein Raffinement schon gleich in der ersten Klasse der Realschule, wo er ein etwas einseitiges Arrangement getroffen hatte, mit dem er allerdings aufflog. Als alle Mitschüler mit den Übungen zu Haupt- und Nebensätzen beschäftigt waren, ertappte ihn der einäugige Professor (österr. Bez. für Lehrer höherer Lehranstalten) beim Lesen eines Märchens, das der Gelangweilte sich in sein Schulheft eingelegt hatte und verdonnerte ihn zur Strafarbeit inklusive einstündigem Nachsitzen. Steiner konterte die Verurteilung zum Nachsitzen mit der Bemerkung, sein

Vater, der *Stationschef der ungarischen Südbahn* sei, würde sich ängstigen, wenn er nicht rechtzeitig mit dem einzigen Zug (der mir für nachmittags nicht eruierbar ist) nach Hause kommen würde. Der überrumpelte Lehrer beließ es dann bei regelmäßig wiederholten Überprüfungen Steiners.

Im sechzehnten bzw. siebzehnten Lebensjahr griff Steiner seine nun perfektionierte Tarnungstechnik wieder auf, indem er die auseinandergetrennten Bögen seiner Reclam-Ausgabe eines Kant-Büchleins zur privaten Lektüre ins Geschichtsbuch einheftete. Die Täuschung übersahen diesmal die beiden Augen des Professors.

Eine andere Episode seiner Jugendzeit zeigt ihn als kleinen Provokateur. Die zunehmend magyarisierenden Bestrebungen in Transleithanien wandelten die deutschen Ortsnamen der Bahnstationen in ungarische um; aus Neudörfl wurde Leitha – Szent – Miklos und der Ortsname Sauerbrunn zu Savanyúkút. Als Rudolf einmal am dortigen Bahnhof seinen Fahrausweis nicht zeigen wollte, weil da nicht der deutsche Name stand und er den *„hunnischen"* nicht verstünde, wollte ihm der hinzugerufene ungarische Stationschef eine Ohrfeige verpassen, die der aufsässige kleine Fahrgast klugerweise nicht abwartete und keck türmte mit dem Schlachtruf *„Hunne"*.

Die daran sichtbare politische Indoktrination war durch seinen Vater ausgelöst, der leidenschaftlich politisierte und ein überzeugtes österreichisch – patriotisches Selbstverständnis besaß. Zudem war der Vater aus beruflichen Gründen den Ungarn nicht gewogen, da ihm aufgrund seiner sprachlichen Unkenntnis des Ungarischen drohte, als Stationschef abgesetzt zu werden. Auch dürfte er damals wenig Sympathien für die Anreisenden zur Gründung der Sozialdemokratischen Arbeiterpartei Österreichs im April 1874 auf ungarischem Boden, im Neudörfler Leithagasthaus, empfunden haben, von denen im Jahr darauf durch Verrat eine große Anzahl der Teilnehmer verhaftet wurden (Neud., 1994, S. 73).

Auf seinem Heimweg sah der junge Schüler an einigen Arbeitern der ortsansässigen Zündholzfabrik die schockierenden Folgen des Umgangs mit Phosphor. Deren davon teilweise zerfressene Kiefer lagen manchmal ohne Verband bloß. Die Zündholzfabrik, erste und größte zugleich in Ungarn mit einer Produktion von jährlich 150 Zentner Zündhölzchen schon in den Fünfziger-Jahren des 19. Jahrhunderts, gehörte Johann Knura, der unweit seine Villa gebaut hatte. Er war Mitbegründer der am 9.3.1871 in Neudörfl installierten Freimaurerloge ‚Humanitas', die nach dem Ritual der Großen Loge von Hamburg arbeitete. In Österreich waren Freimaurertreffen gesetzlich verboten, während diese vom ungarischen Vereinsgesetz seit 1868 zugelassen wurden. Das grenznahe und von Wien aus gut erreichbare Neudörfl bot dafür eine günstige Ausweichmöglichkeit. Die Logenzusammenkünfte fanden im Haus des Neudörfler Fabrikdirektors und Kleiderhändlers

Der Marktplatz in Wiener Neustadt 1898

Paul Schönberger, einem Juden, statt. Für den jungen Steiner wirkten nach eigenen Worten die Äußerungen und das Gebaren jener Freimaurer *abstoßend* (GA 28, S. 14). Als auch der Dorfpfarrer in einer Sonntagspredigt seine energische Stimme dagegen erhob und in dem Satz gipfeln ließ: *Geliebte Christen merket, wer ein Feind dieser Wahrheit ist, z.B. ein Freimaurer und ein Jude* (GA 28, S. 14), gefiel Steiner daran *die Tatkraft, mit der dies gesprochen wurde* (ebd.) ganz besonders. Vor einem ganz anderen Forum als dem Leserkreis seiner Autobiographie, die er am Lebensende schrieb und in der er sich auch gegenüber kirchlichen Anschuldigungen seines Dornacher „Götzentempels" darstellen musste, sprach er 1913, als er sich umgekehrt gegenüber dem Vorwurf jesuitischer Beeinflussung rechtfertigte und stellte denselben Sachverhalt nun so dar, dass er die Bemerkung des Pfarrers *unauslöschlich komisch* (BGA Nr. 83/84, S. 10) empfunden hätte. Bei aller Differenziertheit seiner Empfindung stehen beide Wertungen miteinander in grellem Kontrast.

Ein entsetzliches Ereignis, an das sich Steiner noch im Alter erinnerte, passierte in der seit 1870 von der Oberrealschule abgetrennten, aber in unmittelbarer Nachbarschaft befindlichen Maschinenbauschule. Dort hatte sich der Sohn des Schuldieners nach einer Ohrfeige durch einen jähzornigen Lehrer aus dem Chemieraum Zyankali genommen und damit vergiftet. *Seit der Zeit wurden die Lehrer immer rot, wenn jemand herausging während der Stunden* (Konferenzen, 23.6.1920).

Ab der zweiten Hälfte der zweiten Realschulklasse besserten sich Steiners schulische Leistungen und von da an blieb er bis zuletzt Vorzugsschüler. Im einzelnen hatte er folgende Schulfächer: Deutsch, Französisch, Englisch (ab der 5. Realschulklasse): *Wir hatten zwei Karmeliter, von denen der eine uns Französisch, der andere Englisch beibringen sollte. Der für Englisch besonders konnte vor allen Dingen kaum ein englisches Wort, nun, jedenfalls nicht einen Satz sprechen* (zit.b. Chronik, S. 38), Religion und Geographie (nur während der ersten vier Realschuljahre), Geschichte, Mathematik, Geometrisches Zeichnen, Naturgeschichte, Physik (vier Jahre), Chemie (drei Jahre) sowie Freihandzeichnen und Turnen. Besonders Geometrie, wie zu erwarten, aber auch Physik und Chemie sprachen ihn durch die jeweiligen Lehrer stark an. Immerhin zeichnete sich die Qualität der Lehrerschaft auch an ihren wissenschaftlichen Publikationen ab. Sein Lehrer für Geometrisches Zeichnen und Darstellende Geometrie Georg Kosak verfasste einige wiederholt aufgelegte und mehrfach übersetzte Lehrbücher über den Betrieb von Dampfmaschinen; Laurenz Jelinek als Lehrer für Mathematik und Naturlehre erstellte einige mathematische Lehrbücher für Realschulen und Gymnasien und der von Steiner wenig geliebte Deutschlehrer Dr. Josef Mayer schrieb einiges zur Geschichte Wiener Neustadts. Als vom Schuldirektor Heinrich Schramm 1873, ein Jahr vor dessen Ausscheiden, im jährlich ausgegebenen Jahresbericht ein Aufsatz mit dem Thema „Die Anziehungskraft betrachtet als eine Wirkung der Bewegung" veröffentlicht wurde, konnte der Zwölfjährige zwar davon kaum etwas verstehen, sparte sich aber das darin erwähnte Buch des Direktors „Die allgemeine Bewegung der Materie als Grundursache aller Naturerscheinungen" zusammen und bemühte sich mit Beharrlichkeit und zusätzlichen physikalischen und mathematischen Bücherstudien, zum Verständnis dieses Werkes zu gelangen, was ihn auf Jahre beschäftigte. Wie schon an dem entliehenen Geometriebuch zur Neudörfler Schulzeit ansatzweise zu bemerken war, neigte Steiner zu starkem autodidaktischen Lernen. So brachte er sich mit aus eigenen Mitteln erworbenen mathematischen Lehrbüchern im Selbststudium entsprechende Kenntnisse bei, ebenso im Stenographieren, bevor er es regulär im Unterricht lernte. Noch in der Schulzeit brachte er es darin soweit, dass er einem Redner stenographisch folgen konnte. Da an Realschulen kein Latein und Griechisch unterrichtet wurde, was ein anschliessendes Universitätsstudium ausschloss, legte sich Steiner auch darin noch während seiner Schulzeit einen Grundstock an, den er später als Autodidakt ausbaute. Etwa mit fünfzehn Jahren brachte ihm ein Kollege seines Vaters Buch-

Die erst vor wenigen Jahren aufgefundene Zeichnung der Karte Österreichs von Hand des Schülers Rudolf Steiner

binden bei, was ihm später von Vorteil war, um seine gebundenen Schulbücher antiquarisch zu versetzen. Der Vater hatte ihm zudem noch das Telegraphieren aus seiner speziellen beruflichen Kenntnis beigebracht. Aufgeweckt vor allem für abstrakte Lerninhalte avancierte Steiner zu einem herausragenden Schüler, der im Fach Darstellende Geometrie und Geometrisches Zeichnen die Note Ausgezeichnet erhielt, eine überragende Zensur, die weder an dieser noch einer anderen Schule darin vorher vergeben worden war.

Seine Leistungen befähigten ihn damit auch zum Erteilen von Nachhilfestunden für Schüler niedrigeren und gleichen Jahrgangs, so dass ihm ab dem fünfzehnten Lebensjahr bescheidene Einkünfte für sein Bücherbudget zur Verfügung standen. Wie Steiner berichtet, arbeitete er mit den Nachhilfeschülern seiner Jahrgangsstufe ein allen gestelltes Aufsatzthema so durch, dass er seine unterschiedlichen Ideen jeweils variiert weitergab und erst zum Schluss, *nachdem er die besten Gedanken für das Thema weggegeben hatte* (GA 28, S. 27), seinen eigenen Aufsatz niederschrieb.

Von dem Honorar der Nachhilfestunden hatte er sich unter anderem die Bände Gustav Lindners: „Lehrbuch der empirischen Psychologie" und „Einleitung in das Studium der Philosophie" aus der Herbart'schen Richtung gekauft. Dadurch hatte Steiner an Äußerungen seines Deutschlehrers Dr. Josef Mayer bemerken können, ein Anhänger dieser Richtung zu sein, ohne allerdings seinen Standpunkt (namentlich) offenzulegen. Nun spornte das den stillen Mitwisser an, aus dem Hinterhalt heraus ebenso gefärbte Ideen in seine Aufsätze einzubringen. Dabei wurde der Umfang seiner Texte zum Ärger des Professors immer länger, zuweilen schrieb er auch ein ganzes Heft voll ! Als ihn sein Lehrer damit zur Rede stellte, er bemerke schon länger an seinen Aufgaben den Gebrauch einer *philosophischen Bibliothek* und ihm entschieden davon abriet, da er sich seine Gedanken verwirre, wollte Steiner nicht begreifen, *worüber ich meine Gedanken durch Lesen derselben Bücher verwirren sollte, aus denen er die seinigen hatte* (ebd., S. 28). Dass er hierbei nicht geneigt war einen Unterschied zwischen seiner Person und der des Lehrers zu machen, gehört mit zu den Geburtswehen seines Pubertätsalters.

Folgenlos blieb dieser schulische Kleinkrieg mit dem Deutschlehrer jedoch nicht. Gefürchtet als sein *stärkster Phraseur* mit den ellenlangen Aufsätzen bekam Steiner im Abgangszeugnis, zugleich mit Freihandzeichnen, das er überhaupt nicht mehr zu pflegen schien, lediglich die Note Befriedigend. Die Matura bestand er allerdings im Juli 1879 mit Auszeichnung. Acht von zehn Kandidaten seiner Klasse hatten erfolgreich die Prüfungen zur Matura absolviert.

Die Themenstellungen seines Examens lassen sich noch feststellen (BWN 1963, S. 40 f):

Deutsch: Der Patriotismus der Bürger ist die festeste Stütze der Staaten (belegt durch geschichtliche Beispiele).

Französisch: 1. Deutsch-Französisch: Die heutigen Geschichtsschreiber des Dreißigjährigen Krieges (Plötz, Übungen zur Syntax, pag. 91 – Verfolgungen des Hauses Österreich an).
2. Französisch-Deutsch: Bossuet: Discours sur l`histoire universelle. Parallèle des républiques d'Athènes et de Lacédémone.
Englisch: Washington Irving, Rural Life in England
Mathematik: 1.
$$\sqrt[3]{\frac{1\dot{}4758^2 \times 3\dot{}641 \times (11+3/11)}{15\dot{}306 \times \sqrt{7\dot{}458}}}$$
abgekürzt auf zwei Decimalien ohne Logarithmen zu berechnen.
2. Die Mantelfläche eines geraden Kreiskegels m = 4˙9 m² ist der Fläche eines Kreissectors mit dem Centriwinkel α = 124° 18' gleich; wie groß ist der Körperinhalt des Kegels?
3. Ein ebenes Dreieck, dessen eine Seite b = 6˙5 m und der ihr anliegende Winkel A = 102° 13' 15" ist, umfaßt die Fläche von f = 3˙4² m²; man bestimme alle übrigen Elemente desselben.
Darstellende Geometrie: 1. Es soll ein durch eine quadratförmige Platte gedeckter, auf der Grundebene basierter gerader Kreiscylinder unmittelbar in freier Perspective dargestellt und schattiert werden.
2. Es ist eine Ebene MNO, schief gegen beide Projections-Ebenen, und außerhalb derselben ein Punkt a gegeben. Man soll den geometrischen Ort aller Ebenen ausmitteln, welche durch den Punkt a gegen die Ebene MNO unter einem Winkel von 70° gelegt werden können.
3. Es sollen der Selbst- und Schlagschatten einer Körpergruppe, welche aus einem sechskantigen geraden Prisma (auf π_1 aufstehend), einem darauf ruhenden linsenförmigen Umdrehungsellipsoid und einem seitlich gestellten geraden Kreiskegel besteht, ermittelt und die sich ergebenden Schattenflächen durch Schraffieren gekennzeichnet werden.

Bei der mündlichen Prüfung wurde er im Fach Geschichte über ‚Die Kultur der Römer in den Donauländern' gefragt, in Geographie über ‚Die Kanäle von Mitteleuropa', in Physik über das ‚Wesen des Telephons' und in Mathematik wurde ihm die Aufgabe vorgelegt: „Durch 9 Jahre werden Capitaleinlagen gemacht, so daß jede nachfolgende das 1 ½ fache der früheren beträgt. Wie groß ist das Gesamtcapital nach 9 Jahren bei 5% Verzinsung durch Zinseszins angewachsen, wenn die letzte Einlage 6561 fl. beträgt?"
    Laut Bericht seines Direktors stellte er mit zwei weiteren Mitschülern den elitären Rest von ehemals einhundertvierzig Schülern dar, die 1872 in die – so ihr Ruf – schwerste Realschule Österreichs eingetreten waren! Die beiden anderen maturierten ebenfalls mit Auszeichnung (Picht, S. 43).

Matura-Zeugnis des Vorzugsschülers Rudolf Steiner

Nationale des Abiturienten.	Leistungen	Gegenstände					
		Religionslehre	Deutsche Sprache	Französische Sprache	Englische Sprache	Geschichte	Geographie
Steiner Rudolf aus Kraljevec in Ungarn, geb. am 27. Feb. 1861, Sohn des Jos. Steiner, Stationsleiters an der Südbahn in Neudörfl sich. hat die Studien im Schulj. 1872 an der Landes-Ober-Realschule in Wr.Neustadt begonnen, und bis 1879 in allen Klassen an derselben beendiget, im sittlichen Betragen die Note *musterhaft* erlangt, und sich der Maturitäts-prüfung vor der unterzeichneten Prüfungs-Kommission mit nach-stehend verzeichnetem Erfolge unterworfen.	im Schuljahre	befriedigend	lobenswert	lobenswert	vorzüglich	vorzüglich
	bei der schriftl. Prüfung	befriedigend	fast sehr lobensw.	lobenswert			
	bei der mündlichen Prüfung					1) Kultur der Römer in den Donau-ländern. 2)	1) Die Kanäle von Mittel-europa. 2)
						vorzüglich	vorzüglich
		Religionslehre	Deutsche Sprache	Französische Sprache	Englische Sprache	Geschichte	Geographie
Konferenz-Urtheile		befr.	lob.	lobensw.		vorz.	vorz.

Gegenstände						Der Abiturient erhielt
Mathematik	Naturgeschichte	Physik	Chemie	Darstellende Geometrie	Freihandzeichnen	das **Zeugnis** der
vorzüglich	lobenswert vorzüglich vorzüglich	vorzüglich	lobenswert vorzüglich vorzüglich	vorzüglich	befriedigend	[Siegel] dispens.
lobenswert				vorzüglich		
[längerer handschriftlicher Text]		wegen des Telephons. 974.				
vorz.		vorz.				
Mathematik	Naturgeschichte	Physik	Chemie	Darstellende Geometrie	Freihandzeichnen	
vorz.	vorz.	vorz.	vorz.	vorz.	sehr	[Siegel]

Name und Alter des Schülers	Vaterland und dessen Geburtsort	Name, Stand, Wohnort des Vaters, resp. Vormundes	Religion
9. *[illegible]* *ca. 26. Febr. [illegible]*	Ungarn *Kraljevec*	*H. Steiner* *[illegible]* *in Neudörfl*	*[illegible]*

I. Semester.

Sittliches Betragen — *musterhaft*

Fleiss — *[illegible]*

Religionslehre	
Deutsche Sprache	befriedigend
Französische Sprache	lobenswert
Englische Sprache	befriedigend
Geschichte	vorzüglich
Erdkunde	vorzüglich
Mathematik	vorzüglich
Naturgeschichte	lobenswert
Physik	vorzüglich
Chemie	vorzüglich
Darstellende Geometrie und Zeichnen	vorzüglich
Freihandzeichnen	befriedigend
Schönschreiben	
Turnen	Dispensiert
Gesang	

Zahl der versäumten Lehrstunden:	9	Hievon nicht entschuldigte:	0
Allgemeine Zeugnisklasse:	Vorzug		
Location:		Unter 9 Schülern der erste	

Vom Schulgelde befreit, oder zahlend. Stipendium:	Name, Stand, Wohnort des verantwortl. Aufsehers	Künftiger Beruf	Anmerkungen
[illegible]	[illegible]	Tech.	

II. Semester.

[illegible]

[illegible]

Religionslehre	
Deutsche Sprache	befriedigend
Französische Sprache	lobenswert
Englische Sprache	lobenswert
Geschichte	vorzüglich
Erdkunde	vorzüglich
Mathematik	vorzüglich
Naturgeschichte	vorzüglich
Physik	vorzüglich
Chemie	vorzüglich
Darstellende Geometrie u. Zeichnen	vorzüglich
Freihandzeichnen	befriedigend
Schönschreiben	
Turnen	dispensiert
Gesang	

Zahl der versäumten Lehrstunden 6	Hievon nicht entsch.: 0
Allgemeine Zeugnisklasse: Erste mit Vorzug	
Location: 1.	Unter 8 Schülern der 1.

Sein Verhältnis zur Geschichte wandelte sich noch während der Schulzeit. Er hatte die zehnbändige Weltgeschichte Rotteck's antiquarisch erworben und sich daran begeistert, ebenso Tacitus' Darstellungen neben der Schule gelesen und einen neuen Geschichtslehrer, Albert Löger, erhalten, dem er über die Schulzeit hinaus freundschaftlich verbunden blieb.

Ziel mancher Streifzüge des Oberrealschülers: das Antiquariat in Wiener Neustadt

Außerhalb der Schule lernte er durch den (Bahn-) Arzt Dr. Carl Hickel, dessen kuriose ärztliche Praktiken er schon selbst mitbekommen hatte und der als Sonderling galt, da er über seinen Beruf ungern, umso lieber aber über deutsche klassische Literatur sprach, ausgesuchte Werke von Goethe, Schiller, Lessing (teilweise in kommentierten Ausgaben) kennen.

Abweichend vom Studienplan des Vaters, aus ihm einen Eisenbahn-Ingenieur zu machen, beschloss Rudolf Steiner am erfolgreichen Ende seiner Schulzeit, ein Brotstudium an der Wiener Technischen Hochschule zum Realschullehramt aufzunehmen. Von dem Erlös seiner veräußerten Schulbücher konnte er sich die wohlfeilen Reclambände von Kant, Hegel, Fichte, Schelling und Darwin anschaffen und nutzte die Zwischenzeit, sich leidenschaftlich in die philosophische Lektüre zu vertiefen.

In Absprache mit seiner Dienststelle ließ sich nun Vater Steiner näher an Wien, nach Inzersdorf bzw. Oberlaa versetzen, um seinem Sohn den Weg zur Hochschule zu verkürzen.

Wien – Die Geburt der Philosophie aus dem Geiste der Goetheschen Naturwissenschaft

An der Technischen Hochschule schrieb sich Steiner im Oktober 1879 in die naturwissenschaftlichen Fächer Mathematik und Geometrie, Chemie, Physik, Botanik, Zoologie, Mineralogie, Geologie ein, daneben hörte er Literaturgeschichte und besuchte die „Übungen im mündlichen Vortrag und schriftlicher Darstellung" bei Karl Julius Schröer. Wie die Studenten an der Universität waren auch die der Technischen Hochschule vom Militärdienst befreit. Ehemals als k. k. Polytechnisches Institut anno 1815 gegründet, waren die anwendungsbezogenen Naturwissenschaften hier in der Lehre eng an Forschung und Entwicklung gekoppelt.

Neben all den Pflichtvorlesungen trieben ihn seine Interessen als Gasthörer an die Wiener Universität, wo Steiner seine zentrale Leidenschaft für Philosophie den Vorlesungen der beiden Professoren Robert Zimmermann und Franz Brentano, einem ehemaligen katholischen Priester und Theologen, zuwenden konnte.

Nicht genug damit hörte er dort auch juristische und mathematische Vorlesungen und obwohl er kein Musikinstrument erlernt hatte (was auch finanziell nicht zu bestreiten gewesen wäre), sondern auf der Neudörfler Bauernschule nur Zuhörer der Klavier- und Geigenstunden war, schrieb er sich noch am Konservatorium in Bruckners Vorlesungen über Harmonielehre und Kontrapunkt ein.

Seine Leistungen an der Hochschule weisen ihn weiterhin als hervorragenden Studenten aus, was für die Gewährung eines Stipendiums von jährlich 300 Gulden auch erforderlich war und in einer bestimmten Anzahl zu erbringender Qualifikationen dokumentiert werden musste. Auch seine Nachhilfestunden führte er nun erweitert für Gymnasiasten, Mitstudenten und Doktoranden fort. Autodidaktische Studien betrieb er sein Leben lang.

Bei langweiligen Seminaren brauchte er nun nicht mehr zur altbewährten List zu greifen, sondern konnte auch mal ein Kolleg „schinden" (d.h. das Honorar nicht zu entrichten), wie er das mit zwei Kommilitonen im Fall eines pädagogischen Privatkollegs tat (Kleeberg, S. 58).

Konnte man im Lebenslauf des Knaben ein verschlossenes Außenseitertum bis in die Schulzeit erkennen, so führte ihn das Erwachen intellektueller Kräfte mit der Pubertät zu Mitschülern und später im Studium zu anderen Studenten in ideenbetonte, rege Kontakte. Als Mitglied des Studentenvereins ‚Deutsche Lesehalle' an der Technischen Hochschule war er zunächst als Kassierer, dann als Bibliothekar tätig und mit diversen *Pump-*

briefen an Autoren herangetreten, mit deren Bücherspenden er die Studentenbibliothek und nicht zuletzt sein eigenes Wissen bereicherte. Er war einstimmig zum Vorsitzenden des studentischen Vereins gewählt worden, musste aber nach einem halben Jahr die Erfahrung machen, wiederum einstimmig abgewählt zu werden.

Die wesentlichen philosophischen Themen, die der Oberrealschüler Steiner fasziniert entdeckt hatte, waren der durch Kants Analyse vorgestellte Erkenntnisprozess, Herbarts Gedanken zum Begriff der Freiheit und die bei den deutschen Idealisten behandelten Gedanken zum ‚Ich'.

Wie musste der Student daher *gefesselt* (GA 28, S. 40) sein, in seinem Professor für Literaturgeschichte einen Mann zu finden, der in jener Welt des deutschen Idealismus und der Klassik noch lebte und mit seiner ganzen Persönlichkeit diese Werke seinen Studenten zu vermitteln suchte! Als Zeichen seiner Goethe-Begeisterung hatte Karl Julius Schröer den ‚Wiener-Goethe-Verein' gegründet und gab alljährlich dessen Chronik heraus. Um seinen Zugang zu Goethe zu kennzeichnen, dessen dramatischem Werk er mehrere Publikationen in den achtziger Jahren des 19. Jahrhunderts gewidmet hatte, sei ein Passus aus dem Vorwort seines Faustkommentares zitiert, wenn dieser auch erst 1896 geschrieben wurde: *Ich halte mich an die Methode Goethes, in allen Werken der Natur und Kunst jenen prägnanten Punkt zu suchen, aus dem sich das Entstehen des ganzen Organismus erklären lässt, den Punkt des Kunstwerkes namentlich, wenn von einer Dichtung die Rede ist, aus dem man ersieht: wie es im Geiste des Dichters Leben gewann und sich notwendig so, wie es ist, entwickeln musste ... Etwas weiter: Es kann nur **Eine** Goetheforschung geben, das ist die, die zunächst auf die Idee ausgeht (...) Die Hauptsache bleibt immer der ideale Kern, von dem auszugehen ist* (zit.b. Raub, S. 13).

Schröers Elternhaus, das sich als volksbewusstes Deutsch-Ungarntum verstand, hatte die Goethe-Verehrung vorgelebt. Das Ideal der Humanität wurde dort mit Bildung identifiziert und von Schröer selbst manchmal als Maßstab überbetont.

Vor seiner Anstellung am Polytechnischen Institut hatte er sich durch seine Forschungen zur Dialekt- und Volkskunde des Deutschungarntums einen Namen gemacht. Für die Herausgabe der von ihm der Fachwelt bekannt gemachten „Oberuferer Weihnachtsspiele" war ihm von namhaften Gelehrten wie Jacob Grimm und Karl Weinhold Lob gezollt worden.

Schröer zeigte sich mit seiner eigenen Herkunft als Angehöriger einer deutschen Enklave in Westungarn betont deutschbewusst und war politisch gegen die zunehmende Magyarisierung aufgetreten. Dabei ging es ihm in seinem Bildungsideal der Klassik und des Deutschen Idealismus nicht um Vorherrschaft sondern um Gleichberechtigung der Deutschen in Ungarn.

So der Mission des Deutschen verpflichtet hatte er mit den auf Gottsched zurückreichenden ‚Deutschen Verein', in dem zur Bildung und Reinigung der deutschen Sprache und zur Hebung des Geschmacks Seminare und Übungen eingerichtet wurden, nach dem Vorbild seines Vaters an der Universität Pest zunächst eine Dozentur übernommen. Seine Fähigkeiten als Stilist hatte er propagandistisch dem Militär im Krieg gegen Italien und gegen die Ungarn zur Verfügung gestellt.

Nachdem ihm in Pest eine wenn auch bloß außerordentliche Professur verweigert worden war, wechselte er als Lehrer an die erste vollständige (Gesamt-) und konfessionell-simultane Realschule der Monarchie nach Preßburg und wurde daraufhin Direktor der vereinigten evangelischen Schule in Wien.

Noch vor seiner Goethe-Forschung hatte er als Pädagoge und Vermittler eine unkonventionelle Literaturgeschichte herausgegeben, die unter dem Gesichtspunkt pädagogischer Wertung verfasst worden war. Damit zog er sich manches ungünstige Urteil zu wie das von Gottfried Keller, der allerdings nicht aus erster Quelle schöpfte, sondern eine abfällige Rezension mit dem Titel „Literaturgeschichte aus dem Handgelenk" für ausreichend erachtete. Auch von führender philologischer Seite, dem Scherer-Schüler Erich Schmidt, war der unmoderne Schröer in einem Brief als *bornierter Kerl* (zit.b. Streitfeld, Bd. 2, S. 383) bezeichnet worden.

Steiner fand in ihm seinen richtungsweisenden Mentor, zu dem sich bereits nach wenigen Vorlesungen ein intensiver persönlicher Kontakt ergab. Schröer erschloss ihm den Zugang zu Goethe und dessen „Faust"-Drama, das Steiner in der von ihm kommentierten Ausgabe zum erstenmal kennenlernte. Im weiteren Verlauf wurde Schröer bald zum väterlichen Freund und Protektor Steiners. In diese Beziehung mischte sich allerdings nach Steiners eigenen Worten immer wieder in seinem *Seelenstreben etwas von Opposition gegen Schröer* (GA 238, 23.9.1924).

Enttäuscht hingegen wurde die von Steiner in die Schulphilosophie gesetzte Erwartung, grundlegenden Boden für seine naturwissenschaftlichen Studien und vor allem für seine innere Welt zu erwerben. Sie versagte in seinem Anspruch, den denkerischen Zugang zu seiner inneren Erfahrungswelt, die er als eine objektive nahm, zu leisten.

Nun lernte er bei seinen täglichen Bahnfahrten nach Wien bald einen wöchentlich in Trumau zusteigenden älteren „Dürrkräutler" namens Felix Koguzki kennen, der seine gesammelten Heilkräuter an die Wiener Apotheken verkaufte. Er, als einfacher Mann aus dem Volk, war einer von denen, die ebenfalls *die Welt, die man mit äußeren Augen nicht sieht*, wahrnehmen und in das Reich der Naturwesen und die elementarische Welt der Pflanzen und Heilkräuter tiefer hineinblickten. Der etwas schrullig wirkende Mann freundete sich mit dem Studiosus an, der ihn denn auch zuhause aufsuchte. Dort beherbergte er eine kleine Bibliothek verschiedener Kräuterbücher, aber auch Werke von Paracelsus, Jakob Böhme und Joseph Ennemoser. Für Steiner war nun zum erstenmal eine nicht nur an geometrischen Vorstellungen erlebbare Verständigung über seine *innere Welt* erfahrbar, sondern in einem Menschen gegenüber präsent. Dennoch schien er seine Verschlossenheit nicht in einen offenen Austausch solcher Erlebnisse mit dem „Dürrkräutler" gewandelt zu haben.

Bei seinen Vorlesungsbesuchen in der nicht-euklidischen Geometrie befreite ihn der neue Raumbegriff von der hemmenden Vorstellung, die vormals an den Begriff eines unendlichen und leeren Raumes geknüpft war. Die analoge Anwendung auf das Rätsel der Zeit, wo durch ein Fortschreiten in die *„unendliche ferne"* Zukunft *ein Zurückkommen aus der Vergangenheit* (GA 28, S. 41) sich ergebe, wirkte auf ihn hingegen gar nicht beglückend, sondern tief beunruhigend.

Nach seinen Angaben entwickelte er noch vor der Bekanntschaft mit Goethes naturwissenschaftlichen Schriften durch seine eigenen Beobachtungen und Studien gleichartige Erkenntnisse.

So war ihm aufgefallen, dass die Physik Licht und Schall in nicht legitimer Weise analog als Schallwellen und Lichtwellen dachte. Ihm war jedoch gewiss, im Schall eine abstrakte Zusammenfassung einzelner akustischer Ereignisse zu haben. Das Licht selber hingegen könne gar nicht wahrgenommen werden, sondern nur Farben durch das Licht, weshalb nur dem Licht – im Gegensatz zum Abstraktum Schall – konkrete Wirklichkeit zukomme. Auch bei seinen anatomischen und physiologischen Studien als Gasthörer medizinischer Vorlesungen an der Universität kam er nach eigenen Worten selbständig zur Anschauung von der Idee der Metamorphose, wie er sie dann bei Goethe im Ergebnis wiederfand.

Nimmt man zu seiner Autobiographie noch frühere Texte hinzu, ergibt sich folgender Ablauf: Im Barr-Dokument (1907) notierte er, *vom Anfang 1880 an an Goethes naturwissenschaftlichen Werken gearbeitet zu haben.* Im autobiographischen Vortrag (von 1913, BGA Nr. 83/84, S. 18) weist er darauf hin, durch Schröers Vorlesungen zur „Deutschen Literatur seit Goethes erstem Auftreten" (1879/80) zur Beschäftigung mit der Farbenlehre Goethes angeregt worden zu sein.

Steiner *trat mit dieser Orientierung an die Optik der Physiker heran*, die er deshalb in vielem ablehnte (GA 28, S. 64). Optik und Physik überhaupt besuchte er im 2. Studienjahr 1880/81. *Da gelangte ich zu Anschauungen, die mir den Weg zu Goethes Farbenlehre bahnten. Von dieser Seite her öffnete ich mir das Tor zu Goethes naturwissenschaftlichen Schriften* (ebd.).

Steiner schrieb kleinere Abhandlungen darüber und brachte sie zu Schröer, der darüber sehr erfreut war.

Nun setzte Steiner privat seine Studien zur Optik mit Experimenten über das Licht fort. *Mit den gebräuchlichen Versuchsanordnungen der Physiker war ich durch die Arbeiten in dem Reitlingerschen* (einer seiner Professoren) *physikalischen Laboratorium bekannt* (ebd., S. 65). Reitlingers Kollegien hatte er in den Semestern 1880/81 und 1881/82 besucht. Steiner fühlte eine Abneigung, sich mit naturwissenschaftlichen Erkenntnissen bloß philosophisch zu befassen und näherte sich *von den verschiedensten Seiten* (ebd.), was ihn wieder zu anatomischen und physiologischen Studien zurückführte und ihn dabei auf seine Art zur Metamorphoselehre und der Erkenntnis der „sinnlich-übersinnlichen Form" brachte.

Um diese Erkenntnis mitzuteilen, fand sich für ihn kein ernstzunehmender Partner. Nur indem er immer wieder Goethes Gespräch mit Schiller über die Urpflanze las, worin Goethe erwidert hatte, es freue ihn, Ideen mit seinen Augen sehen zu können, die Schiller nur als abstrakte Vorstellung gelten lassen wollte, fand Steiner *innere Erfahrung* und *Beruhigung.*

Nun musste er schließlich *Goethes naturwissenschaftliche Schriften in allen Einzelheiten durcharbeiten* (ebd., S. 67).

Aus all diesen ihn fördernden wie befreienden Einsichten und Erlebnissen heraus bahnte er sich selbst einen erkenntnistheoretischen Zugang von der sinnlichen zur übersinnlichen Welt. Dabei erhielt er von einer anonym gebliebenen Persönlichkeit, die man nur aus seinen Andeutungen kennt und die er nach okkultem Sprachgebrauch seinen *Meister* nannte, entscheidende (esoterische) Schulung und den direkten Hinweis auf die Ich-Philosophie Fichtes. Dieser *Meister* habe ihn einmal plötzlich davor gerettet etwas zu tun, *was ihm den Tod gebracht hätte* (Rittelmeyer, S. 103). Möglicherweise meint dies eine okkultistische Metapher im Sinne einer geistigen Erweckung, doch kann auch ein tatsächliches Ereignis zugrunde liegen, wie es beispielsweise H.P. Blavatsky von sich aufgedeckt hatte mit ihrem verzweifelten Versuch, sich in der Themse zu ertränken, von dem sie abgehalten worden war, als sie in dem Moment den von ihr seit Jahren gesuchten ‚Meister' sah (s.d. Cranston/Williams, S. 76). In einem enthusiastischen Brief an einen Freund schildert der neunzehnjährige Student jedenfalls, dass ihm nun in einem nächtlichen Erlebnis das geahnte Gespür zu einer klar empfundenen Gewissheit des unwandelbaren ewigen Selbstes, von dem Schelling spricht, geführt habe.

Steiner hatte sich also von 1880 an Goethes naturwissenschaftliche Werke aus eigenem Antrieb vorgenommen, wozu ihn sein naturwissenschaftliches Studium und seine durch Schröer vermittelte Aufmerksamkeit auf Goethe wie zu einem Kreuzungspunkt geführt hatte. Erste schriftliche Ergebnisse überbrachte er Schröer, der zwar vom Naturwissenschaftlichen her fachfremd war, aber die seiner Meinung nach unterschätzte Größe Goethes auf diesem Gebiet gerne durch einen kundigen Exegeten einmal herausgestellt wünschte. Offensichtlich bemerkte Schröer an Steiners Versuchen dessen Potential, einen solchen Entwurf tatsächlich leisten zu können und so kam es in wissenschaftsgeschichtlicher Hinsicht zu einem außergewöhnlichen Ereignis. Schröer arbeitete seit 1882 mit an dem über zweihundertbändigen Projekt Professor Kürschners ‚Deutsche National-Litteratur', in dem auch die naturwissenschaftlichen Schriften Goethes im Rahmen einer kommentierten historisch – kritischen Ausgabe ihren Platz finden sollten. Da es eine solche aber von dem Physiker Salomon Kalischer in einem anderen Verlag schon gab – zudem mit einem kaum zu überbietenden Renommee –, war ein entsprechendes Konkurrenzunternehmen keineswegs eine einfache Angelegenheit. Schröer unterbreitete in seiner Korrespondenz mit dem neunundzwanzigjährigen Kürschner den eigenen Wunsch und stellte ihm seinen Studenten *in höhern Semestern* mit *philosophisch gebildeten Geist* (zit.b. Raub, S. 31) als rechten Mann vor. Kürschner ging immerhin auf den gewagten Vorschlag ein, bei seinem ehrgeizigen Projekt mit hochrangigen Fachleuten einen ohne Meriten dastehenden Studenten mit dieser kühn-anspruchsvollen Arbeit als Herausgeber zu nominieren, wenn auch unter der Versicherung Schröers begleitender Mitarbeit. Erst ein Vierteljahr nach der brieflichen Absprache zwischen Schröer und Kürschner wurde Steiner selbst angefragt, der sich bereit erklärte, die Bedingungen Kürschners für Schröers Durchsicht der Arbeit sowie einer Einleitung von dessen Hand zu akzeptieren.

Schließlich kam der Auftrag im September 1882 zustande und die zunächst auf drei Bände geplante Herausgebertätigkeit umfasste die Gebiete Morphologie, Mineralogie und Geologie, Meteorologie, Optik und Farbenlehre. Steiner sollte dafür ein Honorar von 1000,- Mark erhalten, ein Jahr später würde Ablieferungstermin sein.

Mit diesem Auftrag trat in Steiners Leben ein Wendepunkt ein.

Wie seine hervorragenden Examina der Studienjahre seit 1879 ausweisen, legte er im Juli 1882 die letzten Prüfungen ab, ohne den ordentlichen Abschluss im Studienjahr 1882/83 anzugehen. Zwar graute es ihm vor der *verstand- und geistlosen Zitatenarbeit* (GA 38, Nr. 13) – wovor er zeitlebens größten Horror und den geringsten Respekt hatte –, wollte sich jedoch dazu überwinden. Das unerwartete Angebot zur Herausgabe der naturwissenschaftlichen Schriften Goethes stellte die Weichen neu: Steiner verließ im Oktober 1883 die Technische Hochschule ohne Abschluss. Fertiggestellt dagegen wurde von ihm schon im März 1883 der erste Band, auf den er nun seine ganze Energie gewandt hatte. Bis allerdings Schröer sein Vorwort dazu geschrieben hatte, Kürschner dies verabredungsgemäß zu vergüten bereit war und schließlich der Text gedruckt vorlag, wurde es 1884.

In seinem Kommentar ging es Steiner nicht um einzelne Entdeckungen, die Goethe auf naturwissenschaftlichem Gebiet gemacht hatte, und deren Bewertung oder wie bei Kalischer, um die Stützung der Goetheschen Anschauung durch ihre gesuchte Übereinstimmung mit der gerade modernen darwinistischen Auffassung, sondern um die Bedeutung der Sichtweise Goethes, die nach seiner Auffassung von zentralem Wert für die naturwissenschaftliche Methode war. Die Einzelheiten von Goethes vielfältigen Forschungen waren nämlich von seiner Art, die Dinge anzusehen bestimmt und erst dadurch möglich geworden.

Bis zu Goethe gab es eine unüberwindliche Kluft der Erklärungsweisen von Vorgängen im Anorganischen zu denen im Organischen. Während beim Anorganischen alle Bedingungen sinnlich erfassbar und damit beschreibbar waren und somit das Verhältnis von Ursache und Folge im Begriff restlos abbildbar war, versagte diese Erklärung beim Organischen. Deshalb konstruierte man eine außerhalb des Organismus befindliche Schöpferkraft, um mit diesem herbeigeholten Ansatz die Erklärungsnot zu überbrücken. Kant selbst leistete philosophische Schützenhilfe, wenn er meinte, dieses Unvermögen begründen zu können, indem er dem Menschen mit seinem diskursiven Verstand nur die Möglichkeit zur verstandesmäßigen Erfassung anorganischer Verhältnisse zusprach, das darüber hinausgehende intuitive Erfassen aber aus dem Bereich menschlicher Möglichkeiten verwies. Goethes Tat war es, ausgerüstet durch die philosophische Beschäftigung mit Spinoza, einen einheitlichen monistischen Erkenntniszugang für den Menschen zu den beiden Reichen zu finden, wobei von ihm eine jeweils spezifische, aber eben keine übernatürliche Erklärungs-Methode – wie die Schöpferkraft – für das Organische entwickelt wurde.

Er fand für die Organik die Idee des Urbildes, also eines Ur-Organismus, der sich zwar in verschiedenen Erscheinungsformen realisierte und durch physische Bedingungen variiert wurde, aber immer als übergeordnete Einheit auftrat, die als Entelechie, als Ganzheit zu verstehen war. Das Urbild der Pflanze bilde das Blatt. Vor- und rückwärts war die Pflanze nach Goethe immer nur Blatt und metamorphosierte sich räumlich in Zusammenziehung und Ausdehnung. Fand man die Gesetze der Natur auf, nach denen sie organische Gestalten produzierte, so ließen sich nach Goethe noch Pflanzen ins Unendliche erfinden, die unter geeigneten Bedingungen auch existieren würden.

Während bei der Pflanze in jedem Organ die ganze Pflanze sei, erscheine beim Tier jedes Organ von einem Zentrum gebildet. Der Organismus der gesamten Tierwelt gliedere sich in eine Menge von Organsystemen, die zu einem bestimmten Grad zur Ausbildung kommen und dadurch ihre Verschiedenheit begründen.

Was Goethe in der unorganischen Natur das „Urphänomen" war, war ihm in der Organik der Typus. Der Typus ist ein *allgemeines Bild des Organismus*: die Idee desselben; die Tierheit im Tier (GA 1 b, S. XLI). Dieser auf sich selbst gebaute Typus enthalte die Möglichkeit, bei seinem Eintreten in die Erscheinung der sinnlichen Welt mannigfaltige Formen anzunehmen, deren Vielfalt dem Übergewicht eines Teiles (Organes) über die anderen zugestanden sei. Die vielfältigen Gestaltungen im Pflanzen- und Tierreich zeigten sich in einer aufsteigenden Entwicklungsreihe von unvollkommenen zu vollkommenen Organismen in räumlich-zeitlicher Gesamtperspektive. Der von diesen räumlich-zeitlichen Elementen charakterisierte Typus der Organismen, ihre ideelle Form, sei deshalb eine „sinnlich-übersinnliche".

Der Mensch schließlich sei die nicht in einzelne Typen auseinanderfallende, sondern in die ungeteilte Ganzheit gestellte Vollendung, weshalb Goethe den zu seiner Zeit behaupteten grundsätzlichen anatomischen Unterschied zum Tier in dem beim Menschen angeblich fehlenden Zwischenkieferknochen ablehnte und tatsächlich den osteologischen Nachweis dazu erbringen konnte (Sutura incisiva Goethei).

Für Goethes Erkenntnis war der Begriff die Summe, hingegen die Idee Resultat der Erfahrung, wozu im ersten Fall Verstand, im letzten Vernunft erforderlich war. Goethes neue Methode setzte so nicht bei verstandesmäßigen Begriffen an, die in der Organik nicht weiterführten, auch nicht in gedanklichen Abstraktionen und Schlüssen, sondern sie wurde mit den „Augen des Geistes" aus der ‚anschauenden Urteilskraft' gewonnen, welche die Idee wahrnahm, wie die Sinne das Sinnesobjekt. Im Gespräch darüber mit Schiller hatte dieser als Kantianer das als eine (rationale) Idee bezeichnet, woraufhin Goethe bekanntlich darauf bestanden hatte, dass er dann eben Ideen mit den Augen sehen könne.

Diese bislang ungewürdigte, außerordentliche Leistung Goethes, mit seiner sinnlich-übersinnlichen Methode der Naturwissenschaft aus der dualistischen Sackgasse heraus zu einer einheitlichen Erkenntnis, wenn auch auf spezifischen Wegen, verholfen zu haben, entfaltete Steiner in seiner Einleitung gebührend an Goethes Forschungsansatz und stellte ihn heraus, indem er ihn mit der Bedeutung von Kepler, Kopernikus und Galilei für das Anorganische verglich. Den von Steiners naturwissenschaftlichen Zeitgenossen verkannten und mit Vorurteilen bespöttelten Naturforscher Goethe würdigte er so als den ‚Kepler der Organik'.

Mit der souveränen Wegleitung dieser Gedanken führte Steiner die zentrale Bedeutung der goethischen Naturanschauung vor, in der er den Begriff als die „in die Idee übersetzte Natur" herausarbeitete und damit die ersten philosophischen Schritte anhand naturwissenschaftlicher Methodik unternahm, sinnlich-übersinnlich zu erfassen, was ihm seit Kindesjahren als ungelöste Spannung in der Seele gebrannt hatte. Goethe war ihm zum willkommenen Modell geworden, seine autobiographischen Erlebnisse in der Vereinigung von Naturwissenschaft und Geisteswissenschaft zu interpretieren.

Im dazugehörigen Vorwort spricht Schröer über Steiners Beitrag von einer *Förderung des Verständnisses* der wissenschaftlichen Schriften Goethes, *wie wir sie noch nicht hatten.* Auch Professor Kürschner ist von der *meisterhaften Arbeit* (GA 38, Nr. 37) angetan und wird später von ihrer *Ziel gebenden Bedeutung* (GA 39, Nr. 264) sprechen. Nebenher deckte er Steiner mit weiteren, schlecht bezahlten Arbeiten an seinen Projekten verschiedener Lexika ein. Steiner erhielt im gesamten für 1720 Zeilen 30,- Mark.

Von einigen Gelehrten wurde die Publikation lobend aufgenommen, so von Eduard von Hartmann, dem tonangebenden und von Steiner sehr geschätzten Philosophen des Unbewussten, dem er ein Rezensionsexemplar zugesandt hatte. Anerkennende Beurteilungen wurden ihm von dem namhaften Geologen der Universität Wien, Eduard Sueß, und dem Breslauer Germanisten Max Koch zuteil. Doch ein größeres Echo, akademische Meriten oder gar ein Ruf an ein wissenschaftliches Institut blieben aus.

Nun ging Steiner ab 1884 daran eine gesonderte Schrift zu erarbeiten, die er als „Grundlinien einer Erkenntnistheorie der Goethischen Weltanschauung" bezeichnete und zwei Jahre später zum Abschluss brachte. Zu seiner Freude konnte dieser Band mit Kürschners Unterstützung im selben Verlag in derselben Ausstattung wie die Klassiker-Reihe erscheinen. Auf ein Honorar verzichtete der Autor vorsorglich, wohl um die Publikation nicht zu gefährden. Der zweite naturwissenschaftliche Goethe-Band in der ‚Deutschen National-Litteratur' folgte erst im Jahr 1887.

Steiner hatte ehedem in der von Kürschner verlangten Darlegung seines Standpunktes in der Behandlung von Goethes naturwissenschaftlichen Schriften bekannt, er *werde in den Einleitungen stets die Punkte in den Vordergrund treten lassen, von welchen aus man in das Ganze Goethischer Forschung bequem eingeführt wird. Es soll hier – mit möglichster Vermeidung alles Polemischen – die Goethische Anschauungsweise erklärt werden* (21. 10. 83, zit.b. Raub, S. 33). In seinem Begleitbrief an den von ihm hochgeschätzten Ästhetiker F.T. Vischer beschrieb er eine andere Intention, die ihn in der beigelegten „Erkenntnistheorie" geleitetet hatte: *Wenn sich dieselbe auch an Goethe anschließt, so gestehe ich doch ganz offen, dass ich in erster Linie einen Beitrag zur Erkenntnistheorie und keineswegs einen solchen zur Goetheforschung habe geben wollen. Von Goethes Weltanschauung waren für mich nicht dessen positive Aufstellungen maßgebend, sondern die Tendenz seiner Weltbetrachtungsweise* (GA 38, Nr. 107, gleichermaßen an E.v. Hartmann, Nr. 110).

Steiner wurde mehr und mehr philosophischer Interpret und immer weniger Erklärer von Goethes Naturwissenschaft, was sich ab dem zweiten Kommentar-Band zunehmend manifestieren sollte.

Unterdessen verlangte Steiners Existenz auch eine wirtschaftliche Konsolidierung, zumal er auch noch bei seinen Eltern und Geschwistern in Brunn am Gebirg wohnte, wo sein Vater inzwischen dem Frachtenbahnhof vorstand. Vermutlich durch Schröers Intervention erhielt er im Juni 1884 die Anfrage, eine Hofmeisterstelle bei einer Familie Specht aus Vöslau zu übernehmen, worin man sich auf *die warme Empfehlung des Herrn Regierungsrates Dr. Walser* (BGA Nr. 112/113, S. 9) berief, der bei Steiners Matura Vorsitzender der Prüfungskommission gewesen war.

Die Spechts waren eine jüdische Kaufmannsfamilie, die mit Baumwollfabrikation zu tun hatte. Steiner gab seine Zusage, die vier Kinder als Hauslehrer zu betreuen, darunter einen hydrozephalen Jungen, der nach Ansicht des Hausarztes Dr. Josef Breuer – nachmaliger Mitbegründer der Psychoanalyse und in Wien als „Arzt der Ärzte" von Billroth gepriesen – als wenig bildungsfähig eingeschätzt wurde. Der neue Hauslehrer verlangte, außer dem Unterricht auch den Tagesablauf und die Diät des Jungen frei bestimmen zu können – nicht ohne Widerstand des Vaters. Unter Steiners Regime setzte innerhalb von eineinhalb Jahren ein Rückgang des Kopfvolumens ein und der Junge konnte seiner gewonnenen Leistungsfähigkeit entsprechend das Gymnasium besuchen. Bei Familie Specht fand Steiner großen Anklang. In den ausgelassenen Spielen mit seinen vier Zöglingen holte er seine verpasste Spielzeit aus den Kindheitsjahren nach. Es blieb ihm noch genügend Muße, seinen eigenen Forschungen und Interessen frönen zu können. Alljährlich fuhren die Spechts in der Sommerzeit ins Salzkammergut, um ihren Urlaub am Attersee zu verbringen, wo sie bei Unterach die Villa Berghof als Ferienhaus angemietet hatten.

Das fast nur über See erreichbare Fischerdorf Unterach hatte eine beträchtliche Entwicklung zum begehrten Kurort eingeschlagen, den auch viel Prominenz aufsuchte. Friedrich Eckstein besaß dort eine Villa, in der Hugo Wolf gelegentlich weilte und dort manche seiner Liederjuwele komponierte. In späterer Zeit fuhr auch Dr. Breuer auf den Berghof, allerdings zu einem Verwandten der Spechts, dem Pianisten und Komponisten Ignaz Brüll, unter dem die Glanzzeit des Berghofs begann. Die Villa Berghof war ein alter Gutshof mit fast tausendjähriger Geschichte und in späterer Zeit als Vorspannwirtshaus Wechselstation vom Seeweg übers Land zum benachbarten Mondsee. Auf dem abseits von dem „Klein-Venedig" Unterach durch die Ache (als Grenze) getrennten Berghof standen mehrere Gebäude, wo Spechts das neben dem „Schlößli" stehende Langhaus belegt

Unterach am Attersee um 1890, im Vordergrund das Schlößli und Langhaus, Feriensitz der Familie Specht

hatten. Steiner verlebte dort angenehme Zeiten, gelegentlich mit Arbeiten an seinen Manuskripten und Lexikabeiträgen eingedeckt. Noch in seiner Weimarer Zeit sehnte er sich nach diesem Paradies, dem er unregelmäßig Besuche, sogar bis in die Berliner Jahre hinein, abstatten konnte.

Der älteste Spechtsohn berichtete später, dass Steiner während seiner Zeit als Hauslehrer energisch und gleichsam mit der linken Hand alle Übungen für seinen Plan zu Promovieren in Angriff nahm. Sein Ziel war ein philosophischer Lehrstuhl.

1888 arbeitete Steiner mit bei dem politischen Blatt ‚Deutsche Wochenschrift', für das er wöchentlich Artikel zur Lage der österreichischen Nation verfasste, ein ihm ungewohntes Arbeitsgebiet. Um entsprechende quellennahe Informationen bemüht, hörte er sich die Redner im Parlament an und lernte dabei manche prominente Persönlichkeit kennen. Darunter den Führer der Sozialdemokratischen Arbeiterpartei Victor Adler, was ihn wiederum veranlasste, sich mit den Schriften von Marx und Engels zu beschäftigen.

Nach einiger Zeit in Vöslau waren Spechts nach Wien übergesiedelt, wo Steiner zunächst bei der Familie in der Kolingasse wohnte, etwas später wenige Häuser weiter sein eigenes Domizil bezog (1885/86). In Wien erlebte er die Veränderungen des Stadtbildes durch die Errichtung der pompösen Gebäude an der Ringstraße mit, die in den Sechziger Jahren begonnen worden waren und erst 1888 mit dem Burgtheater im wesentlichen abschlossen. Zu seiner Studentenzeit ereignete sich auch die Brandkatastrophe, die das Burgtheater (1881) betraf und 368 Tote zur Folge hatte (Meldung des Ministerpräsidenten Taaffe, bekannt durch seine Politik des Fortwurstelns, an den Kaiser: „Alles gerettet!") und ein paar Jahre darauf ein kleinerer Theaterbrand (1884).

Akademische und ‚peripatetische' Lehrzeit

Der am künstlerischen und intellektuellen Leben Wiens äußerst interessierte Steiner *lechzte nach Geselligkeit* (GA 28, S. 52) und suchte auch das bekannte Literatencafe Griensteidl am Michaelerplatz auf, in dem häufiger der junge Dichter Fritz Lemmermeyer, mit dem er sich befreunden sollte, der spätere Kritiker Hermann Bahr, Anton Bruckner sowie dessen persönlicher Sekretär und Privatschüler, die schillernde Gestalt Friedrich Eckstein, verkehrten. Dort hat er dann auch seine „Grundlinien einer Erkenntnistheorie der Goethischen Weltanschauung" niedergeschrieben.

Um diese Zeit, erinnerte sich Eckstein später, *tauchte in unserem Kreise ein völlig bartloser, blasser Jüngling auf, ganz schlank, mit langem Haar von dunkler Färbung. Eine scharfe Brille gab seinem Blick etwas Stechendes und mit seinem langen, bis über die Knie reichenden schwarzen Tuchrock, der hochgeschlossenen Weste, der schwarzen Lavalliere und dem ganz altmodischen Zylinderhut, machte er durchaus den Eindruck eines schlecht genährten Theologiekandidaten ...*

Bei den übrigen Mitgliedern des Griensteidl-Kreises fand er wenig Anklang, was Steiner in seiner Autobiographie bestätigt. Mit dem um zwei Jahre jüngeren Hermann Bahr, der damals in Wien Jura studierte und anlässlich seiner Gedenkrede zum Tod Richard Wagners, die zu deutschgesinnt ausgefallen war, im dritten Semester von der Hochschule verwiesen worden war und schließlich 1884 nach Berlin ging, geriet er anfangs aneinander: *„Rudolf Steiner ist nicht fähig meinen Gedanken zu folgen, ... denn er ist in seinen gänzlich überlebten, primitiven Ideen unbeweglich eingerostet." „Ganz im Gegenteil!"* erwiderte Steiner *„nichts leichter für mich, als gerade Hermann Bahr zu verstehen: dazu habe ich nur nötig, mich ganz in jene Zeit zurückzuversetzen, da ich* *noch gar nichts gelernt hatte!"* Schallendes Gelächter begleitete dieses Wortgefecht und man kann sich denken, wie scharf der über alle Begriffe schlagfertige Hermann Bahr seinem Gegner geantwortet hat (Eckstein, S. 130 f).

Der gleichaltrige Eckstein war zu diesem Zeitpunkt Besitzer einer Pergament-Papierfabrik. Die dazu nötigen chemischen Kenntnisse schien ihm sein Vater vermittelt zu haben. Nach dem Abitur hatte er an der Wiener Universität mathematische Studien betrieben, die ihn dazu befähigten Gauß' „Allgemeine Untersuchungen über krumme Flächen" im lateinischen Original zu lesen und zu verstehen. Das große Latinum seiner Gymnasialzeit reichte aus, ihm den hohen Genuss dieses Werkes zu ermöglichen. Ansonsten war er in Botanik und Astronomie beschlagen, veröffentlichte philosophische Abhandlungen über Hermann Cohen und Leibniz, war Fechtmeister und in der Kunst der Selbstverteidigung so weit gediehen, aus einem fahrenden D-Zug springen zu können, ohne sich dabei zu verletzen. Seit 1884 war dieser Tausendsassa zum Meisterschüler und Sekretär Bruckners geworden, lernte bei ihm Harmonielehre und Kontrapunkt und gab später dessen Nachlass heraus. Zur Uraufführung des „Parsifal" war er 1882 zu Fuß nach Bayreuth gepilgert. Mit seinem damals noch vorhandenen Vermögen unterstützte er u.a. Hugo Wolf, den er mit großer Anteilnahme und Förderung bedachte. Als Globetrotter und Alpinist war er schon in jungen Jahren welterfahren. Mit seinen weiten literarischen Interessen – er wurde später auch Herausgeber von Dostojewskis Nachlass – kam er in Wien bald in den Ruf eines „schwindelhaften Vielwissers", wie Arthur Schnitzler einmal nicht ohne Doppeldeutigkeit über ihn meinte. Seine etwa 16.000 Bände zählende Privatbibliothek, die im Ruf der schönsten Österreichs stand, und deren Bücher er wohl nicht vollständig gelesen, dafür aber alle verstanden hatte – nach einem Wort von Karl Kraus – machte ihn mit zum gesuchten Original der Wiener Szene, das man nach den entlegensten Einzelheiten unbegrenzt fragen konnte.

Freud, Karl Kraus, Hugo von Hofmannsthal u.v.a. zählten zu seinen Freunden und Karl Kraus sagte von ihm: der Brockhaus steige nachts aus den Regalen, um in Eckstein etwas nachzuschlagen (Mulot – Deri, S. 71 f).

In ihm mit seinen unvorstellbaren Kenntnissen erschien manchem ‚Wissen als Katastrophe' personifiziert. Im Beinahe-Unglück seiner Kindheit, als er infolge einer Explosion im väterlichen Betrieb einen kupfernen Kessel über den Kopf gestülpt bekam, der mit Gewalt aufgeschlagen werden musste, zeigt sich antizipierend seine missglückte biographische Vollendung als karikaturhafte Krönung dieses intellektuellen Königs ohne Reich.

Jedenfalls war Eckstein auch im okkulten Wissen führend. Er hatte es nicht versäumt, im Jahr 1886 die durch ihr spektakuläres esoterisches Wissen berühmte Madame H.P. Blavatsky persönlich in Deutschland aufzusuchen und, sie mit seinem staunenswerten Format beeindruckend, von ihr die Ernennung zum Präsidenten der Wiener Loge der Theosophischen Gesellschaft zu erhalten. Steiner war das irgendwie zu Ohren gekommen und er erklärte ihm, *wie sehr ihm daran liege über diese Dinge Näheres zu erfahren und bat mich, ihn in die Geheimlehre einzuweihen. Damit begann mein regelmäßiger Verkehr mit ihm, der viele Jahre währte* ... (Eckstein, S. 131).

Wie sehr Steiner seinem Lehrer im Okkultismus dankbar war, schrieb er ihm im November 1890 von Weimar aus: *Es gibt zwei Ereignisse in meinem Leben, die ich so sehr zu den allerwichtigsten meines Daseins zähle, dass ich überhaupt ein ganz anderer wäre, wenn sie nicht eingetreten wären. Über das eine muss ich schweigen; das andere aber ist der Umstand, dass ich Sie kennenlernte* (GA 39, Nr. 269).

Da Eckstein durch seinen Freund Hugo Wolf Zugang zu einem Kreis um das Ehepaar Lang bekam, zu dem sich der ihm von früher her bekannte Diplomat Graf Karl von Leiningen-Billigheim, ein ebenso begeisterter Theosoph, anschloss, brachten beide diesen Kreis der ‚Sommerkolonie' in theosophisches Fahrwasser, verstärkt durch Dr. Franz Hartmann, den Adlatus Blavatskys, wegen seines ungewaschenen Äußeren „dirty Franz" genannt, der bei Eckstein ein Jahr lang wohnte. Durch Ecksteins Vermittlung kam Steiner in diesen Zirkel hinein, lernte Hugo Wolf, das Ehepaar Lang und vor allem die Malerin und Schriftstellerin Rosa Mayreder schätzen. Jedoch fühlte sich Steiner genauso wie sie von der *theosophischen Schwachgeistigkeit* (Mayreder, Pantheon, S. 180) abgestoßen und besprach mit ihr lebhaft eigene Gedanken, die zur „Philosophie der Freiheit" heranreiften. Obwohl der wertvolle Kontakt zu ihr nie abriss, blieb für Rosa Mayreder *die Bilanz dieser Beziehung ... trotzdem nichtig* (Mayreder, Tagebücher, S. 243).

Offenbar ließ Steiner auch Eckstein gegenüber nichts von seinen eigenen okkulten Erlebnissen durchblicken, was sich aus einer Bemerkung Ecksteins im Anschluss an einen 1905 gehörten anthroposophischen Vortrags Steiners erschließen lässt, den er als *phantastischen Unsinn* (zit.b. Schwab) bezeichnete. Ebensowenig kam Steiner davon über die Lippen bei seinem Freund Lemmermeyer, den er häufiger aufsuchte und sich mit ihm bei heißem Tee lebhaft über ihre Lieblingsthemen Kunst, Literatur, Philosophie erging. Als Lemmermeyer nämlich einmal ein telepathisches Erlebnis hatte, wobei er vermeinte, die Begrüßung Steiners und eines anderen Bekannten zu hören, die wohl beide zufällig auf dem Weg zu ihm unten im Hof zusammengetroffen wären, tatsächlich aber noch eine halbe Stunde entfernt sich über den Weg liefen, ging der an allem interessierte Steiner auf dieses Phänomen nicht näher ein. In dieser Hinsicht war er kein „stummer Ochse", eher ein „stummer Fisch" !

Eckstein gab Steiner, als der bereits in Weimar lebte, noch überraschenden Anlass zur Verstörtheit. Denn er war nicht nur ein bewundertes wandelndes Lexikon, er selbst war auch ziemlich wunderlichen Wandlungen unterworfen. *Eines Tages brachte mir der Bayreuthpilger mit Triumph eine Broschüre. ...War schon früher an die Stelle des härenen Gewandes ein schwarzer Gehrock mit weißen Manschetten getreten, deren er allerdings so wenig gewohnt war, dass er sie bei seinen Besuchen gewöhnlich auf nicht ganz erklärbare Weise im Vorzimmer stehen ließ, so nahm er jetzt völlig eine Wandlung zum Eleganten, trug sehr verschiedene Krawatten, Lackstiefeletten und kurzgeschorenes Haar. Auch seine vegetarische Lebensweise gab er auf unter gleichzeitiger Ankündigung, dass seine Enthaltsamkeit in geschlechtlicher Hinsicht, die den Beweggrund für dieses Regime bildete, ein Ende haben werde* (Mayreder, Panth., S. 181).

Steiner, durch Rosa Mayreder davon informiert, fürchtete sich fast vor dem ersten Zusammenkommen mit dem exaltierten einstigen esoterischen Lehrmeister. *Worauf sollen wir in dieser Welt vertrauen, wenn es nicht die Menschen sind, die wir für auf sich selbst gestellte, innerlich volle und aus sich schöpfende Naturen halten* (GA 39, Nr. 298) ! Doch zunächst war es noch nicht zu einem Treffen gekommen, und Steiner betrieb weiter seine ehrgeizigen Projekte.

Weimar

Zu jenen auf Steiner aufmerksam Gewordenen zählte auch die Großherzogin Sophie von Sachsen-Weimar. Sie war nach dem Tod des Goethe-Enkels Wolfgang am 15.4.1885 von ihm zur Erbin des gesamten Nachlasses seines Großvaters ernannt worden und sah es als ihre Pflicht an, das schriftliche Konvolut umgehend zu veröffentlichen. Zu diesem Zweck stiftete sie im selben Jahr das Goethe-Archiv und ließ den wissenschaftlichen Beirat bestellen, der an die umfangreichste Edition der Werke Goethes mit den modernsten Maßstäben einer historisch – kritischen Ausgabe herantrat. Bei Erich Schmidt, zum ersten Archivdirektor berufen, erkundigte sie sich schon gleich im November 1885 nach Rudolf Steiner (Hecker, S. 38), woraufhin es im Juni 1886 zu einer Anfrage an ihn gekommen war, an der Sophienausgabe (oder auch Weimarer Ausgabe) mitzuwirken und die Edition der Farbenlehre zu übernehmen. Steiner sagte zu.

Aber erst im Sommer 1889 kam es zum Antrittsbesuch Steiners in Weimar, wo sich der ursprüngliche Plan nun auf die Edition der Gebiete Morphologie, Botanik, Zoologie, Anatomie, Mineralogie, Geologie, Meteorologie, zur Naturwissenschaft im Allgemeinen abänderte, wie es vom neuem

Archivdirektor Bernhard Suphan mit ihm besprochen wurde. Die ihm vormals angedachte Übertragung der Farbenlehre übernahm Salomon Kalischer.

Steiner genoss seinen ersten Deutschlandaufenthalt im Weimar Goethes und Schillers, wo er allmorgendlich den kurzen Gang von seinem Domizil am Rand des Goetheparks an der Ilm, vorbei an dem langgestreckten spätbarocken Haus, in dem ehemals Frau von Stein in der ersten Etage gewohnt hatte, und an der Herzogin Amalia-Bibliothek vorüber zu seinem zukünftigen Arbeitsplatz im obersten Stockwerk des Schlosses machte. Dort lagerten die unbekannten, noch ungeöffneten Handschriften und Notizen des von ihm neu interpretierten Genius, die er erwartungsvoll als Erster studieren und mit seinen Angaben versehen unter seinem Namen der Öffentlichkeit übergeben durfte.

Den zukünftigen Arbeitsplatz im Schloss teilte er sich mit zwei jüngeren promovierten Kollegen, dem im vertrauten Wienerisch redenden Julius Wahle, einem orthodoxen Juden, der Goethes Tagebücher edierte, und dem emsigen Briefe-Herausgeber Eduard von der Hellen.

Gleich am ersten Tag noch wurde Steiner von den beiden zu einem kleineren Fußmarsch entlang der Ilm und dem Webbicht-Wäldchen zum bedeutungsvollen Tiefurter Schlösschen mitgenommen.

Die Arbeitsstätte Steiners von 1890-96: das Weimarer Schloss im Jahr 1900

Schon beim ersten Besuch und Gespräch mit Suphan zeigten sich die Diskrepanzen zwischen der Intention Steiners und den festgelegten Kriterien der Edition, wie Chronologie, Texttreue (und Vollständigkeit). Zunächst ließ sich Suphan von Steiners Vorgehensweise überzeugen, wollte ihm aber ein halbes Jahr später per Brief „das Imprimatur" (zit.b. ebd., S. 31) nur erteilen, wenn Steiner sich mit der Art einverstanden erkläre, wie seine Mitarbeit gedacht sei.

Als er nach einigem Aufschieben schließlich im Oktober 1890 die Archivarbeit in Weimar, mit einem monatlichen Salär von 150,- Mark aufgenommen hatte, traten die divergierenden Auffassungen, wie sie sich an Steiners ‚fachlicher' Handhabung darstellten, teilweise krass hervor. Dass Steiner dadurch besonders in der Beziehung zu seinem unmittelbaren Vorgesetzten Suphan beeinträchtigt war, lässt sich verstehen.

Um aber in etwa die ungewöhnliche Situation dieser Edition wie auch die besondere Eigenart Steiners in diesem Projekt einschätzen zu können, soll zunächst einiges Grundsätzliche, auch im Vergleich zur modernen Leopoldina-Edition, der mustergültigen Edition der naturwissenschaftlichen Schriften Goethes im 20. Jahrhundert, beigebracht werden.

Die Fürstin Sophie drängte auf eine zeitlich schnelle Herausgabe der Bände. Erschwert wurde das Unternehmen dadurch, dass die Kisten mit verschnürten Manuskripten, einzelnen Zetteln und verschiedenen Handschriften etc. völlig unsortiert archivalisch nicht vorerfasst waren. Zudem gelangten auch noch nach Abschluss der Edition der naturwissenschaftlichen Schriften in dem von Steiner zuständigen Bereich weitere Skripte ans Archiv, so dass aus diesen und anderen Gründen unter Max Morris 1904 ein dicker Nachtragsband folgte – allerdings auch mit von Steiner *bei Seite gelegten Stücken* versehen, wie er schreibt.

Als schließlich aufgrund der objektiven Mängel dieser Ausgabe die ‚Akademie der Naturforscher' (Leopoldina) eine neue, authentische Ausgabe aller naturwissenschaftlichen Schriften plante (1941), legte sie 1947 mit dem 1. Band den Grundstein und schloss nach dreiundzwanzig Jahren (1970) mit dem 11. Band die Textabteilung ab. Die auf vierzehn Kommentarbände berechnete 2. Abteilung wird erst im Laufe des Jahres 2006 abgeschlossen sein. Inhaltlich revidierten die Herausgeber nach Erscheinen der drei ersten Bände ihre Editionsrichtlinien aufgrund von Einwendungen. Außerdem durchbrechen zwei Textbände die ursprünglich konzipierte Anordnung nach Fächern und Chronologie, weil Goethe selbst zwei Sammlungen in eigener Anordnung herausgebracht hatte, die nun nach dem Editionsprinzip ‚Textanordnung letzter Hand' Vorrang vor anderen Prinzipien bekam. Daher konnte von einem einzelnen unter den zu Steiners Zeit gegebenen Bedingungen keine perfekte Ausgabe geleistet werden.

Steiner war zudem die *philologische Wortkrämerei* (GA 39, Nr. 280), wie er die philologische Kleinarbeit nannte, kein Anliegen, dem er hätte etwas abgewinnen können. Ihm ging es um die Idee, das Ganze – und die Teile hatten sich dem zu fügen. Dabei konnte er sich sogar auf Äußerungen von Goethe selbst berufen, der wünschte, dass seine Hinterlassenschaft *liberal, in meinem eigenen Sinne behandelt werde, dass man nicht pedantisch und lieblos damit verfahre, sondern dass die Überlebenden, Schaltenden und Waltenden mich gleichsam fortzusetzen, allenthalben zu verfahren suchen* (zit.b.Hecker, 1999, S. 39).

Das Sammelsurium auf naturwissenschaftlichem Gebiet war überdies noch komplexer als das der anderen Bereiche (Liter. Werke, Briefe, Tagebücher). Steiner rieb sich immer wieder an der Unvereinbarkeit seiner Ansichten mit den offiziellen Editionsprinzipien die Seele wund. Das Ergebnis seiner Textarbeit wird von der Mitherausgeberin der modernen Leopoldina – Ausgabe bei den morphologischen Schriften rückblickend so gesehen, dass sich in der an sich verdienstvollen Edition *zahlreiche sinnentstellende Lese- und Druckfehler, fehlerhafte Anordnung der Texte, Auslassung von Wörtern, Zeilen und Absätzen* finden und *in größeren Abschnitten der Bände ein Apparat fehlt* (Leopoldina 9a, S. XI). Bei den weiteren Bänden wurden schon früher in Fachkreisen das Auswahlprinzip, die Textanordnung und die philologische Leistung bemängelt (s.d. Raub, Kpt. 7).

Als der erste Band von Steiner fertiggestellt worden war, zögerte Suphan mit der Drucklegung und verlangte von Steiner eine Rechtfertigung für die Redakteure der Weimarer Ausgabe (von Loeper, Hermann Grimm, E. Schmidt, B. Seufferth). Erst nach seinem Statement erteilten sie ihr Placet – einer unter Vorbehalt. Immerhin fügte Suphan dem Band hinzu: *sachliche und namentlich philologische Fragen wurden fortwährend durch Besprechungen mit dem Redactor des Bandes B.S. erledigt, der auch schon während der Vorarbeiten an allen Einzelheiten des Gegenstandes sich rathend hilfeleistend betheiligte* (WA Bd. 6), womit er nicht nur Steiners Anteil schmälerte sondern für die festgestellten Mängel mit zur Verantwortung zu ziehen war.

Es wäre allerdings falsch anzunehmen, Steiner habe selbst eine Reduzierung der Textmasse vertreten. Wolfhard Raub, dessen profunde Dissertation von vierhundert Seiten der genaueren Analyse von Steiners Goethearbeiten gewidmet ist, fand in den Akten des Goethe-Schiller-Archivs eine programmatische Erklärung Steiners, wonach dieser sogar unfertige Texte in die Bände hineinzunehmen angab, weil es *die historische Gerechtigkeit gegenüber der wissenschaftlichen Tätigkeit eines Menschen fordert, den Gesammtinhalt (sic!) dessen, was er gedacht hat, zu überliefern* (zit.b. Raub, S. 87). Das ging sogar über die damaligen Editionsprinzipien hinaus, die unfertige Materialien nicht in den Textteil aufnehmen mochte! Da aber letztlich bei den Punkten Textanordnung und philologische Leistung nicht vertretbare Unzulänglichkeiten die Qualität der Edition trübten, war es nach W. Raubs Auffassung *Steiners schwere Schuld ..., den Editionsauftrag nicht zurückgegeben zu haben, sobald er erkannte, wie wenig ihm diese Form wissenschaftlicher Arbeit gemäß war. Das hatte er aber bald erkannt!* (Raub, S. 104).

Die Folgen seiner Inkonsequenz waren schon bald innere Entfremdung von der eigentlichen Goethearbeit (7. Oktober 1891!), ein *fortwährender Ekel* (GA 39, Nr. 307) während der Weimarer Zeit und Jahrzehnte später ein schlechter Ruf in philologischen Kreisen. Kurz vor Ende seines Weimarer Aufenthaltes, im Dezember 1895, wähnte Steiner in Suphan einen gehässigen Intriganten zu erkennen, der ihm die Karriere verdorben hätte. Er bezeichnete ihn in einem Brief an Pauline Specht als den *Judas der Humanität* und *den Kleinlichsten der Kleinlichen* (ebd., Nr.282). Ob Suphan aber wirklich den Bösewicht in Steiners Leben spielte, wovon dessen Briefe Kunde geben, muss zurückhaltend beurteilt werden; denn Suphan hatte als zwischen den Stühlen sitzender Redakteur immer zwischen der antipodischen Sichtweise Steiners zu den Richtlinien der Redakteure zu vermitteln und sich oft genug hinter bzw. vor Steiners Intention gestellt. Niemals war von ihm etwas Abträgliches oder Verleumderisches gegen Steiner zu Papier gegeben worden (Raub, S. 131). Hingegen hatte er als verantwortlicher Archivdirektor Klagelieder des Verlages über Steiners abgelieferte Manuskripte auszuhalten, wenn beispielsweise ein Bogen *augenblicklich in fünfter Correctur beim Bearbeiter lag* und *Correcturen, wenn sie zurückkommen, meist schlechter und schwieriger als ein herzlich schlechtes Manuskript waren* (zit.b. ebd. S. 106).

Privat vertraute der zweimal verwitwete Suphan Steiner gerne die Betreuung seiner beiden Söhne an, wenn er verreisen musste, und gab ihm dann auch den dienstlichen Auftrag, ihn bei wissenschaftlichen Besuchern im Archiv zu vertreten. In „Mein Lebensgang" schließlich äußerte Steiner: *Er stand mir dauernd mit Wohlwollen gegenüber* (GA 28, S.143). Es mag sehr wahrscheinlich sein, dass Steiner in Suphans philologischer Mentalität oftmals den *philiströsen Schulmeister ohne alle größeren Gesichtspunkte* (GA 39, Nr. 282) gesehen hat. Dieser wiederum nannte ihn einen *Bildungsepikureer* und verglich ihn als Zerstörer der Ideale mit Sokrates, *der die Menschen verführt, weil er ihnen Dinge sagt, für die ihre Ohren angeblich nicht reif sind* (ebd., Nr. 408) – im christlichen Mittelalter verwandte man die Bezeichnung „Epikureer" für diejenigen, die nicht an das Jenseits glaubten (s.d. Flasch, Einf., S. 119; AiM, S. 17). Gemeint waren hier besonders Steiners in Weimar gehaltener Vortrag über das zu dieser Zeit populäre Thema „Genie, Irrsinn und Verbrechertum", in dem er feste Abgrenzungen dieser menschlichen Erscheinungsformen auflöste, und seine „Philosophie der Freiheit". Suphan beunruhigten die philosophischen Auffassungen seines Mitarbeiters und so gab er ihm bei Gelegenheit des 70. Geburtstages von Ernst Haeckel, zu dem Steiner von dessen Sohn Walter, einem Weimaraner Kunstmaler eingeladen worden war, zu verstehen, *keine aufrührerischen Worte zum Toast an(zu)bringen, das Archiv wäre mit seinen Überzeugungen nicht einverstanden* (Hecker, 1999, S. 78). Womöglich speiste sich Steiners Verdächtigung der Person Suphans aus solchen Aussagen des Archivdirektors, die die Empfindlichkeiten des jeder beruflichen Perspektive entbehrenden Aufstrebenden reizten.

Gleich zu Beginn seiner Weimarer Zeit, am 11.10.1890, verunglückte der Oberbibliothekar der benachbarten Herzogin-Amalia-Bibliothek Dr. Reinhold Köhler, als er dabei war, die von Steiner persönlich überbrachte Literaturbestellung selbst zu besorgen. (**Anm.** III) Köhler stürzte über einen Schemel und zog sich eine Oberschenkelhalsfraktur zu, von deren Folgen er sich nicht wieder erholte. Er starb mit 62 Jahren am 15.8.1892. Steiner besuchte mehrmals den an sein Zimmer Gefesselten und litt schmerzlich unter dem Gedanken, Anlass zu diesem tragischen Geschehen gewesen zu sein. Der stets bescheidene Köhler galt in Fachkreisen als einer der *kenntnisreichsten Gelehrten* auf seinem Gebiet, *Doctor Allwissend,* wie Erich Schmidt in seinem Nekrolog anführte.

Nebenbei und ganz heimlich betrieb Steiner seine Promotion als Externer an der Universität Rostock. Nachdem seine noch in Wien abgefasste Schrift über Erkenntnistheorie dort als Dissertation angenommen worden war, legte er am 23.10.1891 sein Rigorosum ab und war nun zum Dr. phil. promoviert worden. Er veröffentlichte sie 1892 leicht verändert unter dem Titel „Wahrheit und Wissenschaft".

In ihr geht es Steiner darum, vor allen weiteren philosophischen Fragestellungen erst einmal das Erkennen selbst einer Untersuchung zu unterziehen, da ihm eine fundamentale Rolle ersten Ranges zukomme. Der Anfang dieser Untersuchung dürfe nicht durch etwaige versteckte Annahmen unberechtigte Voraussetzungen und Vorurteile enthalten, wie sie Kants erkenntnistheoretische Grundfrage aufweise. Es könne auch zunächst keine Entscheidung darüber gefällt werden, welche Bedeutung und Unterschiedlichkeit Erlebnissen wie Träumen, Gefühle, Halluzinationen, Wahrnehmungen, Begriffe etc. für die Erkenntnis zukomme, vielmehr müsse aus dieser zunächst gleichberechtigten Erlebnis-Palette selbst der Zugang zum Erkennen geleistet werden. Dies gelingt nach Steiner dort, wo sich zeige, dass in dem rein passiv Gegebenen dieser Erlebnisse irgendwo ein Bereich sein müsse, der nicht ohne weiteres gegeben sei, sondern erst durch eigene Tätigkeit, also aktiv hervorgebracht werden müsse. Das sei der Fall bei unseren Begriffen und Ideen. Von diesen wüssten wir unmittelbar, dass wir sie hervorbringen müssen und nicht in der Welt vorfinden wie Stimmungen, Phantasien, Traumgebilde. Mit den Begriffen und Ideen füge der Mensch die zusammenhanglose gegebene Welt, die eben von sich aus keine Begriffe und Ideen vorweise wie Kausalität, Entwicklung, Resonanz etc., in seinem Denken wieder zur Einheit zusammen. Der Erkenntnisakt synthetisiere beide Elemente, vom Denken vermittelt. Das Denken stelle aber lediglich die Verknüpfung der beiden Elemente her, ohne dabei über die formalen logischen Regeln hinauszugehen, d.h. ohne festzulegen oder a priori zu bestimmen, weshalb in Steiners Erkenntnistheorie die Erkenntnisse immer empirisch gewonnene sind, die erst *a posteriori die Gesetzmäßigkeit der Erscheinungen zum Vorschein* (GA 3, S. 63) bringen.

Vollständigkeit erfahre das unfertig auftretende Bild der Welt nur durch den Erkenntnisakt, der für den Menschen die künstlich geschaffene Trennung von Gegebenem und Begriff/Idee in deren Wiederherstellung aufhebe. Diese synthetisierte Gestalt nennt Steiner Wirklichkeit.

Der Erkenntnisakt werde im menschlichen Bewusstsein vollzogen, dessen Mittelpunkt als Ich bezeichnet wird. Indem die Verbindung von Gegebenem und Begriff im menschlichen Bewusstsein geleistet werde, nur aus dem *Drang, in diesem Gegebenem mehr zu finden, als was* **unmittelbar** *gegeben ist* (ebd., S. 67) trete das spezifische Element für das menschliche Bewusstsein hervor, das im freien Entschluss zu diesem Erkenntnisakt liege, womit sich letztlich das Bewusstsein selbst verwirkliche.

Somit obliege es dem Menschen, die Grundgesetze der Welt über sein produktives Denken in der Wirklichkeit erscheinen zu lassen. Von daher sei die Bestimmung der Wissenschaft erkenntnistheoretisch begründet.

Ein besonderer Erkenntnisfall liege für das Gebiet des sittlichen Handelns vor, dessen Gesetzmäßigkeiten zu erkennen jedes Ich für sich vollbringen müsse, um nicht durch ein äußeres Gesetz/Kodex beherrscht zu werden. Nach seiner Erkenntnis herrsche es nicht mehr über uns, sondern in uns. Nur in diesem begrenzten Bereich könne der Mensch überhaupt frei sein. Des Denkens wichtigste Aufgabe sei, ***den Menschen als auf sich selbst gegründete, freie Persönlichkeit zu begreifen*** (ebd., S. 88).

Seine Absicht, im nahe gelegenen Jena einen Lehrstuhl für Philosophie zu bekommen, scheint nach Steiners brieflichen Mitteilungen zunächst daran gescheitert zu sein, dass man ihm als bisher an Goethe anknüpfenden Autor eher den Lehrstuhl für Literaturgeschichte anbieten wollte, für den er sich so *untüchtig* (GA 39, Nr. 287) fühlte, wie er für Philosophie sich geeignet glaubte.

Der Jenenser Anatom Karl von Bardeleben, der den 8. Band der naturwissenschaftlichen Abteilung mit dem Thema ‚Zur Osteologie' aus Goethes morphologischen Schriften herausgab, wurde von Steiner nicht nur bei der Herstellung des Textes und der Lesarten unterstützt, sondern verdankte ihm die Auffindung des Schafskopfes aus Goethes Sammlung, der Goethe auf seiner italienischen Reise zur Entdeckung seiner Wirbeltheorie der Calottenknochen geführt hatte. Der offensichtlich von Steiners Ansichten einer ideenzentrierten Darstellungsweise von Goethes naturwissenschaftlichen Arbeiten Überzeugte beabsichtigte analog auch auf seinem Fachgebiet *ein Bild von Goethes anatomisch-zoologischem Systeme* (zit.b. Raub, S. 316) zu entwerfen. Für den Plan mit Jena konnte er anscheinend nicht mehr für Steiner ausrichten.

Nachdem so der *Rausch der Neuentdeckungen* (Raub, S. 110) am Archiv allmählich verflogen und der editorische Alltag *an der Leichenstätte deutscher Größe* (GA 39, Nr. 301) mit den bekannten Reibungspunkten bestimmend war, schrieb Steiner nach seinem gescheiterten Projekt einer Privatdozentur in Jena voller Unmut an Pauline Specht: *Ich weiß jetzt, dass ich in dem Augenblicke, als ich hierherging, verraten und verkauft war. Ich muss die Weimarer Jahre für verloren geben* (ebd., Nr. 435). Für seine Karriere traf dies sicherlich zu. Sein bisheriges literarisches Fokussieren auf Goethe bekam nun ein *Gegengewicht* (ebd., Nr. 322). Mit Goethe hatte er sich immerhin seit 1880 beschäftigt und mit Gewinn an dessen naturwissenschaftlicher Methode die eigene Erkenntnistheorie formulieren können. Nun drängte es ihn über Goethe hinaus, der ihm nicht alles war, sondern eine Mitte, zu der er den Anfang *durch Darstellung der prinzipiellen Grundlage, von der wir uns diese Weltansicht getragen denken müssen, und das Ende, durch Auseinandersetzung der Konsequenzen, die diese Betrachtungsweise für unsere Anschauungen über Welt und Leben hat,* (GA 38, Nr. 107) hinzuzufügen hatte.

Der ebenfalls von seiner Archivarbeit nicht vollauf erfüllte Kollege und zweite Direktor des Goethe-und Schiller-Archives Dr. Eduard von der Hellen führte Steiner in einen Kreis ein, in dem ein völlig anderer Wind wehte als in dem höfischen oder bürgerlichen Weimar und der geistigen Eingeengtheit des Archivs. Dort fanden sich lauter Individualisten, *feurig und noch sehr ungeduldig,* die mit fröhlicher Lust und in leidenschaftlicher Wahrheitssuche *zerzausten* (Reuter, S. 447), was ihnen unecht und phrasenhaft vorkam. Stirners „Einziger" war ihnen bekannt, doch von Nietzsche überflügelt worden. Außer bei v.d.Hellen und seiner Frau fanden die Abende auch über der Ilm, in einer kleinen Villa an der Tiefurter Allee beim Ehepaar Oppenheim, mit Künstlernamen Olden, statt, wo dann ab und an zum delikaten Vergnügen aller *ein Ei geschlachtet* wurde (ebd., S. 449). Mit zur Partie gehörte die junge Schriftstellerin Gabriele Reuter und gelegentlich kamen O.E. Hartleben aus Berlin und der Stirner-Forscher und Dichter John Henry Mackay dazu. In diesem Kreis jenseits von Gut und Böse konnte sich

Steiner anders ausleben: *Er war groß darin, barocke, unerhörte Prämissen aufzustellen und sie dann mit einem erstaunlichen Aufwand von Logik, Wissen, kühnen Einfällen und Paradoxen zu verteidigen. Was konnte er amüsant sein, wenn er so in Eifer geriet, der damalige Freidenker, mit dem schmalen Mönchskopf, der hohen strahlenden Stirn, wie erregte er sich, wenn Hans Olden sein liebenswürdiges Faunslächeln aufsetzte und ihm seinen witzigen Zynismus entgegenhielt. Ganze schöne Sommernachmittage stritten wir über die Frage, ob es dem selbstherrlichen Individuum erlaubt sei, ein anderes Individuum aus dem Wege zu räumen, wenn die Antipathie gegen dieses andere Individuum uns z.B. hindere, unser Lebenswerk zu tun.* Steiner nahm als Beispiel für diese These einen nebenanwohnenden Dichter, der ihm seines wohlgepflegten Vollbarts und seines öligen Wesens wegen höchst unangenehm war, *und wenn es diesem Herrn gefallen hätte, hinter seiner Gartenhecke zu spazieren, hätte er sich beim Dufte des Jelängerjeliebers zu allen möglichen furchtbaren Todesarten verurteilt hören können.* Denn Steiner war radikal und scheute vor kräftigen Äußerungen seines Temperaments nicht zurück. Einmal erzählte er verwundert, ein Bekannter habe ihn nicht mehr gegrüßt. *„Nun, was haben Sie denn da angestellt?"* fragte ihn Frau Olden, worauf er harmlos in seiner österreichischen Klangfarbe antwortete: *„Ich hab ihn nur einen Abschaum der Menschheit genannt – und das ist er doch wirklich!"* (ebd., S. 450).

Spätnachts begleitete Steiner gelegentlich Gisela Reuter von den Zusammenkünften nach Hause, sie wohnten im selben Stadtviertel, nur vier Häuser weit auseinander. Sie merkte ihm an, dass er mit Not und Hunger zu kämpfen hatte, worüber er jedoch auf dem Heimweg kein Wort verlor, sondern ganz *ernsthaft* (ebd., S. 451) wurde und ihr Goethes Anschauung und seine eigene Philosophie erläuterte. Auch tagsüber, wenn sie sich trafen, konnte es passieren, dass sie sich gänzlich angeregt ins Gespräch vertieften und bei glühendster Sonnenhitze auf der Straße mehr als eine Stunde (GA 28, S. 159) miteinander diskutierten.

Ein anderes *Gegengewicht zur Archivarbeit* schuf sich Steiner auch mit der ihm angetragenen Herausgabe der Werke Jean Pauls und Schopenhauers. Die vertragsmäßige Ablieferung sollte er allerdings um vier bzw. fünf Jahre überschreiten. Wegen des drängelnden Verlages schrieb er an Pauline Specht: *Ob es dem Schopenhauer so sehr darum zu tun ist, von mir eilig herausgegeben zu werden, weiß ich nicht. Die Cottasche Buchhandlung aber hat Eile* (GA 39, Nr. 371).

Dass ihm die Weimarer Jahre trotz aller Enttäuschungen nicht *Mut und Lebensfreude* (ebd., Nr. 308) nehmen konnten, wie er versicherte, zeigen auch seine häufigen Besuche im Schauspiel- und Musiktheater, wo zu der Zeit Richard Strauss als Dirigent wirkte und Gustav Mahler als Gastdirigent zu erleben war. Steiner hatte zu einigen Künstlern am Theater und zu

Kunstmalern der ansässigen Schule enge Kontakte. In Weimar lebte er durchaus nicht zurückgezogen oder missvergnügt. Im Cafe Raumer am Markt pflegte er Schach zu spielen.

1892 wechselte er die Wohnung. Nur wenige hundert Meter weiter zog er zu der neununddreißigjährigen Witwe Anna Eunike, seiner späteren Frau, die ihm in der Parterre ihres großen Hauses in der Preller Strasse ein geräumiges und gemütliches Arbeits-, Wohn- und Repräsentationsambiente zur Verfügung stellte. Schon bald kamen sich beide näher. Er hatte dort Familienanschluss zu den noch im Haus verbliebenen jugendlichen Kindern und beriet Anna in ihren Angelegenheiten um das Wohl der ihr zugefallenen fünf Kinder des verstorbenen Ehemannes Eunike. Dadurch konsolidierten sich Steiners Wohnverhältnisse, die der Pfarrer Max Christlieb als *wüscht* (Wehr, S.100) beschrieben hatte und seine *unregelmäßige Lebensweise* (Max Halbe, ebd.), der schon in den Wiener Jahren bacchantische Vergnügungen nicht unbekannt geblieben waren: *Morgen wol Kater in zweiter Potenz. Wir tranken und tranken und können nimmermehr* (Steiner, zit.b. Lindenberg, 1997, S. 284).

1893 veröffentlichte Steiner sein philosophisches Hauptwerk, die „Philosophie der Freiheit". Das Buch geht aus dem *persönlichen Erlebnis* (GA 39, Nr. 402) hervor. *Ich lehre nicht; ich erzähle, was ich innerlich* **durchlebt** *habe.*

Nietzsches Wohnhaus in Naumburg 1895, in dem Steiner den kranken Philosophen sah

Ich erzähle es so, wie ich es gelebt habe. Es ist alles in meinem Buch persönlich gemeint. Auch die Form der Gedanken. Eine lehrhafte Natur könnte die Sache erweitern. Ich vielleicht auch zu seiner Zeit. Zunächst wollte ich die Biographie einer sich zur Freiheit emporringenden Seele zeigen (ebd.).

Im Mai 1894 lernte er die Schwester Friedrich Nietzsches, Elisabeth Förster-Nietzsche, bei ihrem Besuch im Weimarer Archiv kennen, wo sie sich Anregung für ihr eigenes, offiziell im Februar 1894 gegründetes Archiv zur Herausgabe des Gesamtwerkes ihres Bruders zu holen beabsichtigte. Damit begann eine folgenschwere Bekanntschaft für Rudolf Steiner.

Kurze Zeit später wurde er mit dem damaligen, nur ein Jahr älteren Nietzsche-Herausgeber Fritz Koegel bekannt. Auch v.d. Hellens hatten Kontakt mit ihm und luden ihn in ihren Kreis, der ja leidenschaftlich um Nietzsche seine Bahnen zog *wie Planeten um die Sonne* (Reuter, S. 448) zu einem gemeinsamen Treffen. Daraus folgten Besuche in Naumburg, dem damaligen Sitz des Archivs und zu Lesungen in Nietzsches Haus, wo der kranke Philosoph von Mutter und Schwester versorgt wurde.

Im Herbst führte die Schwester mit Steiner Gespräche über die Nominierung eines zweiten Herausgebers, zu dem er ihr *prädestiniert* (GA 39, Nr. 408) erschien. Doch kurzerhand bekam der inzwischen wegen einer Indiskretion aus der Archivtätigkeit entlassene Eduard von der Hellen diesen Posten, worüber Steiner verstimmt war und – im Gegensatz zu v.d. Hellens Wertschätzung in Steiners Autobiographie – an Schöer weitergab: v.d.Hellen gebe *jetzt mit demselben innigen Anteil an der Sache, der nämlich keiner ist, Nietzsche heraus, mit der er bis zum 1. Oktober dieses Jahres Goethe herausgegeben hat. Es fällt mir natürlich nicht ein, Hellen die Herausgabe Nietzsches übelzunehmen ... Aber Hellen kennt Nietzsche so wenig, wie er Goethe kennt* (ebd., Nr. 401).

Doch schon im Februar 1895 legte v.d. Hellen, der sich wohl auch mit seinem Rekord an der vorigen Arbeitsstelle, sechzehn Briefbände Goethes innerhalb von acht Jahren ediert zu haben, empfohlen hatte, seine Tätigkeit nach Auseinandersetzungen mit Koegel nieder.

Steiner ging danach wieder auf eine Einladung von E. Förster-Nietzsche ein, deren berechnenden „Willen zur Macht" er unterschätzte, von dem sie im Umgang mit der philosophischen Hinterlassenschaft ihres Bruders skrupellos Gebrauch machte und wurde nolens volens in ihr Intrigenspiel hineingezogen, bei dem sie so manchen *Triumph über all die Männer und Männlein* (zit.b. Peters, S. 230) verbuchen konnte. Inzwischen bereitete er ein eigenes Buch über Nietzsche vor, das er im selben Jahr veröffentlichte. Während Nietzsches Schwester davon angetan war, äußerte sich Koegel kritisch, glaubte aber, *dass der Nutzen, den das kleine Buch stiften wird, den Schaden überwiegt ...* (zit.b. Lindenberg, 1997, S.254). Rosa Mayreder bemerkte zu dem Büchlein – was schon als Kennzeichen Steiners hinsichtlich seiner Goethe-Darstellungen zunehmend zum Vorschein kam – ... *für mich* (ist es) *fast ausschließlich eine Interpretation Steiners vermittels Nietzsche* (ebd.).

Frau Förster-Nietzsche bat Steiner im Januar 1896 zu sich, die 1077 Titel umfassende Bibliothek ihres Bruders zu katalogisieren, was er innerhalb von zehn Tagen in heute noch gültiger Weise leistete. Am 1.8.1896 zog dann das Nietzsche-Archiv nach Weimar um. Steiner wurde von E. Förster-Nietzsche zum privaten Philosophieunterricht über Nietzsche gewonnen, den er ihr nach Rücksprache mit Koegel erteilte.

Schließlich hielt sie den Zeitpunkt für gekommen, Steiner ins Spiel zu bringen und kompromittierte ihn, indem sie ihn fälschlich öffentlich als Herausgeber der Werke Nietzsches bezeichnete. Steiner hätte die Herausgabe wohl gern übernommen, beobachtete auch wachsam die Spannungen zwischen „Zarathustras Schwester" und Koegel, dem sie den Stuhl vor die Tür stellen wollte, war nun aber ausgebootet und genötigt, sich vor Koegel zu rechtfertigen. Steiners Loyalität zu Koegel zwang die intrigante Dame, ihre Lüge – vorläufig – einzugestehen.

Nochmals im Juni 1897 lenkte Steiner ein und erklärte sich zur Mitarbeit bereit. Im Juli wurde dann Koegel entlassen und nach einem kurzen Intermezzo von Dr. Arthur Seidl die Brüder Horneffer als Herausgeber eingestellt, und, nach deren Schwierigkeiten mit der schwer entzifferbaren Handschrift von Nietzsches Manuskripten, überraschenderweise wieder der Erstherausgeber Heinrich Köselitz (Peter Gast), dessen frühere Ausgaben E. Förster-Nietzsche allesamt hatte einstampfen lassen, nun jedoch willig-allzuwillig fungierte. Resigniert sagte Steiner im August 1898 aus Berlin endgültig ab. Damit fand die sich über Jahre hinziehende Angelegenheit ihren vorläufigen Abschluss, ihre persönliche Fehde aber sollte noch ausgetragen werden.

Steiner hatte im Jahr 1897 seinen Archivauftrag erfüllt. In jährlicher Folge waren von ihm sechs Bände fertiggestellt worden. Zu Beginn und am Ende der Weimarer Zeit waren jeweils auch die längst überfälligen Kürschner-Bände der von ihm kommentierten Ausgabe erschienen. Der gehörig strapazierte Kürschner flehte 1892, zehn Jahre nach Vertragsabschluß, Steiner inständig an, das seit zwei Jahren definitiv zugesagte Abschlusswerk endlich abzuliefern und das *grausame Spiel* (GA 39, Nr. 315) des Aufschiebens zu beenden. Er hatte aber eben bis 1897 auszuhalten.

Wie die Einführungen der beiden Bände zeigen, wird immer weniger Goethe aus sich erklärt als in die von Steiner angeschlagenen philosophischen Ideen eingeführt, so dass selbst der von den beiden ersten Bänden so begeisterte Germanist Professor Max Koch schrieb: *Steiners diesmalige Ein-*

leitungen stehen weit hinter seinen früheren zurück. Er zersplittert sich in persönlicher Polemik, wendet sich entfernteren philosophischen Fragen zu ... deren Erörterung jedoch ganz und gar nicht an diese Stelle passt. Der Gegensatz zwischen Goethes und Kants Weltanschauung wird nun auf die äußerste Spitze getrieben, so dass man auch bei grundsätzlicher Zustimmung doch diesen neuesten Ausführungen widersprechen muss (zit.b. Raub, S. 120).

Interessant ist nun, dass auch der junge Pfarrer Max Christlieb, den Steiner voller Freude als *verständnisvollen Beurteiler meiner Weltanschauung* (GA 39, Nr. 291) schätzte, und der die gegenwärtige Fesselung Steiners an *die eigentliche Goetheforschung* (ebd. Nr. 287) – wie er selbst – als tragisch begriff, das Abdriften von Goethe ebenfalls bemerkte, denn *schon die Einleitung zum dritten Band zeige, dass ich innerlich mit Goetheforschung gar nichts mehr zu tun habe* (ebd.), wie Steiner nicht unlieb eingesteht.

Zum Abschluss seiner gesamten Beschäftigung mit Goethe ging sein *persönlichstes Buch* auf dem Hintergrund seines geselligen Miterlebens eines anderen Kreises hervor: „Goethes Weltanschauung". Denn es gab noch einen weiteren Nietzsche-Kreis in Weimar, ernster gestimmt als der Oldensche, in dem Steiner sehr gerne verkehrte, mit dem Ehepaar Crompton und dem Pianisten Paul Ansorge, dem Redakteur Paul Böhler, Heitmüller als Archivnachfolger v.d. Hellens, Koegel und gelegentlich O.E.Hartleben. Ihre Gedankenwelt und -stimmung wirkte in die Entstehung seines Buches hinein. Steiner spricht im Vorwort von seiner kämpferischen Auseinandersetzung mit Goethe – einer von Nietzsche stammenden Attitüde (wie auch seine Vokabeln von den „eisigen Regionen") – und bekennt seine Darstellungsweise der Ideen zu Goethe, zugleich eine Spitze gegen die ihm schwächlich scheinende historische Erkenntnisart. Goethe wird nun zum erstenmal auch kritisch gesehen. *So interessant es ist, einem großen Geiste auf seinen Wegen zu folgen; ich möchte jedem nur soweit folgen, als er mich selbst fördert. Denn nicht die Betrachtung, die Erkenntnis, sondern das Leben, die eigene Tätigkeit ist das Wertvolle* (GA 6, S. 13). Fast ist man an den berüchtigten Marxschen Satz erinnert: „Die Philosophen haben bisher die Welt erklärt, es kommt aber darauf an, sie zu verändern." Tatsächlich sollte sich in den nächsten Jahren eine radikalere Geisteshaltung Steiners dokumentieren.

Auch zu Platos Bedeutung führt Steiner eine erstaunliche Argumentation durch. Steiner, als Vertreter des Monismus, macht in Plato den philosophischen Vater des Dualismus fest, der die Wirklichkeit aufspaltete in Idee und Erscheinung. Im Anschluss an ihn und den Platonismus setzte die Kirche diese Spaltung fort.

Im selben Jahr erschien eben jener vierte Band bei Kürschner, worin Steiner ebenfalls Plato anführt, frappierenderweise in umgekehrter (nichtdualistischer) Bedeutung! *Man missversteht Plato, wenn man ihn so auslegt, als wenn er nur auf die Ideen, das Geistige gesehen hätte und darüber das Sinnliche vollständig übersehen habe. Plato ... nahm nicht das Sinnliche ohne Geist, geistentblößt wahr, sondern durch und durch gesättigt mit Geist ...* !

Raub hat in seiner Arbeit den Schlüssel für Steiners Umschwung in der Bewertung Platos mitgeliefert. Die Einleitung zu Kürschners Band muss wohl um einiges früher zustande gekommen sein als „Goethes Weltanschauung". Steiners neue Leitsterne waren inzwischen für einige Zeit Nietzsche, Stirner, Haeckel. In Haeckels Schrift „Die Naturanschauung von Darwin, Goethe und Lamarck", die Steiner längst bekannt war, heißt es: *In völligem Widerspruch zu der Einheit der Natur, ... entwickelte sich mächtig der durch Plato erfundene Dualismus ... Dieser Platonismus fand seine stärkste Stütze in den entgegenkommenden Dogmen des Christentums* (zit.b. Raub, S. 326). Haeckel war aber nicht die einzige Quelle dafür. Auch Nietzsche hatte ja zum *Generalangriff auf den Platonismus* seine Feder geschärft. In einem Brief an seinen Freund Overbeck schrieb er von Plato: *er bleibt das größte Malheur Europas* (zit.b. Janz, Bd. 2, S. 500).

Nachdem diese sich widersprechenden Äußerungen zu Plato vom Philosophen Karl Vorländer als *Probe ... völliger Gedankenverwirrung* (Vorländer, S. 138) geziehen wurden, reagierte Steiner empfindlich. Mit polemischen Vorwürfen im Nachwort zur zweiten Auflage setzte er sich über die angeprangerte Divergenz mit dem Argument hinweg, dass er *auf die verschiedenen Beziehungen* des Platonismus eingegangen sei (GA 6, S. 214). In dieser Neuauflage verbesserte er die peinliche Stelle, indem er lediglich zwei Silben an Platos Namen anzufügen brauchte und vom Platonismus sprach.

Berlin

Nach Abschluss seiner Archivtätigkeit und der erfolglosen Pläne einer universitären Laufbahn vermittelte ihm vermutlich der erst in Berlin, dann in Weimar ansässige Verleger seiner Werke (Phil. d. Freih., F. Nietzsche, Goethes Weltan.) Emil Felber den Posten als Herausgeber des ‚Magazin für Litteratur', das in Berlin von Otto Neumann-Hofer bisher herausgegeben wurde. Im Frühjahr 1897 kam der Vertrag unter der Bedingung zustande, dem weniger bekannten Philosophen Steiner als Mitherausgeber O.E. Hartleben an die Seite zu stellen, dessen Name mehr Reklame bot. Beide waren sich von der Weimarer Zeit her bekannt. Sie hatten 1894 gemeinsam bei dem unerwarteten nächtlichen Refugium des vor einer Küchenschabe geflüchteten O.E. Hartleben in einer durchwachten Nacht ein Brevier Goethe-Gedichte zusammengestellt, indem Steiner seine vorhandenen Gedichtbände mit der Schere bearbeitet und die ausgewählten Ausschnitte in chronologischer Reihenfolge auf Papier aufgeklebt hatte. Steiner war dem geistreichen Bohemien bewundernd zugetan, doch der hielt sich von der mühevollen Tätigkeit, wöchentlich zwölf engbedruckte Seiten herauszugeben, weitgehend fern. Der lieber und länger in Italien weilende Hartleben trug nur in homöopathisch dosierten Beiträgen seiner Verpflichtung Rechnung. Für Steiner bedeutete dies, seinen von anderen als verbummelt bezeichneten Wesenszug (Martens; Kürschners Redaktion) durch die Notwendigkeit regelmäßiger Beiträge zu disziplinieren, was er neben weiteren anspruchsvollen Projekten meisterte. So unterhielt er zur Sicherung seiner wirtschaftlichen Existenz bei dem nicht sehr florierenden Magazin zu Teilen des Leserkreises enge Fühlung in Form literarischer Vorträge in der ‚Freien literarischen Gesellschaft', einer in mehreren Städten vertretenen Vereinigung junger Künstler. Zum Jahresbeginn 1898 gründete er die Zeitschrift ‚Dramaturgische Blätter', die als Beiblatt zum Magazin erschien, agierte im Vorstand der ‚Dramatischen Gesellschaft' und fühlte sich bei den Inszenierungen moderner Stücke, die an den etablierten Bühnen Berlins abgelehnt worden waren, mit Hartleben als Regisseur. Die Erfahrungen dieser Zeit werden ihm bei seinen späteren Aufführungen der Stücke Edouard Schurés und der von ihm selbst geschaffenen Mysteriendramen gute Dienste getan haben. Damals brachten sie seinen ästhetischen Kritiken Erfahrungen aus der Praxis hinzu und erschlossen ihm persönliche Kontakte zu Schauspielern und jungen Dichtern. Hartleben hielt einen eigenen Stammtisch illustrer Künstlerpersönlichkeiten (mit Paul Scheerbart, Otto Julius Bierbaum) und solcher, die sich dafür hielten, unter dem Namen ‚Verbrechertisch' in der tief unter der Straße gelegenen Kneipe ‚Der stramme Hund' ab, in der nun auch Steiner verkehrte. Der feinsinnige, aber auch trinkfreudige Hartleben hat selbst, wie Ludwig Thoma einmal schrieb, aus seiner Neigung zu ausgedehnten Kneipenabenden kein Aufsehen gemacht – das wurde von anderen besorgt. Nun wurde der ihm anhängende Steiner *ein häufiger Besucher dunkler Gaststätten* (zit.b. Raub, S. 166), wo er sich zu *nächtlicher Stunde herumschlug und Mengen Pilsener Bieres dazu vertilgte* (ebd.). Mit Hartleben passierte es ihm einmal, nachdem er von ihm zum Liebesboten an dessen Geliebte auserkoren worden war, das Überbringen eines entsprechenden Brieflein mit der Botschaft für ein Rendezvous versäumt zu haben, was ein Gewitter des geprellten Liebesgottes aufkommen ließ. Als es verzogen war, rächte sich sein göttlicher Zorn mit einer poetischen Verbannung ins Purgatorium:

Rudi Steiner

Im Fegefeuer sitzt ein hagrer Greis
und jammert, während ewig frische Flammen
um sein Gebein mit ungebrochnem Fleiß
sich schlängeln: Gütiger Gott, woher entstammen
die Qualen unter meinem Sündensteiß?
Ob welcher Schuld tatst du mich so verdammen?
Gott sprach: **zehn** *Jahre musst du also büßen:*
Du raubtest **einen** *Sonntag meiner Süßen!* (ebd., S. 166)

So lieb Steiner der Umgang mit dem bewunderten O.E. Hartleben gewesen war, nicht alles war ihm recht, worin er hineingezogen wurde. Später distanzierte er sich in krasser Formulierung von dem *Dreck der jungen Leute* (GA 39, Nr. 595), in den er sich in der anfänglichen Berliner Zeit eingelassen hatte.

Von allen Verpflichtungen, die von außen an ihn gestellt waren und die er selbst voll und ganz erfüllte, absorbiert, wurde er zu seinem Leidwesen daran verhindert, *die Menschen aufzusuchen und ihnen näher zu kommen, mit denen von Weimar her schöne Verhältnisse bestanden. Wie lieb wäre es mir auch gewesen, Eduard von Hartmann öfters zu besuchen. All dies ging nicht. Die andere Seite nahm mich voll in Anspruch* (GA 28, S. 242 f).

Was hatte sich Steiner als Herausgeber des renommierten aber wirtschaftlich instabilen Blattes vorgenommen? Er wollte ein Forum haben, in dem die zeitgenössische Kultur in ihren Facetten von Dichtung, Theaterwerken, Essays original vertreten war, die Leser darüber in Rezensionen unterrichtet wurden und ebenso wissenschaftliche und weltanschauliche Reflexionen ihren Platz hatten. Steiner griff nun auf seine alten Beziehungen zu Rosa Mayreder, Hermann Bahr und delle Grazie zurück, um Beiträge dieser Autoren zu erbitten. Wie er im nachhinein in seiner Autobiographie kundtat, hielt er trotz des intensiven Einsatzes um Vergrößerung der Leserschaft nicht mit provokanten Beiträgen zurück, bei denen *das frühere Philisterium, aus dem die Abonnenten des Magazins bestanden... durchaus nicht freudig tanzte* (zit.b. Chronik S. 162). Das ‚Magazin für Litteratur' wurde auf diese Weise nicht *in das moderne Philisterium hineinlanciert. Ich aber wurde selbstverständlich... nach und nach durch das moderne Philisterium herauslanciert* (zit.b. Lindenberg, 1997, S. 281). An drei skandalträchtigen Beiträgen kann dies nachvollzogen werden:

Im Dezember 1897 erschien Steiners erster Aufsatz zum Prozess gegen den angeklagten Offizier Dreyfus, in dem er seine Überzeugung von der Unschuld des Franzosen ausspricht und der Auffassung, Deutsche hätten keinen Grund zur Einmischung in fremde Angelegenheiten entgegnet: *Ja, hört denn menschliches Mitgefühl da auf, wo die Strafgesetzparagraphen eines Staates aufhören?* (GA 31, S. 221). Im Februar und März 1898 folgten weitere Aufsätze zu Emile Zola und seiner „J'accuse"-Rede im Zusammenhang mit der Dreyfus-Affäre. Damit förderte Steiner selbst seine Ungunst bei einem Teil der Leserschaft, und der früher ihm gewogene Germanistikprofessor Max Koch kündigte aus diesem Grund kurzerhand sein Abonnement.

Schon in der Weimarer Zeit hatte Steiner sich mit Stirner befasst und war mit dessen Biographen Mackay, der ab 1898 auch in Berlin lebte, freundschaftlich verbunden. Wie intensiv sich Steiners und Stirners Gedankengänge berührten und wie stark er von ihm angeregt wurde („Philosophie der Freiheit" bis zu dem Artikel „Der Egoismus in der Philosophie"), fand ebenfalls Ausdruck im Magazin. Das Enfant terrible Stirner jedoch war als Anarchist verschrieen, und just als im September 1898 die österreichische Kaiserin Elisabeth von einem ‚Anarchisten' ermordet worden war, publizierte Steiner den dazu geführten Briefwechsel Mackays mit ihm, worin zwar die unzutreffende Gleichsetzung des theoretischen Anarchismus, wie ihn Mackay vertrat, mit dem terroristischen so genannten Anarchismus der ‚Propagandisten der Tat' begründet zurückgewiesen und jede Verwechslung der gleichlautenden Nomenklatur abgelehnt wurde, aber Steiner auch noch meinte, sein persönliches Credo anschließen zu müssen: *Wenn ich aber in dem Sinne, in dem solche Dinge entschieden werden können, sagen sollte, ob das Wort ‚individualistischer Anarchist' auf mich anwendbar ist, so müsste ich mit einem bedingungslosen ‚Ja' antworten* (ebd., S. 284).

Als nun der vor drei Jahren von Nietzsches Schwester abgesetzte Herausgeber der Werke ihres Bruders, Fritz Koegel, in seiner fachlichen und editorischen Leistung von seinem Nachfolger Ernst Horneffer verunglimpft wurde, sah Steiner sich veranlasst, in zwei Aufsätzen dazu Stellung zu nehmen. Dem ersten, Koegels Konzept erläuternden und seine Kompetenz anerkennenden Artikel folgte im gleichen Magazin, in dem Koegel selbst vor Jahren sich als Nietzsche-Experte empfohlen hatte, eine schonungslose Offenlegung der intriganten Winkelzüge von Frau Förster-Nietzsche, die mit den Sätzen endete: *Ich habe eben, trotzdem ich Frau Förster-Nietzsche bald erkannt habe, immer darauf Rücksicht genommen, dass sie* **Friedrich Nietzsches Schwester** *ist. Da habe ich vielleicht aus Höflichkeit und Rücksicht im Loben ihrer Eigenschaften zu viel getan. Nun ich erkläre, dass das eine große Dummheit von mir war, und dass ich gerne bereit bin, jedes Lob, das ich Frau Förster-Nietzsche gespendet habe, in aller Form zurückzunehmen* (ebd., S. 528).

Es konnte Steiner nicht helfen, dass Nietzsche selber es als Fluch bezeichnet hatte, mit seiner Schwester verwandt zu sein, der er noch dazu das geringste Verständnis für seine Philosophie abgesprochen hatte; denn zu dieser Zeit war ihr zunehmend unheilvoller Einfluss durch Manipulation seiner Schriften noch für viele Jahrzehnte der Öffentlichkeit unbekannt und es gelang ihr im Gegenteil, sich als Vorkämpferin der Philosophie ihres Bruder einen Namen zu machen, der sie als „erste Frau Europas" bekannt werden ließ, so dass sie dreimal zwischen 1908 und 1923 zum Nobelpreis vorgeschlagen wurde. Steiners unverblümtes Auftreten im ‚Magazin' gegenüber den Machinationen von Frau Förster-Nietzsche brachte ihm erhebliche Feindseligkeiten ein, nicht nur bei der Leserschaft des Magazins: Otto Erich Hartleben zog Konsequenzen und kündigte seine mehr nominell gehandhabte Mitherausgeberschaft gleich im Monat darauf, ohne allerdings Steiner den Grund zu nennen, der ihn über andere erfuhr. Die heftigen Scharmützel der Parteien Steiner – Förster-Nietzsche mit ihrem *Ritter von komischer Gestalt* (Steiner) zogen sich etwa ein halbes Jahr hin. Schließlich erschienen in der ‚Wiener Klinischen Rundschau' im Juli, August und September 1900 insgesamt drei Artikel Steiners: „Die Philosophie Friedrich Nietzsches als psycho-pathologisches Problem" und der zweiteilige Beitrag: „Friedrich Nietzsches Persönlichkeit und die Psycho-Pathologie".

Auch wenn es darin Steiners Intention gewesen ist, als Anhänger der Ideen Nietzsches zu schreiben, so will er denn an der Art aufzeigen, *wie er* (Nietzsche) *diese Ideen findet, miteinander verbindet, wie er sie bewertet und vertritt, (dass sie) nur durch psychopathologische Begriffe zu verstehen ist. ... nicht das Genie selbst, nur die Äußerungsform des Genies soll auf diesem Wege erklärt werden* (GA 5, S. 150). Überraschend daran war nicht Steiners Gesichtspunkt, den er zu Persönlichkeit und philosophischen Ideenbildung Nietzsches einnahm, hatte er doch schon 1893 die Publikation Kurt Eisners „Psychopathia spiritualis. Friedrich Nietzsche und die Apostel der Zukunft" wohlwollend besprochen und darin geäußert, *Nietzsche war mir nie ein philosophisches, sondern immer ein psychologisches Problem. Die infolge von Nietzsches Krankheit verzerrt, karikiert auftretenden Ideen hätten denen in frischer Gesundheit produzierten voraus, mehr zum Denken anzuregen. ... Die Krankheiten des Geistes liefern wichtige Beiträge zur Psychologie* (GA 31, S. 468). Am Ende der Weimarer Zeit hatte er das Buch „Friedrich Nietzsche – Ein Kämpfer gegen seine Zeit" veröffentlicht, in dem er hingegen an der Übereinstimmung von Nietzsches Schriften mit seinen eigenen Gedanken die Entwicklung der Ideen Nietzsches und die Elemente seiner Philosophie dargestellt hatte. Dabei nicht vergessend, auch die Grenze bei Nietzsche aufzuzeigen, die nach Steiners Überzeugung in seiner „Philosophie der Freiheit" weiter gedacht worden war mit seinem Beitrag zur ‚moralische Phantasie'. Das Überraschende an der eigenartigen psychopathologischen Analyse war hingegen ihre Platzierung in zeitlicher Nähe zu der persönlichen Auseinandersetzung mit „Zarathustras Schwester", als dass sie gänzlich unabhängig davon genommen werden kann.

Was könnte nun ein weiterer, möglicherweise der tiefere Grund für diese Artikelserie gewesen sein, bei der befremdet, dass der unberufene Psychologe Steiner zu dieser Aktion psycho-pathologischer Relativierung der Persönlichkeit Nietzsches schritt, für die der Philosoph Steiner als Dichter und Denker eine Lanze gebrochen hatte? Wozu eine Publikation im fernen Wien?

Die ‚Wiener Klinische Rundschau' gehörte zum Zeitungsverlag Moritz Zitters, dem immerwährenden Freund seit Studientagen. Über Zitter waren die Artikel leicht zu lancieren, wohl um Steiners Zeugnis in Wien vorteilhafter erscheinen zu lassen, war er doch auf sein Buch hin vor fünf Jahren als *Nietzsche-Narr* (so der Kieler Soziologe Ferdinand Tönnies) verschrieen worden. Mit der abgewogeneren, distanzierten Sicht der psycho-pathologischen Bedingungen Nietzsches hätte erwartungsgemäß dem wirren Feuerkopf Steiner die gesellschaftlich nötige Reife wohl nicht mehr abgesprochen werden können? Tatsächlich findet sich in Steiners Briefen an die Eltern vom Mai 1900 der passende Hinweis auf die seit einigen Wochen schwebenden Verhandlungen um eine Berufung nach Wien (GA 39, Nr. 550), deren Aussicht sich allerdings wieder verändert hatte und zur Entscheidung auf den Herbst verlegt worden war. Österreich wäre ihm offensichtlich nach seinen deprimierenden Weimarer, Jenaer und Berliner Erfahrungen lieber gewesen, als der Verbleib in erfolglosen deutschen Projekten. Zudem wurde sein Vater in diesem Jahr pensioniert und zog mit der gesamten Familie in die alte Horner Heimat, nordwestlich von Wien, zurück. Doch noch war er im Jahre 1899 in seiner Redaktionsarbeit voll engagiert.

Mittlerweile zog der Junggeselle, zunächst als *möblierter Herr* in Karlsbad 33 wohnend, in die Habsburger Str. 11 und schließlich im Oktober 1899 zusammen mit Anna Eunike, die längere Zeit erst in (Bad) Sulza, dann in Jena ihr *provisorisches Heim* (GA 39,Nr. 513) aufgeschlagen hatte, nach Berlin-Friedenau in die Kaiserallee 95. Dort heirateten sie am 31.10.99 standesamtlich. Trauzeugen waren J.H. Mackay und der von Weimar her befreundete ältere Ziegelei-Ingenieur Otto Bock. Am Abend speiste das Brautpaar mit Bekannten ihr unbürgerliches Festessen: Bockwurst mit Kartoffelsalat und Bier. Steiner *ließ sich vom Kellner ein Dutzend Postkarten bringen und teilte darauf mit einem ehemaligen Bleistiftstummel den Verwandten das große Tagesereignis auf drei Zeilen ergebenst mit. Wir plauderten weiter; um Mitternacht fuhr das Brautpaar im Nachtomnibus heimwärts* (Mitteilung 1997/I S. 33).

Mit Beginn des Jahres 1899 hatte Steiner einen neuen, zusätzlichen Wirkungskreis als Dozent an der Arbeiterbildungsschule, der Wilhelm Liebknecht-Schule, gefunden. Damit kam er seit seiner Studienzeit zum ers-

77

tenmal mit einer Bevölkerungsgruppe in Kontakt, die keine Akademiker, Intellektuelle oder Künstler waren. Die Anfrage für die damals noch nicht partei- oder weltanschaulich gebundene Lehrerstelle, zunächst einmal pro Woche abends in der Freizeit der Arbeiter zu unterrichten, ging vom Vorstand der Schule aus. Steiner gelang mit der ihm eigenen Darstellungsweise geschichtlicher Themen, seinen Redeübungen und Verbesserungen des schriftlichen Ausdrucks seiner Schüler ein so erfolgreicher Unterricht, dass er bald zahlreichen Zulauf von etwa zweihundert Zuhörern erhielt und sich größter Beliebtheit unter seinen Arbeiterschülern erfreute. Wie die veröffentlichten dama-

Zwei ältere Ansichten des Horner Alterswohnsitzes von Steiners Eltern (Haus mit ornamentalem Giebel)

ligen Vorträge Steiners und die Berichte ehemaliger Arbeiterschüler zeigen, hatte er keine Kompromisse mit der marxistischen Doktrin geschlossen und blieb bis zum Ende seiner mehrjährigen Dozententätigkeit auch bei den Kollegen „Herr Steiner" – und nicht „Genosse".

Der „Herr Doktor" begeisterte seine Schüler mit seinem stupenden Wissen auf allen Gebieten. Er zeigte sich ihnen als das Gegenteil eines unnahbaren elitären Gelehrten. Auch an sonntäglichen Tagesausflügen seiner Schüler während der Sommermonate in die Umgebung Berlins nahm er mit Frau und einer ihrer Töchter teil.

Seinen marxistisch geschulten Zuhörern sagte er in bewusster Übereinstimmung mit Marx, es genüge nicht, die Welt zu interpretieren, man müsse sie verändern. Dazu müssten allerdings die Köpfe revolutioniert werden, was gerade die Aufgabe des Bildungswesens sei, und fügte Friedrich Rückerts Spruch hinzu:

Nicht ist das Sein zuerst und wird nachher gedacht,
vielmehr vom Denken erst wird Sein hervorgebracht.
Des Denkens Vorrang vor dem Sein ist darin kund:
Des Schöpfers Denken ist der Schöpfung innrer Grund.

Auf die vielfältigsten Fragen seiner Schüler blieb er keine Antwort schuldig, wusste ihren Irrtum, die Raupe eines Tagpfauenauges zu sehen, richtig zu stellen mit dem Hinweis, *dass es die eines Ligusterschwärmers sei, und er gab uns eine genaue Beschreibung der beiden mit all ihren Farben und Zeichen. Steiner kam uns vor wie ein Silo, bis oben gefüllt mit dem Wissen der Welt* (Rudolph, S. 91).

1898 hatte er den sieben Jahre jüngeren Literaten Ludwig Jacobowski kennengelernt und sich bald mit ihm befreundet. Aufgewachsen im polnischen Judentum, leitete er einen Verein zur Abwehr des Antisemitismus. Steiner übernahm dann auch die Leitung der von Jacobowski im Frühjahr 1900 gegründeten lockeren Vereinigung von Künstlern, Dichtern und Gelehrten ‚Die Kommenden', die bei ihren Zusammenkünften aus ihren Produktionen vortrugen. Treffpunkt war das Nollendorf-Casino in der Kleiststraße 41, wo sich dann u.a. Else Lasker-Schüler, J.H. Mackay und O.E. Hartleben einfanden. Als Jacobowski – vielleicht Steiners letzter Freund – überraschend im Dezember 1900 verstarb, beteiligte sich Steiner mit mehreren Beiträgen an dessen Zeitschrift und gab den Nachlass heraus.

Etwa zur selben Zeit als ‚Die Kommenden' gegründet wurden, kam es auch zur Bildung des ‚Giordano-Bruno-Bundes für einheitliche Weltanschauung', eines Diskussionsforums für moderne Erkenntnisse, geleitet von Bruno Wille. Steiner lieferte hier mit seinen Ideen lebhafte Anregungen für die Teilnehmer. Auch an der ersten Volkshochschule Deutschlands, der ‚Freien Hochschule', war er mit einem Kurs vertreten. Schließlich konnte man ihn in Berlin-Friedrichshagen an einem Abend pro Woche bei Bruno Wille und Wilhelm Bölsche in dem Zeitraum von 1902–05 erleben.

Im September 1900 legte Steiner entmutigt die Herausgeberschaft des ‚Magazin für Litteratur' nieder. Die schwieriger gewordene wirtschaftliche Lage überstieg seine Kräfte. Jacobowski intervenierte bei dem Abgeordneten Max Hirsch, um für Steiner einen Lehrauftrag an der Berliner Humboldt-Akademie zu erwirken. Seine Initiative verlief jedoch genauso ergebnislos wie ein Jahr später der Versuch Zitters, über E. Haeckel eine Anstellung an der Jenenser Universität zu erreichen. Auch der Plan, an der Wiener Technischen Hochschule eine eigens für Steiner eingerichtete Dozentur zu bekommen, verlief im Sande. Just zu diesem Zeitpunkt wurde er im Auftrag von Graf und Gräfin Brockdorff eingeladen, einen Vortrag in deren ‚Theosophischen Bibliothek' in der Kaiser-Friedrich-Straße 54 a zu halten. Steiner nahm an und trug dort noch im selben Monat über Nietzsche vor. Die gute Resonanz auf seinen Vortrag führte zu einem weiteren Vortragsabend über „Goethes geheime Offenbarung", wobei er *ganz esoterisch* (GA 28, S. 392) werden konnte, wie er in der autobiographischen Rückschau betont. Danach begann er dort einen sechsundzwanzigteiligen Zyklus über „Die Mystik", der bis zum April 1901 fortlief.

Wieso hatte Steiner diese Einladung in die ‚Theosophische Bibliothek' überhaupt akzeptiert? War er doch seit seiner Wiener Zeit ein scharfer Verächter der Theosophie, wie R. Mayreder überliefert hat, und noch als Herausgeber des ‚Magazins' gefiel es ihm, einen Artikel über Theosophen zu schreiben, in dem er in deren *innere(n) Erlebnisse(n)* nichts anderes erkennen konnte *als Heuchelei* (GA 32, S. 195). Ihren Mangel sah er in deren überheblicher Ignoranz des spezifisch abendländischen Erkenntnisweges, des *abstrakten Denkens,* und der darauf basierenden *europäischen Wissenschaft* (ebd.). War dieses Defizit nicht absolut gemeint gewesen und eventuell reversibel? Ließ es sich vielleicht mit seinem Beitrag abhelfen?

Die Berliner Loge der Theosophischen Gesellschaft (T.G.) war von Wilhelm Hübbe-Schleiden 1892/94 als Ableger der im indischen Adyar (in Madras) errichteten Zentrale gegründet worden. Nach Aufgabe des Hauptsitzes der im Jahr 1875 in New York gegründeten T.G. übersiedelten H.P. Blavatsky mit den weiteren Gründungsmitgliedern H.S. Olcott und W.Q. Judge nach Indien (zunächst Bombay, 1882 dann nach Madras), dem Land, das wie kein anderes religiöse Sekten und philosophische Schulen hervorgebracht hat. Nach Blavatskys Tod (1891) spaltete sich die T.G. durch Machtkämpfe. Die Leipziger Loge unter Vorsitz von Dr. Franz Hartmann, dem esoterischen Freund Blavatskys und F. Ecksteins, bildete quasi noch einen fossilen Rest der ursprünglichen T.G. Die 1847 geborene Annie Besant (bis 1933) galt schon vor ihrer theosophischen Karriere als eine der bekanntesten und *bemerkenswertesten Frauen ihrer Zeit* (zit.b. Cranston/Williams, S. 435). Ihren Ehemann, einen Landpfarrer, hatte die Freidenkerin verlassen und sich als Agitatorin in radikalen politischen Kreisen und als Feministin, Sozial- und Erziehungsreformerin einen Namen gemacht. Ihre in Wort und Schrift geäußerten Überzeugungen vertrat sie erfolgreich auch vor Gericht. G.B. Shaw schätzte sie als größte Rednerin des Jahrhunderts ein und Blavatsky erfreute sich, an deren spektakulärem Übertritt zur Theosophie eine intelligente und gewandte Rednerin, eine „Demosthenes in Röcken" gewonnen zu haben. Noch von Blavatsky zur Leiterin der ‚Esoterischen Schule' berufen, beinflusste diese außerordentliche Persönlichkeit die europäischen Ableger der T.G. nach dem Tod ihrer Gründerin. Präsident in Deutschland war Hübbe-Schleiden; für den in Hannover Wohnenden waltete wohl der Graf Cay Lorenz von Brockdorff (1844-1921) mit seiner Frau Gräfin Sophie des Berliner Amtes.

Bei den scheinbar ein wenig kümmerlich einberufenen Logenveranstaltungen lud man wohl zur Anregung den auf sich aufhorchen lassenden Rudolf Steiner ein, einen Vortrag über den kürzlich verstorbenen Nietzsche zu halten. Der Eindruck über die Veranstaltung überraschte beide Seiten angenehm. Das sollte folgenreiche Auswirkungen zeitigen. Steiners innerer und äußerer Weg verband sich allmählich mit dem der Theosophischen Gesellschaft. Doch das Ende der philosophischen Periode Steiners war nicht durch den theosophischen Kontakt allein verursacht, sondern hatte auch eine innere Genese, die auf den nächsten Seiten ausführlicher behandelt werden soll.

Der Zeitpunkt, an dem sich Steiners Umschwung zeigt, liegt um den Beginn des Jahres 1900, etwa mit Eintritt seines 40. Lebensjahres. Dafür spricht nicht allein die von ihm betonte Angabe, die öffentliche Wirksamkeit eines Eingeweihten sei vor diesem Alter nicht gegeben, sondern auch der kleine Fingerzeig, dass er zum Hochzeitsessen in der Abendgesellschaft noch Wurst und Bier genossen hatte, aber seit Gründung der ‚Kommenden', also Frühjahr 1900, weder bei Tanz noch Trinken mitmachte (Bock, S. 165) und vegetarisch lebte, wie es sein ‚Sekretär' aus der Arbeiterschaft aufgezeichnet hat (Rudolph, S. 95). In einem Brief des Jahres 1921 schrieb Steiner, seit zwanzig Jahren Vegetarier zu sein (GA 39, Nr. 647). Bis dahin war das treffendste Charakteristikum Steiners ein Geschenk Jacobowskis gewesen: eine Stoffpuppe, ihm meisterhaft nachgebildet, unter deren schwarzen Mantel als corpus eine Flasche französischer Cognac verdeckt war. Ihre Botschaft: der ganze Körper ist Geist!

Auch die Zeit des in behaglicher Ruhe auf dem Sofa liegenden, Bücher lesenden und dabei Zigaretten rauchenden Intellektuellen war vorüber.

Harte, mit Arbeit gefüllte Zeit prägte den nächsten Lebensabschnitt markant. Feuer und Begeisterung für den wahren „spiritus" lösten nun dessen alkoholisierte Variante weitgehend ab. Tabak wurde nur noch gelegentlich rauchfrei von ihm geschnupft.

Himmel über Berlin

Wie war es nun zu jenem Umschwung Steiners gekommen, der ihn zum spirituellen Lehrmeister der Theosophischen Gesellschaft avancieren ließ und der äußerlich unvermittelt die bisherige philosophische Ausrichtung mit der esoterischen, mit stark christlicher Zentrierung ablöste, die zum Inhalt seiner Lehre wurde und Freund und Feind noch immer soviel interpretatorische Schwierigkeiten bereitet? Aus Steiners Werken und Briefen lässt sich Schritt für Schritt sichtbar machen, welchen Weg sein Denken genommen hatte. Als er zum Ende der Weimarer Zeit sein Buch „Goethes Weltanschauung" publiziert hatte, war darin die Faszination des von Ernst Haeckel vertretenen Monismus so überdeutlich, dass er ja den von K. Vorländer bemerkten Fauxpas beging, Plato entgegen seiner gleichzeitig bei Kürschner herausgebrachten Kommentierung nun als Dualisten zu bezeichnen. Seitdem vertiefte sich Steiner gründlich in alle Werke Haeckels und die seiner Gegner (z.B. Virchow, Otto Liebmann ...) und veröffentlichte nach diesen breit angelegten Studien eine dreiteilige Artikelserie unter dem Titel „Haeckel und seine Gegner". Steiner sah in dem biogenetischen Grundgesetz den von Haeckel in aller naturphilosophischen Konsequenz gelieferten Schlüssel zum Verständnis der naturhaften als auch der geistigen Entwicklung, den er seiner monistischen Sichtweise philosophisch beizufügen hatte. Im Unterschied zu Haeckel, dessen philosophische Schwäche er scharf erkannte (**Anm. 4**), war ihm infolge seiner biographischen Seelenerlebnisse die von Goethe dargestellte Existenz einer geistigen Welt in der Idee, wie der Urpflanze, kein vom abstrakten Denken geschlussfolgertes Hirnerzeugnis, sondern durch anschauende Urteilskraft wahrnehmbare Realität, deren Einsicht Haeckel jedoch fehlte. Die von Stirner formulierte Kritik des Geistigen konnte hier gar nicht greifen, da sich diese auf dualistische Vorstellungen bezog und einer monistischen Auffassung, wenigstens in Steiners Sicht, nichts anhaben konnte. Selbst die bei Haeckel vertretene und in der Natur nicht zu leugnende Idee der Zweckhaftigkeit hob nach Steiner nicht automatisch ein dualistisches Denken über die Teleologie wieder in den Sattel, indem durch die Hintertür doch wieder Einlass für einen

Schöpfer gegeben würde. In seiner Kampfschrift erklärte Steiner dazu, nur wer behaupte, der Zweck (das Ziel) sei Ursache solcher Bildungen, der vertrete alte Teleologie, es sei aber so zu denken, dass *die Lebewesen entstehen nach notwendigen Gesetzen wie die unorganischen Erscheinungen, und die Zweckmäßigkeit ist nur da, weil das Unzweckmäßige sich nicht erhalten kann; sie ist nicht der Grund der Vorgänge, sondern deren Folge ...* (GA 30, S. 199).

Wenn also daher beide Bereiche des monistisch zu verstehenden Materiellen und Geistigen zugleich der Evolution unterstehen, musste notwendigerweise diese – von Haeckel rein mechanisch aufgefasste – Entwicklung auch für die geistige Seite zutreffen, die von der materiellen ins Schlepptau genommen wurde! Daher kam es nun bei Steiner zu einem Manöver, das seine früheren Leser und Zuhörer – sofern sie es denn merkten – vor den Kopf stoßen musste, verkehrte er doch damit ins Gegenteil, was er in den naturwissenschaftlichen Werken so entschieden als das Zentrale der Goetheschen Organik herausgearbeitet hatte, indem er Goethe als den *Kepler der Organik* würdigte. Während er dort das Spezifische gerade im Unterscheiden von Anorganik und Organik ausgemacht hatte, glaubt man seinen Augen nicht zu trauen, wenn er jetzt sagt: *Daraus geht klar hervor, dass Goethes Streben darauf gerichtet ist,* **bei Betrachtung der Lebewesen dieselbe Erklärungsart anzuwenden, die bei der leblosen Natur zum Ziele führt** (ebd., S. 156). Um es noch deutlicher zu sagen, trumpfte er an der Stelle auch noch gegen Kant auf, der bestritt, dass dereinst *ein Newton aufstehen könne, der auch nur die Erzeugung eines Grashalmes nach Naturgesetzen, die keine Absicht geordnet hat, begreiflich machen werde* und die Erkenntnis der organischen Wesen *nach bloß mechanischen Prinzipien* (ebd.) mit Gewissheit ablehnte. Auch W. Raub hatte diese vorerst unverständliche Positionswendung Steiners nicht übersehen und sie anhand konkreter Gegenüberstellungen von Zitaten aus Steiners Werk verdeutlicht (S. 157 f). Er führt dazu auch die Stelle aus dem 1. Band der Naturwissenschaftlichen Schriften an, wo Steiner schrieb: Goethe *verhielt sich schon seit seiner Jugend ablehnend gegenüber Bestrebungen, welche sich die Einheit als* **Einförmigkeit** *vorstellen und die organische Natur, wie überhaupt das, was innerhalb der Natur als höhere Natur erscheint, von den in der unorganischen Natur wirksamen Gesetzen beherrscht denken... Goethe denkt sich die Welt als einen Kreis von Kreisen, von denen jeder einzelne sein eigenes Erklärungsprinzip hat. Die modernen Monisten kennen nur einen Kreis, den der unorganischen Naturgesetze* (zit.b. ebd.).

Die vorige, frappierende Formulierung ist also kein Versehen Steiners, sondern deutet auf die gewandelte Position hin, in die er damals durch die etwas gewaltsam gedachte Übertragung des biogenetischen Grundgesetzes auf die geistige Ebene geriet! Folgerichtig schrieb er später in einem Brief: *... es ist dieselbe Erfahrungsart, die mich die Wahrheit in der Wissenschaft, und* *dieselbe, die mich die ‚mystische Tatsache' im Christentum gelehrt hat.* Richtig ist nur nicht, wenn er im gleichen Atemzug meinte, dass *wer alles bei mir überschauen wollte, der würde Einklang sehen, wo er, da er es eben nicht überschaut, nur Widerspruch findet. ... Wer mich genauer kennt, der weiß auch, dass ich mich in meinem Leben nicht sonderlich verändert habe* (zit. b. Lindenberg, 1995, S. 14).

Wie vollzog nun Steiner den Schritt vom philosophischen Monismus zu der „mystischen Tatsache" im Christentum?

Er bewegte sich – laut seiner Aussage – so vorwärts, dass er zu dem, was in seiner *Seele lebte, neue Gebiete hinzufand. Und ein besonders regsames Hinzufinden auf geistigem Gebiet fand bald nach Bearbeitung der „Welt- und Lebensanschauungen"* statt (GA 28, S. 284), wo er nochmals die Ideengeschichte und Haeckels Position ausführlich erörterte. Parallel dazu hatte er als Zeugnis seiner philosophiegeschichtlichen Auseinandersetzung sub specie von Stirners „Einzigem" einen größeren Beitrag „Der Egoismus in der Philosophie" verfasst. Steiner hatte also durch Haeckel den Schlüssel geliefert bekommen, den er auch auf das Gebiet des Geistigen anwandte, wo Haeckel selbst am wenigsten motiviert und geeignet war, wenngleich auch er Mitglied der Theosophischen Gesellschaft (gewesen?) war. Steiner griff die ihm schon von seiner Dissertation her bekannten religionsgeschichtlichen Ideen aus der Lektüre von Otto Willmanns „Geschichte des Idealismus" wieder auf und erkannte nun analog zu den Goetheschen Real-Ideen der Urpflanze und ihrer irdischen Ableger ein bestimmtes Grundereignis als Prototyp der Geistesgeschichte, das sich ebenfalls in irdischen Variationen (in Vorstufen) entwickelt hatte: das ‚Mysterium von Golgatha'. Diese reale Idee benannte er ‚mystische Tatsache'. *In der Zeit, in der ich die dem Wort-Inhalt nach Späterem so widersprechenden Aussprüche über das Christentum tat, war es auch, dass dessen wahrer Inhalt in mir begann keimhaft vor meiner Seele als innere Erkenntnis-Erscheinung sich zu entfalten. Um die Wende des Jahrhunderts wurde der Keim immer mehr entfaltet. Vor dieser Jahrhundertwende stand die geschilderte Prüfung der Seele. Auf das geistige Gestanden-Haben vor dem Mysterium von Golgatha in innerster Erkenntnis-Feier kam es bei meiner Seelenentwicklung an* (ebd., S. 257).

Was stand hinter diesem rätselhaften Wort vom „geistigen Gestanden-Haben vor dem Mysterium von Golgatha"?

Steiner selbst gibt darüber im vorletzten Kapitel seines „Christentums als mystische Tatsache" (S. 165) Aufschluss: *Das Kreuz auf Golgatha ist der in eine Tatsache zusammengezogene Mysterienkult des Altertums. Dieses Kreuz begegnet uns zuerst in den alten Weltanschauungen; es begegnet uns innerhalb eines einmaligen Ereignisses, das für die ganze Menschheit gelten soll, am Ausgangspunkte des Christentums. Von diesem Gesichtspunkte aus kann das Mys-*

tische im Christentum begriffen werden. Das Christentum als mystische Tatsache ist eine Entwicklungsstufe im Werdegang der Menschheit; und die Ereignisse in den Mysterien und die durch dieselben bedingten Wirkungen sind die Vorbereitung zu dieser mystischen Tatsache.

Steiner erkannte in dem durchgängigen Einweihungsprinzip der alten Mysterien, bei dem der Initiant ‚starb' und nach drei Tagen ‚wiederauferstand', und im dreitägigen Sterben und Wiederauferstehen des Christus das Urbild der bis dahin stattgefundenen Geistesgeschichte, das sich bis zu dem einmal auf Erden realisierenden Urbild – im Gegensatz zu der im Ideellen verbleibenden Urpflanze – des ‚Mysteriums von Golgatha' geschichtlich entwickelt hatte und geistig angelegt war. Da nun auch das geistige Ich des Menschen im Ich des Christus wieder sein Urbild habe, das *Ur-Ich* (GA 139, S. 168), wird nun dieses zum Ziel der Entwicklungsgeschichte von Mensch und Welt. Ausdrücklich führt er im Vorwort der Erstausgabe an, dass die Brücke über die Kluft (eine Reminiszenz an Goethes Märchen) einer in ihre wissenschaftlichen Verstandeseinsichten und gläubig hinnehmenden Empfindungen auseinander gespaltene Kulturmenschheit in Haeckels Entwicklungsgedanken zu finden sei. Nur mit Hilfe des Haeckelschen Entwicklungsgedankens könne das Herz dem Verstand folgen zu einer *welthistorisch* notwendigen, *sich selbst verstehenden Naturerkenntnis*, die auch gelebt werden könne. Mit dieser Erkenntnis war nun endlich die Tür aufgestoßen, ein neues Reich zu erobern, als dessen Herold er sich empfand.

Deswegen war er mit seiner Zentrierung des Christlichen in der Theosophischen Gesellschaft von Anfang an originär und handelte in diesem Bewusstsein souverän. Er wusste ja klar, dass ihr nicht bloß der Bezug zum abendländischen Denkweg als Erkenntniszugang, sondern darüber hinaus das spezifisch Christliche als ‚Urbild' und Zentrum der Geistesgeschichte der Menschheit fehlte.

Mit diesem Schlüsselerlebnis war es ihm möglich zu verstehen und zu propagieren, was im Johannes-Evangelium Fleischwerdung des logos genannt wird als auch konkret zu erfassen, was es heißt, den göttlichen Geist in dem menschlichen Leib des Christus Jesus wirken zu sehen.

Kommt nun in dieser Form nicht doch versteckt der Dualismus zum Tragen, in Form eines übernatürlichen Gottes? *Wir müssen zugeben, dass unser Gottesbegriff ein kleinlicher ist gegenüber demjenigen, den ein erhabenes Wesen hat. Wir müssen auch zugeben, dass unser heutiger Gottesbegriff ein kleinlicher sein wird gegenüber demjenigen, welchen sich die Menschheit in Jahrmillionen machen wird, wenn sie sich weiterentwickelt haben wird. Deshalb müssen wir den Gottesbegriff in eine unendliche Perspektive rücken, ihn als ein lebendiges Leben in uns tragen ... Der (theosophische/anthroposophische) Gottesbegriff ist kein Pantheismus, kein pantheistischer Begriff, kein anthropomorphischer Begriff, kein umrissener Begriff. ... Wir sind uns klar darüber, dass wir dieses Gotteswesen erleben können im Leben ... So ist unser Gottesbegriff nicht eine Gotteswissenschaft, sondern das Einmünden alles dessen, was wir als Wissenschaft erfahren können, die Verbindung alles dessen in einem lebendigen Gefühl, in dem Leben im Gefühl des Göttlichen.* Theosophie heisse demnach: *Das Suchen eines Weges nach Gott, das Suchen nach einer immer zunehmenden Vergöttlichung. ‚Weisheitssuche', das ist es* (GA 52, 7.11.1903).

Seine Aufgabe war damit vorgezeichnet, die Weltgeschichte im Sinne dieses Verständnisses als geistig-christliche Entwicklungsgeschichte zu beschreiben und damit aus der modernen, naturwissenschaftlich fundierten Weltanschauung zur Entfaltung zu bringen, was sie als Keime zu höheren Geistessphären in sich barg, diese schöner und erhabener zu formen als alle alten Ideale.

Dazu konnte er in der theosophischen Literatur auf umfassendes und differenziertes Material, das in den Werken von H.P. Blavatsky, G.R.S. Mead, A. Besant, C.G. Harrison, E. Levi u.a. zugänglich war zurückgreifen und es mit dem ihm eigenen Vermögen und Anspruch auf Wissenschaftlichkeit systematisieren. Zustatten kam ihm dabei seine überragende Intelligenz, von der er einmal in einem Rechtfertigungsschreiben an seine Frau Anna geschrieben hatte: *Ich will mich nicht überheben, aber um eine Eisenbahn zu bauen, oder eine Fabrik zu leiten, oder einen Hofratsposten auszufüllen, hätte mein Verstand doch wohl dreimal gereicht* (GA 39, Nr. 596). In hohem Maße verfügte er über die Fähigkeit zum abstrakten Denken und erfasste mit Leichtigkeit *große wissenschaftliche Zusammenhänge* wie z.B. die Undulationstheorie, die Anschauungen der Mathematiker, Physiker, Chemiker, die ihm *ohne alle Mühe seelisches Eigentum wurden* (GA 28, S. 221). Bis hin auf sein letztes Krankenlager war er ständig mit Bücherlektüre als reichhaltiger Anregung und Wissensquelle beschäftigt geblieben. Allein seine Privatbibliothek soll neuntausend Bände umfasst haben; die gelesene Literatur aus öffentlichen wie privaten Bibliotheken wie z.B. der alchemistischen Spezialbibliothek von Alexander von Bernus nicht eingerechnet. Seine operativen Denkfiguren bildeten hauptsächlich die von Goethe gelieferten Elemente: Idee als Urbild, Metamorphose, anschauende Urteilskraft und der von Haeckel formulierte Entwicklungsgedanke des biogenetischen Grundgesetzes. Auf diesen Grundlagen konnte die spirituelle Anschauung von Reinkarnation und Karma in monistischem Realitätsbezug modern begründet und dargestellt werden. In seiner „Theosophie" (1904) und der „Geheimwissenschaft" (1910), die schon im Titel auswiesen, H.P.Blavatskys „Geheimlehre" in eine Wissenschaft des Okkulten, als dem zunächst nicht Sichtbaren, zu überführen, vollzog er die programmatische Durchführung seines Konzeptes. Es gelang ihm somit, seine eigene Philosophie an der

Weltgeschichte und -entwicklung zu historisieren, wie es der evangelische Theologe von Stieglitz genannt hat. Mit dem Spezifikum des christlichen Mysteriums von Golgatha als zentralem Inbegriff seiner Lehre, das nach Steiner das Mittelpunktsereignis der Welt- und Erdenentwicklung darstellt – dass die dreiunddreißig Lebensjahre des Jesus Christus wiederum das Urbild geschichtlicher Rhythmen bilden – musste er letztlich in der Theosophischen Gesellschaft, in der die Bedeutung des Christus unverstanden war, Anstoß erregen und heftige Auseinandersetzung veranlassen. Doch bis dahin gewann er an Terrain. *Die christlichen Mysterien gehen auf*, schrieb er später zum Jahr 1903 (zit.b. Grosse, S. 126).

Steiner war an seinem eigenen entscheidenden Entwicklungspunkt angelangt. Als ihm diese Erkenntnis wurde, ahnte er die ungefähre Tragweite, für deren Mission er sich bestens gerüstet empfand, steckte ihm doch schon die Theosophie *immer in der Seele und im Blute* (GA 39, Nr. 596). Hatte er nicht schon 1894 über seine „Philosophie der Freiheit" geäußert, andere, *vielleicht hinterher hundert Weisen finden* (ebd., Nr. 402) zu können? Er habe jedoch dabei seinen eigenen Weg beschrieben. Philosophie interessiere ihn *fast nur noch als Erlebnis des Einzelnen* (ebd.). War er nun an einem Ort angelangt, wo *eine lehrhafte Natur ... die Sache erweitern* (ebd.) könnte? War es nun nicht für ihn „an der Zeit" ?

Si tacuisses, philosophus mansisses

Mit seiner unhistorischen Auffassung des Christentums, die paradoxerweise Steiners eigene Geschichtsauffassung prägte, trug er der Aussage Adolf von Harnacks Rechnung, den historisch belegten Jesus bequem auf einer Quartseite unterbringen zu können. Für Steiner war die Zeit der Philosophie erfüllt (Vortragszyklus 22) und durch die Theosophie abgelöst.

Trotz aller vielversprechenden Anfänge blieb sein Weg noch zögerlich. Bei dem ersten Vortragszyklus in der Theosophischen Bibliothek befand sich auch die sechs Jahre jüngere, adlige Marie von Sivers im Publikum. Sie war als Übersetzerin eines Werkes Edouard Schurés, eines elsässischen Okkultisten, an die Theosophische Gesellschaft verwiesen worden. Ihre erste Anfrage an Rudolf Steiner, der Theosophie doch beizutreten wies er mit der Begründung ab, sich damit falscher Beurteilung auszusetzen (Studien, S. 84). Als dann im November 1901 sein zweiter Zyklus über „Das Christentum als mystische Tatsache" anlief, fragte ihn die russische Theosophin erneut, ob es nicht doch sehr notwendig sei, eine geistige Bewegung in

Europa ins Leben zu rufen. Dieses Ansinnen musste Steiners innerste Beweggründe zutiefst anrühren. Er entgegnete ihr: *Gewiss, notwendig ist es, eine geisteswissenschaftliche Bewegung ins Leben zu rufen; ich werde mich aber nur finden lassen für eine solche Bewegung, die an den abendländischen Okkultismus und ausschließlich an **diesen** anknüpft und fortentwickelt* (GA 254, 11.10.1915).

Wenig später wurde er durch von Brockdorffs nochmals aufgefordert, der Theosophischen Gesellschaft beizutreten und die Leitung zu übernehmen sowie eine deutsche Sektion zu gründen. Er stimmte unter der Bedingung zu, Marie von Sivers als Mitarbeiterin zu bekommen. Mitgliedschaft, Leitung und die Zusage der über Steiners Bedingung in Unkenntnis befindlichen Marie von Sivers erfüllten sich im Januar 1902. Obwohl nun Steiner im April die Aufforderung erhielt, Generalsekretär der zu gründenden deutschen Sektion zu werden, wozu sieben deutsche Logen eingerichtet werden mussten, streckte er mit nicht wenig Engagement seine Fühler nach einer anderen Stellung aus. Sein alter Freund Moritz Zitter bemühte sich, ihm einen Weg als Feuilletonredakteur bei der Wiener Wochenschrift ‚Die Zeit' zu bahnen.

Für das Vorstellungsgespräch mit dem zuständigen Mitherausgeber Dr. Kanner, der mit Steiners gutem Bekannten Hermann Bahr und Isidor Singer 1894 das Blatt begründet hatte, nahm Steiner die kostspielige Anschaffung von Anzug, steifem Hut und Handschuhe in Kauf, die seinen Geldbeutel leerte. Das Treffen blieb ohne Erfolg. Steiners Posten als Generalsekretär war im August 1902 mit der Gründungscharter der deutschen Sektion der Theosophischen Gesellschaft besiegelt und zukunftsweisend – alle Zögerlichkeiten waren nun beseitigt.

Als einer der hundert anderen Wege, seine „Philosophie der Freiheit" zu bringen, konnte nun jener kräftig esoterische in der T.G. angehen, ohne den er *auch **nach** 1901 nur philosophische Bücher geschrieben und literarisch und philosophisch gesprochen* (GA 262, Nr. 20) hätte. Anlässlich der Sektionsgründung war Annie Besant für einige Tage nach Berlin gereist. Während der konstituierenden Versammlung verließ Steiner vorübergehend die Gesellschaft, um bei den ‚Kommenden' einen Vortrag zu halten unter dem Titel: „Anthroposophie"! Steiner war sich vollkommen im Klaren darüber, was er der Theosophie zu geben hatte, und stellte ihr von Anfang an die Ergebnisse seiner eigenen Anschauung und seine Interpretation sehr bewusst unter dem Namen ‚Anthroposophie' gegenüber.

Der Name Anthroposophie, von ihm immer wieder inhaltlich anders akzentuiert als „Wissen des inwendigen Menschen" im Gegensatz zum äußeren Sinneswissen, oder als „das Geistige im Menschenwesen zum Geistigen im Weltall führend", hatte eine reiche philosophische wie esoterische

Tradition. Robert Zimmermann, dessen philosophische Vorlesungen an der Wiener Universität er hatte hören können, hatte 1882 ein Werk „Anthroposophie im Umriß, Entwurf eines Systems idealer Weltansicht auf realistischer Grundlage" geschrieben, das Steiner als *eine aus logischen, ästhetischen und ethischen Abstraktionen zusammengefasste Pappendeckelfigur* kennzeichnete (zit.b. Eppinger, S. 34). Die Position Zimmermanns übernahm Steiner dennoch bei seiner Auffassung: *Eine Philosophie, welche, wie die vorstehende, sich weder wie die Theosophie auf einen menschlichem Wissen unzugänglichen theocentrischen Standpunkt versetzt, um von ihm aus den ‚Vernunfttraum' als längst geschaffene Wirklichkeit, noch wie die die Anthropologie auf den zwar anthropocentrischen, aber unkritischen Standpunklt gemeiner Erfahrung stellt, um von ihm aus eine ideenerfüllte Wirklichkeit als ‚Traum der Vernunft' anzusehen, welche sonach zugleich anthropocentrisch d.i. von menschlicher Erfahrung ausgehend und doch Philosophie d.i. an der Hand des logischen Denkens über dieselbe hinausgehend sein will, ist* (zit.b. HWP, S. 378 f).

Auch Immanuel Hermann Fichte (1796-1879), der Sohn des großen Philosophen, verwandte die Bezeichnung Anthroposophie in seinem Werk.

Bei dem Arzt und Philosophen Ignaz Paul Vital Troxler (1780-1866), auf den Steiner auch in diesem Zusammenhang hinwies, kommt eine weitere Affinität in der Grundlegung einer Anthroposophie zutage. So schreibt er in der „Naturlehre des menschlichen Erkennens oder Metaphysik" 1828: *Eine Naturlehre des menschlichen Erkennens schien uns die Grundwissenschaft der Philosophie zu sein, und die Stelle von demjenigen, was die ältere Philosophie unter dem Namen Metaphysik begriff, einnehmen zu müssen ... Es leuchtet von selbst ein, dass dieses die eigentliche Ur- und Grundphilosophie sein muss, und dass erst, wenn diese aufgestellt ist, von den übrigen sogenannten philosophischen Wissenschaften die Rede sein kann, da diese denn auch erst durch die Philosophie, oder Anthroposophie, ihre Begründung und ihre gehörige Entwicklung aus dem Einen und Ganzen der Natur erhalten können* (ebd.).

L. Kleeberg erwähnt den nur noch in der Literaturgeschichte bekannten Eckhartshausen, der *bereits um 1790 von Anthroposophie im Gegensatz zu Theosophie spricht, in besonderem Verständnis dieser Termini* (S. 207).

Im 17. Jahrhundert taucht der Name Anthroposophie im Werk des englischen Alchemisten, Mystikers und Anhänger des Jakob Böhme Thomas Vaughan (1621-1666) im Titel seines Werkes auf: „Anthroposophia Theomagica or a Discourse of the Nature of man", London 1652.

Wenige Jahre früher unterscheidet der englische Arzt und Rosenkreuzer Robert Fludd (1574-1637) in seiner Schrift „Summum bonum, quod est Magiae, Cabalae Fratrum et Rosea, Crucis verorum, et adversus Mersenium Calumniatorem" Frankfurt 1629, die weiße Magie in ‚Theosophia' und ‚Anthroposophia'.

Frühestes Namensdokument jedoch ist das 1575 anonym in Basel erschienene Werk „Arbatel (Vierzahl Gottes), Summum sapientiae studiorum, De Magia Veterum", in dem als die vier Arten magischer Wissenschaften Theosophie, Anthroposophie, Cacosophie und Cacodämonie bezeichnet werden (s.d. Henzi; Rissmann; Miers).

Wie schon allein aus dieser historischen Betrachtung der Verwendung des Namens hervorgeht, setzte Steiner zu einer eigenen Ausführung der Anthroposophia an, zu der andere Vorläufer den Weg angetreten hatten. Insofern ist Anthroposophie nicht identisch mit dem gleichnamigen Lebenswerk Steiners, aber als sein qualitativer Beitrag zu verstehen und daher auch einem vorgegebenen Maß zum Urteil ausgesetzt. Die kritische Betrachtung der weiteren Kapitel erfolgt allerdings von einer anderen Warte aus.

Szenen einer Ehe

Unter vollem Einsatz seiner Kräfte und Möglichkeiten steuerte Steiner im Gespann mit seiner unermüdlichen, kongenialen Sekretärin Marie von Sivers sein Ziel an, neue Mitglieder zu akquirieren. Bei der Sektionsgründung betrug die Mitgliederzahl ganze einhundertzwanzig Personen, verteilt auf zehn Logen. So hielt er nicht allein in Berlin, sondern auch in den Niederlassungen Vorträge, reiste auf Einladungen in andere Städte, sprach öffentlich im Berliner Architektenhaus und suchte auch im Ausland Mitglieder zu rekrutieren, soweit es die revierabgrenzenden Statuten der Theosophischen Gesellschaft zuließen. Sein Jahrespensum lag etwa bei zweihundertfünfzig bis dreihundert Vorträgen. Daneben arbeitete er an weiteren Büchern, führte zahllose Einzelgespräche mit Mitgliedern und Zuhörern seiner Vorträge, so dass er oft genug erst nach Mitternacht Ruhe fand. Als schließlich Anfang 1913 der Ausschluss der deutschen Sektion aus der Theosophischen Gesellschaft stattfand, hatte sein Einsatz, gemanagt von der perfekten organisatorischen Unterstützung seiner Sekretärin, immerhin einen Mitgliederanstieg auf die Zahl zweitausendfünfhundert in sechsundfünfzig Zweigen/Logen erbracht.

Obwohl er in den ersten Jahren alleine reiste und die Anwesenheit der polyglotten von Sivers als bewährter und geschätzter Dolmetscherin beim Londoner Theosophischen Kongress unabhängig von Person und Amt Steiners war, konnte doch die intensive Zusammenarbeit beider seiner Ehefrau nicht sympathisch sein. Missgünstig wirkte auch Annas Abneigung, *geis-*

tige Erkenntnisse in ihre Seele aufzunehmen (GA 152, 1.5.1913) und über ihre traditionsgebundenen religiösen Vorstellungen hinaus ihrem Mann nicht oder kaum folgen zu können. Zwar war das Ehepaar Steiner Anfang 1903 für ein dreiviertel Jahr in die Seestraße am auch heute noch idyllischen Schlachtensee gezogen, in eine Villenkolonie, deren Bauten erst seit 1894 entstanden waren, wo Marie von Sivers ein ihr zur Verfügung gestelltes Gartenhaus bereitstellte. Doch hatte die schon kurz nach dem Wegzug aus Weimar eifersüchtig reagierende Anna öfters ihre misstrauischen Vorstellungen geäußert und allerlei Gerede Gehör geschenkt. Immer wieder musste Steiner sich bemühen, die unhaltbaren Vorwürfe seiner empfindlichen Frau zu entkräften und ihren Argwohn zu beruhigen.

Das erste schriftliche Dokument vertraulicher Anrede mit Marie von Sivers datiert aus der Zeit am Schlachtensee, vom 16. April 1903. Zwei Tage später schrieb er ihr zum Abschluss eines Briefes: *Du verstehst mich; und das gibt mir Kraft, das macht mir die Flügel frei.* Am selben Tag verfasste Marie einen Brief, in dem sie ihm wiederum mitteilte: *Dir aber tausend Dank, Du Guter, Bester, für das Meer von Licht, das Du mir gibst, und für das spirituelle Tragen* (GA 262, Nr. 8).

Auch wenn die beiden ihre freundschaftliche Beziehung unantastbar führten, so musste deren Intensität Anna überfordern. Als Steiner mit seiner Frau im Oktober 1903 wieder in die Berliner Stadt zurückzog und sich in dem großen Mietshaus in der Motzstraße einquartierte, mietete sich auch Marie von Sivers dort ein. Das nachbarschaftliche Verhältnis dauerte nicht allzu lange – wenigstens für Anna. Sie zog etwa im Februar aus und trennte sich dann im April 1904 – nach anderer Quelle 1905 (Wiesberger, S. 457) – endgültig von ihrem Mann.

Dass Anna hinsichtlich der vierzehn Jahre jüngeren Marie nicht ganz zu Unrecht unerträgliche Rivalitätsgefühle hegte, geht aus der intimen Sprache der Briefe Steiners und Maries hervor. Noch im April, kurz vor der Trennung von seiner Frau, schrieb er an Marie: *Ich schätze Dich in der Reinheit Deiner Seele, und nur deshalb darf ich Dir zugetan sein. Wir leben miteinander, weil wir innerlich zueinander gehören, und wir werden immer ein Recht haben, so zueinander zu sein, wie wir sind, wenn wir uns klar sind, dass unser persönliches Verhältnis eingetaucht ist in den heiligen Dienst der Geistesevolution. Ich weiß, dass der Augenblick nicht kommen darf, wo diese Heiligkeit auch nur im geringsten gestört würde* (GA 262, Nr. 11).

Ihre beste Freundin aus Petersburg, der Marie die Nachricht von Steiners Trennung mitgeteilt hatte, hatte das Potential der beiden Vertrauten erkannt: *Das unendlich harmonische Band, die seelische Übereinstimmung und Zusammengehörigkeit zwischen Dir und ihm habe ich ja im vorigen Sommer mit so großer Liebe betrachtet. Die feinste Geistliebe der beiden, ihr inniges seeli-*

sches Verschmelzen und ihr von ihrer *gemeinsamen ideellen Aufgabe bedingtes Zusammensein und Arbeiten* müsste den Klatsch verstummen lassen *vor den reinsten und selbstlosesten Bestrebungen zweier so hochstehender Menschen. Ich glaube eher*, so schrieb die Freundin, *dass die Ehe eine Konzession wäre und dem Klatsch Nahrung geben würde, ebenso wie eine offenkundige Scheidung* (zit.b. Wiesberger, 1984, S. 457) Steiners. Eine Scheidung wurde nie eingeleitet. Vor ihrem Tod am 19.3.1911 soll Anna einer ihrer Töchter gesagt haben, dass die Zeit mit Rudolf Steiner doch die schönste ihres Lebens gewesen sei.

„Ich bin ein Elefant, Madame!"

Die ausdauernde und zuverlässige Tatkraft Maries, die wie ein unermüdliches Lasttier alle Anforderungen der Reiseorganisation, Saalanmietungen, Vortragsplanung, Zeitschriftenversand, Abrechnungen, Korrespondenzen etc. bis zur Erschöpfung managte, inspirierte Steiner zu einem Spitznamen für sie, den er seit 12.11.1905 brieflich verwandte und der erst seit 2002 von der Dornacher Nachlassverwaltung mit vermeintlich glättender Deutung freigegeben wurde: *Maus*. Die zu Unrecht als Kosename gedeutete und daher so lange zensierte Bezeichnung entstammt jedoch der indischen Mythologie, die Steiner wohlbekannt war. Das ergibt sich zweifelsfrei aus der Tatsache, dass Marie umgekehrt einen ebenfalls aus derselben Quelle stammenden ungewöhnlichen „Kose"-Namen für ihn verwendete: *Elefant*. Diese seit 3.6.1911 gebrauchte briefliche Anrede wurde ebenso lange verheimlicht.

Der majestätische Elefant gilt dem Inder als das weiseste Landtier, dessen *Besitz ein Vorrecht der Könige* (Zimmer, 1972, S. 116) war. In den Veden heißt es vom Regengott Indra, dem König der Götter, „als ob er ein Elefant wäre". Er reitet auf dem Elefanten, der als das Sinnbild unaufhaltsamer Kraft und der volkseigenen Überlieferung angesehen wird.

Ganesha, der Herr und Besieger der Hindernisse (ganesa = Herr der seligen Scharen), ist das königliche Kind von Shiva und Kali und hat einen Elefantenkopf. Er reitet auf einer Maus – von anderen Autoren auch als Ratte bezeichnet – mit deren Emsigkeit und Gewandtheit verbündet es beide vermögen, die Fülle der Hindernisse auf dem Weg zur Erlösung zu zerteilen. Er tritt die Hindernisse nieder und sie findet das Schlupfloch. Ganesha wird mit vier Armen dargestellt, mit denen er die Welt beherrscht; er ist Herr der ewigen Überlieferung.

Während der elefantenköpfige Ganesha den Pfad für die Gläubigen bricht, trägt er in der linken Hand eine Schale gefüllt voll Reis für sich, oder voller Juwelen, Perlen und Korallen, womit er seine Gläubigen überschüttet.

Auch Buddha wird in der indischen Mythologie oft ein Elefant genannt, hatte er doch sieben vorige Leben als Elefant.

Damit erweisen sich die von den Nachlassverwaltern falsch eingeschätzten „Anreden" als symbolische Bezeichnungen aus der indischen Mythologie, an denen markant das Selbstbild Steiners, das seiner eigenen Mission sowohl wie von seiner Gefährtin zur Erscheinung kommt. Aber nicht nur das. Für Ganesha findet sich die wegbereitende Bedeutung des ‚Strassenpflaster-Steiners' wieder und zugleich auch das Bild des sein Füllhorn mit edlen Steinen und Perlen an seine Glaubensgemeinde austeilenden ‚Edel-Steiners'.

Traditionelle Abbildung des elefantenköpfigen Ganesha, der auf der Maus reitet

Eine gelungene Namensübertragung ins mythische Bild aus der indischen Kultur. Somit lässt sich an ihr aufzeigen, dass Steiner selbst von seinen besten Interpreten nicht vollständig erreicht und verstanden worden ist und es daher nicht nur in diesem Punkt, wie sich herausstellen wird, angezeigt ist, ihn auch „gegen seine Liebhaber zu verteidigen", wenn es die Fakten und Zusammenhänge nötig machen.

Steiners theosophischer Werdegang war an der Wilhelm Liebknecht-Schule nicht unbemerkt geblieben, er schickte auch die ersten drei Hefte seiner neuen Zeitschrift ‚Luzifer' an die Schulbibliothek, *damit man genau wisse, wie er denke* (Mücke, S. 27). Infolge seiner Reisen mussten seine Schulabende gelegentlich verschoben werden. Dies gab seinen Neidern im Kollegium wegen des großen Zulaufs und den hardlinern unter den Gesinnungsgenossen wegen der Präsenz eines Generalsekretärs der Theosophischen Gesellschaft als Dozent einer marxistischen Bildungsschule Anlass zu Denunziationen. Im Herbst 1904 kam es zu einer großen Versammlung mit einer Redeschlacht der Kontrahenten, in der Steiner souverän mit dreihundertachtundvierzig Stimmen das Vertrauen der Teilnehmer ausgesprochen wurde, gegenüber zwölf Gegenstimmen. Doch der Vorstand der Schule beschloss wenig später, Steiner nur noch im ersten Quartal 1905 als Dozenten zu führen unter dem Vorwand, dass er nur geringes Interesse für die Schule zeigen würde. Als das Steiner inoffiziell zugetragen wurde, hielt er noch die Ansprache zum Fest der Schule im Januar 1905 und legte dann von sich aus seine Tätigkeit nieder. Die wertvollen Erfahrungen mit seinen Proletarierschülern sollten ihm für die Dreigliederungsbewegung nach dem 1. Weltkrieg zugute kommen.

Steiner hatte seine Aufgabe, zukünftiger Generalsekretär der T.G. zu sein, als einen Auftrag mit innerer Mission begriffen, den er konsequent praktizierte, nachdem er vom Londoner Theosophischen Konvent zurückgekehrt war.

Radikal, wie bei seinen anderen Kurswechseln, änderte er auch sein Äußeres. Hatte er noch in der Weimarer Zeit anfänglich einen Vollbart getragen, der aber bald nur noch als schmaler Schnurrbart überdauerte, so trat er nun glatt rasiert, mit anders zugeschnittenem schwarzen Anzug und Bowler, einem steifen Halbzylinder, auf.

Steiner war von mittelgroßer Statur, schlank, mit braunen Augen und kohlrabenschwarzem Haar, das erst um 1923 einen grauen Schimmer bekommen hatte, wie Belyj es bei seinem Treffen nach dem 1.Weltkrieg bemerkte. Steiners markante Nase verschaffte dem nach hinten geneigten Haupt den Ausdruck eines Adlers. Meist trug er einen dunklen Gehrock und den ihn kennzeichnenden, zur Schleife gebundenen Seidenschal, da er im Binden von Krawatten wenig erfolgreich geblieben war. Sein eigenartiger Gang wird von Belyj so charakterisiert, dass er mit der Fußspitze zuerst aufgetreten sei, dabei in kleinen raschen Schritten wie ein leichtfüßiger Tänzer schreitend, aufrecht, kerzengerade und ohne zu wippen. An einem Seidenschnürchen hing ein Augenglas, mit dem er gerne zu spät gekommene Zuhörer ins Visier nahm. Bei seinen Vorträgen schnickte er sich die ins Gesicht fallende Haarsträhne zurück, sprach mit seiner warmen, dunklen Stimme, die er in öffentlichen Vorträgen bis zum Schreien steigern konnte, und führte den Vortrag in den Gesten der Hände mit. Zum Abschluss dankte er dem Publikum, indem er ihm mit beiden Handrücken zuwinkte. Ebenso, allerdings mit einer Hand, grüßte er auf der Straße, ohne den Hut zu ziehen.

Mit aller ihm zur Verfügung stehenden Kraft, in fast mönchischer Askese und im äußeren Habitus einem Geistlichen ähnelnd, startete er seinen Versuch, mit seinem spirituell-christlichen ‚Monismus' durchzudringen. Je mehr er dabei seinen Auftrag mit seiner Persönlichkeit identifizierte und sein Amt inkorporierte, umso rarer werden die individuellen Züge in seiner Biographie wahrnehmbar: der Lehrer der hohen Geisteswissenschaft und unentwegte Ratgeber nahm einen anderen Lebenshabitus ein als vordem der legere Intellektuelle.

Er hatte keine Mühen, auch vor einem vieltausendköpfigem Publikum zu sprechen, damals ohne Mikrophon, was er schon 1900 als gefeierter Redner anlässlich des fünfhundertjährigen Gutenberg-Jubiläums vor siebentausend Setzern und Buchdruckern bewiesen hatte. Allerdings galt es zunächst, ein kleineres Publikum zu begeistern. Allmählich wuchsen die Mitgliederzahlen, die Logengründungen mehrten sich, der Name Steiner bekam in der Öffentlichkeit einen Sensationswert.

Persönlichkeiten des Kulturlebens kamen und hörten ihn. Christian Morgenstern fand in der Anthroposophie seine geistige Heimat. Kandinsky ließ sich in seinem geistigen Kunstverständnis von Steiner nachhaltig anregen, lehnte jedoch eine Anfrage Steiners, der Gesellschaft beizutreten, ab. Albert Schweitzer, ebenfalls ein Theosoph, respektierte Steiners Weg, ohne allerdings tieferes Verständnis dafür aufzubringen. Steiner schätzte ihn schon bei der ersten Begegnung 1906 so ein, dass er *gegen alles wirklich Geistige geradezu abgestumpft* sei (GA 262, Nr. 46). Das hinderte ihn nach dem 1. Weltkrieg nicht, den später in Afrika missionierenden Priester, Arzt und Kulturphilosophen der Jugend als Vorbild hinzustellen; oder hatte er sein früheres Urteil revidiert? Der eifersüchtige junge Elias Canetti hinderte seine Mutter an weiteren Vortragsbesuchen, die sie seiner Meinung nach ungünstig zu beeinflussen schienen. Einstein, der ihn 1911 in Prag hörte, meinte unzutreffenderweise, Steiner habe offenbar von der Existenz einer nichteuklidischen Geometrie keine Ahnung. Kafka trug ihm dort sein persönliches Anliegen vor, wurde aber missverstanden und hat sich danach *nie mehr ernsthaft mit Anthroposophie befasst* (Brod, S. 166). Viele Schwarmgeister tunkten ihre mystische Seele in der Anthroposophie Steiners, der jedoch die strenge Schulung des Denkens und der anderen seelischen Kräfte des Fühlens und des Willens in seiner methodischen Anleitung „Wie erlangt man Erkenntnisse höherer Welten" (1904/5) forderte und darstellte. *Die Verrückten sind unser Kreuz! Es würde mich nicht wundern, dass, wenn einmal eine Verfolgung gegen uns ausbrechen würde es wegen der Verrückten ist, die man uns bringt, und von denen man sagen wird, dass die Theosophen sie verrückt gemacht haben* (zit.b. Wiesberger, S. 292), schrieb Marie von Sivers 1909 an Schuré.

Den Kontakt mit namhaften Persönlichkeiten, Lehrstuhlinhabern, Theologen etc. scheute er von sich aus nicht. Nicht einmal in Weimar, dem Sitz einer Loge, vermied er es unter der neuen Flagge aufzutreten und einer seiner dort gehaltenen Vorträge Anfang 1904, mit dem Titel „Herder und die

Theosophie" war sicherlich ein kleiner Seitenhieb gegen den ehemaligen Vorgesetzten Suphan, der ja eine vollständige Herder-Edition herausgegeben hatte und doch als brave Gelehrtennatur davon keine Ahnung hatte, *dass Theosophie etwas soviel Höheres ist, als was alle Archivwissenschaft sich träumen lässt* (GA 39, Nr. 584). Es kam zu Gesprächen mit Max Scheler in Jena, sowie mit dem Schüler E.v. Hartmanns, Arthur Drews, der aber nach dem Krieg mehrere Vorträge gegen Steiners Anthroposophie hielt, und in späteren Jahren zu einem Besuch des Physiologieprofessors Emil Abderhalden in Dornach (1920). C. L. Schleich hatte Steiner gelesen und war ihm prinzipiell nicht abgeneigt. 1911 meldete sich Steiner zum Internationalen Philosophenkongress in Bologna an und hielt dort einen Vortrag über „Die psychologischen Grundlagen und die erkenntnistheoretische Stellung der Theosophie".

Mancher esoterische Insider wusste von Steiners okkultistischem Reichtum zu profitieren. C.L.F. Grasshoff, kalifornischer Vizepräsident der Theosophischen Gesellschaft, besuchte 1907 ein Jahr lang seine Vorträge in Berlin, was natürlich bei der Position dieses Gastes einiges Aufsehen erregte und veröffentlichte wenig später – gegenüber Steiner wortbrüchig geworden – sein dort erworbenes Wissen unter dem Pseudonym Max Heindel in dem Buch „Die Weltanschauung der Rosenkreuzer".

Der Dichter Alexander von Bernus, mit Steiner befreundet, eröffnete ihm und anderen anthroposophischen Autoren in seiner Vierteljahresschrift ‚Das Reich' ab 1917 ein weiteres Organ, ein anspruchsvolles Publikum zu erreichen.

Die Mysterien finden am Hauptbahnhof statt

Unweit des Treffpunkts der ‚Kommenden' hatte Steiner 1903 seinen Wohnsitz in der Motzstraße 17, einem Häusertrakt bei dem das Vorder- und Hinterhaus mit zwei Querhäusern verbunden waren, bezogen. Ganz in der Nähe, am Nollendorfplatz, kam ihm die Anbindung an die Stadtbahn gelegen, deren Züge der seit 1902 betriebenen Hoch- und Untergrundbahn im Fünf-Minuten-Takt fuhren. Geschäfte, Cafes, Bars, Lichtspielhäuser und Vergnügungslokale gaben dieser Gegend das Gepräge moderner Großstadtatmosphäre. In dieser Umgebung bildete das Domizil Steiners eine eigene Welt – jedoch nicht einen mystisch-ruhigen Ort der Versenkung. Die weiteren Mietwohnungen des Trakts waren nach und nach den Erfordernissen der nächsten Jahre entsprechend angemietet worden, 1908 für den Verlag, teilweise aber auch für Mitarbeiter. Wände wurden durchbrochen um Wege zu sparen, und in dem ‚Kaninchenbau' herrschte alles andere als die Ruhe eines Meditationstempels. *Alle diese Hausbewohner unter und über Steiner hasteten in ständiger Eile von Stockwerk zu Stockwerk, mit Papieren und Durchschlägen, klapperten auf Schreibmaschinen und telephonierten. Mein Eindruck,* so der Dichter Belyj: *die Wohnung Steiners steht immer offen; sie wirkt wie die Zelle einer Kommune, wo man keinen Wert auf Komfort legt; jede Minute ist verplant; und Aufgaben – Aufgaben – Aufgaben – Aufgaben. Hier wird Korrektur gelesen, dort werden Eintrittskarten für einen Vortrag verteilt, dort Bücher ausgegeben, hier wird die Korrespondenz erledigt und zwischendurch etwas richtiggestellt oder irgend jemand geholfen. Das ganze Treppenhaus gehört zur Wohnung des Doktors; und umgekehrt: in seiner Wohnung sind mehrere Wohnungen* (Belyj, 1990, S. 128). ... *Der Besucher, der zum ersten Mal zur ‚Beichte' kommt, fährt unwillkürlich zusammen: wie, der Doktor ist hier, gleich hinter der Wand? Man stellt sich den persönlichen Empfang bei dem ‚Lehrer' in einem gewissen feierlichen Rahmen vor; aber hier herrscht Einfachheit und eine dieses Lehrers und des beichtenden Schülers fast unwürdig alltägliche Atmosphäre intensiver Arbeit, wo für Feierlichkeiten kein Raum ist; in einem der Hinterzimmer stehen wahrscheinlich die offenen, unausgepackten Koffer herum – er kam gestern aus der Schweiz zurück und fährt morgen nach Hannover – und irgend jemand richtet sein Gepäck für eine neue Reise* (ebd., S. 129). ... *Er war ein Feind jedes Pomps. Ich war mehr als ein Mal Besucher in seinem Empfangszimmer; ich musste oft ‚zu einer Tasse Kaffee' zu Marija Jakovlevna* (Marie von Sivers) *kommen. Da saß man in dem kleinen Esszimmer, das genauso einfach eingerichtet war, wie alle anderen auch, setzte die Kaffeetasse an die Lippen und wusste: gleich wird Steiner hereinkommen, vom Schreibtisch oder aus dem Empfangszimmer. Ich erinnere mich, wie er einmal aus dem Arbeitszimmer kam, den Kaffee, Marija Jakovlevna und mich sah und sich sofort zu uns setzte: er schlürfte den Kaffee aus dem Tässchen, überführte mich einer Leichtsinnigkeit, rupfte mir ein paar Pfauenfedern aus, alles gleichsam im Vorübergehen, ohne den eigenen Gedanken ganz zu unterbrechen, und erhob sich, ohne den Kaffee ausgetrunken zu haben* (ebd., S. 131 f). *Steiners eigene Räume waren zufällig aufgeschlagene Zelte; ohne Anzeichen von Sesshaftigkeit; ohne die geringste Tendenz zum Komfort; nichts Überflüssiges; das heißt aber nicht, dass diese Zimmer ungemütlich gewesen wären; es heißt, dass er nichts weiter brauchte als einen Tisch, einen Stuhl, Bücher und einen Koffer, wenn er irgendwo zu Gast war, ein Bett: das war alles! Allenfalls noch einen Vorhang vor der Tür* (ebd., S. 126). Die spartanische Ausstattung seiner Räume verhinderte bei seinen sich beinahe überschlagenden Aktivitäten nicht gelegentliche Unkonzentriertheit. Belyj vermerkt, dass Steiner *im Alltag sehr zerstreut sein konnte – einmal legte er seinen Hausschuh statt eines Buches in den Bücherschrank und bedauerte, dass er neue Pantoffeln kaufen müsste* (ebd., S. 127). Einziger Luxus, den der äußerlich Anspruchslose sich gönnte, war ein Pelz, da er sehr kälteempfindlich war und um seine Stimme fürchtete.

Berlin, Motzstrasse 17, ab 1904 Domizil Rudolf Steiners und Sitz des Verlages, Fotografie um 1950

Trotz und vielleicht auch gerade wegen seiner höchstrangigen Leistungen auf esoterischem Gebiet blieben Querelen in der Leitung der Berliner Loge, Reibereien mit den anderen theosophischen Splittergruppen und später auch mit der Zentrale unter A. Besant nicht aus. Im Frühjahr 1905 legte er den Vorsitz der Berliner Loge nieder, nachdem er es als Misstrauensvotum aufgefasst hatte, dass die von ihm in Personalunion vereinigte esoterische und geschäftliche Leitung Unverständnis ausgelöst hatte, und gründete unter Gefolgschaft der meisten alten Mitglieder einen neuen Zweig/Loge unter dem Namen A. Besants; der alte Zweig löste sich nach einem Jahr auf (Schmidt-Brabant, S. 5 f).

Auch bei der Generalversammlung 1905 wurde ihm erfolglos nahegelegt, keine Personalunion zu betreiben und auf die Wiederwahl als Generalsekretär zu verzichten.

Nach der Gründung des Philosophisch-Theosophischen Verlages in Berlin durch Marie von Sivers für seine eigenen Publikationen schloss er den dubiosen Leipziger Theosophen und Verleger Dr. Hugo Vollrath – sein angeblicher akademischer Titel wurde von der zuständigen Universität Tübingen bestritten – wegen eigenmächtiger Gründung einer ‚literarischen Abteilung' der deutschen Sektion (Howe, S. 113) bei der deutschen Generalversammlung 1908 aus. A. Besant bestätigte zwar den Rauswurf, erhielt aber Vollraths Mitgliedschaft auf internationaler theosophischer

Ebene aufrecht. Der geschäftstüchtige Vollrath verlegte später die deutsche Version des erwähnten Heindel-Buches und wurde dann von A. Besant zum Sekretär des ‚Bundes des Sternes im Osten' ernannt.

Im November 1905 traten Rudolf Steiner und Marie von Sivers als Mitglieder in den freimaurerischen Orden vom Memphis- und Misraim-Ritus ein. Nur wenige Zeit später, am 3.1.1906, unterzeichnete er mit dem Ordens-Bevollmächtigten Theodor Reuß einen ‚Vertrag und brüderliches Übereinkommen', der Steiner zum Präsidenten des Mystischen Tempels und Kapitel „Mystica aeterna", 33°67°89°, in Berlin machte. Schließlich wird er von Reuß am 17.6.1907 als 33°90°96° in Berlin zum Amtierenden General Grossmeister des Misraim-Ordens und der Adoptionslogen der ägyptischen Freimaurerei in Deutschland ernannt. Bei Kriegsbeginn soll Steiner nach Angaben seiner Frau diese Tätigkeit eingestellt, den „erkenntniskultischen Arbeitskreis" `Mystica arterna` aufgehoben und das Dokument zerrissen haben. 1921 in Oslo hat Steiner dann offiziell die Auflösung dieses Arbeitskreises vor den einberufenen Mitgliedern vorgenommen. Wieweit seine Zugehörigkeit zu dieser Organisation ihm selbst geschadet und auch seine Beurteilung – auch noch posthum – heftigen Anschuldigen ausgesetzt hat, ist anderenorts verfolgt worden. Ihm selber musste ja seit den Neudörfler Kindheitsjahren klar gewesen sein, wie vielen Köpfen als Überzeugung galt, „ein Feind der Wahrheit sei ein Freimaurer und ein Jude."

Theosophische Heilandsmacher

Weitaus prekärer als mit der Berliner Loge gestaltete sich die Verbindung zur Leiterin der Esoterischen Schule der Theosophischen Gesellschaft und Mitarbeiterin Olcotts, A. Besant. Von Anfang an stellte Steiner selbstbewusst seinen eigenständigen Beitrag, den er speziell der Theosophie zu geben in der Lage war und ohne den sie für ihn nicht akzeptabel gewesen wäre, bei persönlichen Treffen und den fast alljährlichen Internationalen Kongressen der Theosophischen Gesellschaft heraus. Mit Steiners Aufnahme in die Esoterische Schule (Eastern School) durch sie selbst als deren Leiterin bei der Gründung der deutschen Sektion wurde er dann im Mai 1904 Landesleiter (Arch-Warden) der Esoterischen Schule für Deutschland und Österreich.

Als einer der führenden Okkultisten der Theosophischen Gesellschaft und engsten Mitarbeiter Besants, der ehemalige anglikanische Geistliche Charles Webster Leadbeater (1847-1934) im Mai 1905 im sogenannten Madras-Prozess wegen eines Sexualskandals die T.G. verlassen musste, veranlasste dies Steiner zu einem distanzierenden Schreiben wegen Leadbeaters okkultistischen Methoden sowie bald darauf, seine eigene christlich-abendländische Auffassung esoterischer Schulung bei A. Besant durchzusetzen. Zumal die nach Olcotts Tod 1907 auf etwas mysteriöse Weise als Nachfolgerin in den Präsidentensattel gehievte A. Besant den mit *Teilgeständnissen und Versprechungen* (Gunturu, S. 23) sie wieder einnehmenden Leadbeater erneut in die T.G. aufnahm, und neuerdings von allen Mitgliedern der Esoterischen Schule ein Gehorsamsgelübde ablegen ließ (Wiesberger, 1997, S. 134). Mindestens seit 1906 wusste Steiner, dass in einigen Jahren *ein großer Krach* (Kleeberg, S. 90) mit der Zentrale kommen werde.

Beim Münchener Internationalen Kongress im Mai 1907, zu dem A. Besant gar nicht anreisen wollte als sie erfahren hatte, Steiner leite den Kongress als Präsident, und nur die ihr angetragene „Ehrenpräsidentschaft" die Situation rettete (s.d. Poeppig, 1960, S. 286), betonte er ihr gegenüber die Notwendigkeit, seine esoterische Arbeit unabhängig von ihrer ganz auf den christlich-abendländischen Weg zu stellen. Wenige Tage später sanktionierte sie in einem Schreiben an Hübbe-Schleiden die von Steiner geforderte Trennung in den östlichen und westlichen Weg mit den Worten: *Dr. Steiners okkulte Schulung ist von der unsrigen sehr verschieden. Er kennt den östlichen Weg nicht, daher kann er ihn auch nicht lehren. Er lehrt den christlich-rosenkreuzerischen Weg, der für manche Menschen eine Hilfe, aber von unserem verschieden ist. Er hat seine eigene Schule und trägt auch selbst die Verantwortung dafür. Ich halte ihn für einen sehr guten Lehrer in seiner eigenen Richtung und für einen Mann mit wirklichen Erkenntnissen. Er und ich arbeiten in vollkommener Freundschaft und Harmonie, aber in verschiedener Richtung* (zit.b. Chronik, S. 260).

Beim nächsten, zugleich letzten Kongress 1909, den Steiner und Besant gemeinsam durchführten, schien beider Politik sich um ein Arrangement friedlicher Koexistenz ihrer unterschiedlichen Richtungen zu bemühen. Die Gegenüberstellung der Vortragsthemen der beiden Exponenten zeigt auf, dass Besant sich allerdings nicht auf den östlichen Bereich beschränken wollte. Ihr Thema lautete: „The Christ, who is he?" Steiner sprach hingegen: „Von Buddha zu Christus" und zeigte damit deutlich die Reihenfolge von Ost nach West an. Für sein Schulungsbuch „Wie erlangt man Erkenntnisse der höheren Welten?" ehrte ihn Besant mit der goldenen Subba Row-Medaille, eine theosophische Auszeichnung für hervorragende Leistungen. Während der persönlichen Gespräche der beiden wurde Steiner eine Funktion im Zusammenhang mit der neuen Stoßrichtung der Internationalen Theosophischen Gesellschaft angetragen, die nun in einem vierzehnjährigen Inder namens Krishnamurti den wiedergeborenen Christus entdeckt hatte. Steiner sollte dabei die Rolle des reinkarnierten Evangelisten Johannes übernehmen. Er lehnte dies ab und teilte ihr mit: *Es ist gar keine Rede davon, dass ich jemals in einer okkulten Bewegung irgendetwas anderes sein will, als im Zusammenhang mit der deutschen Kultur* (zit.b. ebd., S. 283).

Mit ihrer Wahl zur Präsidentin betrieb A. Besant, wie schon erwähnt, auch die Wiederaufnahme des zwielichtigen Leadbeater, den sie 1906 in scharfer Weise verurteilt hatte: *Ich möchte hier meine Ansicht bestimmt und deutlich aussprechen, dass eine derartige Lehre die allerschärfste Verurteilung verdient, selbst wenn sie erwachsenen Männern gegeben würde, geschweige denn, wenn es sich um unschuldige Knaben handelt* (zit.b. Miers, S. 371). Der Bruch mit Leadbeater ließ Besant damals an der Seriösität ihrer gemeinsamen okkulten Forschungen zweifeln. Das Vermächtnis des Präsidenten Olcott, der sich dazu auf seine Begegnungen und die angebliche Intention zweier führender Mahatmas berief, umfasste aber nicht nur die Bestimmung, A. Besant zur Nachfolgerin auszuersehen, sondern das Dogma, nach his masters voice stehe Leadbeater nach wie vor unter Führung der Meister. Besant schien von ihrem spiritus rector Leadbeater abhängig und erklärte ihn nun zum Opfer einer Verleumdung (Gunturu, S. 23). Auf seine Wiederaufnahme hin traten exponierte Vertreter der Theosophischen Gesellschaft aus, unter ihnen der Gelehrte Mead und der berühmte Verfasser des Werkes „Esoterischer Buddhismus", Sinnett.

Jedenfalls arbeitete Leadbeater daran, einen Knaben als reinkarnierten Messias auszugeben. Zunächst den vierzehnjährigen Hubert van Hook, der ihn später der Homosexualität bezichtigte, dann Krishnamurti, dem nach Differenzen mit Leadbeater der junge Brahmane Rajagopal als drittes *mögliches Fahrzeug für Maitreya* (Gunturu, S. 34) folgte. Dazu wurde im Januar 1911 der ‚Order of the Rising Sun' gegründet und der von Leadbeater auserwählte Krishnamurti (1895-1986) als Weltheiland ausgegeben. Wenig später erfolgte die Umbenennung des Ordens in den ‚Order of the Star in the East'.

Steiner berichtete nun, wie erwähnt, von A. Besant die Funktion des reinkarnierten Evangelisten Johannes angetragen bekommen zu haben, um mit dem im Osten als Lord Maitreya/Boddhisattwa, im Westen als Jesus Christus bekannten (reinkarnierten) Messias die theosophische Politik zu unterstützen. Stattdessen verkündete er ab Januar 1910 seine eigene Darstellung der „Wiederkunft Christi im Ätherischen" und rief am 16.12.1911 in eigener Sache die Gründung eines Bundes für ‚anthroposophische Art und Kunst' aus, die aber ohne Erfolg blieb. Die Auseinandersetzungen mit der indischen Zentrale kommentierte Steiner einmal so: *Die Sache kostet mich fünf Jahre meines Lebens* (Strakosch, S. 75). A. Besant sagte nun den für 1911 geplanten Europäischen Kongress in Genua kurzfristig ab. Im Juni wurden Hübbe-Schleiden als deutscher Vertreter des ‚Sterns im Osten' und

101

Vollrath als sein Sekretär von ihr eingesetzt, worauf Hübbe-Schleiden sofort zum Angriff gegen Steiner startete. In einem Vortrag, der alsbald auch gedruckt wurde, erhob er die Vorwürfe des Dogmatismus und kirchlich-sektiererischer Organisationsform in der deutschen Sektion.

Steiner lehnte daraufhin einen Antrag einer Logengründung durch Hübbe-Schleiden ab. Nach der wiederholten Ablehnung einer weiteren Logengründung, bei der Steiner formal rechtens handelte, sowie einem Vorstands-Beschluss, Mitglieder des ‚Sterns' aus der deutschen Sektion auszuschließen, forderte die deutsche Sektion offiziell ihre Präsidentin A. Besant zum Rücktritt auf, weil sie *unausgesetzt und geradezu systematisch gegen den obersten Grundsatz der Theosophischen Gesellschaft ‚Kein Bekenntnis über die Wahrheit' verstoßen und in Missbrauch und Willkür die Präsidialgewalt mit Behinderung positiver Arbeit ausgeübt habe* (zit.b. Chronik, S. 323).

Auf diese Zuspitzung hin erfolgte am 28.12.1912 in Köln ohne jegliche Festlichkeit die Gründung der Anthroposophischen Gesellschaft. A. Besant widerrief im März 1913 die deutsche Stiftungsurkunde, nicht ohne vorher Steiner ein Ultimatum gestellt zu haben. Neunzig Prozent der ehemaligen Mitglieder der deutschen theosophischen Sektion wechselten zur Anthroposophischen Gesellschaft über. Die Theosophische Gesellschaft in Deutschland war nochmals zersplittert worden. Steiner stand nach dieser Befreiung auf dem Höhepunkt seiner Bewegung, die er von ca. zweitausendfünfhundert Mitgliedern bei der Neugründung von 1912 auf zwölftausend im Jahr 1924 steigern sollte. Die undurchsichtig agierende A. Besant zeigte bei späteren Treffen mit einem persönlichen Schüler Steiners, Hans Hasso von Veltheim-Ostrau, weder ihm gegenüber Ressentiments noch irgendwelche Einwendungen gegen Steiner. Die öffentliche Auflösung des Ordens und Zurückweisung der theosophischen Messiaserwartung durch Krishnamurti selbst im Jahr 1929 trug sie gefasst, vielleicht weil sie innerlich den Glauben an Krishnamurti als Weltlehrer im Gegensatz zu Leadbeater nie aufgab, hatte sie doch vor Entdeckung des jungen Krishnamurti eine mittelalterliche tantrische Vorhersage über die bevorstehende Inkarnation Maitreyas im Körper eines Krishnamurti erfahren (Gunturu, S. 26).

Steiners nicht zufällige Verkündigung der Wiederkunft Christi im Ätherischen, die ab 1910 zeitlich und inhaltlich im Kontext der theosophischen Weltheilandspropaganda eintrat, hat den evangelischen Theologen von Stieglitz zu der Formulierung einer „Anlassgebundenheit" seiner „Christosophie" (von Stieglitz, S. 227 u. 240) geführt. Steiner beantworte das Konzept einer physischen Wiederkunft des Christus mit der Proklamation der ätherischen Wiederkehr. Weil vor 1909 keine ausgearbeitete ‚Christosophie' bzw. kein Hinweis auf eine ätherische Wiederkunft in Steiners Lehre vorliege, scheint es von Stieglitz *an keiner Stelle ... so deutlich zu werden wie hier, dass die Aussagen und Inhalte der Christosophie vielfach geprägt sind durch die menschlichen Bedürfnisse* (ebd.). Natürlich hält von Stieglitz sich vorsichtig davor zurück, den dadurch auf der Hand liegenden Verdacht eines durchsichtigen Manövers als Beweis unseriöser Forschung Steiners auszugeben. Jedoch sagt eine anlassgebundene Verkündigung Steiners genausowenig etwas über eine ausschließliche Abhängigkeit von der theosophischen Proklamation aus, wie umgekehrt eine etwaige von Steiner vor 1909 – bis zu seinem Amtsantritt als Generalsekretär im Jahr 1902 – geäußerte ätherische Wiederkunft Christi die Unabhängigkeit der Steinerschen ‚Christosophie' beweisen könnte!

Die Gründe liegen zunächst einmal in der Historie der Theosophischen Gesellschaft. Noch zu ihren Lebzeiten hatte H.P.Blavatsky 1885 in ihrem Werk „Der Schlüssel zur Theosophie" auf das Kommen des zukünftigen Weltheilands aufmerksam gemacht. *Der Sendbote der Wahrheit wird eine vorbereitete Menschheit finden. Die Wahrheit wird eine Ausdrucksform finden, eine Organisation, die auf den Sendboten eingestellt ist, die ihm alle materiellen Hindernisse und Schwierigkeiten aus dem Wege räumt* (zit.b. Miers, S. 357).

Das eigentliche Ziel der Theosophischen Gesellschaft, deren Anliegen die universelle Brüderschaft aller Menschen, das vergleichende Studium der Religionen, Philosophien und Wissenschaften, die Erforschung der Naturgesetze und der verborgenen Kräfte im Menschen war, erklärte H.P. Blavatsky noch kurz vor ihrem Tod, sei, die Menschheit auf die Ankunft des Weltlehrers (Messias, Maitreya) vorzubereiten. Diese Erwartung lebte in der Theosophischen Gesellschaft so stark, dass nicht nur Besant und Leadbeater, sondern später auch noch A. Bailey, die die Originalunterlagen der Esoterischen Schule aus dem Nachlass von Judge erhalten hatte, ebenfalls die Wiederkunft des Messias verkündeten.

Steiner stand also zu jedem möglichen Zeitpunkt einer früheren Verkündigung bereits im anlassgebundenen Verhältnis zu dieser grundsätzlichen Erwartung. Die gleichzeitige Aktualität beider Verkündigungen spitzte das prinzipielle Geschehen dabei allerdings zu. Tatsächlich findet sich schon 1908 eine diesbezügliche Aussage Steiners, die längst vor der erst beim Kongreß 1909 von Besant geäußerten Information liegt, sofern Steiners Erinnerung richtig ist (s.d. Wehr, Anmerkung 417). Am 31.5.1908 sprach er in Hamburg über das Wunder der Auferstehung des Christus: *Er ist da und wird wiederkommen, zwar nicht in einer fleischlichen Gestalt, aber in einer solchen Gestalt, dass die Menschen, die sich bis dahin durch die Kraft des Johannes-Evangeliums entwickelt haben, ihn sehen, ihn wirklich wahrnehmen können und nicht mehr ungläubig sind, wenn sie die geistige Kraft haben, ihn zu sehen. Diese Mission hat die anthroposophische Bewegung: denjenigen Teil der Menschheit, der sich vorbereiten lassen will, auf die Wiederkunft des Christus auf Erden vorzubereiten. Das ist die welthistorische Bedeutung der anthroposophischen Geisteswissenschaft: die Menschheit vorzubereiten und ihr die Augen geöffnet zu halten, wenn der Christus im sechsten Kulturabschnitt wiederum erscheint ...* (GA 103, 31.5.1908).

Das führt zum zweiten Grund für die Unabhängigkeit Steiners von einer anlassgebundenen Verkündigung. Während für die Theosophische Gesellschaft selbst ein von ihr entdeckter wiederkehrender Weltheiland zunächst als ein Trumpf zu werten war, da ihr mit einem so hohen spirituellen Wesen in ihren eigenen Reihen ein Machtanspruch zuwuchs, bedeutete ein solches Geschehen eine Bankrotterklärung für die von Steiner von Beginn an vertretene Auffassung! Hatte er doch gerade den Weg weg vom historischen Jesus, dessen Daten gerademal auf einer Quartseite Platz fanden, hin zum kosmischen Christus gezeichnet und das Urbild im ‚Mysterium von Golgatha' wiedererkannt, wie er es seit 1906 so nannte. Die physische Reinkarnation kann also, selbst unter Zugrundelegung der Erstfassung des „Christentums als mystische Tatsache", für Steiner niemals Erfüllung, sondern nur Eliminierung seiner eigenen Erkenntnisse bedeutet haben. Ein kosmischer Christus, den geschultes Bewusstsein als Mission seiner Anthroposophie wahrzunehmen in der Lage wäre, war so von Anfang an potenziell vorhanden, er war das Ziel und nicht eine irdische Wiederholung seiner einmaligen Inkarnation! Gerade das war ja eine von Steiners frühen Leistungen an Goethes naturwissenschaftlichen Werken gewesen, mit dessen Methode sowohl den Dualismus als auch später den darwinistisch-materialistischen Monismus zu überwinden mit seinem von vielen nicht verstandenen „sinnlich-übersinnlichen" Monismus.

Es war eine Frage der Zeit, wann beide Auffassungen gegeneinanderprallen mussten. Allerdings braucht man die Verschiebungen in Steiners Auffassung des Christentums nicht zu unterschlagen, die seit seiner ersten Buchveröffentlichung darüber eingetreten waren. „Das Christentum als mystische Tatsache" wird 1902 als *Entwicklungsstufe der Mysterienweisheit* interpretiert; 1910 als *Entwicklungsstufe im Werdegang der Menschheit; und die Ereignisse in den Mysterien und die durch dieselben bedingten Wirkungen sind die Vorbereitungen zu dieser mystischen Tatsache* (zit.b. Lindenberg, 1995, 137 f). Der zentrale theosophische Leitsatz der Gleichwertigkeit aller Religionen (als „Religion") findet bei Steiner allmählich sein Beurteilungsmaß vom Christentum her (Zinke, S. 97). Ab 1909 beginnt bei ihm die Zentrierung der gesamten Weltentwicklung auf den Christus Jesus. Christus ist nicht mehr als Stufe der Einweihung zu verstehen, die Jesus erreicht hatte, sondern wird als eigenständige Wesenheit für eine bemessene Zeit ab der Jordantaufe sich mit Jesus verbinden (ebd.).

Überzeugender für Steiners Selbständigkeit in seiner Christus-Auffassung wäre ein schriftliches Dokument aus seinen Werken vor 1900, aus denen ein entsprechender Hinweis auf den kosmischen Christus und dessen ätherischer Wiederkunft hervorginge. Allerdings zeigen seine Werke und die veränderten Neuauflagen die Entwicklung des *Christusprinzips als zentralen kosmischen Faktor* (1907, GA 262, Nr. S. 26), die zu Beginn seiner diesbezüglichen Publikationen (1902) noch nicht die letzte Reife aufwiesen. Nur aus späteren Selbstaussagen Steiners werden wir von einer solchen schon dem frühen Steiner vertrauten Ansicht unterrichtet. In der Wiener Zeit im Kreis um delle Grazie lernte Steiner den Zisterzienser Prof. Wilhelm Neumann kennen. Zu ihm sprach (ich) *meine Anschauung darüber aus, wie Jesus von Nazareth durch außerirdischen Einfluss den Christus in sich aufgenommen habe und wie Christus als eine geistige Wesenheit seit dem Mysterium von Golgatha mit der Menschheitsentwicklung lebt* (GA 28, S. 84).

Diese Erkenntnis, äußerte er in einem Gespräch mit dem Pfarrer Rittelmeyer, sei dann *allerdings vorübergehend zurückgetreten. Ich musste durch alles das hindurch. Es war eine karmische Notwendigkeit.* Und wohl in diesem Zusammenhang betonte er, sich *erst eine gewisse Stellung in der Welt* errungen haben zu müssen; denn über solche (okkulten) Dinge öffentlich zu reden, gehöre Mut. Den habe er *erst finden müssen* (Rittelmeyer, S. 83). Es muss also offen bleiben, ob die modifizierte theosophische Verkündigung durch Steiner zu diesem Zeitpunkt von außen angeregt wurde. Sicher ist jedenfalls, dass die östliche Variante niemals auf seiner Linie gelegen haben konnte, die von Anfang an christozentrisch ausgerichtet war.

Italienische Reise

Für den 1907 in München stattgefundenen Theosophenkongress hatte Steiner als Novum die Inszenierung eines Mysteriendramas von E. Schuré und die künstlerische Gestaltung des Saales hinzugefügt, eine Neuerung, die allerdings nicht bei allen Theosophen guten Anklang fand. Die Verbindung von Wissenschaft, Kunst und Religion war ein persönliches Anliegen Steiners, den die Dramen E. Schurés künstlerisch nicht zufrieden stellten und der daher vier eigene schuf, denen noch drei weitere folgen sollten, was durch den Ausbruch des 1. Weltkrieges verhindert wurde.

Nachdem er im April 1910 auf einer Reise nach Italien auf dem Monte Cassino, dem einsamen Berg zwischen Rom und Neapel, das erste Kloster Benedikt von Nursias besichtigt und die Bibliothek, das Archiv und die Zelle des Ordensgründers gesehen hatte, schrieb er drei Monate später sein erstes eigenes Mysteriendrama nieder, in dem die spirituelle Führergestalt den Namen Benedictus trägt. Die Art, wie dieser geschildert wird, entspricht in frappierender Weise der von Steiner selbst. Damit erhalten wir von Steiner eine weitere Aussage darüber, wie er sich sah oder gesehen werden wollte, die diesmal nicht der indischen Mythologie entstammt. Erst im zweiten Mysteriendrama gibt sich Benedictus tatsächlich als der ehemalige Ordensgründer Benedikt von Nursia zu erkennen. Was ist die damit verbundene Aussage, ausgerechnet auf ihn zu verweisen?

Als Benedikt von Nursia (480-547) als geistlicher Ordensbegründer seine ‚heilige Regel' verfasste, war das Christentum als Staatsreligion längst etabliert und auch Klostergründungen waren bereits erfolgt. Benedikt jedoch, der übrigens als biographische Parallele sein Studium (Jura) ebenfalls abgebrochen hatte, gelang als großer Organisator mit seiner als ‚Gesetzbuch der christlichen Vollkommenheit' bezeichneten ‚regula monachorum', die er ‚Eine kleine Regel für Anfänger' nannte, erst die erfolgreiche Christianisierung der europäischen Bevölkerung. Die dem Losungswort ‚ora et labora' unterstellten Benediktiner zogen sich nicht auf geistliche Übungen der ‚imitatio Christi' zurück, sondern schufen mit ihrer Handarbeit (labor manuum) die Urbarmachung ihrer Umgebung und mit der landwirtschaftlichen Kultivierung die Grundlagen zum selbständigen Unterhalt der Klöster. Das war auch deshalb wichtig, weil die Benediktinermönche zusätzlich zu den klassischen Gelübden der Armut, Keuschheit und Gehorsamkeit den Verbleib im Kloster bis zu ihrem Tode gelobten. Der zweite Anteil des ‚labora' bestand in der ‚lectio' aus den Codices der Bibliothek, deren Einrichtung den Ordensbrüdern zur strengen Pflicht gemacht war. Allerdings wirkten sich hierbei spätere Einflüsse maßgebend auf das Bildungsprogramm der Benediktiner aus, so vor allem durch Cassiodor (ca. 490-580). In der klösterlichen Schreibstube (scriptorium) wurden nicht allein religiös-theologische Werke abgeschrieben, sondern auch aus der römischen und griechischen Antike stammende philosophische und dichterische Texte.

In ihren Klosterschulen, den einzigen Bildungseinrichtungen über Jahrhunderte hinweg, lernten die Adelskinder der Umgebung Lesen und Schreiben. Krankenpflege, Kräutergärten, Apotheken und Krankenhäuser gehörten zum Bestand ihrer Klöster. Für ihren kulturtragenden Anteil sprechen auch äußere Zahlen: im Verlauf der Jahrhunderte wurden ca. siebenunddreißigtausend Benediktinerklöster gegründet, aus denen dreiundvierzig Päpste hervorgingen; über fünfzehntausend bedeutende Gelehrte und Schriftsteller – so weiß ein Autor anzugeben – sollen aus den Klosterschulen der Benediktiner hervorgegangen sein.

Eine feinere Besonderheit der Benediktiner lag darin, die von Seneca in seinen „Epistulae Morales" von den Freien Künsten ausgeschlossenen artes: Malerei, Bildhauerei und Marmorbearbeitung und von Martianus

Capella aus Karthago (um 410) auf sieben – von ehemals neun – reduzierten Freien Künste (artes liberales) wieder aufgegriffen zu haben. Die Architektur der Klöster und Dome, später der Pfalzen und Burgen, das von den Bauhütten gehütete Geheimnis der Baukunst, soll mit das Verdienst der Benediktiner sein, die daher von manchen als die Baumeister der Romanik und Gotik bezeichnet wurden.

Der Mönchsorden gliederte sich in drei Klassen: den Klerikern, die aus den adligen Zweitgeborenen bestanden; den Konversen, die aus dem Bürgertum kamen und das Handwerk verrichteten, wobei deren Gelübde ohne klerikale Weihe war und schließlich die Oblaten, d. h. die für den Ordensstand bestimmten Kinder und Laien mit widerrufbarem Gehorsamsversprechen. Diese Kinder wurden eigens auf der inneren Schule in den sieben Freien Künsten – dem Trivium: Grammatik, Rhetorik, Dialektik und dem Quadrivium: Arithmetik, Musiktheorie, Geometrie, Astronomie, – sowie Latein, Literatur, Verskunst, Heilige Schrift etc. unterrichtet.

Der ‚innere' Bereich umfasste neben den Freien auch die Hermetischen Künste: Astrologie, Magie, Okkulte Wissenschaften als die gehütete, unerkannte Seite des Benediktiner-Ordens (Oslo, 2002, S. 24).

Für den großen Chiliasten Joachim di Fiore begann das ‚Dritte Reich' des Heiligen Geistes von tausendjähriger Dauer mit dem Wirken des hl. Benedikt, *in dem der Stand der Mönche hervortritt* (zit.b. Brentjes, S. 34).

Steiner, der sein zweites Mysteriendrama 1911 verfasst hatte, wollte 1923, zur Zeit der Krise in seiner Gesellschaft sich eigentlich von ihr trennen und einen eigenen (weltlichen) Orden gründen. Auch die frühen Ordensbewegungen waren allesamt Laiengemeinschaften und Benedikt von Nursia hatte keine Priesterweihe erhalten. Mit der Reorganisation der Anthroposophischen Gesellschaft wurde die ‚Hochschule' eingerichtet, die in drei Klassen gegliedert und mit einer speziell dafür vorgesehenen Mitgliederzahl (dreiunddreißig in der zweiten Klasse, zwölf in der dritten Klasse) konzipiert war. Zum Zweck der Aufführung wurde ein eigener Bau und Baustil ausgeführt, zunächst in Holz auf einem Betonsockel, später, nach der Brandstiftung, stark modifiziert in Stahlbeton.

Auch die nach dem 1. Weltkrieg erfolgte Gründung der Waldorf-Schule als private Volksschule, zunächst für die Kinder der Arbeiter der Waldorf Astoria-Zigarettenfabrik, wenig später als Gesamtschule für alle Kreise der Bevölkerung, sowie Steiners Anregungen der Landwirtschaft mit Vorträgen vor Gutsherren und Bauern bei Breslau 1923, die „Erweiterung der Heilkunst" durch mehrere Vortragszyklen und sein gleichnamiges Buch mit der Ärztin I. Wegman zeigen nachhaltig Parallelen und Bezug zu Benedikts Ansätzen. Vielleicht auch, was er von der zukünftigen Kulturwirkung seiner eigenen Mission dachte und erhoffte?

Eine Ironie des Schicksals allerdings bedeutete es, dass gerade der Benediktiner-Orden die damals bestehenden Orden des Basilios im griechisch-byzantinischen Einflussbereich, der damals bis Italien reichte, sowie den Orden des Iren Columban, als christlichen Vertreter keltischer (Katherer) Prägung mit esoterischer Grundlage, gezielt verdrängte. Unter Papst Gregor I. (540-604) erstarkten die inzwischen vor den Langobarden vom Monte Cassino nach Rom geflohenen Benediktiner zum Hauptverbündeten der römisch-lateinischen Papstkirche. Es sollte ihnen gelingen, die Konkurrenz der griechischen und keltischen Missionierung in den deutschen Landen und in England zu beseitigen.

Count down

Steiners künstlerische Neuerungen bei den Theosophenkongressen fanden unter seinen Anhängern größeren Anklang. Die aufgekommene Parole „dem Wort einen Tempel bauen" stand Pate, einen Bauverein zu gründen mit der Absicht, eine Bühnenweihstätte zu schaffen, die den besonderen baulichen und technischen Erfordernissen angemessen wäre – wie bei dem Bayreuther Festspielhaus, das Steiner einigemale besucht hatte – und womöglich den Londoner theosophischen Vortragssaal, der mit Holzpfeilern ausgestattet und mit symbolischen Zeichen und Bildern an den schräg abfallenden Deckenhälften bemalt war, zu übertreffen beabsichtigte. Als Ort für dieses Projekt kam nach Steiners Diktum nur München in Frage, wo ein aktives anthroposophisches Leben mit verlässlichem organisatorischen Geschick an leitender Stelle den Ausschlag vor einer Zentrale in Berlin oder dem Traditionsort Weimar gab. München war zu diesem Zeitpunkt als ehemaliges Kunst- und Kulturzentrum schon im Niedergang begriffen. Kandinsky und Franz Marc mussten mit ihrem dort geschaffenen „Blauen Reiter" im Jahr 1914 trotz ihres äußeren Erfolges resigniert feststellen, dass ihre Botschaft nicht vernommen worden war.

Die eingereichten Baupläne wurden infolge von Einsprüchen zunächst nicht genehmigt und Steiner ergriff, ohne den weiteren Bescheid abzuwarten, während eines Erholungsbesuchs bei einem vermögenden Mitglied in der Schweiz die überraschende Initiative, auf dessen Grundstück und dem daran anschließenden Gelände am historischen Dornacher Hügel (Schlacht 1499, ‚Bluthügel') bei Basel den Bau und somit das anthroposophische Zentrum ins Schweizer Ausland zu verlegen. Die dann doch noch für München erfolgte Baugenehmigung brachte den Entschluss Steiners nicht mehr ins Wanken.

An einem regnerischen und stürmischen Septembertag 1913 legte Steiner mit einem Ritual den Grundstein zum Goetheanum-Bau, der zunächst noch unter dem Namen Johannes-Bau firmierte. In der Eile wurde der auf die Münchener Verhältnisse zugeschnittene Entwurf, wie Steiner später feststellte, ohne größere Modifikationen auf die Schweizer Hügellandschaft übertragen. Entgegen seinem Willen hatten die Mitglieder ihren Wunsch eines Massivholzbaus durchgesetzt. Steiner drängte zur Fertigstellung des Gebäudes bis zum August 1914 ! Der Rohbau wurde aber durch Verzögerungen und dem im August 1914 ausbrechenden Weltkrieg erst im Dezember fertig. Der Krieg sollte jedoch nicht allein auf die Fertigstellung des Baues Auswirkungen haben. In den Kriegsjahren blieben dort noch einige Männer und Frauen aus ca. siebzehn Nationen tätig; gänzlich abgebrochen wurde – wie erwähnt – sein auf sieben Dramen konzipierter Plan von Mysterienspielen, von denen er bislang seit 1910 jährlich eines geschaffen hatte.

Es hat den Anschein, dass der Wechsel ins Schweizer Ausland eine zeitliche Markierung angibt, nach der eine nicht endende Kaskade krisenhafter Erschütterungen für die Person Steiners und sein Wirken anhob. Sie setzte die erst kürzlich gewonnene Eigenständigkeit seiner Gesellschaft voll den Härten aus, denen sie nicht standzuhalten vermochte.

Schon wenige Monate nach Kriegsbeginn, im Oktober 1914, wird die inzwischen ca. zweihundert Köpfe zählende Dornacher Anthroposophengemeinde vom Unglückstod des siebenjährigen Gärtnerkindes erschüttert, das auf dem Rückweg von der Kantine, wo es für Rudolf Steiners Haushalt mit seinem Wägelchen Besorgungen gemacht hatte, unbemerkt unter einen umstürzenden Möbelwagen geraten war.

Ihren schon länger gehegten Entschluss zu heiraten verwirklichten Marie von Sivers und Rudolf Steiner im Dezember 1914 beim zuständigen Standesamt in Solothurn. Dass es auch dem Ansehen unter den Ortsbewohnern geschuldet war, die Verhältnisse bürgerlich zu ordnen, darauf verweist Belyj, der die Spießbürgerlichkeit der Schweizer sogar als ausschlaggebenden Grund anführt. Dennoch löste Steiners Heirat unter einigen enttäuschten Anthroposophinnen Reaktionen aus, die Marie als *Hexenaufstand ... mystisch verliebter Tanten* bezeichnete und Steiner als Einmischung in seine Privatsphäre energisch zurückwies.

Nachdem Steiner bei den Protestanten des Ortes schon ins Gerede gekommen war, führten gegenseitige Besuche mit dem Geistlichen zu respektiertem Auskommen.

Übrigens erfährt man bei Belyj als einzigem Informanten, dass wohl ein Bruder Maries die Person Steiners ablehnte, was dieser nicht weniger standfest erwiderte, wie seine Attitüde beim Begräbnis der Mutter Maries im

August 1912 belegt. *Da stand der Doktor, hochgeschossen, mit Handschuhen und Zylinder – und von Sivers, der Steiner ablehnte, ein steifer, kühler Petersburger Bürokrat ... Man hätte sehen sollen, wie Steiner die Hand hob und wie die beiden gegenseitig ihre Finger berührten, bewusst trocken, mit betonter Überwindung; aber vorher hatte Steiner, ohne auch nur einen Schritt entgegenzukommen, nur leicht einen Fuß vorsetzend, ohne den Oberkörper zu bewegen, ohne von Sivers auch nur mit einem einzigen Blick zu streifen, die Hand seitlich ausgestreckt, von Sivers entgegen, der nun gezwungen war, drei bis vier Schritte weit auf Steiners Hand zuzugehen, um einen Händedruck (mit saurer Miene) zu markieren; von Sivers, erfahrener Formalist und Kenner sämtlicher Nuancen der Aufmerksamkeit und Missachtung, der, wie ich glaube, seine Antipathie Steiner gegenüber häufig und unverhohlen zum Ausdruck gebracht hatte, war damit gezwungen, das Duell der Nuancen auszutragen und wurde von Steiners Handbewegung durchbohrt, alles im Bruchteil einer Sekunde* (Belyj, 1990, S. 139 f).

Im August 1915 brandeten die Wellen zweier empörter Anthroposophen in einem mit Vorwürfen gefüllten zwanzigseitigen Brief heran, der fast zum Bruch mit seinen Anhängern geführt hätte. Nachdem Steiner den Brief im vollen Wortlaut verlesen hatte und sich die Anhänger gesprächsbereit über die Anschuldigungen zeigten, statt diese eindeutig zurückzuweisen, verließ er mit seiner Frau empört den Saal. Erst mit einer Solidaritätserklärung an ihn und dem Ausschlussverlangen gegen die Kritiker retteten die entsetzten Mitglieder die Lage.

Seite an Seite mit Marie hatten sich Rudolf Steiners Vermögensverhältnisse gewandelt. Aus seinen testamentarischen Verfügungen des Jahres 1915 lässt sich sein damaliger pekuniärer Vermögensstand – ohne den Verlag – annähernd erschließen. Insgesamt wurde ein Betrag von 65.000 M an bestimmte, namentlich aufgeführte Personen festgelegt, darüber hinaus den Angehörigen der Eheleute Steiner in dem gegenseitigen Testament jeweils 1/6 des Gesamtvermögens zugesprochen. Haupterbin war die treue, gemeinsame Freundin Marie Elisabeth Waller. In einem 1914 angefertigten Testament hatte Steiner zu Gunsten seiner Angehörigen konkret bestimmt, ihnen monatlich 110 M zukommen zu lassen und nach dem Tod der Mutter seiner Schwester monatlich 60 M auszuzahlen sowie für die Kosten der erforderlichen Anstaltsunterbringung des sinnesbehinderten Bruders aufzukommen. Rechnet man für die im Jahr 1915 neunundsiebzigjährige Mutter noch zehn Lebensjahre und für die dann (1925) sechzigjährige Schwester weitere zwanzig Lebensjahre, so ergibt das eine Summe von annähernd 30.000 M, des Bruders Kosten ausgenommen, als 1/6 des Gesamtvermögens. Somit bestand das finanzielle Volumen vorsichtig gerechnet aus ca. 180.000 M, ein für damalige Verhältnisse stattlicher Betrag, der nach heutigem Wert mindestens mit dem Faktor 11 zu multiplizieren wäre. Das Ehepaar Steiner verfügte also nach heutigen Maßstäben über ein Barvermögen von mindestens 2 Millionen DM bzw. 1 Million Euro. Steiner verfuhr mit seinem Privatvermögen offensichtlich anders als H.P. Blavatsky, die ihr gesamtes Vermögen und die Einkünfte aus ihren Werken schon zu Lebzeiten gänzlich der Theosophischen Gesellschaft zugewendet hatte.

Etwa zwischen August 1916 und Januar 1917 verunglückte Steiner beinahe, als er in seinem Atelier auf dem Gerüst stehend, an der Christusstatue mit Meißel und Klöppel arbeitete. Beim Heruntersteigen brach unter seinem Fuß eine Holzlatte durch. *Er wäre gestürzt und dabei von einem Eisenhaken aufgespießt worden* (Steffen), wenn ihn Edith Maryon, die als Bildhauerin mit ihm arbeitete, nicht geistesgegenwärtig festgehalten hätte.

Im April 1916 erhielt die völlig konsternierte Marie von ihrem verehrten Edouard Schuré die Austrittserklärung aus der Anthroposophischen Gesellschaft. Bislang war er den beiden freundschaftlich verbunden gewesen. In Steiner hatte er seinen ‚Meister' gefunden, sich beim Ausschluss der deutschen theosophischen Sektion durch die Zentrale in Madras mit Steiner solidarisiert und die theosophischen Machenschaften mit seinem Austritt beantwortet. Nun warf er Marie Steiner vor, persönliche Machtinteressen zu vertreten und äußerte gegenüber Rudolf Steiner den Vorwurf des Pangermanismus. Davon tief getroffen trat bei Marie Steiner eine mehrtägige Beinlähmung ein, die sie zeitlebens plagte. Steiner setzte gegen die erhobenen Vorwürfe ein Zeichen, indem auf sein Anraten Marie von ihrem Vorstandsposten zurücktrat. Er selbst hatte in der neugegründeten Anthroposophischen Gesellschaft keinerlei präsidiale oder Funktionärsstellung inne. Übrigens pilgerte der alte Schuré vier Jahre nach Kriegsende nach Dornach, um dort Verzeihung zu erbitten. Sie wurde ihm nur von Steiner selbst gewährt, Marie schlug die Bitte ab.

Im vorletzten Kriegsjahr trat an Steiner der engagierte Anthroposoph Otto Graf Lerchenfeld heran, der sich als bayerischer Reichsrat in Berlin aufhielt. Steiner entwickelte ihm die Idee einer „Dreigliederung des sozialen Organismus" zur Lösung der sozialen Frage der – nicht erst seit dem 1. Weltkrieg – ideenlosen Staatspolitik. Darin sah er eine realistische Alternative zu den marxistischen Klassenkampfparolen, die ihm von der Arbeiterbildungsschule her gut vertraut waren, wie zu den kapitalistischen Machtinteressen. Sie enthielt als orientierende Leitlinien die Freiheit auf geistigem Gebiet (Kultur, Bildung), Gleichheit der Menschen im Rechtsleben und Brüderlichkeit im Wirtschaftsleben. Sein Konzept landete durch Vermittlung des Bayern und des Bruders des österreichischen Kabinettschefs Graf Polzer-Hoditz in Österreich und auch in Deutschland an hochrangiger Stelle. Steiner führte Gespräche mit dem Staatssekretär des Äußeren Kühlmann und mit dem späteren deutschen Reichskanzler Prinz Max von Baden. Er sprach zur Arbeiterschaft, aber die Idee wurde nirgendwo aufgegriffen. Als einziges Ergebnis von Bestand ging aus den Dreigliederungsbemühungen die im September 1919 eröffnete Waldorf-Schule hervor, die auf Initiative des Mitglieds Emil Molt, Direktor der Waldorf Astoria-Zigarettenfabrik, für die Arbeiterkinder seines Werkes als Privatschule in Württemberg errichtet wurde. Erfolgreiches pädagogisches Anliegen der Waldorf-Schule war nicht, die anthroposophische Weltanschauung ideologisch den Kindern zu indoktrinieren, sondern das aus ihrem spirituell-ganzheitlichen Verständnis entworfene Menschenbild der einzelnen Entwicklungsstufen der Kinder zur Grundlage der Didaktik und Methodik des Unterrichts zu machen.

Veränderungen gesellschaftlicher Verhältnisse über das Bewusstsein herbeizuführen, wie Steiner ehemals den Rückert-Spruch bei Liebknechts Begräbnis vorgetragen hatte, steht allerdings weder außerhalb von Politik, auch wenn Steiner jenseits parteilicher Konfessionen oder persönlicher Ambitionen auf einen politischen Posten agierte, noch solitär da. Der einzige Posten, zu dem Steiner sich verstanden hätte, wäre im Weltkrieg die Errichtung eines deutschen Pressedienstes im Ausland (Zürich) gewesen, um dort die Presseverhältnisse ordentlich zu begründen, wie er selbst in seiner Eingabe vorgeschlagen hatte. Es war ihm dann unter Ludendorffs Einfluss vom Großen Hauptquartier als ‚österreichischem Ausländer' abgeschlagen worden. Öffentlichkeit hatte Steiner nie gescheut. Eine ähnliche Totale wie die von außen angeregten Ausweitungen der Lehre war schon bei anderen Lehren in der zweiten Hälfte des 19. Jahrhunderts zu beobachten gewesen, bei Haeckel, der sein biologisches Programm politisierte wie vor allem auch bei Rudolf Virchow, der seine Anthropologie sehr umfassend bis in die Archäologie hinein zurückverfolgte und die Anwendung seiner Ergebnisse in die sozialen Verhältnisse der Nation einbezogen wissen wollte; Marx und Engels waren die bekanntesten Vertreter eines weltanschaulichen Totalansatzes.

Noch bevor Steiner seine Idee der sozialen Dreigliederung entwickelt hatte, erhielt er auf Antrag des österreichischen Ministers des Inneren, Freiherr von Handel, (vom 14.2.1917) die von Kaiser Karl mit Allerhöchster Entschließung vom 27.2.1917 vergebene Auszeichnung der Verleihung des Kriegskreuzes 3. Klasse für Zivilverdienste. Eine nähere Begründung, als dass er *sich auf dem Gebiet der Kriegsfürsorge große Verdienste erworben* habe, gibt der behördliche Akt nicht an.

Dokument des verliehenen Kriegsordens an Rudolf Steiner
(Österreichisches Staatsarchiv, Kabinettskanzlei, Vorträge Nr. 306/1917)

5.Bogen z.Zl. ~~~~~~~~ M.I. ex 1916.

22,155

ad 1207-17

Sehr dringend!

Das Ministerium des Aeußern hat mit Note vom 5. September 1916 Zl. 90580/1 die Erwirkung des Kriegskreuzes für Zivilverdienste für die in beiliegenden Verzeichnissen namhaft gemachten, im Auslande wohnhaften österreichischen Staatsangehörigen im Antrag gebracht.

Die in Betracht kommenden Landesstellen werden gleichzeitig zur Berichterstattung aufgefordert, ob gegen die Erwirkung ~~von~~ Allerh. Auszeichnungen für die namhaft gemachten Personen ein Bedenken obwalten würde.

Im Interesse der Beschleunigung der Angelegenheit, die mit anderen vom Ministerium des Aeußern behandelten Aktionen im Zusammenhange steht und aus diesem Grunde kurz befristet ist, wird im kurzen Wege ersucht, die dortige Zustimmung für den Fall, als der bezügliche Bericht des Landeschefs günstig lauten sollte, auf diesem Bogen zum Ausdrucke zu bringen und ~~das Kommissariat~~ ehestens zurückleiten zu wollen.

dem Präsidialbureau des
1.) k.k.Ministeriums für Kultus und Unterricht.

Hinsichtlich des Dr. Rudolf S t e i n e r (Niederösterreich Post Nr.29) wird bemerkt, daß derselbe laut des vom Konsu-

W i e n, am 10. Oktober 1916.

Z. 3952/K.U.M.
GESEHEN
W i e n, am 18.November 1916.
Für den Minister
für Kultus und Unterricht:

PRAESIDIUM des k. k. Ministeriums
für Kultus und Unterricht,
3952 eingelangt am 12.Oktober 1916
K.U.M. mit 13 Beilagen.

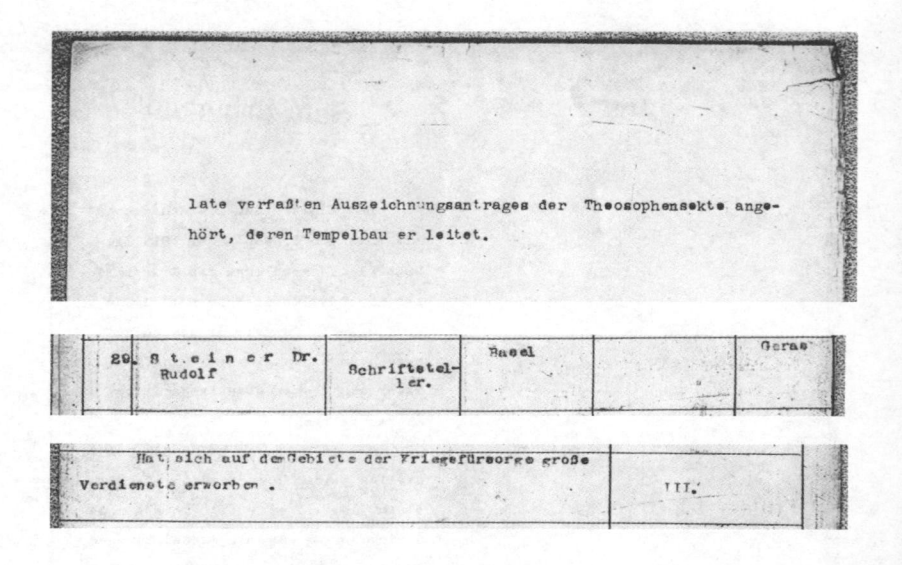

> late verfaßten Auszeichnungsantrages der Theosophensekte angehört, deren Tempelbau er leitet.

| 29. | S t e i n e r Dr. Rudolf | Schriftsteller. | Basel | | | Geras |

| Hat sich auf dem Gebiete der Kriegsfürsorge große Verdienste erworben. | | | III. |

Der infallible Irrtum: die Irrtumslosigkeit

Frägt man nach der Qualität der geisteswissenschaftlichen Forschung Steiners, so ist einmal sein Diktum, das er vor jeden seiner schriftlich wiedergegebenen Vortragszyklen stellte, zu beachten, dass *nirgends auch nur im geringsten Maße etwas gesagt ist, was nicht reinstes Ergebnis der sich aufbauenden Anthroposophie wäre* (GA 28, S. 316). Zum anderen äußerte er gegenüber Pfarrer Rittelmeyer, der ihn nach unterlaufenen Irrtümern fragte, er habe sich nur in den Menschen geirrt! Ob dieser Absolutheitsanspruch erfüllt ist, kann demnach an kleineren Stichproben überprüft werden.

Das dichterische Werk Goethes, vor allem sein „Faust", war zunächst weniger Steiners Domäne gewesen, bestand doch von seinem naturwissenschaftlich-philosophischen Ausgangspunkt her weniger Veranlassung, auch auf diesem Gebiet tätig zu werden. Hier standen Schröer und Hermann Grimm als geschätzte Interpreten des ideellen Ansatzes in Position. Hinzu kam, dass er den alten Goethe wenig schätzte. So waren ihm dessen verheißungsvolle Versprechungen aus jüngeren Jahren ohne spätere Erfüllung erschienen. *Man halte zusammen die stolzen Verse des Prometheus ‚Hier sitz ich ...' mit den demutsvollen im zweiten Teil des ‚Faust' ‚Wer immer strebend sich bemüht ...'* (zit.b. Raub, S. 214). Aus dem ‚freien Geist' war für Steiner ein ‚Geist der Ergebenheit' geworden (ebd.), vor allem auch unter dem Einfluss des in Potsdam lebenden einsamen Denkers Eugen Dühring, des „Antisophen", war ihm Goethe weniger als Zeusnatur, umso mehr dessen „Minister- und Dienernatur" in dessen Werk „Die Größen der modernen Literatur" vorgeführt worden. (Dort werden Goethe als Kothe, Schiller als Schillerer und u.a. Nietzsche als Nichtske in Dührings unnachahmlicher Art konterfeit.)

Nicht wenig zu dem Wandel seiner Anschauung gegenüber Goethes reifem Alterswerk „Faust" dürfte Steiners eigene dichterische Produktion der Mysteriendramen beigetragen haben, für deren Konzeption vor allem auch Goethes Märchen „Von der grünen Schlange und der weißen Lilie" – bis in die ursprüngliche Namensgebung hinein – Bezugsrahmen gewesen war. W. Raub, auf dessen Ausführungen hierbei im besonderen zurückgegriffen werden, spricht angesichts des mehrfach zu konstatierenden Wandels in Steiners Anschauungen von der *Janus-Gestalt der geistigen Existenz Steiners* (ebd.).

In einem seiner ‚Faustvorträge' will Steiner angeben, was *Goethe beim Abschluss seines „Faust" mit diesem „Faust" eigentlich gewollt hat* (GA 272, 15.8.1915). Er zitiert dazu aus Schröers „Faust"-Ausgabe Verse, die Mephistopheles am Ende des dritten Aktes des zweiten Teils aussprechen sollte, aber in die üblichen Textausgaben normalerweise nicht aufgenommen sind:

Genug, ihr seht ihn, (gemeint ist nach Steiner Euphorion)
ob es gleich viel schlimmer ist
Als auf der britischen Bühne, wo ein kleines Kind
Sich nach und nach herauf zum Helden wächst.
Hier ist's noch toller. Kaum ist er gezeugt,
So ist er auch geboren,
Er springt, tanzt und spricht ein zierlich Wort.
Tadeln viele das,
So denken andere, dies sei nicht so grad
Und gröblich zu verstehen, dahinter stecke was.
Man wittert wohl Mysterien, vielleicht auch gar
Mystifikationen, Indisches und auch
Ägyptisches, und wer das recht zusammenkneipt,
Zusammenbraut, etymologisch hin und her
Sich zu bewegen Lust hat, ist der rechte Mann.
Wir sagen's auch und unseres tiefen Sinnes wird
Der neueren Symbolik treuer Schüler sein.

Nach Steiner will Goethe mit diesen Zeilen darauf hinweisen, dass Geistiges nicht mehr wie in alten Zeiten (Ägypten, Indien) aufgefasst werden darf, sondern mit *der neueren Symbolik treuer Schüler sein* fordere Goethe im „Faust" den Christus-Impuls. *Hier in diesem Satz ist ausdrücklich ausgesprochen, dass derjenige, der den Faust recht im Sinne Goethes versteht, auch sieht, dass Tieferes dahinterliegt ... Es wird gefordert, dass die Auslegung des ‚Faust' leisten solle jene treue Schülerschaft, die ein solches Erleben des Geistigen kennt, das wir nennen können ‚das Erleben im Sinne der neueren Geisteswissensschaft'* (zit.b. Raub, S. 221).

Dass diese zentrale Aussage paradoxerweise ausgerechnet von Mephisto ausgesprochen werde, mache Steiner gar nicht stutzig, meint Raub hierzu. Steiner erledigt diesen späteren Einwand en passant mit seiner Bemerkung, dass dafür Aufführungsgründe maßgeblich waren. Nun hatte Steiner selbst einmal einen Kontrahenten entwaffnet, indem er dessen „Faust"-Zitat als mephistophelischen Ausspruch aufdeckte. Legte Steiner hierbei ein leichtfertiges Erklärungsmuster nach dem Motto: „legt ihr's nicht aus, so legt ihr's eben unter" zugrunde? Ging Steiner hierbei etwa wie ein Dilettant vor?

Wie in Goethes „Faust" schon im ‚Prolog im Himmel' zu erkennen ist, polarisiert das Gespräch zwischen dem Herrn und Mephistopheles beide nicht in jene zoroastrisch feindliche Prinzipien, die unversöhnliche Ausschließlichkeit bedeutete. *Es erinnert an Leibniz, wenn das Böse im großen Haushalt gerechtfertigt wird. Gott setzt den Teufel; nicht sich selbst, aber dem Leben zur Belebung. Damit Farbe sei, bedarf es der Mithilfe des Finsteren* (Kommerell, S. 127). Mephisto zeigt mehrfach Züge, die ihn nicht zum Prinzipienreiter stempeln, sondern ihm in opernhafter Manier andersartige Aufgaben im *großen Haushalt* zuweisen. *Und wie unfreundlich ist es, wenn gerade ihn Goethe zum Anwalt der christlichen Kunst macht! ... Wenn er schließlich die Gewalt der Töne preist und ganz in Umkehr seines Wesens und seiner Absicht Fausten Helenens Gewande überreicht, damit sie ihn über das Gemeine hinwegtragen, so muss man dies nicht auf eine gewundene Weise mit der Teufelheit reimen, sondern darin die Macht des Stils begreifen, der gegen Schluss auch das Widerspenstige in den großen Ton der heroischen Barockoper auflöst und gelegentlich dem Mephisto nicht aus dessen Geist, sondern aus dem Geist der Szene die Rolle des idealen Sprechers zuweist* (ebd., S. 154). Steiner hat hier also einen fachlichen Fürsprecher bekommen.

Zu dem genannten „Faust"-Passus kommentiert Raub weitergehend, Steiner sei der ironisch gemeinte Zusammenhang entgangen, dem die Verse angehörten. *Denn er nimmt irrigerweise an, mit den Worten ‚wir sagen's auch ...' beginne eine positive Entgegnung auf die vorher glossierten verfehlten Anschauungen. Er bemerkt nicht, dass es sich bis zum Schluss um einen mephis-*

tophelischen Seitenhieb (der freilich ganz nach Goethes Sinn ist) auf die Auswüchse der allzu phantasievoll und unbekümmert Zeiten und Kulturen mischenden Symbolik mancher Romantiker handelt. Nichtsahnend stellt er sich in ihre Reihe (Raub, S. 221).

Auch die nach Steiners Tod erst aufgefundene Handschrift Goethes (1928) der Schlusszeilen des „Faust", wo Goethe auf das Wort „Gleichnis" das Reimwort „Ereignis" setzte, las Steiner immer hartnäckig:

Alles Vergängliche
Ist nur ein Gleichnis;
Das Unzulängliche,
Hier wird's Erreichnis...

Steiner glaubte auch hierbei zu wissen, was Goethe wirklich gemeint hatte, und zeigte damit bei an sich vernachlässigbaren kleinen Irrtümern seinerseits, wie ihn seine geisteswissenschaftlichen Ansichten zu manch schieflastigen Überinterpretationen führten, die den Sinn Goethescher Dichtkunst nicht adäquat wiederzugeben vermögen, was er gerade mit seinem eigenen Ansatz zu leisten glaubte. Ob eine solche geisteswissenschaftliche Arbeitsweise den Kriterien einer aus *reinsten Ergebnisse (...) sich aufbauenden Anthroposophie* entsprach?

Wenn er in anderem Zusammenhang zu dem esoterisch mit vielen Spekulationen umrankten Namen Bafomet angibt, dieser sei *ein Wesen der ahrimanischen Welt, welches den Leuten (Templern) erschien, wenn sie gefoltert wurden* (Lehrerk., 9.6.1920), so lässt er völlig außer Acht, dass Bafomet die Verballhornung des arabischen Wortes Abu al-fihamat ‚Vater der Weisheit', bedeutet und esoterisch dem Inhaber des 100. Grades zustand (Oslo, 2001, S. 176).

In seinen Vorträgen zur Sinneslehre vertrat Steiner die Version von der Blaublindheit der Griechen. Diese These stammte aus dem Buch „Geschichtliche Entwicklung des Farbensinnes" von Magnus und wurde gleichlautend von dem Sprachforscher L. Geiger in seinem „Ursprung und Entwickelung der menschlichen Sprache und Vernunft" vorgebracht. Zu der Zeit, als Steiner seine diesbezüglichen Vorträge hielt, war diese Theorie schon längst überholt bzw. widerlegt worden, wie er in den entsprechenden Publikationen von K.E. Goetz im ‚Archiv für lateinische Lexikographie und Grammatik mit Einschluß des älteren Mittellateins', XIV, 1906, und von E. Veckenstedt „Geschichte der griechischen Farbenlehre. Das Farbunterscheidungsvermögen. Die Farbenbezeichnungen der griechischen Epiker von Homer bis Quintus Smyrnäus", Paderborn 1888, hätte nachlesen können.

Steiners „Kunst der Interpretation" erinnert stellenweise tatsächlich an romantische Ausdeutungen des 19. Jahrhunderts, für die der Sturm auf Troja das Anbrausen der Wogen an die Küste, die Fahrten des Odysseus als Wanderungen der Gestirne figurierte, nur ist Steiner vom Geist des neu- bzw. spätromantischen Konzept des Gesamtkunstwerks angeweht, das er mit Wissenschaft und Religion zu vereinen sucht. An diesen knappen Stichproben werden G. Reuters Angaben über ihn verständlicher, wenn sie ihm zuschreibt, er sei groß darin gewesen, barocke, unerhörte Prämissen aufzustellen und sie dann mit einem erstaunlichen Aufwand von Logik, Wissen, kühnen Einfällen und Paradoxen zu verteidigen.

Auch Richard Spechts Beobachtungen und Empfindungen über ihn, *die mir späterhin evident wurde(n) und die mir manches in seiner nachherigen Laufbahn erklärte(n)*, liegen in dieser Linie. *Das war die Art, mit der er alles vergewaltigte, um seinen Gedankeneinfall zum Recht zu verhelfen: er sprach eine Idee als Axiom aus und bog seine Beweise hinterher so lange zurecht, bis alles zu stimmen schien. Ich glaube nicht, dass er jemals deduktiv zu einem Gedanken oder einer Theorie gelangt ist. Sicher war das Endglied der Kette sein primärer Einfall; dann aber wurde alles herbeigeholt und zurechtgestutzt, was bestätigend, alles eliminiert, was widerlegend sein mochte. Er war ein Fanatiker seiner Ideen. Damals schon.* – (zit.b. Poeppig, 1964, S. 62).

Szenen einer Ehe – Teil Zwei

Seit 1921 arbeitete Steiner intensiver mit der Ärztin Dr. Ita Wegman zusammen. Die 1876 in der holländischen Kolonie auf Java geborene Wegman fand über ihr theosophisches Interesse gleich zu Beginn von Steiners Tätigkeit als Generalsekretär Kontakt zu ihm, der sich aber erst allmählich vertiefte. Auf sein Anraten hin studierte sie in der Schweiz Medizin, in Deutschland war es Frauen zu dieser Zeit noch nicht möglich. Nachdem sie sich als Ärztin in Basel niedergelassen und am ersten Ärztekurs 1920 teilgenommen hatte, gründete sie aus eigener Initiative im Sommer 1921 das Klinisch-Therapeutische-Institut in Arlesheim, der Nachbargemeinde von Dornach. Als noch dazu die ursprünglich von Steiner favorisierten Ärzte, der sehr erfahrene Kasseler Dr. Noll und danach der Psychiater Dr. Fr. Husemann ausfielen anthroposophisch-medizinische Aufgaben zu übernehmen, entwickelte sich der Kontakt zu Wegman intensiver. Täglich besprach er mit ihr über einige Stunden medizinisch-therapeutische Probleme ihrer Patienten und arbeitete ab Oktober 1923 mit ihr an einem medizinischen Grundlagenwerk, das als Gemeinschaftsarbeit anteilsweise ihre Fallbeispiele enthielt.

Steiner unterließ es merkwürdigerweise, jemals Marie in das Arlesheimer Institut mitzunehmen, was selbst dem Anthroposophen Dr. Schmiedel eine *bemerkenswerte Tatsache* (schien), *die umso eigentümlicher ist, als Dr. Steiner sonst so gerne Frau Dr. Steiner neue Arbeitsstätten zeigte* (zit.b. Zeylmans, S. 433).

Als Wegman nach der Weihnachtstagung 1923 an Steiner mit dem Anliegen herantrat, etwas Esoterisches einzurichten, gründete er daraufhin seine ‚Michaelschule' und ernannte sie zu seiner Stellvertreterin. Zudem zeichnete er sie in einzigartiger Weise mit der Überreichung seines Brustkreuzes aus.

Marie Steiner hatte sich vom Anbeginn ihrer Zusammenarbeit an voll ihrem späteren Mann zur Verfügung gestellt, um seine Mission, die sie als einzige so früh erkannt hatte, mit all ihren Kräften zu fördern. Sie *organisierte die ganze Anthroposophie* unter Hintansetzung persönlicher Interessen. Bei esoterischen Handlungen (Freimaurerei etc.) war sie seine Helferin gewesen. Nun, *seit der Einrichtung der ‚Michaelschule' wurde Frau Dr. Ita Wegman seine Gehilfin* (zit.b. ebd., S. 409).

Marie Steiner musste dies als Zurücksetzung empfunden haben und machte Partei gegen Wegman, die ja auch noch um neun Jahre jünger war als sie. Die Missgunst gegen Wegman blieb Steiner nicht verborgen – auch nicht, von wem sie ausging.

Schon früher, so schreibt Schmiedel, war es immer bedrückend, wenn man hin und wieder durch irgendeinen Zufall Zeuge wurde oder wenn man erzählt bekam, wie es mitunter Dr. Steiner schwer hatte, wenn Frau Dr. Steiner sich in heftiger Weise gegen Dinge wandte, die er durchgeführt wünschte. Und wie er ihr dann in einer gütigen und geduldigen Weise zusprach oder auch von seinem Wunsche Abstand nahm. Unendlich traurig wurde es für mich, als ich sah und erfuhr, mit welchem Unverständnis und – ja, das Wort muss gesagt werden – Hass Frau Dr. Steiner sich gegen Frau Dr. Wegman stellte und dies noch zu Lebzeiten Dr. Steiners. Wie sehr muss Rudolf Steiner darunter gelitten haben, da er Frau Dr. Wegman in dem Maße, wie er es getan, hochgeschätzt hat. Wieweit muss dies gediehen gewesen sein, dass er zwei Tage vor der Weihnachtstagung zu mir die bereits angeführten Worte sagen konnte. Ich möchte diese Worte hier nochmal wiederholen:

‚Wenn die Hetze gegen Frau Dr. Wegman so weitergeht, so wird sie zur Zersprengung der Gesellschaft führen. Und diese Tendenz macht sich auch in meiner nächsten Umgebung bemerkbar, aber ich werde ihr auch da auf das Energischste entgegentreten.'

Es ist unzweifelhaft, dass mit diesen letzten Worten Frau Dr. Steiner gemeint war, wenn ich bedenke, was ich sonst über ihre Stellung und über diejenige ihrer Umgebung zu Frau Dr. Wegman hören konnte (zit.b. ebd., S. 437 f).

1924 besuchte Steiner während einer Tagung in Paris mit Wegman den Louvre, führte sie zu ausgewählten Gemälden und teilte ihr daran anknüpfend ihre eigenen Vorinkarnationen mit, die sie eng mit ihm und seinen früheren Inkarnationen verbunden hätten. Löste Steiner nicht, indem er ehemalige karmische Beziehungen in das aktuelle Verhältnis hineintrug, Komplikationen aus, die als ein unentwirrbarer ‚Knoten' tatsächlich mit zur Zersprengung der Gesellschaft nach seinem Tod beitrugen?

Wieweit er sich nun von Marie wiederum in einen „Philisterkäfig gesperrt" fand, wie er dies ehedem gegenüber der Eifersucht seiner ersten Frau ausgedrückt hatte, dürfte sehr wahrscheinlich sein. Ob aber die ungewöhnliche Beziehung zu Wegman nicht auch mit Gefühlen gemischt war, die nicht nur seiner Frau, sondern auch ihm selbst außer Kontrolle gerieten, mag in den inzwischen veröffentlichten Briefen selber nachgelesen werden.

Ja, schön, schrieb er 1924 aus Koberwitz an Wegman, *sehr schön wäre es, wenn ich Dich hier haben könnte, aber – zum wievielten Male muss ich auch* **mich** *ermahnen – wir müssen uns in das Notwendige fügen* (zit.b. ebd., I, S. 208).

Es lässt schon aufhorchen, wenn Steiner sich selbst vielmals zur Räson rufen muss. Nur zwei Tage später schreibt der Meister wiederum an sie, sie mit ihrem Mysteriennamen Artemisia anredend: *Allerherzlichst bin ich in Gedanken mit Dir, meine liebe Mysa-Ita, habe Dich als Seele mit mir wandelnd. Ich meditiere in Deiner Meditation mit und stütze mich auf Deine Liebe. Alles das ist schön. Und ich werde froh sein, wieder in Deine lieben Augen zu schauen* (zit.b. ebd., S. 209).

Schließlich einen letzten Briefausschnitt noch vom Aufenthalt in Koberwitz:

Es ist so in unserem Karma, dass ich an Dir einen ersten, unerschütterlichen **Freund** *finden muss, wenn die Schülerschaft den ganz rechten Weg gehen soll ... Es ist ja auch gewiss traurig, dass Du nicht schon früher mit mir zusammenkamest ... Du schreibst ‚Wirst du mich jetzt immer lieben bleiben (sic!)?' Meine liebe Mysa:* **Diese** *Liebe ruht auf dem unerschütterlichsten Fels. Sie ruht ja auf dem, was Deine Wesenheit mir offenbart. Und das ist viel, sehr viel. Aber da soll es auch ungetrübtes Zusammensein geben in allem Erlebten, Du sagst, was nicht mit mir zusammenhängt, ‚verblasst'. Aber meine liebe Mysa: ich konnte doch zu keinem Menschen so stehen wie zu Dir. Du lernst mich auch ganz anders noch kennen als andre Menschen mich gekannt haben, oder kennen. Dass da manchmal sich in unser Zusammensein etwas gemischt hat, was Du vielleicht nicht haben wolltest, das hängt doch damit zusammen, dass ich nur im vollen Eins-sein mit Dir leben möchte. Du bist mir doch so nahe; so nahe in allem. Da tut oft schon der Schein des Fernen wehe. Doch Du machst ja auch wieder alles gut. Viele Liebe liegt in Deinem Pfingstbriefe. Du musst Dich auch in mich hineindenken: der nun mit Dir wandeln will, der in Dir gefunden hat, was er eben nur in Dir finden konn-*

te. Du bist ja auch jetzt so schön bei mir, wo Dein Brief vor mir liegt, und ich in der Stunde (6 Uhr), die schönes Zusammensein in Dornach bedeutet, an Dich schreibe. Du wandelst an meiner Seite, wenn ich vortrage. Und das alles ist eben in unserem Falle die rechte Vorbedingung für das Wandeln in der geistigen Welt.
Ich war alt geworden, als Du mich damals vor Zeiten verließest; dieses Alter überkam mich gerade so stark in dem Zeitpunkte, während des Münchner kongresses (sic!), den Du erwähnst. Man bemerkte dies äußerlich nicht. Ich erschien regsam, sogar vielen vielleicht betriebsam. Ich gab mich eben immer der geistigen Welt hin, und diese ließ die Müdigkeit nach außen nicht auftreten. Aber es war schon Müdigkeit gegenüber allem, nur nicht der geistig-anthroposophischen Strömung gegenüber. Diese Müdigkeit war das karmische Abbild meines Alterns, nachdem Du von mir gegangen warst. Und jetzt warst Du im Auditorium. Aber noch war die Scheidelinie zwischen Asien und Europa im karmischen Abbild zwischen uns. Jetzt ist das alles nicht mehr. Und ich darf nun auch zu den Menschen anders sprechen als früher ... (zit.b. ebd., S. 206 f).

Welche Gedanken und Gefühle mögen in Wegman entstanden sein, als sie in persönlichen Notizen vom April 1925, kurz nach Rudolf Steiners Tod, festhielt:

... Einige Monate nach dem Brand wurden mir geoffenbart die karmischen Zusammenhänge(,) die zw(ischen) Dr. (Steiner) und mir lagen. – Karma war natürlich immer zwischen uns(.) Karmawirk(un)g verhindert durch Frl. v. Sivers (und) Miss Maryon ... (ebd. S.318), d.h. also sehr früh, als Marie Steiner noch als von Sivers in Berlin engste Mitarbeiterin Steiners gewesen war, war ihr der direkte Weg zu ihm schon verstellt worden.

Doch noch vor Steiners Tod, schätzungsweise im Dezember 1924, muss Steiner mit Marie eine heftige Auseinandersetzung um diese Zusammenarbeit mit Wegman, die ihn nun auf dem Krankenlager versorgte, geführt haben, während Marie vielwöchentlich wegen ihrer Eurythmie-Tourneen abwesend bleiben musste (Mohr, S. 104-108). In den Marie nachgesandten Briefen finden sich davon noch Spuren, die von einer Lösung dieser Krise sprechen: *Dass Karma auch andere Personen in meine Nähe bringt, ist eben Karma. Und die Krankheit hat ja jetzt gezeigt* **wie** *dieses Karma einschneidend ist. Aber Du hast Dich zum Verständnis durchgerungen; das ist ein Segen für mich. Im Urteil zusammenfühlen und -denken kann ich ja doch* **nur** *mit Dir* (GA 262, Nr. 229). War nicht das Wesentliche des letzten Satzes gerade in dem enthalten, was er auszusprechen unterlassen hatte? Wie stark war doch seine innige Beziehung zu Ita Wegman von der Übereinstimmung im Urteilen bestimmt. Und wie passt zu alledem, dass er mit Wegman „nur im vollen Eins-sein ... leben" mochte?

Mit diesem Wiederholungsmotiv aus Steiners Lebensgeschichte bei seinen beiden Ehefrauen endet auch die auffällige Doppelung biographischer

Figuren, die mit des Vaters beruflich-geographischer Unstetigkeit begann, die frappierenden abdominellen Symptome der Todeskrankheit seines Vaters wiederholte; den unbedingten Drang, die Erkenntnisgrenzen der Pottschacher Baumwollfabrik zu überschreiten, was er dann bei der Familie des Baumwollhändlers Specht in Angriff nahm; die merkwürdigen Beziehungen zu den Verstorbenen: des verstorbenen Vaters seiner Jugendliebe Radegunde Fehr, des verstorbenen Ehemannes seiner späteren Frau Anna Eunike; der Sturz des Oberbibliothekars Köhler bei Besorgung seines Bücherwunsches und Steiners Beinahe-Unglück vom Gerüst, vor dem ihn E. Maryon rettete; schließlich Maryons Krankenlager nach der Brandkatastrophe des ersten Goetheanums und ihr anschließender Tod, was sich bei Steiner in einem gedehnteren Zeitraum ähnlich zutrug.

Die ‚Drehung des Elefanten' und andere Mythen

Steiners Krankenlager, das er im September 1924 für *drei Tage* anzutreten beabsichtigte und mit seinem Tod am 30. März 1925 endete, nahm eine längere Vorgeschichte ein, als die Biographen bisher angenommen hatten.

Er hatte es nach Kriegsende mit einer verstärkten Front von Gegnerschaften, Verleumdungen, Ärgernissen – auch unter den Anthroposophen – zu tun.

Der Jesuit Zimmermann griff Steiner wegen Ketzerei an; der Arlesheimer Dompfarrer, nur wenige hundert Meter vom ‚Götzentempel' entfernt sein angestammtes Revier hütend, predigte eifrig in Wort und Schrift gegen ihn mit jedem Gerücht, dessen er habhaft werden konnte. Deutschnationale bezichtigten Steiner des Verrates wegen seines Treffens mit dem ehemaligen Chef des Generalstabes von Moltke vor der Marneschlacht. Aus diesen Kreisen dürfte auch ein Attentatsversuch gegen ihn während eines Vortrages ausgegangen sein. Philologen nahmen nach Steiners gestiegener Popularität seine lang zurückliegende Edition der naturwissenschaftlichen Schriften Goethes aufs Korn und gaben zum Teil polemische Verrisse, teilweise auch berechtigte Kritiken dazu ab. *Innere Opposition* bei eigenen Anthroposophen erlebte er bei Leitern von Unternehmensgründungen, die mit dem erwirtschafteten Kapital die Umsetzung der Dreigliederungsidee in den eigenen Reihen ermöglichen sollten. Viel Ärger bereiteten ihm die Verhältnisse der Stuttgarter Anthroposophen und Waldorflehrer, des von ihm so genannten *Stuttgarter Systems*, das ihn zermürbte.

Der Philosophieprofessor Arthur Drews (der zudem die geschichtliche Existenz von Jesus Christus bestritt) zog, wie erwähnt, in mehreren deutschen Städten mit Vorträgen gegen die Anthroposophie umher – begnügte sich aber nicht mit dem gespochenen Wort allein; der ‚Reisetagebuchphilosoph' Graf Hermann Keyserling griff Steiner an. Die Presse selbst im fernen Oslo schwärzte ihr Blei gegen ihn, als er dort mit einer Eurythmietruppe auftrat. Auch andere philosophische Lehrstuhlinhaber wie T. Oesterreich, J.W. Hauer, H. Leisegang, M. Dessoir nahmen in ihren Veröffentlichungen gegen ihn Stellung. Ob nicht auch den zum Teil gehässig und gereizt vorgetragenen Angriffen anderer gegen ihn zugrundelag, was ihm an anderen missfallen hatte: Wie (es ihnen) *abstoßend und unbescheiden klingt ..., wenn andere Denker glauben, ihre Person sei das Organ, durch das der Welt ewige, unumstößliche Wahrheiten verkündet werden?* (GA 5, S. 31).

So nimmt es nicht Wunder, dass der *immer Ausgeglichene* (M. Steiner) schon im Mai 1919 Maryon gegenüber von seinen „alten Gliedern" spricht – Signal und Symptom sich immer mehr abzeichnender Erschöpfung aus Krankheit. Vereinzelte erschrockene Beobachter notierten ihre diagnostischen Wahrnehmungen an ihm und schließlich sah ihn A. Steffen – noch vor der Brandkatastrophe – im Dezember 1922 *gebrechlich, sich auf einen Stock stützend*. Um sich kräftemäßig aufzuhelfen und seine Magenbeschwerden und Unterleibsschmerzen zu anästhesieren, nahm er vermutlich seit dieser Zeit Kokain zu sich, wie aus seiner Korrespondenz mit Maryon hervorgeht (s.d. Weibring). Dort spricht er im Insiderjargon von seinem dringenden Bedarf nach ‚Schnee'. Obwohl zu diesem Zeitpunkt schon verboten, gehörte die aufputschende und anästhesierende Wirkung der Droge nicht nur zum täglich genutzten Erfrischungsmittel vieler Ärzte, das lange Zeit Tabak und Erfrischungsgetränken wie Coca-Cola beigemischt frei erhältlich war, sondern viele Künstler als auch Sigmund Freud traten für die allgemeine Verwendung ein.

Mit dem Brand des Goetheanums in der Silvesternacht 1922 erfuhr Steiner einen mächtigen Schlag, der ihm, trotz seines ununterbrochenen Weitermachens schon am nächsten Tag, hart angekommen war. Wie stark er von dem Verlust getroffen war, geht aus Aufzeichnungen eines seiner engsten Mitarbeiter hervor. Sie können als rares Zeugnis der sich erst seit den letzten zwei Jahrzehnten vervollständigenden biographischen Zeugnisse Steiners gelten. Kern seiner Aufzeichnungen ist der trotz aller, von anderen wahrgenommenen, äußeren Gefasstheit Steiners, dass er von diesem Schlag in der Brandnacht *völlig in sich zusammengesunken und absolut verlassen war... Rudolf Steiner sagte ihm, dass er nicht weitermachen könne* (Pfeiffer, S. 231). Der getreue Schüler vermochte es, Steiner aus seiner Niedergeschlagenheit herauszuhelfen und zur Weiterarbeit als „Forderung der Stunde" zu bewegen.

Anschließend konzentrierte sich der angeschlagene Steiner auf die Reorganisation der Anthroposophischen Gesellschaft, in der das „Projektemachen und der Bürokratismus" die anthroposophische Arbeit gestört hatte. Den Brand lastete er nicht allein dem „Neid der Menschen" an sondern auch den schlafenden Mitgliedern. Durch ein Jahr hindurch plante Steiner den Neuaufbau eines gewandelten Goetheanums in Stahlbeton, dessen von ihm plastiziertes Außenmodell er zur Weihnachtstagung 1923 der ebenfalls neu konstituierten Allgemeinen Anthroposophischen Gesellschaft vorstellte.

Obwohl Steiner seit der Grundsteinlegung des Baues im Sommer 1913 vornehmlich von Dornach aus agierte, kümmerte er sich erst ab Oktober 1922 um seine Naturalisation als Schweizer. Sie wurde ihm abgelehnt wegen seiner freimaurerischen Verbindungen zu dem suspekten Theodor Reuß (Wehr, S. 206). Auch die österreichische Regierungsstelle hatte damals auf ihrer Liste der vorgesehenen Kriegskreuzträger bedenklich vermerkt, dass Rudolf Steiner *laut des vom Konsulate verfassten Auszeichnungsantrages der Theosophensekte angehört, deren Tempelbau er leitet.*

Im Lauf des Jahres 1923 kündigte Steiner seine Berliner Wohnung. Nach schwerem Ringen mit dem Gedanken, die *schlafende* und mit vielen Querelen beschäftigte Gesellschaft zu verlassen, ließ er sich unter energischem Einsatz von Marie abbringen, einen Orden zu gründen und bemühte sich darum, die Gesellschaft zu reorganisieren. In der sogenannten Weihnachtstagung 1923 trug er diese Entscheidung vor mit der Forderung, den Vorsitz der Gesellschaft zu übernehmen und sich somit an die Gesellschaft zu binden. Bislang war er bewusst ohne Funktion geblieben und als reiner Mentor tätig gewesen. War seinem Wagnis Erfolg beschieden gewesen?

Hatte er noch im Juni 1924 darauf hingewiesen, dass *seit jener Weihnachtstagung die Quellen der geistigen Welt mehr eröffnet sind als vorher* ... (GA 236, 22.6.1924), so sprach er ab August 1924 in einigen persönlichen Äußerungen von ihrem Misslingen. *Die Weihnachtstagung wird nicht aufgenommen, noch hat es Zeit. Wenn sie aber bis Herbst nicht aufgenommen ist, dann stoßen die ahrimanischen Mächte nach.* Im August dann zu Dr. Bruno Krüger: *Der Impuls der Weihnachtstagung ist zerschellt. – Kommen Sie im Herbst wieder nach Dornach, dann müssen wir alles neu machen.* Und schließlich im September äußerte er zu der Eurythmistin Schuurmann: *Die Weihnachtstagung ist misslungen* (zit.b. Mitteilungen 2002, S. 48).

In den Folgemonaten, die ihm verblieben und die er trotz des Kräfteverfalls noch mit Auslandsreisen nach Frankreich, Niederlande und England füllte, steigerte sich die Anzahl seiner Vorträge im Monat September 1924 auf den Rekord von siebzig innerhalb von zwanzig Tagen. Schließlich musste er, was ihm in zwanzig Jahren noch niemals passiert war, einen

Vortrag absagen. Den nachfolgenden letzten, den er nur mühsam mit schleppenden Schritten antrat und zu dem sich die anwesenden ca. siebenhundert Anthroposophen bei seinem Eintreten schweigsam erhoben hatten, brachte er nach nur zwanzig Minuten vorzeitig zu Ende.

Mit der ihm eigenen charakteristischen Attitüde reagierte er auf seine Erkrankung, *dass auf seinen Zustand keine gewöhnlichen Krankheitsvorstellungen angewendet werden sollten* (zit.b. Lindenberg, 1997, S. 972). Ob nun gewöhnlich oder ungewöhnlich, so verschlechterte sich sein Zustand, dass er sich seither *im Vergleich zu anderen Menschen* als *eigentlich schon gestorben* (Kirchner-Bockholt, 1997), ... *außer Verbindung gekommen mit seinem Leib* (GA 262, Nr. 199) empfand. Über alle Schmerzen, Appetitlosigkeit, Ekel vor dem Essen, Fieber etc. war er so lange darüber hinweggegangen, bis ihn die Kräfte verließen. Steiner reagierte gänzlich entgegengesetzt zu dem erschütterten neunzigjährigen Krishnamurti, dem nach der Eröffnung seiner Krebsdiagnose die Frage zusetzte: „Was habe ich falsch gemacht?" und der vorher noch erklärt hatte, hundert Jahre alt werden zu wollen. Auch Steiner hatte sich ein Methusalemalter vorgestellt – allerdings verstand er darunter schon ein Alter von Siebzig. Noch vor seinem Krankenlager hatte er merkwürdigerweise sich ‚in alle Himmelsrichtungen gedreht' und alle früheren Wohn- und Wirkensstätten in Wien, Weimar und Berlin aufgesucht.

Obwohl ihm die gleichartigen Symptome der Magenbeschwerden, an denen sein Vater erkrankt und nach kurzer Krankheit verstorben war, in den Sinn kommen mussten, arbeitete er auf seinem letzten, halbjährigen Krankenlager unermüdlich weiter. Dachte er über sein Wieder-Gesund-Werden so, wie er es einst einem Bekannten (Lienhard) geschrieben hatte: *Eine Geistigkeit wie die Ihrige siegt über körperliche Affektionen* (GA 39, Nr. S. 624)? So arbeitete er noch in wöchentlicher Folge an seiner Autobiographie, schrieb Aphorismen für die „Leitsätze" an die Mitglieder, hatte die Korrekturbögen zum medizinischen Gemeinschaftswerk vorliegen, las stapelweise die von seinem Sekretär besorgten Bücher, diktierte und schrieb gelegentlich noch selbst Korrespondenzen, führte verschiedene Besprechungen durch, bis er am 30.3.1925 in der Frühe verstarb. Als Todesursache bedarf die offiziell ausgewiesene *Herzschwäche und Erschöpfung nach langer Krankheit* der Präzisierung. Wie ich an anderer Stelle zu belegen versucht habe, dürfte die unmittelbare Todesursache durch eine Lungenembolie und das lange Krankenlager infolge Krebserkrankung des Darms, Prostataerkrankung, Rektumtumor und weiterer Komplikationen eingetreten sein. Vergeblich hält der ansonsten mit jeder Vortragsnachschrift, -mitschrift, Notizbucheinträgen, Briefen, entlegenen Aufsätzen, Tafelzeichnungen, Buchveröffentlichungen Steiners verwöhnte anthroposophische Leser Ausschau nach Krankenprotokollen oder offiziellen ärztlichen Bulletins. Sich mehrfach widersprechende ärztliche Äußerungen und vage medizinische Angaben lediglich von einer der ärztlichen Betreuer (I. Wegman) vorgebracht, haben nach Steiners Tod manches Gerücht in die Welt gesetzt. Das Rätsel seiner Todeskrankheit habe ich anderweitig analysiert, um zur Klärung beizutragen. Manche Fakten und aufschlussreichen Dokumente wurden von maßgeblichen Beteiligten vernichtet oder verschwiegen, wie von Dr. Noll, der sein Wissen darüber mit in den Tod nahm (Poeppig, 1964, S. 78).

Zum Tod eines Eingeweihten hatte sich Steiner schon 1904 in einem Vortrag geäußert. Danach ist *der physische Tod desjenigen, der für sich selbst den Stein der Weisen erkannt hat, und ihn herauszusetzen verstanden hat, (...) für ihn nur ein scheinbares Ereignis. Für die anderen Menschen ist es ein wirkliches Ereignis, das einen gewissen Abschnitt in seinem Leben bedeutet ...*

Er (der Tod) wird (für jenen) nicht einmal einen besonders wichtigen Abschnitt im Leben bedeuten. Er ist nämlich etwas, was nur für die anderen da ist, die etwa den Adepten beobachten können. Die sagen, dass er stirbt. Er selbst aber stirbt in Wirklichkeit gar nicht. Die Sache ist so, dass der Betreffende gelernt hat, alle diejenigen Vorgänge in seinem physischen Körper vor sich gehen zu lassen, die im Momente des Todes im physischen Körper vor sich gehen. Alles, was im Momente des Todes im physischen Körper vor sich geht, lässt derjenige, um den es sich hier handelt, nach und nach während seines Lebens vor sich gehen. Es hat sich alles schon vollzogen mit dem Körper des Betreffenden, was sich sonst im Tode vollzieht. Dann ist der Tod nicht mehr möglich. Der Betreffende hat aber längst gelernt, ohne den physischen Körper zu leben. Er legt den Körper in ähnlicher Weise ab, wie man einen Regenmantel auszieht ... (zit.b. Grosse, S. 147 f).

Das Ungeheuerliche einer solchen Schilderung geht weit über das hinaus, was der philosophische Geist Fichte, zu dem ihn einst sein ‚Meister' geraten, erklärt hatte: *Das sichere Ende alles Schmerzes, und aller Empfindlichkeit für den Schmerz ist der Tod; und unter allem, was der natürliche Mensch für ein Übel zu halten pflegt, ist es mir dieser am wenigsten. Ich werde überhaupt nicht für mich sterben, sondern nur für andere – für die Zurückbleibenden, aus deren Verbindung ich gerissen; für mich selbst ist die Todesstunde Stunde der Geburt zu einem neuen herrlicheren Leben* (Fichte, S. 172).

Denn *aller Tod in der Natur ist Geburt, und gerade im Sterben erscheint sichtbar die Erhöhung des Lebens. Es gibt kein tötendes Prinzip in der Natur, denn die Natur ist durchaus lauter Leben; nicht der Tod tötet, sondern das lebendigere Leben, welches hinter dem alten verborgen, beginnt und sich entwickelt. Tod und Geburt ist bloß das Ringen des Lebens mit sich selbst, um sich stets verklärter und ihm selbst ähnlicher darzustellen. Und mein Tod könnte etwas anderes sein – meiner, der ich überhaupt nicht eine bloße Darstellung und Abbildung des Lebens*

Beilage zu No. 505

BESTATTUNGSAMT
BASEL-STADT

Bestatt.-Reg. No. 505

Bestattungsanzeige.

Name des Verstorbenen: Steiner – von Sivers, Rudolf Josef Lorenz
Civilstand: Gatte der Marie
Beruf: Dr. phil. Schriftsteller Heimat: Gras, Oesterreich
Wohnort: Dornach, Sol. Konfession: (R.K.) P.
Geboren den: 27. Februar 186I Alter: 64 Jahre 1 Monate 3 Tage.
Gestorben den: 30. März 1925 vorm. 10 Uhr — Min.
Gestorben in: Dornach, dann direkte
Verbringung in das Leichenhaus des G. A. Hr. Kremat. (tag Uhr).
Lieferung des Sarges durch das Bestattungsamt (Lief. Matthey)
Oeffentl. Bestattung. Leichenfeier: Kremat. Transportart: Leichwag.
Feuer-Bestattung Frei tag den 3. April 1925 vorm. 10 Uhr.

Gottesacker: Reihengrab / Eigenes Grab Sektion — No.
Beisetzung der Urne Freitag tag den × 3 April 1925 vorm. 5 Uhr.
Gottesacker: nach Dornach Sektion — No.

Von diesem Eintrag Kenntnis genommen: die Gattin
Basel, den 31. März 1925
Unterschrift: Marie Steiner
Wohnung:

Bemerkungen:
Name des Geistlichen:
Krem.-Reg. nachgs.:
Kr. Karten:

Am 4. April wurde Bescheinigung über stattgef. Kremation an Gemeindekanzlei Dornach gesandt.
Es wurde noch eine zweite Tonurne verlangt, da noch etwas Holzasche übrig geblieben war. Die Urne wurde gegen Bezahlung von Fr. 10.– abgegeben.
29. April 25.

Dokument der Bestattungsunterlagen über Rudolf Steiner, beachtenswert die handgeschriebene Anfügung unten. (Staatsarchiv Kanton Basel-Stadt, E1)

bin, sondern das ursprüngliche, allein wahre und wesentliche Leben in mir selbst trage? – Es ist kein möglicher Gedanke, dass die Natur ein Leben vernichten solle, das aus ihr nicht stammt; die Natur, um deren willen nicht ich, sondern die selbst nur um meinetwillen lebt (ebd., S. 175 f).

Wenn Steiner meinte, jenes meisterliche Bewusstsein erreicht zu haben, das ihn die Theorie Fichtes praktisch überwinden ließ, so wird er hierin allerdings erst vor dem Hintergrund der weltweit anzutreffenden Tradition des sogenannten ‚mystischen Todes' verständlich. Der Eingeweihte wie auch der Schamane besitzen die Fähigkeit, aus ihrem Körper herauszutreten in kosmische Regionen, bestehend aus dem dreistöckigen Weltengebäude von Himmel, Erde, Unterwelt, die miteinander durch eine Achse verbunden sind, welche nur ihnen möglich ist zu bereisen durch ihre besondere Verfassung, wie sie *der Profane nur im Augenblick seines Todes erreicht* (Eliade, S. 443). Dieses im Leben eines Eingeweihten immer wieder vollzogene Erleben des ‚mystischen Todes' begründet nach Steiner zugleich seine Unabhängigkeit vom tatsächlichen Vorgang des Todes. – Verbürgt ist für seinen Tod, dass wie bei großen Heiligen von seinem Leichnam auch nach dreieinhalb Tagen kein Verwesungsgeruch ausging (Rittelmeyer, S. 243).

Blickt man auf Rudolf Steiners Leben zurück, wie verhielt es sich mit seiner irdischen Aufgabe, einer Aufgabe, die mit seiner Biographie in hohem Maß verschmolzen war?

In existentieller Weise hatte er Sinn zu finden gesucht auf die Frage nach dem Sein. Von seiner frühesten Lebensgeschichte an versetzte ihn unmittelbares Erleben der „geistigen Welt"' in geistige Unruhe und Spannung, unter der er bei der bedeutungsvollen Begegnung mit Goethes naturwissenschaftlichem Werk zugleich sein methodisches Heureka vorführen konnte, wie der übliche Dualismus von Schöpfer und Kreatur, von Wissen und Glaube etc. durch eine einheitliche, verbindende, monistische Weltsicht überwunden werden konnte. Die modernen naturwissenschaftlichen Ergebnisse der Entwicklungslehre Haeckels übertrug er als Erkenntnis-Schlüssel auf geistige Bereiche und baute damit eine grandiose Kosmologie, Anthropologie und Christologie auf, deren Grundbegriffe und -ideen sich auf Metamorphose, Urbild, Polarität und Steigerung, Drei-Keimblatt-Lehre und biogenetisches Grundgesetz zurückführen lassen. Als großer Anreger war es letztlich sein Ziel, die Freiheit als höchstes menschliches Gut im sittlichen Handeln autonom möglich zu machen, dass aus der *moralischen Phantasie* des einzelnen und nicht aus kodifizierter Vorgabe gehandelt werde. In diesem Sinne war er letztlich Ethiker. Wie Gisela Reuter anerkennend über ihn sagte, hatte er *Hunderten von Menschen aus hoffnungsloser Dürre zu einem Leben voll vertieften geistigen Inhalts verholfen* (Reuter, S. 452). Mit hineingemischt in dieses Bemühen, das nicht gering zu veranschlagen ist, waren seine durchaus inhomogenen Persönlichkeitsmerkmale, die ein äußeres Gelingen seines Wirkens mit beeinträchtigt haben, sichtbar an den fast alljährlichen schweren Krisen am Dornacher Standort, bis hin zur Vernichtung des ersten Goetheanums und Steiners gescheitertem Versuch, durch die Weihnachtstagung das Versagen (nur?) der Gesellschaft zu überwinden.

Lange vor seinem Tod war er schon abgestorben. Das sprühende Feuerwerk an Vorträgen in den letzten Wochen vor seinem Zusammenbruch lässt mehr an ein Auflohen letzter – auch künstlich herausgeholter – Reserven denken als an die üblichen legendenhaften Deutungen seiner Schüler und Biographen. Auch sein Baukunstwerk war unter schauerlich-schönem Verglühen der verbrennenden Metalle geendet.

Sagen und Mythen bilden den Goldgrund seiner Kindheitsorte. Eine der Versionen über die Heimkehr der Argonauten mit dem ‚goldenen Vlies' zeichnet nahe dem Hochzeitsort der Eltern die Route *vom pontischen Meer die Donau aufwärts, durch einen Landtransport der Argo über den Isthmus zwischen Laibach und dem Timavo, diesen abwärts ins Adriatische Meer* (Heubeck, zit.b. Gsänger, S. 60).

Unweit seines Geburtsortes liegt Pettau, nach Wolfram von Eschenbach Herkunftsort des Ahnherrn Parsifals, mit der Burg Gandins an der Stelle, wo der Drau „goldreiche Wellen" fließen.

Im Burgenland schließlich soll nach geschichtlich nicht belegten Angaben Steiners Gilgamesch den Oberpriester Xisuthros/Utnapischtim aufgesucht haben.

Auch im benachbarten Arlesheim der letzten Schweizer Jahre ragte ihm die Parsifalszeit lebendig hinein.

Dort mit dem Ausbau seiner Mission beschäftigt, ereilte ihm bei seinem geistigen Höhenflug, den er im Einklang mit seiner Anthroposophie nicht zu hoch ans Reich der Götter (Theosophie) und nicht zu nah an die Erde (Anthropologie) geführt hatte, am Ende das Schicksal, das dem Flug des Ikaros beschieden war. Ikaros besiegelt den Mythos des Meisters.

Von der Universitas Salana zur universitas seraphica

Die Promotion zum Doktor der Philosophie und der Plan seiner Habilitation genießen in den Biographien Rudolf Steiners nicht die Bedeutung, die diesen Stationen in seinem „Lebensgang" zukommen. Selbst in Steiners Autobiographie wird der Promotion nur eine knappe Erwähnung zuteil, die der jahrelang versuchten Habilitierung unterbleibt gänzlich. Dass den späteren Biographen Nachforschungen an der mitteldeutschen Universität Rostock, an der Steiner promoviert wurde, erschwert waren, ist bis zum Ende der DDR durchaus nachvollziehbar. Warum aber die Monumentalbiographie des Historikers Lindenberg von 1997 auf ihren annähernd tausend Seiten die Angelegenheit nur mit kurzen Sätzen streift, bleibt unersichtlich. Aus andersgearteten Motiven hatte nur wenige Monate nach Steiners Tod allerdings einer seiner größten Gegner, der Arlesheimer Pfarrer G.M. Kully, so weitreichendes Interesse, genauere Fragen an die mecklenburgische Universität zu richten.

Zunächst hatte Steiner die ursprüngliche Absicht seines Vaters, aus ihm einen Eisenbahn-Ingenieur zu machen, durch den kompromisshaften Entschluss zu einem *Brotstudium* abgeändert, nämlich *auf das Realschullehramt hinzuarbeiten* (GA 28, S. 33), und sich dazu an der TH Wien in Mathematik und naturwissenschaftliche Disziplinen eingeschrieben. Um der einseitigen naturwissenschaftlichen Ausbildung entgegenzuwirken, hatte die TH Wien, wie schon erwähnt, damals für ihre Studenten zur Allgemeinbildung einen Lehrstuhl für Literaturgeschichte mit Rhetorikseminaren eingerichtet, der von dem Germanisten Schröer bekleidet war. Die schon geschilderte Beziehung Steiners zu Schröer führte zu der Herausgabe der naturwissenschaftlichen Werke Goethes durch Steiner. Damit änderte sich sein Studienverlauf radikal. Als Stipendiat mit jährlich 300 Gulden und ‚vorzüglichen' Benotungen unterzog sich Steiner daraufhin im letzten Studienjahr 1883 keiner weiteren Prüfung mehr, vor deren *verstand- und geistloser Zitatenarbeit, die da für mich kommen soll – ich meine die schriftliche –* (GA 38, Nr.13) ihm „graute". *Doch ich muss es tun, will es tun, tue es ...* (ebd.). Diesem kategorischen Imperativ der zeitlebens von ihm verachteten toten Wissensverwaltung nicht gehorchen zu müssen, bot in dieser Situation die Übertragung der Goethe-Ausgabe Gelegenheit, zumal sich nun gleichzeitig die Möglichkeit auftat, sein eigenes Erleben in der Beschäftigung mit dem naturwissenschaftlichen Studiengang und seine vertieften philosophischen Interessen dabei umfassend miteinzubringen. Sie (die Philosophie) *hat mir das gegeben, was ich von Natur nicht hatte, was aber andere haben und ohne das man ja doch eigentlich nicht sein kann* (ebd). Steiner konzentrierte sich ganz auf seine neue Herausgebertätigkeit und brach sein Studium ohne Abschluss ab.

Nachdem er im Laufe seiner Veröffentlichungen von Goethes Werken, Band 1 (1883), Band 2 (1887), zu seiner großen Enttäuschung beruflich nicht vorangekommen war, hatte ihm – vermutlich durch Schröers Vermittlung, der Mitglied des K.K. Landesschulrates für Niederösterreich war – eine Hauslehrerstelle bei der Familie Specht eine bescheidene, doch sorgenfreie Überbrückung geschaffen. Mit der 1886 erschienenen „Erkenntnistheorie der Goetheschen Weltanschauung" begann er sich – noch unter dem Thema Goethe – auf philosophischem Gebiet zu profilieren. Es erfolgte an ihn der Ruf ans Weimarer Goethe-Archiv zur Edition der nun komplett zu erschließenden naturwissenschaftlichen Schriften Goethes. Zu dieser Zeit muss in ihm der Plan gereift sein eine akademische Laufbahn einzuschlagen, die sich ihm zunächst nur im Ausland eröffnen konnte. Durch den Besuch einer (lateinlosen) Realschule hätte Steiner in Österreich nur über eine umfangreiche Ergänzungsprüfung in Latein, Griechisch, philosophischer Propädeutik, wie es die Ministerialverordnung vom 25.4.1885 vorsah, zum Universitätsstudium zugelassen werden können. Eine ausschließlich naturwissenschaftliche Promotion, die aber nicht in Steiners Intention lag, wurde an der TH Wien durch Erlass einer Rigorosenordnung erst ab 1901 möglich.

Weil nun Steiner aus diesen Gründen in Österreich keinen Doktorhut hätte erwerben können stand für ihn fest, ein Promotionsgesuch an eine deutsche Universität zu richten, zumal er ohnehin bald nach Weimar übersiedeln würde. In Deutschland galten nämlich zu der Zeit für eine Promotion andere Zulassungsbestimmungen, die auch noch teilweise uneinheitlich an den verschiedenen Universitäten geregelt und die für den Ausbildungsstatus Steiners ohne ein weiteres Studium bzw. Vorprüfungen realisierbar waren.

Er hatte sich in den Jahren im Hause Spechts stark mit erkenntnistheoretischen sowie ästhetischen Studien befasst und auch seine „Philosophie der Freiheit" in Grundzügen entworfen, so dass er nun eifrig an die Umsetzung seines Planes gehen konnte. Richard Specht, einer der betreuten Söhne, schrieb rückblickend: *Er wollte damals den Doktorgrad erwerben, der ihm infolge des Realschulstudiums verschlossen war, lernte Latein wie ein kleiner Gymnasiast, erledigte, gleichsam mit der linken Hand all die dazu nötigen Studien, neben all den umfangreichen für sein eigentliches Ziel und erreichte es, wirklich in verhältnismäßig kurzer Zeit, promoviert zu werden* (zit.b. Poeppig, 1960, S. 61).

Von Anfang an aber beabsichtigte er, letztendlich die venia legendi an einer Hochschule, sei es auf einem Lehrstuhl oder als Dozent, zu erhalten. Mit seinem Schreiben vom 27.5.1890 an einen bislang unbekannten Adressaten, vermutlich jedoch einen Hochschullehrer der Rostocker Universität, fragte Steiner nach den dortigen Modalitäten für ein Promotionsgesuch an. Dieses Schreiben trug inoffiziellen Charakter und ist auch in dem sorgfältig geführten Verzeichnis über Promotionsanfragen und -gesuche der Universität Rostock nicht notiert. In Unkenntnis der dortigen Bestimmungen hoffte er sein beigelegtes Werk „Erkenntnistheorie der Goetheschen Weltanschauung" als Dissertation anerkannt zu bekommen. (Tatsächlich wäre das nach den am 18.3.1891 von der Rostocker Universität beschlossenen Bestimmungen ausnahmsweise für eine innerhalb der letzten sechs Monate erfolgte Veröffentlichung durchaus möglich gewesen.) Vielleicht hegte er auch die Hoffnung, alleine durch das Büchlein eine Promotion in absentia zu erhalten – wie z.b. Karl Marx in Jena –, was allerdings in Rostock unstatthaft war (§ 3 der Promotionsbestimmungen). Für Steiners Anfrage bedeutsam ist seine Aussage, *auf keinen Fall in Jena* (GA 38, Nr. 237) promovieren zu wollen. Die unvermittelt auftauchende Ortsangabe Jena wird nur durch den anstehenden – sich aber noch hinziehenden – Umzug in das benachbarte Weimar im nachhinein verständlich, dem Adressaten aber nicht erläutert. Gab es also eventuell einen vorangegangenen Kontakt mit dem Unbekannten?

Wieso wollte Steiner auf keinen Fall in Jena promovieren und weshalb wandte er sich nach Rostock und nicht an eine andere, näher bei Weimar liegende Universität?

In Jena lehrten zu der Zeit einmal mit Otto Liebmann ein Neukantianer, der neben Philosophie Mathematik und Naturwissenschaften studiert hatte, sowie der gefeierte Altphilologe Rudolf Eucken. Steiner schätzte die *glanzvollen Schriften* des *geistreichen Philosophen* (GA 2, S. 7) Liebmann, die er später als *wahre Musterbeispiele philosophischer Kritik* (GA 18, S. 474) bezeichnete, nahm aber eine kritische Haltung zu dessen Position ein. Wieweit damals konkrete philosophische Differenzen zu Euckens Sichtweise bestanden, ist mir nicht zugänglich geworden, dürfte auch nicht ausschlaggebend für Steiners Ablehnung gewesen sein. Am ehesten lässt sich in dieser Hinsicht vermuten, dass er sich nicht von dem Professoren-Kollegium examinieren lassen wollte, bei dem er um eine venia legendi nachzusuchen hatte.

Die Rostocker Externenpromotionen waren im Ausland nicht unbekannt, allein im Studienjahr 1883/84 waren z.B. aus Wien vier Anträge gestellt worden. Die beiden (gleichnamigen) Wiener Promotionsgesuche aus dem Jahr 1888 hatte die Universität allerdings abgewiesen. Konkrete Hinweise auf Rostock werden von zwei Seiten an ihn gekommen sein:

Sein verehrter Freund und Lehrer Prof. Schröer, mit dem er weiterhin Umgang pflegte, war just von derselben Universität am 20.2.1871 zum Doktor honoris causa ernannt worden. Zu jener Zeit war er schon als Professor der deutschen Literatur an der TH Wien – damals noch Polytechnisches Institut genannt – tätig und hatte die so *unerwartet aus weiter Ferne gekommene Auszeichnung* (Dankschreiben v. 16.3.1871) auf Betreiben des von Rostock nach Schwerin wechselnden Gemanistenkollegen Karl Bartsch erhalten. Dieser hatte im Regierungsauftrag als Nachfolger für seinen Lehrstuhl an zweiter Stelle Schröer nominiert, der allerdings höchst unwahrscheinlich seine Heimat (Preßburg) bzw. seine Wiener Arbeits- und Wohnstätte zugunsten des Rostocker Rufes aufgegeben hätte und daher vermutlich nicht ohne Absicht von Bartsch an dieser Stelle platziert worden war. Als ausdrücklich letzten Wunsch an seine verbliebenen Kollegen veranlasste Bartsch am 22.1.1871, dass dem sicherlich verdienstvollen Kollegen Schröer – der nicht einmal eine ordentliche Professur innehatte oder wenigstens ein adäquates Gehalt als Professor an der TH Wien bezog – mit der Verleihung der Doktorwürde *eine sehr große Freude* bereitet wurde. Einen Monat später lag die Genehmigung der mecklenburgischen Regierung vor.

Der Nachfolger Bartschs, der Germanist Reinhold Bechstein, war in der Zeit der Promotionsangelegenheit Steiners noch Lehrstuhlinhaber an der Rostocker Universität. Ob die inoffizielle Anfrage Steiners vielleicht an ihn gerichtet war, ist bisher nicht geklärt. Als erste Anlaufstelle wäre er aber aufgrund der damaligen fachlichen Verbindung und Ehrung Schröers durchaus denkbar. – Übrigens schlug fünf Jahre nach Schröers Ehrenpromotion Karl Bartsch seinen Freund für den Lehrstuhl an der Universität Erlangen vor (Streitfeld II, S. 308).

Einen zweiten Hintergrund bildete wohl die gängige Ansicht jener Zeit, dass zum Erwerb des Doktortitels nach Rostock wie nach Greifswald *die Studenten gingen in der Gewissheit, diese Würde ohne großen Anlauf und ohne Sturz machen zu können* (Rudolph, S. 59).

Die bis ins 20. Jahrhundert hinein unterschiedlich geregelten Promotionsverfahren an deutschen Universitäten wichen auch bezüglich der Zulassung sog. ‚Immaturi' voneinander ab, d.h. jener Kandidaten, die keine Matura (gymnasiales Abitur mit Latein und Griechisch) vorweisen konnten. Das führte immer wieder, auch unter den Hochschulen in Deutschland selbst, zu gegenseitigen Vorwürfen und landete hin und wieder mit entsprechenden Kommentaren in der Presse. Mitte der 70er Jahre des 19. Jahrhunderts hatte kein Geringerer als Theodor Mommsen seine Stimme gegen Pseudodoktorentum und uneinheitliche Zulassungsbestimmungen erhoben, jedoch ohne damit eine Einheitlichkeit bei den Universitäten zu erreichen. Die mecklenburgische Landesuniversität Rostock allerdings, von den damaligen zwanzig deutschen Universitäten die kleinste, hatte gerade wegen der Zulassung Immaturer zum philosophischen Doktorexamen eine sehr liberale Haltung eingenommen, die an folgender Statistik des Verzeichnisses der deutschen Universitätsschriften augenfällig ist:

Im Wintersemester 1891/92, dem Zeitraum der Promotion Steiners in Rostock, betrug die Gesamtzahl der dort immatrikulierten Philosophiestudenten 148. Den philosophischen Doktorhut erlangten 52 Studenten, wobei die Gesamtzahl der Promotionen aller Fakultäten 65 betrug, bei insgesamt 384 Studenten.

Schon im nächsten Jahr sollte die kleinste Universität von den verhältnismäßig angemessenen letzten Rängen der Gesamtpromotionen aller Universitäten zum Mittelfeld vordringen und schließlich ab der Jahrhundertwende sogar im vorderen Feld die Ränge Zwei bis Sechs einnehmen! Aufgrund der abweichenden Zulassungsbestimmungen verbreitete sich unter Studenten das Gerücht – besonders bei Juristen –, dass in Rostock der Doktorhut leicht zu holen sei, obwohl weder die Anforderungen noch die Gebühren günstiger waren als anderswo. So kam es zu einer Zunahme externer Doktoranden im Fachbereich Jura, auch wenn hierbei keine Immaturi angenommen wurden.

Dazu Zahlen: Im Sommersemester 1904/05 studierten 566 Studenten in Rostock, darunter 103 Jura. 128 externe Juristen kamen zusätzlich zur Promotion. Den Löwenanteil der insgesamt 159 juristischen Promotionen bildeten damit die Externen.

Im Vergleich dazu hatte die mit 3.880 Studenten drittgrößte Universität Leipzig 1.226 Jurastudenten. (Berlin mit 7.744 und München mit 4.766 Studenten hatte keine bzw. eine einzige immature Promotion). Von den 189 juristischen Promotionen entfielen 80 auf Externe.

Wenn auch hier ein Entwicklungsverlauf sichtbar wird, der erst nach Steiners Promovierung so krass ausfiel und der mehr in der juristischen Fakultät boomte, so lieferte die abweichende Behandlung Immaturer an der philosophischen Fakultät in Rostock wohl die Ursache dafür, dass so viele Mathematiker, Historiker etc. in die mecklenburgische Ferne schweiften, um ihren Doktortitel in Empfang zu nehmen. Wenn auch objektive Begünstigungen nicht in Rede standen, so waren die mit 250 Reichsmark erhobenen Gebühren (im Fall der Abweisung wurden 60 RM einbehalten) immerhin ein lukratives universitäres Zusatzeinkommen, denn die mit eingereichten Dissertationen überhäufte philosophische Fakultät dürfte der Qualität der professoralen Beurteilungen nicht gerade förderlich gewesen sein.

Das Antwortschreiben an Steiner ist leider nicht bekannt oder auch nicht veröffentlicht, lässt sich allerdings teilweise aus seinen brieflichen

Andeutungen an die Familie Specht erschließen, der er nach seinem im Oktober 1890 erfolgten Umzug nach Weimar gelegentlich berichtete. Den vom Goethe-Archiv erbetenen Urlaub Ende November zum Zweck der Promotion, dort aber von Steiner nicht als solcher deklariert, musste er infolge zu spät erhaltener Umzugskisten mit darin enthaltenen Unterlagen anderweitig verwenden.

Am 3.1.1891 forderte er vom ehemaligen Arbeitgeber Specht Zeugnisse über sittliches Wohlverhalten etc. an, unternahm also nun konkrete Bemühungen, den Bestimmungen Rostocks nachzukommen. Zu Ostern hoffte er *geordnete Verhältnisse* (GA 39, Nr. 279) vorweisen zu können. Inzwischen dürfte er auch mit der Abfassung einer erforderlichen Dissertationsschrift befasst gewesen sein.

Das anvisierte Treffen mit dem namentlich nicht bekannten Mentor fand auf Steiners Reise vom 1.-3. Mai 1891 in Rostock statt. Aufgrund mehrerer Indizien kann es sich dabei nur um Prof. Heinrich von Stein gehandelt haben, den damaligen Rektor der Universität und Professor für Philosophie.

Zum einen ergibt sich das aus Steiners Brief vom 12.7.1891 an Frau Specht, worin er über den in Kürze erfolgenden Druck seiner Dissertation schreibt, die er auch ihr übersenden wolle. Den Auftrag zum Druck seiner Arbeit wird er sicherlich nur nach dem erhaltenen Einverständnis seines künftigen Doktorvaters erteilt haben. Die Kosten für die nach §4 der Universitätsstatuten 150 Dissertationsexemplare dürfte Steiner nicht riskiert haben, ohne sich der Zustimmung von Steins sicher zu sein. Allerdings wäre es eine Angelegenheit n a c h erfolgter Promotion gewesen, die ja noch immer nicht offiziell betrieben wurde.

Als weiteres Argument für von Steins Mitwirkung schon im Mai spricht die leicht abgeänderte Überschrift zu Steiners Abhandlung: „Die Grundfrage der Erkenntnistheorie mit besonderer Rücksicht auf Fichtes Wissenschaftslehre. Prologomena zu einer jeden künftigen Erkenntnistheorie", die in seinem Original ohne das Attribut ‚besonderer' formuliert und im eingereichten Exemplar der Universität mit Bleistift durch die Hand von Steins eingefügt worden war.

Bei der mit einigen Anstreichungen und Bemerkungen (z.B. *nota bene*) versehenen Originalschrift im Archiv der Universität fällt denn auch deren verschiedenartiger Gebrauch von Stiften (Bleistift, blauer Stift) sowie Radierspuren auf, die schon dem recherchierenden Wissenschaftshistoriker Germann für ein vorgezogenes Treffen der beiden plädieren ließ. So wäre das inoffizielle Treffen im Mai 1891 auch im Hause von Steins in der Georgstr. 15 denkbar.

Wenn auch Steiner in seinem „Lebensgang" behauptet, von Stein *nur bei dem Examen gesehen zu haben* (S. 136), was bisher allen Vorkontakt auszuschliessen schien, so schreibt er doch nur zwei Seiten weiter: *So stand Stein gleich vor mir, als ich ihn vor dem Examen besuchte* (ebd. S. 138). Meinte Steiner ein kurzes Vor-Treffen am Tag des Examens oder hatte er vergessen, was er zwei Seiten vorher berichtet hatte? Juliane Weibring hat die Art solcher paradoxer Aussagen Steiners als *unmissverständliche Missverständlichkeiten* pointiert.

Das erfolgreich vorfühlende Präludium war also soweit fortgeschritten, dass er am 6.8.1891 nun sein offizielles Promotionsgesuch bei der Universität Rostock einreichte. Um als immaturer Bewerber angenommen zu werden, bedurfte Steiner des Dispenses von der Matura durch *einstimmigen Beschluss der Fakultät* und *auf Grund des Urtheils über die eingereichte wissenschaftliche Abhandlung*. Der Dekan der philosophischen Fakultät, Prof. Eduard Schwartz, erbat von seinen Kollegen deren Votum am 21.8.1891. Von Stein als zuständiger Ordinarius empfahl am 28.8. die Erteilung des Dispenses und die Zulassung Steiners zum Examen, dem sich seine Kollegen am 31.8. anschlossen.

Am 21.9. teilte Steiner Frau Specht mit, die Approbation, d.i. die Annahme seiner Dissertation und Zulassung zum mündlichen Examen (Rigorosum) erhalten zu haben.

Universität Rostock im 19.Jh

Schließlich fand am Abend des 23.10.1891, mittwochs um 18 Uhr, das Rigorosum unter dem Vorsitz Heinrich von Steins statt. Von Stein, gebürtiger Rostocker (25.11.1833 – 28.5.1896), war seit 1871 ordentlicher Professor an der Universität Rostock, von 1890-92 deren Rektor, und hatte als Hauptwerk sieben Bücher ‚Zur Geschichte des Platonismus' in drei Bänden verfasst, die Steiner *am Ende meines ersten Lebensabschnittes in Wien ... in die Hände gefallen* waren und die ihn *außerordentlich fesselten* (ebd., S. 136).

Diese Tatsache, so Steiners Schilderung, *führte dazu, dass ich bei dem lieben alten Philosophen, den mir sein Buch wert machte und den ich nur bei dem Examen gesehen habe, meine Abhandlung einreichte* (ebd.).

Eine in ihrer ganzen Haltung ruhige Persönlichkeit, im höhern Alter, mit mildem Auge, das wie geeignet erschien, sanft, aber doch eindringlich auf den Entwicklungsgang von Schülern hinzuschauen: eine Sprache, die in jedem Satze die Überlegung des Philosophen im Ton der Worte an sich trug. So stand Stein vor mir, als ich ihm vor dem Examen besuchte. Er sagte mir: „ Ihre Dissertation ist nicht so, wie man sie fordert; man sieht ihr an, dass Sie sie nicht unter der Anleitung eines Professors gemacht haben; aber was sie enthält, macht möglich, dass ich sie sehr gerne annehme." (ebd., S. 138).

Hält man nun der warmherzigen Schilderung Steiners die erhaltene Beurteilung aus von Steins Feder gegenüber, ergibt sich doch ein etwas anderes Bild. Er äußerte sich folgendermaßen: *Der Bewerber zeigt sich in der uns vorgelegten Arbeit, wie in seinen früheren Leistungen, als ein Mann von litterarischer Gewandtheit, von guter, wenn auch vielleicht nicht unbedingt vollständiger Orientierung, von Streben nach selbständiger und begründeter Beurtheilung. Ich möchte nicht jedes Urtheil desselben unterschreiben, aber die Grundtendenz, über den einseitigen Subjektivismus hinan zu kommen, ist nur zu billigen, und die Durchführung sachgemäss, wenn auch nicht immer so neu und überzeugend, wie der Verfasser selbst vorauszusetzen scheint.*

Die dreifach ausgesprochenen Einschränkungen in dieser knappen, aber doch treffsicheren Charakterisierung sind sanft gehalten. Umso kühler wirkt dabei deren salomonische Nuancierung. Ist auch Steiner *litterarische Gewandtheit* zu konzedieren, so hält das seinen Doktorvater nicht davon ab, ihm nicht unbedingt *vollständige Orientierung* zu attestieren. Steiners Bestreben nach *selbständiger und begründeter Beurtheilung* – eine andere Version der ohne professorale Anleitung verfertigten Arbeit –, die *sachgemässe Durchführung* und die vom Platoniker von Stein gebilligte philosophische *Grundtendenz* wiegen die Feststellung der *nicht immer so neu*(en) *und überzeugend*(en) Argumentation nicht auf, deren Urteil von Stein nicht in jedem Fall unterschreiben möchte.

In Anwesenheit von neun der zwölf zuständigen Professoren der Rostocker Prüfungskommission wurden nun im Rigorosum *eingehend die Kant-*

Facult. philos.   Dec. Jahr 189 1/2

19 Missive

betreffend:

das Promotionsgesuch des Schriftstellers Rudolf Steiner in Weimar

Beurteilung des Doktorvaters Heinrich von Stein der Dissertation Steiners

die des Verfassers selbst vorauszusehen scheint. Ich kann die Zulassung zum Examen, auch unter
Ertheilung des Dispenses empfehlen.
R. 28. VIII. 91.   v Stein.

Herren Collegen v. Stein sende schreibe Referat und ersuche die Herren Collegen
ihr Votum über Ertheilung des Dispenses und Zulassung zum mündlichen Examen
abgeben zu wollen.

                        Ich stimme für Dispens und Zulassung.

Rostock 31 August 1891
                                                E Schwartz

                                        Ebenso Hürig.
                                        "   Vithe
                                        "   Staude.
                                        v id.   Stein.

Nachdem der Facultät die Arbeit des Schriftstellers Hamm unter Ertheilung des Dispenses
als Dissertation angenommen hat, lade ich die Herren Collegen auf
                Freitag den 23. October Abends 6 Uhr
zum mündlichen Examen und ersuche die Herren v Stein und Staude den Candidaten
in Philosophie als dem Hauptfach, in Mathematik und analytischer Mechanik als den Neben-
fächern prüfen zu wollen.

Rostock 15 October 1891
                                                E Schwartz
                        Ich werde mich einfinden Staude Michaelis
                        Ebenso v Stein. 15. X. 91. — Matthiessen 15 X 91.

schen Grundbegriffe besprochen, sodann kürzer diejenigen von Spinoza und Leibniz.

Steiner hatte allerdings vergeblich *so stark gewollt, im mündlichen Examen über etwas gefragt zu werden, was mit von Steins Hauptwerk zusammenhing* (ebd.). Bei den zwei weiteren Nebenprüfungen hatte er Mathematik und analytische Mechanik gewählt und wurde über die Grundlagen der Differential- und Integralrechnung, Geometrie der Kegelschnitte durch den Ordinarius für Mathematik, Prof. Otto Staude geprüft, der bei der weiteren Prüfung über die Lehre von den Trägheitsmomenten, von der Bewegung starrer Körper, von dem Prinzip der lebendigen Kraft den abwesenden Physikprofessor Matthiesen vertrat.

Die Promotion wurde danach einstimmig beschlossen und, da ein Prädikat nicht beantragt worden war, das Ergebnis mit ‚rite' (genügend) ausgewiesen.

Nicht nur die Zulassungsbestimmungen, auch die Regelung der Prädikate war an den deutschen Universitäten unterschiedlich. So gab es einmal für vorgelegte Dissertationen Prädikate wie ‚egregia', ‚admodum laudabilis', ‚laudabilis', etc. und beim Rigorosum z.B. ‚summa cum laude', ‚magna cum laude', ‚cum laude' oder nur ‚rite'. In Göttingen dazu abweichend andere Prädikate: ‚propter (‚egregiam', ‚eximiam'(?), ‚laudabilem') Dissertatione et examine adprobatam', wobei der Wegfall der Prädikate dem rite der Rostocker Universität entsprach.

Die Bemerkung des Examensprotokolles lässt zunächst vermuten, dass Steiner versäumt hätte, ein Prädikat zu beantragen. Die von Germann geäußerte Ansicht jedoch sagt aus, dass die Qualität der eingereichten Dissertation bei Dispens zur Matura und einem mindestens dreijährigem Studium ein ‚Mehr an Leistung' erforderlich gemacht habe und damit nicht mehr wie sonst dem Prädikat zugute kam – was bei vergleichbaren Immaturi nachzuprüfen wäre. Einen anderen erfolgreichen Abschluss würde somit sein Status gar nicht zugelassen haben.

Jedenfalls hatte Steiner sein Examen bestanden und erhielt sein Doktordiplom formell am 26.10.1891 von der mecklenburgischen Regierung ausgestellt. Der erste Schritt zur akademischen Laufbahn war nun absolviert. Er hatte den Nachweis wissenschaftlicher Befähigung erhalten und trotz seines Ausbildungsweges *erreicht, was kein österreichischer Realschüler je erreichen wird* (GBA Nr. 49/50, S. 48), wie ihm sein ehemaliger Förderer Dr. Hickel gratulierend schrieb.

Zunächst konzentrierten sich nun seine Bemühungen auf die venia legendi an der Universität in Jena, auch ‚Salana' genannt. Die traditionsreiche Universität, an der Schiller seine Geschichtsprofessur innegehabt hatte und Goethe sich gefördert wusste, war auch von den Frühromantikern und dem deutschen Idealismus geprägt: Novalis, Gebr. Schlegel, J.W. Ritter, Fichte, Schelling, Hegel. Auch Anselm Feuerbach, Hufeland, L. Oken, Schleiden waren in Jena tätig gewesen sowie Leibniz und Hölderlin. Von der Lokalhistorie abgesehen, wäre die Nähe zu Haeckel, der zu dieser Zeit Jenas populärster Forscher war, nicht ohne Attraktion gewesen.

Für seine *Jenenser Pläne* erhielt Steiner einen *speziellen* (GA 39, Nr. 285) Bundesgenossen. Mehr als im Fall seiner vorfühlenden Promotionsunternehmung war er bei einer Dozentur auf Protektion angewiesen. Karl von Bardeleben (1849-1918) lehrte als Honorarprofessor in Jena, arbeitete auf seinem Forschungsgebiet digitaler Rudimente an Händen und Füßen höherer Tiere und des Menschen und war neben Salomon Kalischer und Steiner Mitherausgeber der Naturwissenschaftlichen Schriften Goethes der Sophien-Ausgabe, namentlich ‚Zur Osteologie und Anatomie', Band 8. An diesem Band wirkte auch Rudolf Steiner mit, *welcher in dankenswerter Weise die ‚Lesarten' besorgte und auch sonst mit Rat und Tat half.* Bardeleben gelang durch einen Einfall Steiners die Wiederauffindung eines für Goethes naturwissenschaftliche Ideen wichtigen Skelett-Teiles. Steiner schildert es Frau Specht so: *bei einer Revision der botanischen Objekte des hiesigen Goethehauses warf ich neulich auch einen Blick auf Goethes Schädelsammlung. Dabei ging mir sogleich folgender Gedanke durch den Kopf. Als Goethe die für die damalige Zeit wichtige Entdeckung von der Wirbelnatur der Schädelknochen machte, wird er gewiss den Schöpsenschädel, an dem er den Fund tat, von Lido in Venedig mitgenommen und sich aufbewahrt haben. Ich stellte sofort die Hypothese auf: besagter Schöpsenschädel sei unter diesen Schädeln. Gleich schrieb ich Bardeleben nach Jena von meiner Vermutung. Bardeleben ist nämlich der Bearbeiter des Anatomischen. Und so machten wir uns denn auf die Suche nach besagtem Schöpsenkopf: Geheimer Hofrat Ruland, Professor Bardeleben aus Jena und ich. Nach längerem Forschen stellte sich uns denn auch besagter Kopf in seiner ganzen Herrlichkeit vor. Wir haben nun die Befriedigung, jenen Schafskopf gefunden zu haben, an dem Goethe eine seiner wichtigsten Ideen aufgegangen ist. Also geschehen zu Weimar Ende Juni 1891,* **hundertundein Jahr nach besagter Entdeckung** (ebd., Nr. 292).

Ruland sollte denn später auch im Goethe-Jahrbuch 1897, in einem huldigenden Nachruf auf Steiners Beendigung seiner Weimarer Archiv-Tätigkeit, seine Mitarbeit als *mannigfaltigen Gewinn* bezeichnen.

Von Bardeleben gehörte mit zu jenen Archiv-Mitarbeitern, denen Steiners Ideen hinsichtlich der Darstellung von Goethes naturwissenschaftlichen Schriften imponierten und die sich damit in einen Gegensatz zur offiziellen, bindenden editorischen ‚Ausgabe letzter Hand' stellten. So spricht er in seinem Band vom *Goetheschen Schema* und versucht *ein Bild von Goethes anatomisch-zoologischem Systeme* (zit.b. Raub, S. 316) zu geben.

Obwohl er eben als Honorarprofessor nicht Mitglied der (medizinischen) Fakultät sein konnte, gehörte er zum Freundeskreis von Ernst Haeckel, der sich allmonatlich mit bis zu zwölf naturwissenschaftlichen Universitätskollegen zum sogenannten Referier-Abend einfand. Sicherlich wird Steiner in von Bardeleben einen überzeugten Fürsprecher gefunden haben.

Einen zweiten vermutlich in dem Historiker Ottokar Lorenz (1832-1904), den er in den eigenen Studententagen an der Wiener Universität gehört hatte und der infolge politischer Probleme Wien verlassen hatte, und seit 1885 als Ordinarius in Jena wirkte.

Aber noch vor seiner Promotion im Oktober 1891 teilte Steiner im Mai mit, dass zwar *es mit den auf Jena gesetzten Hoffnungen (gut zu stehen scheint). Nur will man an Literatur eher, als an Philosophie denken, was ich niemals akzeptieren könnte. Ich liebe die Philosophie ebenso sehr, wie ich mich der Literaturgeschichte gegenüber ganz gleichgültig verhalte, und bin in der Philosophie ebenso tüchtig wie in der Literaturgeschichte untüchtig. Aber es liegt etwas Tragisches in dem Umstande, dass alle meine bisherigen Publikationen sich in irgendeiner Weise an Goethe anschließen* (GA 39, Nr. 287).

Steiner bekam – wieder auf informellem Weg – rückgemeldet, dass seiner grundsätzlichen Dozentur in Jena nichts entgegenstehe. Die formale Seite der Privatdozentur wäre keine Hürde gewesen: der Erwerb des Jenenser Doktortitels eines bereits promovierten Habilitanden (Nostrifikation) wäre laut Germann eine reine Geld- und Formangelegenheit gewesen, woraufhin ihm der Titel eines ‚Magisters der freien Künste' verliehen worden wäre mit anschließender Probevorlesung und dann der begehrten venia legendi. Hemmnis war anscheinend die bisherige Publikationsthematik Steiners, die ersichtlich nur um Goethe zentriert war und der philosophischen Fakultät für eine Dozentur nicht genügte. Wie sein verehrter ehemaliger Professor Schröer nun ebenfalls die Literaturgeschichte zu bekleiden, kam für Steiner nicht in Frage, zumal – wie Germann erläutert – sie inzwischen selbständiges Fach war und sich nicht mehr wie früher an Ästhetik als philosophische Disziplin anschloss, was seine Interessen und Möglichkeiten unmittelbar berührt hätte. Zu seinem Unglück bewarb sich 1891 auch noch ein Schüler der beiden Jenenser Philosophieprofessoren, Franz Erhardt, um denselben Lehrstuhl und war damit überzeugender als der Außenseiter Steiner. Darum findet sich kein offizielles Bewerbungsschreiben von ihm in den Akten der ‚Salana' und der erfolglose Steiner muss sich ernüchtert wieder nach Wien orientiert haben.

Am 28.10.1892 schrieb er seinen Eltern u.a.: *Der Tag, der mir da einen Posten bringt, wird auch der **glücklichste** meines Lebens sein. Ich werde, wenn ich jetzt nach Wien komme, **alles** tun, um das so bald als möglich zu erreichen* (ebd., Nr. 338). Dazu gehörte vor allem, einen einflussreichen Mittelsmann zu haben. Prof. Laurenz Müllner (1848-1911) war ihm von den früheren Begegnungen im Haus delle Grazie bekannt. Müllner war damals als Professor für christliche Philosophie an der katholisch-theologischen Fakultät tätig. Seit 1894 war er Rektor der Wiener Universität geworden. Im Mai 1895 etwa muss Müllner Steiner zugesagt haben, sich *für die Errichtung einer Lehrkanzel für Philosophie an der Wiener TH einzusetzen,* Steiners Hochschule in Studententagen, und *die Berufung an dieselbe* durchzusetzen. Steiner bat seine Angehörigen deswegen um Stillschweigen, denn *wenn die Sache bekannt wird, dann melden sich alle möglichen anderen Bewerber* (ebd., Nr. 418). Ein Waterloo reichte.

Zu Weihnachten 1895 schien die Angelegenheit so weit gediehen zu sein, ihm, vor einer festen Dozentur, eine halbjährige Probezeit als Volontär abzuverlangen, worauf Steiner aus finanziellen Gründen nicht eingehen konnte. Noch bis zum November 1896 sieht er sich *immer wieder auf den Wartestandpunkt gestellt* (ebd., Nr. 468), von dem aus er nicht weiter kommen sollte. Enttäuscht und verärgert lastete er seinem Vorgesetzten Suphan an, seine ursprünglichen akademischen Pläne für Jena durchkreuzt zu haben. *Nach Maßgabe der Verhältnisse müsste ich natürlich gerade in Jena die Privatdozentur anstreben. Nun ist zweifellos, dass nach dem, was ich geleistet, diese Privatdozentur ein Pappenstiel sein müsste von seiten derer, die sie mir zu gewähren haben. Nun aber steht dem entgegen, dass ich hier einen Mann zum Vorstand (Direktor des Archivs) habe, der seit Jahren bemüht ist, mich als* **Null** *erscheinen zu lassen. Empörend ist die Sache, wenn ich bedenke, dass ich auf das bestimmteste weiß, dass dieser Mann dies nur deshalb tut, weil er von einem unschätzbaren Neid erfüllt ist. Jetzt, wo die Erbitterung seiner Beamten einen Kulminationspunkt erreicht hat, sagen mir diese, was dieser Mann hinter meinem Rücken gegen mich* **sagt***. Ich weiß jetzt, dass ich in dem Augenblicke, als ich hierherging, verraten und verkauft war. Ich muss die Weimarer Jahre einfach für verloren geben* (ebd., Nr. 435).

Es erstaunt, dass ein Philologe wie Suphan Steiner vor der philosophischen Fakultät *als Null* habe erscheinen lassen können, die Steiner durchaus einmal für die Literaturgeschichte in Betracht gezogen hatte. Zudem waren unterdessen Steiners philosophische Werke und sein Nietzsche-Buch erschienen. Ob Suphan überhaupt gegen Steiner intrigiert hatte, bleibt ohnehin unbelegt und damit ungewiss. Aus Steiners Briefen ist aber zu entnehmen, dass die Ambivalenz zu *Sankt Bernhardus* (GA 39, Nr. 303) schon recht früh (1891) begonnen hat.

Steiner wechselte nach seinem Fiasko resigniert nach Berlin, um dort das ‚Magazin für Literatur' zu übernehmen.

Den Plan, Steiner doch noch zu einer Dozentur zu verhelfen, griff sein Freund Moritz Zitter 1901 nochmals auf, als Steiner die Redaktion des Blattes niedergelegt hatte und sich u.a. an der Arbeiter-Bildungsschule ein geringes Einkommen erwirtschaftete. Zitter schrieb, vermutlich ohne Wissen Steiners, an E. Haeckel, ob er nicht an der Jenenser Universität eine honorierte Dozentur für Steiner schaffen könne. Steiner war mit Haeckel auf dessen 60. Geburtstagsfeier 1894 auch persönlich bekannt geworden und hatte sich als unabhängiger Mitstreiter für die Haeckelsche Evolutionstheorie in der Öffentlichkeit erwiesen. („Haeckel und seine Gegner" 1900; Widmung seines Werkes „Welt- und Lebensanschauungen im 19. Jahrhunderts" 1901 an Haeckel). In der Wochenschrift ‚Zukunft' gab es vorher einen Schulterschluss beider hinsichtlich des monistischen Weltbildes (GA 262, S. 11).

Pikanterweise traf Zitter in seiner naiven Hilfsbereitschaft für seinen Freund mit diesem Schreiben genau den wunden Punkt Haeckels, in Steiner einen unliebsamen Rivalen zu wittern. *Ich glaube Ihrer Zustimmung sicher zu sein*, meinte Zitter zu Haeckel, *wenn ich Dr. Steiner als denjenigen modernen Philosophen betrachte, der durch seine Anschauungen und Fähigkeiten in erster Linie dazu berufen erscheint, jene Wiedergeburt der Philosophie aus dem Geiste des naturwissenschaftlichen Monismus herbeizuführen, auf welchen man mit Recht große Hoffnungen setzen darf* (zit.b. Germann).

Wie Germann, der den Originalbrief eingesehen hat und dessen Ansicht hier wiedergegeben wird, beschreibt, hatte Haeckel den Brief mit ausdrucksvollen Zeichen versehen: zunächst über der Anrede den Vermerk: *Steiner! – ??* , als Anzeige seiner emotionalen Reaktion. Ebenso war der oben wiedergegebene Textabschnitt mit wuchtigen Fragezeichen markiert! Zitter hatte also Steiner ausgerechnet dahin platziert, wo Haeckel selbst seinen Platz gesehen hatte, wie Germann wohl zu Recht interpretiert. Das nutzlose Schreiben war also eher noch geeignet gewesen, Haeckels (latente) Rivalität zu entfachen.

Steiners akademische Pläne waren endgültig gescheitert. Aber nur wenig später sollten sich der angestrebte Katheder mit dem Rednerpult und die universitären Studenten mit einer universellen Hörerschaft für die von ihm so genannte Geisteswissenschaft vertauschen. Doch zuvor hatte er noch Prüfungen ganz anderer Art zu bestehen.

Der Einzige und seine Evolution

Im sechsundzwanzigsten und siebenundzwanzigsten Kapitel seiner Autobiographie berichtet Steiner über die ersten Jahre seiner Berliner Zeit von geistigen Prüfungen, deren Bedeutung er mit dramatischen Worten kennzeichnet und deren Ende etwa mit der Arbeit an seinen Büchern „Die Mystik'" (1901) und „Das Christentum als mystische Tatsache" (1902) zeitlich und inhaltlich zusammenfällt, Werke, die seine philosophische Periode abschließen und unmittelbar in seine theosophische einmünden. Diese von 1897 bis etwa 1902 reichende Prüfungszeit, *die Zeit von meinem Abschiede von der Weimarer Arbeit bis zu der Ausarbeitung meines Buches „Das Christentum ..."* (GA 28, S. 255) umfasst jene für Steiner wegweisende Wende, die er fast hymnisch als das *geistige Gestandenhaben vor dem Mysterium von Golgatha in innerster ernstester Erkenntnis-Feier* (ebd., S. 257) formuliert. Somit wird es zu einem fundamentalen Anliegen, der biographischen und geistigen Situation seiner Berliner Anfangsjahre nachzuspüren, um Aufschluss über Steiners Entwicklungsbedingungen zu bekommen.

Die eine Prüfung entsteht in der Auseinandersetzung mit der „mechanistisch-materialistischen Denkart'", die durch die Darwin/Haeckelsche Naturauffassung bezeichnet ist. Steiners geistige Sympathie für den Haeckelschen Monismus bringt ihn in zunehmende *Einseitigkeit in der Erkenntnis* (ebd., S. 256), die ihn in die Nähe *ahrimanischer Wesenheiten* führt.

Die zweite Prüfung ist mit dem Namen von Max Stirner alias Johann Caspar Schmidt (1806-1856) und seinem philosophischen Werk „Der Einzige und sein Eigentum" verbunden. Hieran war eine andere Einseitigkeit, des Individuell-Persönlichen, geknüpft, die quasi die „luziferische Versuchung" darstellte. Beide Prüfungen, die ihn letztlich nicht aus der Bahn zu werfen vermochten, dafür seinen Kurs geklärt hatten, brachten ihn aber dazu, seine Stellung zum Christentum und zur Theosophie unter neuen Dimensionen zu erbauen, und markieren damit den biographischen Schnitt, nach dem Steiner mit Siebenmeilenstiefeln sich zur Ausarbeitung seiner Anthroposophie aufmachen wird (s.d. Lindenberg, 1995, S. 131).

Aus inhaltlichen Gründen soll die letztgenannte Prüfung zuerst betrachtet werden. Seine Stirner-Lektüre dürfte vermutlich im Jahre 1893 anzusetzen sein, als eine hohe Auflage des „Einzigen" in einer Reclam-Ausgabe eine Stirner-Renaissance eingeleitet hatte, nachdem es seit der gehörigen Wirbel auslösenden Erstausgabe von 1844 – mit vorübergehender Beschlagnahmung und Verbot – ungewöhnlich still um das monumentale Werk des Egoismus und seinen Verfasser geworden war. Im selben Jahr (1893) scheint Steiner in Weimar durch Vermittlung Gisela Reuters auch mit dem Dichter John Henry Mackay (1864-1933) bekannt geworden zu sein, dem er dann Ende des Jahres seine neu erschienene „Philosophie der Freiheit" hat zukommen lassen. Mackays Lebensaufgabe sollte es werden, die einzige Biographie Stirners zu schreiben, dabei in mühevollen jahrelangen Recherchen zusammenzustellen, was der Mangel an Dokumenten und die Vergessenheit des unliebsamen Philosophen zuließ. Mackay, ein gebürtiger aber seit 1866 in Deutschland aufgewachsener Schotte, wollte sich gerne in die Rolle des (Wieder-)Entdeckers von Stirner hieven. In seiner 1898 erschienenen Stirner-Biographie verbreitete er die Legende, 1887 bei seinem einjährigen Londoner Aufenthalt zum erstenmal auf Stirners Name in Lange's „Geschichte des Materialismus" gestoßen zu sein, wohlweislich die Tatsache unterschlagend, dass ihm die 2. Auflage des „Einzigen" von 1882 durch einen der ersten neuen Leser, den Dichter Hermann Conradi (1862-1890), mit dem er in den achtziger Jahren vorübergehend eng befreundet gewesen war, bekannt sein musste (s.d. Laska, 1996, S. 33-40). Nach dem Bruch ihrer Freundschaft 1885, bei dem Laska eine entscheidende Rolle beider unterschiedlicher Einstellungen zu Stirner vermutet – Conradi wird zum „Nietzsche-Jünger" – versetzte Conradi seinem ehemaligen „Busenfreund a.D.", dem homosexuellen Mackay, in seinem 1887 erschienenen Roman einige *subtile Gehässigkeiten* (ebd., S. 35 u. 130) und karikierte ihn als „Stuart Matthew" – ein weiterer Grund für Mackay, über den wirklichen Verlauf zu schweigen. Der Episode Mackay ist deshalb so ausführliche Beachtung zu widmen, weil er sozusagen der unausgesetzte Interpret und leibhaftige Vertreter Stirners für Steiner war und Mackay nach seiner Übersiedlung nach Berlin (1898) mit Steiner eine *schöne Freundschaft* verband, die sich außerdem noch in seiner Rolle als Trauzeuge Steiners dokumentierte. Immerhin widmete ihm Steiner im besagten Prüfungskapitel drei von sechs Seiten!

Im selben Jahr also, in dem Stirners „Einziger" wiederaufgelegt und vermutlich erstmalig von Steiner rezipiert wird, erscheint auch dessen philosophisches Hauptwerk „Die Philosophie der Freiheit". Steiner vertritt dort ebenfalls einen radikalen Individualismus, der ihn auch in der Frage nach der Wahrheit zu einer individuellen Anschauung führt.

Diese Affinität zu seiner eigenen Konzeption bringt Steiner selbst in einem Brief vom 5.12. 1893 an Mackay zum Ausdruck. *Meiner Meinung nach bildet der erste Theil meines Buches den philosophischen Unterbau für die Stirner'sche Lebensauffassung. Was ich in der zweiten Hälfte der ‚Freiheitsphilosophie' als ethische Consequenz meiner Voraussetzungen entwickle, ist, wie ich glau-*

be, in vollkommener Übereinstimmung mit den Ausführungen des Buches ‚Der Einzige ...'. Ja, er kündigt sogar an, bei einer erfolgreichen Zweitauflage, *in einem neu hinzukommenden Schlußcapitel die Übereinstimmung meiner Ansichten mit den Stirner'schen ausführlich zu zeigen* (zit.b. Ballmer, S. 50-53). Im April 1918 wurde die „Philosophie der Freiheit" tatsächlich neu aufgelegt, wobei die angekündigte Realisierung unterblieb. Ihren Grund hat sie in jener bestandenen Prüfung, auf die hier näher eingegangen wird, soweit dazu Material erreichbar ist.

Stirner hatte von ganz anderer Position aus seine Gedanken des Egoismus entwickelt, als Steiner seinen individualistischen Ansatz. Von der unleugbaren Basis ausgehend, mir selbst der Nächste zu sein und nur über meine Bedürfnisbefriedigung, meine Einsicht, meinen Zweifel, meine Abneigungen usw. mein

Trauzeuge und ehemaliger Freund Steiners: John Henry Mackay

Verhältnis zur Welt zu leben – es aber nicht leben zu dürfen oder zu sollen, weil durch den Staat rechtliche oder sittliche Normen, Beschränkungen, Verbote, Unterdrückungen oder durch Religionen oder Ideologien geistigmoralische Gängelungen vorgenommen werden, findet Stirner, dass, ob Gott, Vaterland, Menschheit und wer auch immer, nichts anderes als ihre Sache im Auge haben, welcher der Einzelne zu dienen habe. *Das Göttliche ist Gottes Sache, das Menschliche Sache ‚des Menschen'. Meine Sache ist weder das Göttliche, noch das Menschliche, ist nicht das Wahre, Gute, Rechte, Freie usw., sondern allein das* **Meinige**, *und sie ist keine allgemeine, sondern ist – einzig, wie ich einzig bin. ... Ich hab' mein Sach' auf Nichts gestellt ... aber Ich bin nicht Nichts im Sinne der Leerheit, sondern das schöpferische Nichts, das Nichts, aus welchem ich selbst als Schöpfer alles schaffe* (Stirner, S. 22-24). Somit bin ich mir selbst alles in allem!

Auf über dreihundert Seiten schlagender und schlagfertiger Argumentation entwaffnet Stirner alle religiösen und weltanschaulich-politischen Gegner des Einzelnen, die diesen nur in seiner (Voll)Macht und an seinem Selbst-Genuss hindern. *Warum sollte es* **böse** *sein, wenn ich dasjenige tue, was die tun,* die ich über mich zu Herren mache? Selbst der Ansatz Feuerbachs, der in seinem Werk „Das Wesen des Christentums" (1841) Gott als Projektion des menschlichen Wesens entlarvt hatte, bei der der Mensch Gott als ‚das schlechthin Positive' (Realitäten) erklärt hatte, während dem Menschen selbst das andere Extrem des ‚schlechthin Negativen' (Nichtigkeiten) verblieb, und zu dessen Überwindung feierlich an Gottes Stelle das ‚höchste Wesen des Menschen' stellte (homo homini deus est), wird von Stirner verspottet. *Mit der Kraft der Verzweiflung greift Feuerbach nach dem gesamten Inhalt des Christentums, nicht, um ihn wegzuwerfen, nein, um ihn an sich zu reissen, um ihn, den langersehnten, immer ferngebliebenen, mit einer letzten Anstrengung aus seinem Himmel zu ziehen und auf ewig bei sich zu behalten. Ist das nicht ein Griff der letzten Verzweiflung, ein Griff auf Leben und Tod, und ist es nicht zugleich die christliche Sehnsucht und Begierde nach dem Jenseits? Der Heros will nicht in das Jenseits eingehen, sondern das Jenseits an sich heranziehen, und zwingen, dass es zum Diesseits werde! Und schreit seitdem nicht alle Welt, mit mehr oder weniger Bewusstsein, aufs ‚Diesseits' komme es an, und der Himmel müsse auf die Erde kommen und schon hier erlebt werden?* (ebd., S. 46) ...

Wir erwidern hierauf: *„Das höchste Wesen ist allerdings das Wesen des Menschen, aber eben weil es sein Wesen und nicht er selbst ist, so bleibt es sich ganz gleich, ob wir es außer ihm sehen und als „Gott" anschauen, oder in ihm finden und „Wesen des Menschen" oder „der Mensch" nennen. Ich bin weder Gott noch der Mensch, weder das höchste Wesen noch mein Wesen, und darum ist's in der Hauptsache einerlei, ob ich das Wesen in mir oder außer mir denke. Ja wir denken auch wirklich immer das höchste Wesen in beiderlei Jenseitigkeit, in der innerlichen und äußerlichen, zugleich: denn der „Geist Gottes" ist nach christlicher Anschauung auch „unser Geist" und „wohnt in uns". Er wohnt im Himmel und wohnt in uns; wir armen Dinger sind eben nur seine „Wohnung", und wenn Feuerbach noch die himmlische Wohnung desselben zerstört, und ihn nötigt, mit Sack und Pack zu uns zu ziehen, so werden wir, sein irdisches Logis, sehr überfüllt werden* (ebd., S. 47).

Diese Kritik des *genialsten und freiesten Schriftstellers, den ich kennengelernt* (Feuerbach, zit.b. Laska, S. 23-25) bestürzte Feuerbach und hatte eine gründliche Revision seines eigenen Werkes zur Folge.

So wie an Feuerbach zerstörte Stirner alles andere und verdarb es sich in allen Lagern – was er mit dem Preis des Totschweigens, der letzten Äußerung der gegnerischen Ohnmacht, zu bezahlen hatte. Dass er ein eifrig rezipierter und einflussreicher Denker blieb, aber als persona non grata von Marx bis Habermas eben totgeschwiegen wurde, hat Laska an der 150jährigen Wirkungsgeschichte des Buches mit erstaunlichem Material belegt. Ob es den Atheisten um ihren Götzen Mensch ging, wozu Stirner mit feiner Ironie meinte: *Unsere Atheisten sind fromme Leute* (zit.b. ebd., S. 184), den

Gläubigen um den Heiligen Geist, den Idealisten wie Hegel um das Absolute, dem ‚Priester der Wahrheit' Fichte um beides, dem Aufklärer um seine Vernunft und Humanität, dem Liberalen um die Idee der Freiheit, Gleichheit und sein wirtschaftliches Konkurrenzprinzip, den Sozialisten und Marxisten um die Gesellschaft, den Anarchisten um das Eigentum als Diebstahl usf., Stirner hatte in einem weitausholenden Rundumschlag *den Hasen aus dem Sack gelassen,* wie Adorno es einmal treffend ausgesprochen hatte (zit.b. Laska, 1996, S. 77). Der von Marx sehr geschätzte Religionskritiker Georg Friedrich Daumer (1800-1875), der später zum Katholizismus konvertierte und als Kaspar Hausers Erzieher bekannt wurde, führte Stirners „zynische Propagierung des offenkundig Bösen" als logische Konsequenz der Aufklärung und Gottlosigkeit vor (s. ebd., S. 31).

Wenn also Steiner sich nicht scheute, öffentlich für Stirners Ansichten einzutreten, den Tabuisierten und Verfemten beim Namen zu nennen und ihm mehrfach Artikel zu widmen, um seine Bedeutung herauszustellen, so spricht das für seine nonkonformistische und mutige Haltung. Als Herausgeber des ‚Magazins für Litteratur', das er beim Weggang von Weimar übernommen hatte, verfasste er 1898 zwei Artikel über Stirner, ferner einen Briefwechsel zwischen Mackay und ihm, ließ 1899 einen Beitrag über Mackays Entwicklung folgen und publizierte schließlich 1900 noch einen neu aufgefundenen Aufsatz Stirners.

1899 erschien von Steiner eine eigenständige Untersuchung des Gedankens des „Egoismus in der Philosophie", die zu ihrem Gipfelpunkt in Stirner mündet, sowie die „Welt- und Lebensanschauungen im neunzehnten Jahrhundert" (1901), worin auf elf Seiten eine konzentrierte Darstellung der Stirnerschen Anschauung ausgeführt ist, den ersten Band abschließend. Hier und auch an anderer Stelle tritt Steiners Begeisterung für Stirners Bedeutung unzweifelhaft hervor, vor allem, wenn er programmatisch und mit Enthusiasmus erklärt: *Wir, in der zweiten Hälfte des 19. Jahrhunderts, arbeiten daran, in (Stirners) Nichts das All zu finden ... und wieder mit Leben zu füllen* (GA 33, S. 116). Die darin enthaltene Anspielung auf eine Äußerung in Goethes Faust zeigt die hohe Wertschätzung, die Stirner bei ihm genießt.

Allerdings hatte dieser Einsatz für Stirner auch äußerlich Folgen. Zu dem Sprengsatz, den Stirner per se darstellte, kam, dass Mackay, als dessen Herold, in seiner Stirner-Interpretation vom ‚individualistischen Anarchismus' sprach und sich damit dem rational nicht mehr steuerbaren Missverständnis aussetzte, das jene Anarchisten a la Johann Most u.a. meinte, die mit ihrer dynamitgeladenen ‚Propaganda der Tat' in den nordamerikanischen Staaten für Tote und Aufruhr sorgten. Die Abonnenten des Magazins, darunter viele Professoren, bestellten das Blatt ab und Steiner war allmählich gezwungen, seine Herausgebertätigkeit aufzugeben (1900).

Schon in seiner Goethe-Kommentierung sprach Steiner einem konsequenten Individualismus das Wort und 1892 in Weimar schrieb er stolz: *An Gottes Stelle den freien Menschen.* Während Steiner – wie Stirner und der von ihm beeinflusste Nietzsche – die Offenbarungsreligion ablehnte, weil *der Monismus zur Erklärung des Lebewesens keinen übernatürlichen Schöpfungsgedanken brauchen kann* und ebenso die sittliche Weltordnung nicht *auf einen fortdauernden übernatürlichen Einfluss ... (göttliche Weltregierung von außen) zurückführt, oder auf eine zeitliche besondere Offenbarung (Erteilung der zehn Gebote) oder auf die Erscheinung Gottes auf der Erde (Christi)* (GA 4, S. 253), galt ihm aber im Gegensatz zu Stirner das Geistige, die Idee, nicht als bloßer Spuk und Chimäre. Obwohl sich beider Ansätze durchaus überschneiden, verhalten sie sich diesbezüglich zueinander, wie im Mittelalter ein Vertreter des Realismus zu einem Nominalisten. So meinte Stirner vom Geist den tauglichen Rest zu erhalten, nachdem *ich ihn zu einem Spuk und seine Gewalt über mich zu einem Sparren herabgesetzt habe, dann ...(ist) er für mich entweiht, entheiligt, entgöttert anzusehen, und dann gebrauche ich ihn, wie man die Natur unbedenklich nach Gefallen gebraucht. Die „Natur der Sache", der „Begriff des Verhältnisses" soll mich in Behandlung derselben oder Schließung derselben leiten. Als ob ein Begriff der Sache für sich existierte und nicht vielmehr der Begriff wäre, welchen man sich von der Sache macht! ... Begriffe sollen überall entscheiden, Begriffe das Leben regeln, Begriffe herrschen* (Stirner, S. 104). Hier unterscheidet sich Steiner von Stirner grundlegend. Denn gerade der Erkenntnisakt, den der Mensch im Denken vollzieht, indem er der Hälfte aus der Wahrnehmungs-Welt die ideelle mit dem Begriff hinzufügt, ohne dass dabei der Begriff zwingt, hat für Steiner kardinale Bedeutung. Dies bleibt Steiners erkenntnistheoretisches Fundament, woran er auch bei Stirner festhält, wenngleich er dessen Kritik des dualistischen Geistbegriffs voll und ganz mitmacht, ohne sie zu dieser Zeit schon für die monistische Geist-Idee als untauglich vorzuführen.

Noch in einem weiteren wesentlichen Punkt weichen beider Auffassungen erheblich voneinander ab. Stirner lehnte alle staatliche oder gesellschaftliche Über-Ordnung ab. Sogar Rechtsverhältnisse seien dem Einzelnen nicht gemäß, da er sein Recht nur aus sich schöpfe und Staatsgewalt ausdrücke. Wer glaube, dass damit das soziale Chaos vorprogrammiert sei rechnet nach Stirner nicht mit den produktiven Potenzen des ‚Eigenen'; denn auch Stirner will keine Revolution: was bisher erreicht sei, brauche nicht verworfen zu werden. Ein Dieb könne keineswegs als Einziger angesehen werden, da er sich von der Idee des Geldes, Reichtums habe versklaven lassen. Das Nichts, auf das Stirner abzielt, ist nur der ahnungslosen Negativ-Vorstellung ein Vakuum, in Wirklichkeit ein schöpferisches Vermögen an ethischem Individualismus, der auch zu vorübergehenden Gemeinschaftsbildungen führen kann (Verein), solange der Egoismus sich davon zufrieden gestellt fühlt.

Für Steiner dagegen ist zwar *kein Mensch ... vollständig Gattung, aber auch keiner ganz Individualität* (GA 4, S. 308). Steiner wahrt seinen eigenen Gesichtspunkt, Mackay hingegen interpretiert Stirners Konzept zur „gleichen Freiheit Aller" und verwässert es laut Laska zur „liberalistischen Banalisierung". Ungeachtet aller Differenzen würdigte Steiner 1898 den Verkünder des Egoismus enthusiastisch als *Vollendeter*, dessen Buch ihm einen *Nachklang von Leiden und Freuden, von Leidenschaften und Sehnsüchten, die Jahrhunderte lang die Herzen der Menschheit durchzuckt haben...,* hatte empfinden lassen. Er überschrieb den Aufsatz sogar mit den Worten: „Voila un Homme" und stellte Stirner der „stolzen", „kraftvollen Persönlichkeit" Fichtes gegenüber, der gesagt hatte, er sei ein ‚Priester der Wahrheit' und stehe in ihrem Solde. Stirner aber sei ein *Eroberer ohnegleichen, denn er steht nicht mehr im Solde der Wahrheit! Sie steht in dem seinen.* Die begeisterte Huldigung an Stirner und teilweise Identifizierung mit dessen Position kollidierte an Mackays Betonung gesellschaftlich-politischer Konsequenzen eines nicht bloß theoretisch gemeinten Anarchismus und zeigt wohl die Bedingungen von jener „geistigen Prüfung" auf, von der Steiner in bezug auf Stirners und Mackays Individualismus spricht: *Mein ethischer Individualismus war als reines Innen-Erlebnis des Menschen empfunden. Mir lag ganz fern, als ich ihn ausbildete, ihn zur Grundlage einer politischen Anschauung zu machen. Damals nun, um 1898 herum, sollte meine Seele mit dem rein ethischen Individualismus in eine Art Abgrund gerissen werden. Er sollte aus einem rein-menschlich Innerlichen zu etwas Äußerlichem gemacht werden. Das Esoterische sollte ins Exoterische abgelenkt werden. ... Doch verlief auch da die Prüfung so, dass im Vollbewusstsein die Veräusserlichung keine Rolle spielte. Sie lief unmittelbar unter diesem Vollbewusstsein ab und konnte ja gerade wegen dieser Nähe in die Ausdrucksformen einfließen, in denen ich in den letzten Jahren des vorigen Jahrhunderts von sozialen Dingen sprach* (GA 28, S. 262).

Außer der politischen Dimension dürfte aber auch die existentielle Radikalität der Stirnerschen Gedanken, die das Nichts in den Mittelpunkt stellen und keine Doktrin, keine positive Philosophie, kein System, kein Programm, keine ewige Wahrheit aussprechen, hingegen propagieren von sich abzuwerfen, was dem ‚Einzigen' morgen nicht mehr gefällt, die geistige Krise Steiners entscheidend geprägt haben. Durch deren Nullpunkt gehend, kommt niemand wieder so hervor, wie er zuvor war. Der Theologe Thielicke schildert diesen seelischen Eindruck der geistigen Rodung durch Stirner so: dabei *wächst der Eindruck des Grausigen und des ‚seelischen Kältestadiums' in dem Maße, wie sich dies beides nicht als das Produkt einer krankhaften Phantasie, sondern als eine Folgerung enthüllt, die im Rahmen eines* konsequenten Atheismus unvermeidlich ist. Man könnte fast auf die Idee kommen, dass der Atheismus sich überhaupt nur deshalb zu halten vermag, weil er sich selbst nicht bis in die letzte Konsequenz ergreift und durchdringt (zit.b. Laska, 1996, S. 95).

Gerade weil Steiner in Gedanken lebte und sie ihm nicht blasse Vorstellungen waren, bedeutete ein solches Sich-Versenken in eine Denkrichtung keine bloße Gedankenbetätigung für ihn. *Für den, der die Geist-Welt erlebt, bedeutet sie etwas wesentlich anderes. Er wird in die Nähe von Wesen in der Geist-Welt gebracht, die eine solche Denkrichtung zur allein herrschenden machen wollen* (GA 28, S. 255 f). Seine Begeisterung für Stirner und die Freundschaft mit Mackay hätten seinen Weg ins Exoterische gelenkt. Wie hat sich Steiner von dieser Anfechtung frei gemacht und seine Krise bestanden, nach welcher der ethische Individualismus *wieder an seinem richtigen Ort* (ebd., S. 262) stand?

Steiner konnte seine originäre Position durch die Bekanntschaft mit den Werken zweier Denker festigen und im Denken vom Ich aus zu einem „All-Ich" gelangen. In Schillers „Ästhetischen Briefen" fand er nicht nur einen Schlüssel für Stirner, sondern auch einen zur Deutung von Goethes Märchen, womit ihm sein öffentliches esoterisches Auftreten möglich wurde (1899). In seiner 1901 erschienen „Mystik" zeigt Steiner im Denken *die Tätigkeit der Selbstaufhebung des einzelnen Ich* auf, was das *Prinzip der Besonderung* verschwinden lasse und **die allen gemeinsame Ichheit** (GA 7, S. 30) darstelle, eine Formulierung, die er aus einem Werk von Paul Asmus zitiert.

Die Abwendung von Stirner trug er nun tatsächlich in seinen Schiller-Vorträgen an der Freien Hochschule vor, wo er Stirners Ansatz zwar noch etwas *Berechtigtes* zugestehen kann, *aber, wie diese Empfindung ihm jetzt erscheint, als etwas Ungezügeltes* vorkommt. Im Maßstab Schillers muß Stirner nun Federn lassen, vom „Voila un Homme", dem *Vollendeten* und *Eroberer* zum *spießbürgerlichen* Künder der Befreiung der menschlichen Persönlichkeit absteigen. Damit hat ihn das Schicksal ereilt (auch nun bei Steiner), das Stirner sich selbst als Möglichkeit in Aussicht stellte, nämlich abgeworfen zu werden, wenn's einem morgen nicht mehr gefalle. Steiner verfuhr mit ihm, wie es ein ‚Einziger' sich zugestehen kann, rücksichtslos gegen die vorigen Wertschätzungen.

Schließlich erklingen ab 1898 auch noch andere Töne gegen Stirner: *Wer ein allgemeines Menschheitsideal anerkennt, muss auch zugeben, dass sich dieses nicht im Einzelnen, sondern nur in der ganzen Gattung ausleben kann. Der Einzelne geht zugrunde, die Gattung lebt weiter und entwickelt auch das Ideal weiter* (GA 33, S.50 f). Ein zweiter Gedankengang, der unmittelbar zum nächsten Rüstzeug gegen Stirners Einseitigkeit weist – Haeckels biogenetisches Grundgesetz. 1900/01 schrieb Steiner in den „Welt- und Lebensanschauungen" (S. 307-317) vom *isolierten Hinstellen des selbstbewussten Ich, das in den auf Stirners Veröffentlichung folgenden Jahrzehnten völlig separiert geblieben wäre, indessen die naturwissenschaftliche Denkweise aufgekommen sei und den Blick auf die Natur des Menschen gerichtet habe*. Stirner würde die ausgewogen machende Ergänzung durch biologische Grundlagen fehlen, nach denen innerhalb der Ontogenese die Phylogenese rekapituliert werde und das Individuum in seine gattungsgemäße Zusammenhänge einordne.

Aus diesen für Steiner gravierenden Mängeln heraus ist der von ihm einst gefeierte Stirner dann endlich im Jahr 1919 *ein furchtbar deutlich sprechendes Symbolum der untergehenden* (bürgerlichen) *Weltanschauung* (GA 192, 1.5.1919) geworden.

Die andere Prüfung, die im inneren *Kampf gegen die dämonischen Mächte bestand, die nicht aus der Naturerkenntnis Geist-Anschauung, sondern mechanistisch-materialistische Denkart werden lassen wollten* (GA 28, S. 256), war der Auseinandersetzung mit Haeckels Monismus gewidmet. Haeckel, der als Zoologe in Jena eine Professur bekleidete, hatte sich 1866 durch sein Buch „Generelle Morphologie der Organismen" zum deutschsprachigen Wortführer des Darwinismus aufgeschwungen und mit weiteren Veröffentlichungen seiner kämpferisch und leidenschaftlich verfochtenen Ideen erhebliches Aufsehen in Fachkreisen und in der Öffentlichkeit hervorgerufen. Sein bekanntestes Werk „Die Welträtsel" war ein populärwissenschaftlicher Bestseller, der nicht nur im deutschsprachigen Raum vielhunderttausendfache Verbreitung gefunden hatte.

Die Schwächen Haeckels, besonders sein philosophisches Ungenügen, waren gerade von Steiner scharf erkannt worden. (**Anm. 4**) Steiner hatte noch in seinen Wiener Jahren mit der Lektüre Haeckels begonnen und war besonders von dessen monistischem Ansatz angetan gewesen, d.h. für die Erklärung der Natur keine außernatürlichen Gründe, Hypothesen, Wesen zuzulassen, sondern sie aus dem selben Bereich anhand von Gesetzmäßigkeiten herleiten zu können. Für diese naturwissenschaftliche Großtat war er Haeckel entschieden an, ohne jedoch zu jenen Halbgebildeten zu gehören, welche die Ergebnisse der Wissenschaften *aus der gefälligsten Hand zu naschen* (Windelband, S. 544) zufriedenzustellen vermochte. Auch Haeckels quasireligiöser Eifer gegen die dualistischen Gegner (Kirche, Religion, Weltanschauungen) lagen auf seiner eigenen Linie.

Entsprechend der Grundgesetze der anorganischen Natur, die eine rein mechanische Wirkungsweise zum vollständigen Verständnis physikalischer, chemischer Gebiete vorweisen konnten, sollten Darwins Erkenntnisse auch in der organischen Natur rein mechanische Ursachen zur vollständigen Erklärung liefern und nach Ansicht Haeckels damit die teleologisch gedachte dualistische Sicht (Schöpfungsgeschichte, Vitalismus etc.) überflüssig machen. Seine „Natürliche Schöpfungsgeschichte" war daher atheistisch argumentiernd und fasste den Menschen – noch bevor Darwin diesen Schritt ebenfalls 1871 vollzog – schon 1868 als Abkömmling eines Menschenaffen auf. Im Werk Haeckels vollzog sich wie in einem Brennpunkt die Konsequenz aus den revolutionären naturwissenschaftlichen Erkenntnissen des 19. Jahrhunderts – allerdings ja, wie schon angemerkt, in einem Zerrbild. Die Tür, die Haeckel damit aufstieß, war eine entscheidende Tat, wenn nicht die entscheidende überhaupt, die Steiner die Ausbildung seiner Anthroposophie ermöglichte. Um dies genauer erkennen zu können, sei zunächst einmal eine Skizzierung der dafür infrage kommenden Entwicklung der Naturwissenschaften im 19. Jahrhundert gegeben, die Haeckels Monismus und damit Steiners Konzept möglich gemacht hatte.

Zunächst hatte Lamarck (1744-1829), wie sich der Zoologe Jean Baptiste de Monet nach der Französischen Revolution nannte, in seinem Hauptwerk „Philosophie Zoologique" 1809, mit dem Gedanken der Höherentwicklung der Organismen, welche die Natur allmählich hervorgebracht hat, die Entwicklungs- bzw. Evolutionstheorie wissenschaftlich begründet. Der Gebrauch oder Nichtgebrauch von Organen bewirke bei Tier oder Pflanze erbliche Veränderungen. Lamarck schon dehnte nun diesen Gedanken bis zum Menschen aus, der von einer Affenart abstammen sollte.

Von 1830-1833 erschien Charles Lyell's (1797-1883) „Die Prinzipien der Geologie", in der er die Lehre vertrat, nur die aktuellen geologischen Kräfte zur Erklärung der erdgeschichtlichen Bildung heranzuziehen und dafür unbegrenzt lange Wirkungszeiträume anzunehmen (Uniformitarismus). Die Beständigkeit der Naturkräfte erlaubte so, eine historische Betrachtungsweise in die Geologie einzuführen und gab den darwinistischen Vorstellungen ausreichende Zeiträume, ihre Entwicklungsreihen darin einzufügen.

Bevor nun Darwin 1859 mit seinem epochalem Werk „Ursprung der Arten" auf dem ideell vorbereiteten Boden auftrat, hatte er *nach wahrhaft Baconschen Grundsätzen* (Darwin) eine ungeheure Menge an Material zum Thema der „Variation von Tieren und Pflanzen unter domestizierten oder natürlichen Bedingungen" zusammengetragen; der Gedanke aber, wie die Selektion bei Organismen, die unter natürlichen Bedingungen leben, zu denken sei, ging ihm erst nach der Lektüre von Malthus auf, wonach im Existenzkampf *günstige Variationen letztlich erhalten, ungünstige hingegen zerstört werden würden* (Darwin, zit.b. Mason, S. 492). Thomas Robert Malthus hatte 1798 in seinem Buch „Das Bevölkerungsgesetz" den Mechanismus des Evolutionsgeschehens für Darwin geliefert: *die natürliche Ungleichheit, die zwischen der Bevölkerungsvermehrung und der Nahrungserzeugung der Erde* besteht, und das große Gesetz unserer Natur, das die Auswirkungen dieser beiden Kräfte im Gleichgewicht halten muss, bilden die gewaltige ... Schwierigkeit auf dem Weg zur Vervollkommnungsfähigkeit der Gesellschaft (zit.b. Altner, S. 74). Dieses Gleichgewicht werde durch die Not erhalten, die so zum übermächtigen, alles durchdringenden Naturgesetz wird, das die Pflanzen und Tiere reduziere und den Menschen zusätzlich in Elend und Laster zwinge. Der so zustande kommende Kampf ums Dasein, bei dem nur die Passendsten überleben, wurde nun zum entscheidenden Faktor, der die allgemeine Entwicklungslehre zur Theorie Darwins machte. Darwins erste Auflage seines Werkes (1250 Exemplare) war am Herausgabetag ausverkauft, wenig später auch die Dreitausend der Zweitauflage, was etwas über die atemberaubende Dynamik seiner Anschauungen bei seinen Zeitgenossen aussagt. Darwin war aber schon über das Phänomen der Veränderlichkeit der Arten so unglücklich, dass er von seiner fünfjährigen Forschungsreise zurückkam mit dem Gefühl, *als hätte er einen Mord zu gestehen* (Illies, 1969, S. 43).

Nun endlich kam Haeckel zum Tragen, der als 'Prophet Darwins' in seinem Lebenswerk die kühnsten Thesen, zum Teil als Naturgesetze, verkündete:

1866 – „Generelle Morphologie der Organismen", die Affenabstammung des Menschen

1868 – die „Natürliche Schöpfungsgeschichte", im Gegensatz zur übernatürlich-göttlichen,

1874 – in der „Anthropogenie" die Aufstellung des ‚biogenetischen Grundgesetzes', wonach *die Ontogenesis (...) eine kurze und schnelle Rekapitulation der Phylogenese (ist), bedingt durch die physiologischen Funktionen der Vererbung (Fortpflanzung) und Anpassung (Ernährung).*

Wenngleich Haeckel darin die 1811 von Johann Meckel formulierte These aufnimmt, dass *die embryonalen Formen der höheren Lebewesen in Verlauf ihres Wachstums anatomisch und physiologisch die evolutionäre Entwicklung ihrer Art wiederholten* (zit.b. Mason, S. 439) und Lorenz Oken im selben Jahr schrieb: *Im Ganzen ist jede Schwangerschaftsgeschichte keine andere als das Durchlaufen aller Thierklassen* (zit.b. Illies, 1979, S. 62), hatte sie erst jetzt durch ihn ihre Durchschlagskraft erhalten. Haeckel hatte allerdings die Belege für seine Behauptung, die in Abbildungen von Entwicklungsstadien der verschiedenen Embryonen bestanden, manipuliert, um mit optischen Tricks die Richtigkeit seines Gesetzes vorzuführen. Nachdem seine Fälschung von Kollegen aufgedeckt worden war und er sich vor dem Senat der Jenenser Universität zu verantworten hatte, gestand er die Fälschung wohl ein, fügte aber rechtfertigend hinzu: *Ich würde mich für zutiefst verworfen halten ..., stünden nicht Hunderte der besten Naturbeobachter und Biologen unter der gleichen Anklage!* (zit.b. Thompson/Cremo, S. 23). Eine erschreckende Aussage, die allerdings trotz der inzwischen bekannt gewordenen Fälschungen und Betrügereien ‚der besten Naturbeobachter und Biologen' Gregor Mendel, Louis Pasteur, Robert Koch e.a. nichts von ihrem Schrecken verloren hat, da deren Ergebnisse noch heute als das gesicherte Wissen unserer Zeit ausgegeben werden.

Selbst die von dem Königsberger Zoologen Karl Ernst von Baer (1792-1876) 1828 aufgestellten vier Gesetze, welche dieser gegen Meckels Biogenese und die Ansicht richtete, dass die Arten eine lineare Stufenleiter bilden würden und sich im Lauf der Zeit auseinanderentwickelt hätten, von denen eines lautet: *Im Grunde ist also nie der Embryo einer höheren Tierform dem Erwachsenen einer anderen Tierform gleich, sondern nur seinem Embryo* (v. Baer, zit.b. Mason, S. 443), ließen Haeckel an seiner Sichtweise nicht ernsthaft zweifeln.

Wie verhielt sich nun Steiners Freiheitsphilosophie zum mechanistischen Evolutionsprinzip?

Da nach Haeckel Egoismus und Altruismus gleichwertige, konkurrierende Triebe waren und so das *Fundamentalprinzip unserer Moral* bildeten (Welträtsel, S. 219), so leitete Steiner den Moralkodex eines Zeitalters oder Volkes ab *als Ausdruck dafür, wie Anpassung und Vererbung innerhalb der ethischen Natur des Menschen wirken* (GA 30, S. 418). *Der autonome Mensch will nach Gesetzen regiert werden, die er sich selbst gegeben hat. Er hat nur eine einzige Vorbildnerin – die Natur. Er setzt das Geschehen da fort, wo die unter ihm stehende organische Natur stehengeblieben ist. Unsere ethischen Grundsätze finden sich vorgebildet auf primitiver Stufe in den Instinkten der Tiere* (ebd., S. 419). Für ihn macht *die Natur ( ) aus dem Menschen bloß ein Naturwesen; die Gesellschaft ein gesetzmäßig handelndes; ein freies Wesen kann nur er selbst aus sich machen. ...; wenn er sich selbst den letzten Schliff* (GA 4, S. 216) gibt. Das könne er nur aus der „moralischen Phantasie" heraus schöpfen. In diesem ethischen Individualismus sieht Steiner *die Krönung des Gebäudes, das Darwin und Haeckel für die Naturwissenschaft errichtet (erstrebt; 2. Auflage) haben. Es ist (vergeistigte; 2.Auflage) Entwicklungslehre auf das sittliche Leben übertragen* (ebd., S. 253 f).

Steiner integrierte das biogenetische Grundgesetz, das eine historisch stufenweise Entwicklung wie durch ein Fenster ansichtig machen will, in sein Denken und machte sich nun daran, seiner Freiheitsphilosophie sicheren naturwissenschaftlichen Boden zugrunde zu legen, zugleich dabei das höchste Ziel sich vornehmend, das er nicht ohne Stolz in den Worten von Baers wiederholte: *Noch manchem wird ein Preis zuteil werden. Die Palme aber wird der Glückliche erringen, dem es vorbehalten ist, die bildenden Kräfte des tierischen Körpers auf die allgemeinen Kräfte oder Lebensverrichtungen des Weltganzen zurückzuführen* (GA 30, S. 189).

Dass Steiner zu der ‚natürlichen Schöpfungsgeschichte' später noch der geistigen Schöpfungsgeschichte zu einem eigenständigen Recht verhelfen sollte und mit seiner Anthroposophie *das Geistige im Menschenwesen zum Geistigen im Weltall führen* wollte, in der sich beide, die *Darwinsleiter* der biologischen Höherentwicklung und die *Jakobsleiter* der geistigen Entwicklung (Illies, 1979, S. 89) begegnen, dazu musste er die grobe mechanistisch-materialistischen Denkart, deren Einseitigkeit nur den Zufall und die Mutation gelten ließen, daraus entfernen, indem er konkret Lyells Theorie der Beständigkeit verwarf, Darwins pragmatischen Kampf ums Dasein eliminierte und stattdessen die Idee von Karma und Reinkarnation einführte und schließlich den Fundus der Haeckelschen Erkenntnis, das biogenetische Grundgesetz, auf die Welt- und Menschheitsentwicklung spirituell transformierte.

Mit diesem kühnen Schritt konnte er weit über Haeckel hinausgehen. Freilich mit der Folge, dass er mit seinem spirituellen Monismus, der den Geist wieder einführte und ihn wesenhaft machte, nun von den neuen Halbgebildeten, die die jubelnde Gemeinde Haeckels und seines materialistischen Monismus repräsentierte, nicht verstanden werden konnte. Haeckel selbst, nachdem er von Steiners Höherentwicklung als Theosoph erfuhr, wandte sich von ihm ab. Steiners geistige Mutation musste Haeckel wie eine Rückentwicklung vorkommen, da ein spiritueller Monismus für ihn ein Widerspruch per se war, den er nur als einen verkappten Dualismus ansehen konnte.

Haeckel lieferte Steiner in bezug auf Stirners Position des Egoismus auch noch das Argument des Altruismus als eines biologisch fundierten, mit dem Egoismus gleichberechtigten Naturtriebs, die beide ein ‚goldenes Sittengesetz' und ein ‚naturgemäßes Gleichgewicht' stiften sollen. *Der Egoismus,* sagte Haeckel, *ermöglicht die Selbsterhaltung des Individuums, der Altruismus diejenige der Gattung und Spezies ... Da nach ihm beim Kulturmenschen (...) alle Ethik, sowohl die theoretische wie die praktische Sittenlehre, als Normwissenschaft im Zusammenhang mit der Weltanschauung und demnach auch mit der Religion* (Haeckel, S. 219) steht, wird die monistische Konsequenz für Steiner die Einheit von Wissenschaft und Religion werden.

Auch Mackay konnte dies nur als ‚Anpassung' und Rückfall in die Barbarei des Spukes aufnehmen und geißelte mutmaßlich Steiners Position in seiner „Abrechnung": – *dich, der du ewig von dem Göttlichen im Menschen phrast, das „uns einst hinaufführen wird zu einem höheren Dasein", und der du die Armen auf den Himmel vertröstest, weil die Erde, die sie trägt, ihnen schon lange unerträglich geworden ist ...*(Mackay, S. 156). Ihre einstige Übereinstimmung zerbrach und die *schöne Freundschaft* zwischen beiden wurde durch Steiners öffentliches Vertreten der Anthroposophie zerstört (GA 28, S. 260). Als Steiner nach dem 1.Weltkrieg für seinen Aufruf „An das deutsche Volk und an die Kulturwelt" Unterschriften sammeln ließ, lehnte Mackay ab. Der Bruch war endgültig.

Steiner hatte wohl vor sich selbst die beiden krisenhaften geistigen Prüfungen bestanden und wandte sich fortan konsequent den Mysterien des Christentums zu, die ihm, von theosophischen Vorstellungen geprägt, eher Resonanz zu versprechen schienen. Aber sowohl beim ‚Affenprofessor' Haeckel als auch beim zeitgenössischen Vertreter des *wilden Oberlehrer* Stirner (E. Bloch) war er durchgefallen. Bei Haeckel war Steiner mit der Bemerkung: *Ist inzwischen Theosoph geworden* erledigt. Mackay, der Trauzeuge bei Steiners erster Ehe gewesen war und ihn als *vorbehaltlos zum Anarchismus sich bekennenden Individualisten* verstanden hatte, wie er 1922 in der Vorbemerkung zu B.R. Tuckers Artikel ‚Staatssozialismus und Anarchismus' schrieb, war zutiefst enttäuscht.

Ob zum persönlichen Hintergrund der Beziehung Steiner – Mackay auch dessen Liebe zu Knaben – natürlich auch „sexuell" (Kennedy, Nr. 62) – für Steiner unerträglich wurde – schreibt er doch von der Berliner Zeit, wie er da von dem *Dreck der jungen Leute* hineingezogen worden war –, ist ungeklärt. Sicher ist nur, dass Steiner in dieser Hinsicht sich zu einer anderen Ansicht bekannte, die von der Stirners und seines Interpreten Mackay grundsätzlich differierte und da auch eine eher katechetische Position vertrat, zieht man einmal beispielhaft die Ehefrage zum Maßstab heran.

In einer offiziellen Anfrage zur Institution der Ehe an mehrere zeitgenössische Persönlichkeiten (1914) reduzierte Steiner in seinem veröffentlichten Antwortschreiben diese auf den Anspruch der Gesellschaft und auf den Aspekt biologischer Familiengründung. Dabei sparte er andere biologische Bezüge, die er sonst gerne anführte (‚verschwenderische Natur') aus und gängelte (individualistische) persönliche *Forderungen* in der Ehefrage. Weder andere historische Formen und Zeugnisse des Zusammenlebens (Konkubinat im Mittelalter, Polygamie im Osten) werden von ihm erwähnt, noch andere originelle Bezüge eingebracht. Ausschließlich die Betonung des gesellschaftlichen Anspruches wird restriktiv gegen die eigene frühere individualistische Position durchgesetzt. Insofern dürfte diese Umkehr wieder einmal eine öffentliche Reverenz gewesen sein, die er im Fall Nietzsche schon einmal exerziert hatte.

Noch deutlicher tritt seine Abkehr von der ursprünglichen Auffassung in seinem Vortrag „Die Liebe und ihre Bedeutung in der Welt" (1912) hervor, deren Rede mehr einer Predigt gleichkommt. Nach Steiner bringt *okkult gesehen (...) alles, was aus Liebe geschieht, keinen Lohn, sondern ist Ersatzleistung für verbrauchtes Gut. ... darum tun (die Menschen) so ungern die Taten der Liebe* (S. 9). Somit erwecke *Liebe (...) keine Hoffnungen auf die Zukunft, Liebe ist Abschlagzahlung für die Vergangenheit* (S. 12). Jeder, der Liebe so kenne, sei ein Christ, auch wenn er es weder nominell sei, noch darum wisse. Die Liebestat müsse also *selbständig, frei dargebracht werden von Wesen zu Wesen: deshalb begann die Ära der Liebe zugleich mit der des Egoismus* (S. 15). Damit stellt Steiner, wie im konventionellen Verständnis üblich, Egoismus und Liebe exklusiv gegeneinander.

Stirner hatte aber schon etwa siebzig Jahre vorher eine qualitativ andere Sichtweise eingenommen, die zeigt, dass Egoismus und Liebe keine ausschließenden Extreme sein müssen. Bei einer egoistischen Liebestat würde es nach Stirner dazu kommen, dass keiner mehr dem anderen etwas zu schenken brauche. Also auch nicht die Liebestat selbst. Denn erwiese ich einem Bettler oder Kranken etwas, so wolle ich etwas dazu tun, weil es mir selbst sonst unerträglich sei. Dies geschehe nun nicht in Form eines beschämenden Almosens, einer christlichen Pflichtübung, sondern für die Erfüllung meines Willens werde ein angemessener Preis gezahlt. *Ich liebe die Menschen auch, nicht bloß einzelne, sondern jeden. Aber ich liebe sie mit dem Bewusstsein des Egoismus; ich liebe sie, weil die Liebe mich glücklich macht, ich liebe, weil mir das Lieben natürlich ist, weil mir's gefällt. Ich kenne kein „Gebot der Liebe". Ich habe* **Mitgefühl** *mit jedem fühlenden Wesen, und ihre Qual quält, ihre Erquickung erquickt auch mich ...* (Stirner, S. 284).

... In der Liebe zu einem anderen Wesen (erfahre ich) einen höheren Selbstgenuss ... (Stirner, Kl.Schriften).

So sprach der über die Liebe, der getrost die ärgste Sünde beging, die dem Christen denkbar ist, die Sünde und Lästerung wider den heiligen Geist. Der theologisierende Theosoph Steiner, der Stirner überwunden zu haben meinte, war hinter seiner eigenen philosophischen Position zurückgeblieben. –

Er hatte den archimedischen Punkt, der ihn des Rückfalls in den alten Geisterglauben und des Verharrens im politisch verstandenen individuellen Anarchismus enthob, im Denken zu finden geglaubt, das nun als betont christliches erstand. So hatte er nun an Goethes organischer Methode die Grundbegriffe seiner Philosophie ausbilden und Fichtes Ich-Begriff an Stirners „Einzigem" und Nietzsches ‚Übermenschen' klären können, wozu ihm das Geschenk des biogenetischen Grundgesetzes durch Haeckel geliefert wurde. Damit war seinem Anspruch auf Einbeziehen der triumphal hervorgetretenen Naturwissenschaft des 19. Jahrhunderts auch weltanschaulich Rechnung getragen und alle theoretischen Voraussetzungen bereitgestellt, seinem Anliegen zum Durchbruch zu verhelfen. Diese zeitgemäße Aufgabe erlebte Steiner persönlich als Brennpunkt in der eigenen Existenz. Es lag ihm daran, die „mystische Versenkung" an der Naturwissenschaft selbst vorzunehmen (s.d.GA 7, S. 8 f), um eine widerspruchslose Synthese beider Gebiete aufzuzeigen. Die von Haeckel gelieferte Idee war allerdings in philosophische Konsequenzen eingebunden, die nicht nur Steiner als wenig niveauvoll empfand. Indem Steiner nun den Entwicklungsgedanken auf den geistigen Bereich übertrug und das Werden in stufenförmiger, reziproker Evolution für den Menschen und die Menschheit, für die Erde und den Kosmos, für alle unteren (irdischen) Naturreiche und alle oberen (geistigen) Reiche der Engel, Erzengel usw. dachte, bekamen die vertrauten und doch unbekannten Erscheinungen einen weiten, klangreichen Wert (*Da gibt es nicht bloß religiöse Wesenheiten überall, so dass einem die Haut schaudert, wenn man eine Blume blühen sieht oder gar ein Gewitter losgeht; so voll ist alles von Elementargeistern.* Bloch, S. 1397), der nun das so eminent ethische Anliegen Steiners monumental und filigran zugleich unterstützte. Wie viele mögen dies wie Ernst Bloch empfunden haben, der von einer *Gnosis für Mittelstand mit einem Stich* (ebd.) sprach?

In Wien war ihm Goethe der „Vater einer neuen Ästhetik" gewesen. Durch Goethe hatte er seine Erkenntnistheorie schreiben können, er war ihm auch darin selbst zum ‚Vater' geworden. Steiner hatte aber mehrere geistige Väter: Stirner, der ihm den Individualismus klären half, Hellenbach, der ihm die wissenschaftliche Bedeutung der Zahl Sieben in der Natur und im Geistigen erschloss, und viele, viele mehr. Der Bedeutendste aber nach Goethe bleibt Haeckel, ohne den es keine Anthroposophie gegeben hätte. Die Evolution wird zum Zauberwort der Anthroposophie Steiners: Seine medizinisch-therapeutischen Angaben über Heilwirkungen von Mineral, Pflanze und Tier erschließen sich erst unter evolutionären Gesichtspunkten. Ebenso geht Steiners Ernährungslehre aus diesem Verständnis hervor und die Frage nach dem Vegetarismus beantwortete er konsequent aus seinem evolutionären Verständnis und im gleichen Sinne die, wieso zwischen (archaischen) Fischen und (in der Evolution später auftretenden) Rindern ‚Welten' und damit unterschiedliche Wirkungen als Nahrungsgrundlage liegen.

Die evolutionäre menschliche Weiterentwicklung aus Steiners Sicht ist keineswegs kontinuierlich aufsteigend, im Gegenteil erweist sie sich als sehr komplex gebrochen. So könnte Plato in der Folgeinkarnation nicht unbedingt unmittelbar auf der Höhe seines zuvor Erreichten anschließen, durchaus dahinter zurückfallen, eine „Ausruhinkarnation" durchleben. Andererseits gehöre es zu den spirituellen Entwicklungsbedingungen, dass fast jedes Genie durch ein *Trotteldasein* hindurchgegangen sei.

Der Gärtner Karl Lang hörte gesprächsweise noch beim Koberwitzer Landwirtschaftlichen Kurs 1924 Steiners fundamentalen Hinweis über die universale Bedeutung des Evolutionsprinzips: *Der anthroposophische Landwirt sollte sich in Gedanken mit dem Evolutionsgeschehen, mit der Entwicklung von Erde und Mensch beschäftigen, um hinter wesentliche, die gegenwärtige Landwirtschaft bestimmende Faktoren zu kommen* (Lang, S. 78).

Bloch hat mit lästernder Zunge gerade diesen charakteristischen Zug der anthroposophischen Lehre als *religiöse Lehranstalt* von *Steiners Weltgymnasium* abgehandelt, wo nun der spirituelle Schulmeister sein Ziel fand, das er beim Studium als Realschullehrer im Kleinen aufgegeben hatte.

Und sogar der Begriff des Eingeweihten selbst lässt sich im Entwicklungsgeschehen neu denken. So wie auf biologischer Ebene das biogenetische Grundgesetz zeigt, wie es für die Vergangenheit und Gegenwart Gültigkeit besitzt, so nimmt der Eingeweihte vorausnehmend die zukünftige Entwicklung vorweg. Carl Unger, der vielleicht scharfsinnigste Schüler Steiners, kehrte das biologische Entwicklungsgesetz in diesem Sinne um: *Die Entwicklung des Erkenntnisvermögens des einzelnen Menschen ist die abgekürzte Vorwegnahme der langsamen Entwicklung des Erkenntnisvermögens der menschlichen Art*. Dieses musikalische Muster der komplexen Steinerschen Evolutionstheorie, verbunden mit dem Gedanken von Reinkarnation und Karma auf christlicher Grundlage, machen mit die Faszination und denkerische Leistung seiner Anthroposophie aus.

Mit dem biogenetischen Grundgesetz aber, das Steiner in der Zukunft durchaus modifiziert erwartete, steht und fällt die Anthroposophie. Wie wird das biogenetische Grundgesetz heute in der Biologie angesehen?

Portmann, einer der überragenden Biologen des 20. Jahrhunderts, nimmt dazu eine einschränkende Haltung ein, insofern er die extreme Formulierung Haeckels nicht aufrechtzuerhalten sieht: *Die steigende Komplikation der Ontogenese höherer Tiere verwischt mehr und mehr die möglichen Spuren der Stammesgeschichte, so dass nur mit größter Umsicht und mit einer durch reiche, sehr lange Erfahrung geschärften Kritik eine mögliche Beziehung der embryonalen Formbildungen zu der uns nicht direkt zugänglichen Stammesgeschichte ermittelt werden kann. Embryonen sind daher auch im günstigsten Fall immer sehr schwer lesbare ‚Urkunden' der Stammesgeschichte* (Portmann, 1969, S. 28).

Deutlicher wird der Göttinger Embryologe Erich Blechschmidt, der an jahrelangen und vielfältigen Vergleichen die Erkenntnis gewann, dass das biogenetische Grundgesetz *einer der schwerwiegendsten Irrtümer der Biologie* (Blechschmidt, 1976, S. 56) ist. Das Gesetz sei *falsch* und bezeichne einen *katastrophalen Irrtum in der Geschichte der Naturwissenschaft* (Blechschmidt, 1970, S. 51).

Damit steht Steiner heute auf verlorenem Posten, da die offizielle Biologie das biogenetische Grundgesetz nicht bloß modifiziert hat – wie er ahnte –, sondern seit Blechschmidt gänzlich verworfen hat. Das Fundament der Anthroposophie ist damit eingestürzt.

Unberührt gültig aber bleibt Steiners Ansicht über die darwinistisch interpretierte Evolutionslehre, die ebenfalls heute unhaltbar geworden ist (s.d. Wilder Smith; Zillmer u.a.) und die schon für Steiner nichts als ein *Gespenst* war (GA 184, 11.10.1918). Doch haben Haeckel und Blechschmidt mit ihren gegenteiligen Behauptungen die *schwer lesbaren Urkunden* nicht aus oberflächlich morphologischer Perspektive definiert? Haeckel manipulierte es daher optisch zurecht, Blechschmidt schaute nach äußerlichen Übereinstimmungen und damit am Wesentlichen vorbei. Denn Leben ohne Gedächtnis ist undenkbar, die alte Idee des Sokrates/Plato von der Wiedererinnerung ist Bestandteil alles natürlichen Lebens, dessen phylogenetische Geschichte vom ontogenetischen Gedächtnis gestaltet wird. Was der Künstler Haeckel mehr intuitiv geahnt denn als dilettantischer Philosoph gewusst hatte, erweist sich als sinnig, wenn die Entwicklung der Keimblätter in der Ontogenese durchaus eine Rekapitulation der Phylogenese vorweisen, wie es durch Hamers Evolutionsverständnis wissenschaftlich exakt nachvollziehbar wird. Zudem kann Hamer aufzeigen, dass die Entwicklungsstufen der Hirnanteile schwerpunktmäßige Konfliktthemen präsentieren, die einst historische Phasen in der Evolution gewesen sein müssen (s.d. im nächsten Kap.). Die Kiemenbögen der Fische, die Blechschmidt beim Menschen vergeblich in den visceralen Bögen suchte, zeigen sich Hamer, der die *Urkunden* (Portmann) lesen kann, in ihrer Steuerung im Großhirn-Cortex als rechts frontal gelegenes Relais, das die im Fischstadium auftretende Angst bei steckenbleibenden eingestrudelten Brocken nun als ‚Frontal-Angst', einer von vorne (aus der Zukunft) kommenden Angst biologisch determiniert hat. Die neue Lesart der ‚biogenetischen Grundregel' und seiner durch Hamer vorgenommenen Erweiterungen (s.d. Hamer, 1999, Bd. 2, Kap. 9) zeigt, dass das biologische Fundament, auf das Steiner sich stützte, nach wie vor Gültigkeit hat und damit zugleich auch der Biologie das verloren gegangene Terrain zurückgewonnen wurde.

Wegweisend für die Zukunft wird es sein, weiter an einem Konzept zu arbeiten, in dem die biologische und die geistige Dimension des Menschen integriert ist. Die Anregungen und Leistungen Steiners gehören mit dazu. Es wird zu klären sein, ob der Mensch tatsächlich zum „Irrläufer der Evolution" (Arthur Koestler) zu rechnen ist und den Untergang nicht bloß des Abendlandes verschuldet oder ob er wirklich in seinem Bewusstsein von der ‚Vernunft der Wahrheit' bestimmt wird, wie Solowjew meinte.

Steiner jedenfalls setzte nach seinen beiden bestandenen Prüfungen den mit den Vorträgen über „die christliche Mystik" und „das Christentum als mystische Tatsache" eingeschlagenen Kurs fort, mit dem er *ganz esoterisch* (GA 28, S. 277) geworden war. Betont muss hier werden, dass er dies nicht aus voller übersinnlicher Anschauung („Imagination") heraus betrieb, sondern aus theoretischem Verständnis, wie er in seiner Autobiographie

(S. 284) selber eingestand – sonst wäre auch die „existentielle" Hintertür, die er sich über die erstrebte Anstellung bei der österreichischen Wochenschrift ‚Die Zeit' anno 1902 offen hielt und ihm die Kosten seiner Garderobe für das Vorstellungsgespräch sogar *die Taschen geleert* hatten, nicht plausibel.

Nachdem nun sämtliche Prüfungen von Rudolf Steiner absolviert worden waren und er in sein kennzeichnendes Wirkungsfeld eintrat, gehört es zur nächsten Aufgabe, den sich als Verkünder der geisteswissenschaftlichen Wahrheit der Menschheit Präsentierenden auch unter den ihn bedingenden Merkmalen seiner Persönlichkeit prüfend anzuschauen.

Schienenwege

Konflikte und Konstellationen

Von Steiner selbst stammt die Auskunft über seine ersten hellsichtigen Wahrnehmungen in der Zeit seiner Kindheit. Was hat dieses Phänomen zu bedeuten? Wodurch trat die Hellsichtigkeit auf? Warum gerade zu diesem Zeitpunkt und warum blieb sie zeitlebens bestehen? Steht dahinter die Auserwähltheit einer begnadeten Persönlichkeit? Soll sie ein Fingerzeig sein ähnlich den exzellenten Merkmalen, die den gesuchten Nachfolger des verstorbenen Dalai Lama zu erkennen geben? Warum hat Steiner das initiale Erlebnis seiner Hellsichtigkeit in seiner Autobiographie unerwähnt gelassen und nur in einem einzigen Vortrag, zu dem er sich zur persönlichen Rechtfertigung provoziert sah, ausführlicher angeführt? Welche Antworten haben seine Biographen für dieses Phänomen parat, außer es registrierend, aber nicht erläuternd mitlaufen zu lassen? Ist es tatsächlich eine vermeintliche Schizophrenie, wie die psychiatrisch geschulten Autoren eines biographischen Lexikons definitionsgemäß ihrer Lehrmeinung verkünden und damit Steiner nicht weiter in seinen „Wahnvorstellungen" ernst zu nehmen brauchen?

Warum schrieb er als Schüler nicht bloß seiten- sondern gar heftelange Aufsätze im Deutschunterricht, in dem er – außer Turnen (dispensiert) und Zeichnen – nichtsdestotrotz seine schlechteste Matura-Note kassierte? Wollte er damit seinen ihm unsympathischen Deutschlehrer bloß ärgern ohne gewahr zu werden, dass der Schuss nach hinten los ging? Fiel ihm tatsächlich so viel ein, wie die Weitergabe seiner vielfältigen Aufsatzideen an seine Zöglinge beim Nachhilfeunterricht nahelegt oder war er nur ein *Phraseur*? Bedeutete sein Phantasiereichtum schon das Zeichen seiner Genialität?

Warum wurde er bei Familie Specht so lange und schwer krank, dass er die für ihn so glückliche Herausgabe der Goetheschen Schriften für Monate unterbrechen musste? Und stellt seine Vortragsleistung in den letzten Wochen vor dem endgültigen, krankheitsbedingten Ausfall am Lebensende von bis zu fünf Vorträgen am Tag wirklich ein beachtliches Zeichen neu gewährter geistiger Quellen dar, wie es von allen Teilnehmern und Biographen ehrfürchtig und schon fast sprachlos geraunt wurde? Gibt es auf all diese Fragen überhaupt Antworten wie auch zu weiteren biographischen Fragen, die bis heute offen geblieben sind und die einigermaßen verlässlich zu beantworten wären, nicht nur Vermutungen, Unterstellungen oder einem Schema und der subjektiven Interpretation verpflichtet, wie es ein-

mal von Iring Fetscher unterhaltsam anhand musterhafter Märchendeutungen vorgeführt wurde?
Wo stünde eine Methode zur Verfügung, die Urkunden (s)eines Lebens zu übersetzen verstände? Der Rückgriff auf Portmanns Ausdruck Urkunde für biographische Bezüge ist hierbei nicht einmal rhetorisch gemeint, sondern zielt auf die Lesbarkeit biologisch begründeter Phänomene der Persönlichkeit.

Dass individuelle biographische Momente und charakteristische Merkmale der Persönlichkeit auf der Folie biologischer Prozesse vorrangig und sinnhaft interpretierbar sind, gehört zu den überraschenden Ergebnissen der Forschung R.G. Hamers, die längst über den rein medizinischen Bereich hinausgehend das Instrumentarium entwickelt hat, die biologischen Grundlagen der Persönlichkeit plausibel und wissenschaftlich zu beschreiben.

In diesem archaischen biologischen System, das im Lauf der Phylogenese angelegt worden sein muss, bedeutet das spezifisch biologische Konfliktereignis den zentralen Begriff. Mit dem Eintritt einer Konfliktsituation war über die gewöhnlichen Lebensabläufe ein Zustand hereingebrochen, der für das Überleben eines Lebewesens entscheidend war. Diese höchstrangigen Konflikte hatten daher die Eigenschaft, bei dem betroffenen Lebewesen alles vorhandene Potential an Energie freizustellen, um mit maximaler Kraftaufwendung der existentiell bedrohlichen Situation entkommen zu können oder sie anderweitig zu meistern. Der Physiologe Cannon hat vor einigen Jahrzehnten erstmals die Zusammenhänge auf vegetativer Ebene beschrieben und sie als „wisdom of the body" verstanden. Eines der psychischen Muster wird z.b. durch die ausgelöste Angst produziert, die das betreffende Lebewesen entweder zur Flucht nach hinten oder nach vorne (Angriff) veranlasst. Ein anderes Grundmuster ist der Zorn, der zur Aggression führt. Dass aber mit der Konfliktsituation noch weitere spezielle Konfliktthemen einhergehen können und Auswirkungen auf psychischer, cerebraler, vegetativer und organischer Ebene bedingen, war der Entdeckung Hamers vorbehalten, die darin gipfelt, all diese ausgelösten Symptome nicht mehr als krankhafte Fehlsteuerung einzustufen, sondern als sinnvolle biologische Sonderleistungen (Programme) belegen zu können.

Der hier gemeinte Konfliktbegriff ist also ein mit biologischen Folgen definiertes Ereignis, weswegen er auch im Unterschied zu anderen Sichtweisen (Psychologie) als biologischer Konflikt bezeichnet wird. Er tritt nur unter speziellen Bedingungen ein, nämlich unerwartet, für das betreffende Lebewesen existentiell, dabei von hoher subjektiver Wertigkeit und isolativer Wirkung. Da es dabei phylogenetisch betrachtet immer um Leben und Tod gegangen war, lassen sich die speziellen Konfliktthemen nachträglich an den Stadien der Hirnevolution wie an einer Urkunde belegen.

So umfasst das älteste Hirnteil, das Stammhirn, eben alle Relais jener Konflikte, bei denen es hauptsächlich um Störungen im Zusammenhang mit dem Nahrungsbrocken geht. Auf dieser Entwicklungsstufe, wo es noch keine (großhirngesteuerten) Gliedmaßen zur Fortbewegung geben konnte und auch keine (kleinhirngesteuerte) schützende Leibeshülle der Lederhaut (Corium) notwendig war, bedeuteten die leicht zugänglichen, einstrudelnden Nahrungsbrocken aus dem umgebenden flüssigen Lebensmilieu das Hauptfeld möglicher existentieller Konflikte. Wurde etwa der zum Überleben wichtige Nahrungsbrocken wieder aus dem Schlund gespült oder konnte er nicht heruntergeschluckt oder wieder ausgeschieden werden, ging es dramatisch um die Existenzfrage jener Lebewesen, die bei diesem archaischen Stadium eben gänzlich in einem flüssigen Milieu lebten. Mit dem von der Natur eingerichteten Sonderprogramm bestand die Möglichkeit, den vital bedrohlichen Konflikt biologisch zu kompensieren, z.B. in Form von stärkerer Sekretion durch Wachstum entsprechenden Drüsengewebes oder in der Resorption des Brockens, also ihn aufzulösen oder ihn mit verstärkter Motorik auszutreiben (Koliken), statt daran hilflos zugrunde gehen zu müssen.

Beim nächsten Entwicklungsschritt, unter Landbedingungen, bildete sich das Kleinhirn aus, in dem alle dazugehörigen Konfliktrelais der nun notwendig gewordenen Neuerrungenschaft einer schützenden Leibeshülle (Lederhaut) als Programm der Unversehrtheit wiedergegeben sind, das gegenüber den Gefahren der Austrocknung durch Hitze, Verletzungen auf hartem, rauhen Boden etc. reagierte.

Schließlich kam es unter der jüngsten Entwicklung des Großhirns (Cortex) zur Bildung von Horden und Herdenverbänden, bei denen es naturgemäß um Reviergrenzen, Bestand der eigenen Gruppe (Sexualität), aber auch um Trennung, Kommunikation, Zusammengehörigkeit usw. geht. Diese hochdifferenzierten biologischen Leistungen werden durch die Relais im Cortex bei entsprechenden konfliktiven Auslösern gesichert durch Einschaltung der vorhandenen Sonderprogramme. Insofern organisieren biologische Muster die Ordnung im Sozialverhalten und den Erhalt der Lebewesen bis zu einem hohen Grad, wobei die instinktgeregelten Verhaltensweisen und Programme die offensichtlich optimale Erhaltung und Funktion der Lebewesen gewährleisten.

Bei diesem groben Aufriss, der in Hamers Originalliteratur ausführlich und in vielfältigsten Verzweigungen dargestellt wird, muss wenigstens noch der kurze Hinweis auf die feinere biologische Steuerung der Verhaltensweisen durch den Einfluss der Hormone, die vom natürlichen Wachstums- und Alterungsprozess, aber auch von der cerebralen Dominanz aufgrund der Händigkeit mit bestimmt werden, erfolgen.

Auch auf menschlicher Entwicklungsstufe bleiben all diese Konfliktprogramme in analoger Form minutiös erhalten. Sogar bei den naturfernen zivilisatorischen, d.h. un-biologischen Konfliktszenerien, die zur gegenwärtigen Evolutionsphase präsentiert werden, erfolgen beharrlich analoge Codierungen nach archaischem Muster, sie werden keineswegs als überholte Formen aufgegeben. So kann der ehemalige Nahrungsbrocken zum finanziellen Brocken, den man sich einverleiben will, mutieren, da mit Hilfe des Geldwertes das Existieren auf Zivilisationsstufe ermöglicht wird. Der Angriff auf die Unversehrtheit des Leibes braucht nicht mehr durch eine reale Attacke zu erfolgen, er kann auch durch eine mental empfundene Attacke (z.B. Diagnoseschock) verbal ausgelöst werden. Revierbedrohungen ereignen sich potentiell im beruflichen Arbeitsfeld oder auch im Revierbereich Familie, Partnerschaft, Schule und Wohnen.

Da Konfliktabfolgen einer bestimmten cerebralen Ordnung in Form einer Reihenfolge unterliegen, sind sie nicht einem Blitzeinschlag oder einem chaotisch ablaufenden Vorgang vergleichbar. Recht häufig kommt es aber zu mehr als nur einem Konflikt zum selben Zeitpunkt im Leben. Es kann zudem sein, dass ein einziger Konflikt mehrere Aspekte für den Betreffenden hat und folglich mehrere biologische Programme gleichzeitig auslöst.

Treten zwei oder mehrere Konflikte gleichzeitig auf, werden diese nach Hamer als Konstellation(en) bezeichnet. Sie stellen eine weitere Besonderheit in der Evolution dar und sind keineswegs wie einfache Summanden aufzufassen. In Anlehnung an eine Formulierung Goethes dürfen sie als *Kunstgriff der Natur, um viel Leben zu haben,* angesehen werden. Das gilt einmal in quantitativer Hinsicht, da die „Masse" zweier cortexbezogener Konflikte sich nicht etwa addiert, sondern überraschenderweise das Umgekehrte eintritt, dass sie sich wie auf einer Waage mit ihren zwei Waagschalen gegenseitig in ihrem gleichen Gewicht aufheben. Das bedeutet auf organischer Ebene eine Minimalisierung, die im günstigsten Fall zu kaum merklichen oder zumindest abgemilderteren körperlichen Symptomen eines sonst voll ausgeprägten „Krankheitsbildes" führt. Praktisch kann dadurch das Lebewesen länger leben (*viel Leben haben*), als wenn es mit einem einzelnen Konflikt zu tun hätte, der in der Phase seiner biologischen Lösung unter Umständen letale Folgen (Infarkt etc.) zeitigen kann.

Für die Biographieforschung ist allerdings der qualitative Lebensgewinn aus diesem *Kunstgriff der Natur* interessanter. Indem mindestens zwei Konflikte gleichzeitig vorliegen, kommt es zwischen ihnen auch auf cerebraler und psychischer Ebene zu einer Verschaltung wie bei einem Lichtbogen, der sich aus beider „Spannung" bildet. Es stehen sich dann nicht ein und noch ein anderer Konflikt solitär gegenüber, vielmehr gehen sie miteinander eine Beziehung ein, die ein Umschlagen auf qualitativer Ebene herbeiführt.

Dabei wird der einzelne jeweilige biologische Sinn des jeweiligen solitären Konfliktprogrammes aufgehoben vom gemeinsamen neuen, darüber hinausgehenden biologischen Sinn: dem „Übersinn" (Hamer). Entwicklungsgeschichtlich lassen sich bekannte Beispiele für einen solchen Zugewinn anführen, wenn biologische Bausteine miteinander kombiniert werden. So macht der Biologe Munk darauf aufmerksam, dass in dem Moment, in dem die beiden seitlich platzierten Augen im Verlauf der Evolution so zusammenrücken, dass parallele Sehachsen entstehen, aus dem vormals zweidimensionalen Sehen durch Überschneiden der Sehfelder bei etwas verschiedenem Sehwinkel dreidimensionales Raumsehen ermöglicht wird (Munk, S. 32).

Die produktive Leistung der Konstellationen liegt somit zweifach vor: in einem allgemeinen (Überlebenschance) und dem für die biographische Analyse wertvollen speziellen Sinn (psychisch).

Als Kehrseite der Medaille, dass das Individuum mit der Konstellation Überlebenszeit bekommt, büßt es ab diesem Moment seine seelische Reifeentwicklung ein. Mit dieser Retardierung bleibt somit der historische Moment fixiert, der den zweiten Konflikt und damit die Konstellation gebracht hat. Offensichtlich geschieht das zu dem Zweck, eine Lösung im betreffenden Zeitfenster offen zu halten, da ein psychisch weiter fortgeschrittenes Individuum an dieser vergangenen Stufe (seelisch) nicht mehr einsetzen könnte. Zu allen Zeitpunkten im Lebenslauf ist es möglich, einen retardierenden Zweitkonflikt zu bekommen. Entscheidend in dieser Hinsicht wirkt sich das Datum des zweiten Konflikts aus, denn der jeweilige zeitliche Unterschied ändert erheblich die Persönlichkeit, ob sie nun den seelischen Reifestop als Kleinkind, als Zehnjähriger oder als Pubertierender erlebt und von da an in einem Dornröschenschlaf gefangen bleibt. Auf die Ausbildung der Intelligenz hat die Konstellation wenig Einfluss, sofern sie nicht vor der Geburt (intrauterine Konflikte) oder in massiven Häufungen auftritt. Auch die körperliche Entwicklung bleibt nicht ganz unbeeinflusst, besonders wenn die Konstellation vor der Pubertät einsetzt.

Für das psychische Verhalten, die Eigenart der Persönlichkeit jedoch wirkt sich die Konstellation durch typische Idiosynkrasien aus, Ver-rücktheiten, die sich in Extremzuständen psychiatrisch manifestieren können, aber im Alltagsleben graduell gemildert vielfältig zu beobachten sind.

Am Beispiel der oben erwähnten Bedrohungssituation des eigenen Reviers, zu deren Abwehr in Flucht oder Angriff maximale Energie über vegetative Umschaltung auf Sympathikotonie bereit gestellt wird, würde durch einen zweiten Konflikt im genau gegenüberliegenden Hirnrelais z.B. eine „Heldenkonstellation" resultieren können, also eine Ver-rücktheit, z.B. auf eine Übermacht loszugehen und vielleicht dadurch im Überraschungseffekt und mit gesteigerter körperlicher Stärke zu siegen oder unterzugehen.

Im Unterschied zu einem solitären Revierkonflikt agiert der „Held" ohne Furcht, während die solitäre Bedrohung Angst oder Wut hervorruft.

Die Erforschung psychischer Konstellationen hat Hamer differenziert ausgearbeitet und einen großen Teil der vielfältigen Kombinationsmöglichkeiten transparent gemacht. Er zeigt dabei neu, wie der Charakter eines Menschen, seine Eigenarten, sein Temperament, seine Affekte, Neigungen, geistigen Attitüden u.v.m. von bisher unbekannten biologischen Vorgängen gesteuert werden, deren produktive Vielfältigkeit spezifische Persönlichkeitsmerkmale ausbilden können, die bislang als determinierende typische Charaktereigenschaften galten. Sowenig das Zurückführen von solchen Merkmalen und Charakteristika auf ihre verursachenden biologischen Elemente einen Biologismus bedeutet, sowenig dürfen die beschriebenen Phänomene der Retardierung und Konstellation moralisch interpretiert werden. Im Gegenteil, Hamer kann aufzeigen, dass durch Konstellationen eine Art Antenne für neue Wahrnehmungen oder Bereitstellung neuer Fähigkeiten dazugewonnen werden, die sonst dem Individuum unerreichbar blieben. Manche hochgeschätzte Kulturleistung berühmter Persönlichkeiten wäre ohne das Phänomen der Konstellation ungeschehen geblieben.

Bevor mit diesem nur knapp umrissenen Hintergrund an die Biographie Rudolf Steiners herangetreten werden kann, muss noch darauf eingegangen werden, wann oder wodurch Konstellationen auf Dauer aufrecht erhalten bleiben. Denn nur bei anhaltender simultaner Konfliktdauer kann es zu dieser Auswirkung kommen. So überdauern in manchen Verhältnissen (Todesfälle, Partnerverluste, ...) tatsächlich unlösbare Konflikte. Eine andere, subtile Form ihrer Beständigkeit erfolgt über das (ständige) Wiederauftreten konfliktassoziativer Elemente (Schiene) oder der (gelegentlichen) Wiederholung einer ähnlichen konfliktiven Situation im Alltag (Rezidive). Schienen und Rezidive funktionieren unbewusst, d.h. im biologisch-seelischen Bereich, und das biologische Gedächtnis arbeitet mit einem hochempfindlichen Sensorium, bedeutet doch ein auch nur irgendwie an den ursprünglichen Konflikt assoziierendes Signal höchste Alarmstufe wegen des ehemals überlebensbedrohenden Ereignisses. Von daher arbeitet auch diese ‚Allergisierung' als Frühwarnsystem sinnvoll.

Die erste Konstellation

Den wichtigsten Hinweis auf das Vorliegen einer Konstellation bei Rudolf Steiner liefert seine Angabe über die hellsichtigen Erlebnisse seiner frühen Kindheit. Von ihm öfters als Atavismus – im Gegensatz zur erworbenen, geschulten Hellsichtigkeit – klassifiziert, stellt sich dieses Phänomen fakultativ bei einer Konstellation ein. Umgekehrt verschwindet die Hellsichtigkeit bei Aufhebung der Konstellation, was schon eintritt, wenn einer der bedingenden Konflikte gelöst würde.

Durch Steiners Bericht werden wir auf die Pottschacher Zeit hingewiesen, als ihm die verstorbene Tante im Wartesaal des Bahnhofs erschienen war. Für gewöhnlich ordnen Steiners Biographen dieses Ereignis am Ende des Pottschacher Aufenthaltes, um 1868 ein, als der kleine Rudolf bereits sieben Jahre alt gewesen war. Er hätte dann nur kurz jene von ihm an der Pottschacher Zeit geschätzten Erlebnisse der „zwei Welten" gehabt, deren autobiographische Gewichtung einen längeren Zeitraum vermuten lässt. Ist diese Zuordnung also verlässlich?

Bahnhof Pottschach um 1912, in dessen Wartesaal sich im Jahr 1865/66 das erste hellsichtige Erlebnis des Kindes abspielte

Den gesuchten Zeitpunkt einzukreisen gelänge, wenn sich biographische Daten der beiden mütterlichen Schwestern auffinden liessen, unter denen eine jene Tante sein muss, die durch Suizid endete: Juliana, geb. am 26.11.1820, und Anna Maria, geb. am 27.10.1824. (**Anm.5**)

Die erst am 8.5.1834 geborene Mutter Steiners dürfte die knapp vierzehn Jahre ältere Juliana kaum noch als Schwester im Hause erlebt haben, während die um neuneinhalb Jahre ältere Anna-Maria noch für ein paar Jahre mehr zur Verfügung gestanden hat. Anna-Maria war auch zumindest bis zum 28.8.1850 in Horn geblieben, wo sie ihren unehelichen Sohn

Mathias gebar. Danach verliert sich im Horner Kirchenbuch jede Spur von ihr. Auch ein (suizidaler) Todeseintrag einer geborenen Blie/Blüh ist nicht vermerkt. Offensichtlich war Anna-Marie längst von dort weggezogen. Diese Spur führt also nicht weiter.

Vielleicht erweist sich aber ein anderes Geschehen in diesem Zusammenhang wegweisend für den gesuchten Termin.

Die Mutter war von dem tragischen Tod einer ihrer Schwestern verständlicherweise sehr getroffen. Der Vater hatte die briefliche Mitteilung darüber einige Tage, wie Rudolf Steiner schreibt, zurückgehalten. Warum?

Sicherlich konnte er sich noch überlegen, es seiner Frau möglichst schonend beizubringen oder ihr vielleicht gänzlich vorzuenthalten. Warum sollte das einige Tage in Anspruch genommen haben, da das tragische Ereignis von der Verzögerung des besorgten Vaters unabhängig blieb und mit keinem Tag mehr sich ändern ließ? Es widerspricht auch dem entschlossenen – oft kurzschlüssigen – Auftreten, das Rudolf Steiner sonst von seinem Vater beschrieben hat, wenn es um wichtige Familienangelegenheiten vor allem bei dem ältesten Sohn ging. Es ihr zunächst vorzuenthalten, würde dann auch nur in einer bestimmten Situation einen Sinn ergeben:

Was wäre, wenn seine Frau gerade zu diesem Zeitpunkt in anderen Umständen gewesen war, so dass er es sich doch recht sehr überlegen musste, ob und wie er es ihr sagte?! Eine solche Hiobsbotschaft während der Schwangerschaft konnte doch ungute Folgen zeitigen. Tatsächlich erfahren wir über den am 28.7.1866 geborenen Sohn Gustav, dass er behindert (taubstumm) zur Welt gekommen war. Das weist zwingend auf ein Konfliktgeschehen während der Schwangerschaft hin! Diese Überlegung würde die mehrtägige Verzögerung des Vaters, an seine Frau die unglückliche Nachricht weiterzugeben, plausibel erklären und ebenso die familiär ungewöhnliche Geburt eines behinderten Kindes verständlich zu machen, denn die 1864 geborene Schwester war gesund zur Welt gekommen.

Aus der Erfahrung der Germanischen Neuen Medizin® ist gut nachvollziehbar, dass der Schock über die dann doch erhaltene tragische Nachricht der längere Zeit verzweifelten und weinenden Mutter auch vom Kind intrauterin miterlebt worden war und u.a. einen speziellen beidseitigen Hörkonflikt (den „Hörbrocken" nicht loswerden können und nicht zu fassen kriegen) ausgelöst hatte.

Vermutlich hatte auch die Mutter in ihrem Schmerz um den Verlust ihrer Schwester einen ovariell sich auswirkenden Konflikt erlitten. Sie wird nämlich auch im Alter als lange jugendlich geblieben beschrieben: *man hat ihr's Alter net' ang'sehn* (Müllner, S. 25), ein typisches Resultat nach Eintreten der Lösung dieses speziellen Konfliktthemas, da organisch in der Folge durch die am Ovar gebildete Zyste eine Mehrproduktion von Hormonen erfolgt, die verjüngend wirken und in doppelter Hinsicht den erlittenen Verlust biologisch ausgleichen sollen: durch erhöhte Empfängnisbereitschaft sowie durch erhöhte Attraktivität des Jünger-Aussehens.

Aus diesen Gründen liegt m.E. der gesuchte Zeitpunkt in der Phase der dritten Schwangerschaft der Mutter Steiners, also zwischen Herbst 1865 und Sommer 1866, als der kleine Rudolf tatsächlich noch – wie er selbst sagt – *noch sehr, sehr jung* (BGA 83/84, S.6) war, also vier bis fünf Jahre!

Nun steht noch die Beantwortung der Frage nach den zwei Konflikten selber aus, die er selbst zu diesem Zeitpunkt ja schon haben musste, um eine Schauung wie die im Wartesaal überhaupt erleben zu können. Da ich im Rahmen meiner Untersuchung nur auf überliefertes Material zurückgreifen kann, will ich mit aller gebotenen Zurückhaltung bloß auf folgende Möglichkeiten hinweisen:

Rudolf Steiner lebte von Geburt an in den Bahnhofshäusern unmittelbar an den Gleisen. Der damalige Zugverkehr mit den eindrucksvoll fauchenden und heulenden Dampfloks, die unmittelbar am Stations-Wohnhaus vorüberfuhren, dürfte als konfliktträchtige Geräuschkulisse, aber auch als möglicher Gefahrenbereich für das vielleicht nicht immer beaufsichtigte Kind in Frage gekommen sein. Immerhin berichtet Steiner von etwas *Erschütterndem* während der Pottschacher Zeit. *Ein Eisenbahnzug mit Frachtgütern sauste heran. Mein Vater sah ihm entgegen. Ein hinterer Wagen stand in Flammen. Das Zugpersonal hatte nichts davon bemerkt. Der Zug kam bis zu unserer Station brennend heran. Alles, was sich da abspielte, machte einen tiefen Eindruck auf mich* (GA 28, S. 7). Es lässt sich für das Kind mühelos vorstellen, wie die aufregende Szenerie des Feuers und der Löschungsaktion durchaus einen Konfliktfall dargestellt haben könnte, zumal er es so eindrucksvoll noch im späten Alter in seinem Gedächtnis bewahrt hat.

Ein zweiter Konflikt wäre, soweit ihn Steiners Angaben enthalten sollten, m.E. möglicherweise über den Vater eingetreten. Der eigentlich als liebevoll geschilderte und auf Förderung seines ältesten Sohnes bedachte Vater wird an einer Stelle als jähzornig, *leidenschaftlich aufbrausend* (ebd., S. 2) erwähnt. Ob nun einmal der Fall eingetreten wäre, bei unbeaufsichtigtem Spielen in gefahrvoller Nähe der Schienen ertappt worden zu sein, da der kleine Rudolf vielleicht nicht nur *für die Erzählungen der Umgebung etwas unzugänglich war; sie gingen bei dem einen Ohr hinein, bei dem anderen wieder hinaus, und er hatte eigentlich nicht viel von den Dingen gehört, die gesprochen worden sind* (BGA 83/84, S. 6) und er ja auch dazumal Zaungast bei der Baumwollfabrik gegenüber war, wozu er die Gleise überqueren musste oder in der näheren Bahnhofsumgebung bis zur Mühle herumstreifte. Es genügte allerdings auch schon, wenn er bloß Zeuge der väterlichen Jähzornsausbrüche gewesen wäre, ohne selbst darin anlassgebend involviert gewesen zu sein. Spricht er doch selber, vielleicht nicht ganz zufällig, wie bei manchen seiner Bemerkungen, in einem pädagogischen Vortrag sehr anschaulich darüber, *wenn in der Nähe des Kindes – sagen wir etwas Eklatantes – ein Zornausbruch stattfindet, wenn jemand wütend wird, dann wird das ganze Kind in seinem Innern ein Bild dieses Zornausbruches haben. Der Ätherleib macht ein Bild. Von dem geht nun in die ganze Zirkulation und in den ganzen Gefäß-Stoffwechsel etwas über, was mit dem Zornausbruch verwandt ist* (GA 311, 13.8.1924). Bekanntlich hat Steiner hin und wieder verdeckt über eigene Erlebnisse in seinen Vorträgen gesprochen (s.d. Kleeberg, S. 38 Fußnote). Für beide Konfliktmöglichkeiten müssten ja „Schienen" vorhanden sein, die sie dauerhaft als Konstellationen erhielten. Ihre tagtägliche Realisierung würde durch die Person des Vaters und die bis in die 80er Jahre blank gehaltenen „Schienenwege" der Eisenbahnerwohnungen nahe der Gleise verbürgt geblieben sein. Seine späteren Vortragsreisen als Theosoph/Anthroposoph führte Steiner zudem vornehmlich per Bahn durch. Einem schweren Eisenbahnunglück entging er einmal dadurch, dass er an der geplanten Abreise verhindert wurde (Rezidiv).

Obwohl die Methode dieses Kapitels auf biologische Kriterien hin angelegt ist, die aus Hamers naturwissenschaftlichen Erkenntnissen resultieren, stößt sich der konfliktspezifische Ansatz zu Steiners Hellsichtigkeit nicht einmal mit dessen eigener Anschauung! An einer Stelle seines Vortragswerkes, wo er über Thomas von Aquin spricht, erläutert er: *Eine Einpflanzung irgendeines Prinzips in einen Menschenleib kann nur stattfinden, wenn eine äußere Tatsache den natürlichen Lauf der Dinge ändert. Als Thomas nämlich noch ein Kind war, schlug der Blitz in seiner Nähe ein und tötete sein Schwesterchen. Dieses physische, nur scheinbar physische Ereignis machte ihn geeignet, in seinen Astralleib denjenigen des Christus zu empfangen* (GA 109, 31.3.1909).

Für Steiner jedenfalls fing mit dem Auftreten der Konstellation *ein Leben in der Seele* an, *mit den Geistern der Natur ... mit den schaffenden Wesenheiten hinter den Dingen* (BGA 83/84, S.7), ein selbstverständliches Leben in zwei Welten, das aber bei seinen Eltern auf Ablehnung stieß und somit einer doppelten Buchführung in Form des Verborgenhaltens und der Isolation unterlag. Steiner hatte bis in seine Theosophenzeit über innere Erlebnisse geschwiegen, selbst zu dem telepathischen Vorfall des Freundes Lemmermeyer.

Das Leben in beiden Welten behielt er sein ganzes Leben bei, was zwar nicht unbedingt für die Dauerhaftigkeit speziell dieser Konstellation sprechen muss, jedoch für eine verbleibende grundsätzliche Konstellation. Ich vermute allerdings das Erste und mutmaße dafür eine sog. **prämortale** Konstellation.

Obzwar methodisch nur über biologische Bedingungen Angaben und keineswegs inhaltliche Aussagen zu seinen Schauungen gemacht werden können, lässt sich immerhin die von Steiner behauptete und von manchen seiner Gegner bestrittene Hellsichtigkeit als real vorhandene Fähigkeit, resultierend aus seiner Konstellation, nachvollziehen. Die Frage nach ihrer Qualität oder Aussage an sich bleibt davon unberührt, da Menschen mit solchen Fähigkeiten zwar eine Art biologische Antenne zur Verfügung gestellt bekommen, der Empfang aber, infolge eigener „Rückkoppelungen" oder aus anderen Gründen, Verzerrungen und Illusionen aufweisen kann, die für objektive Wahrnehmungen ausgegeben werden. Steiner wusste über solche Irrtumsmöglichkeiten sehr viel zu berichten.

Mit den Konfliktereignissen war der *natürliche Lauf der Dinge* bei dem Eisenbahnerjungen geändert worden, der sonst wohl die vorbestimmte Karriere als Bahn-Ingenieur angetreten hätte und nun für eine neue Aufgabe prädisponiert war, die Spannung der beiden divergierenden – weil nicht berücksichtigten – Welten als geistiger Ingenieur auszugleichen. Mit dieser biographisch gestellten Lebensaufgabe als Brückenbauer konnte er seine erste Begegnung mit Goethes naturwissenschaftlichen Schriften als eine doppelte Berufung verstehen und sich mit Feuereifer einer Aufgabe unterziehen, die er als seine ureigenste empfinden musste. Denn die anschauende Urteilskraft, welche die Ideen sehen konnte, wie Goethe dies Schiller zu verstehen gegeben hatte, war ein Konzept, mit dem Goethe als Vorbild operiert hatte und das für den philosophischen Kopf Steiner passend, ihm die dankbare Aufgabe zuwies, diese neuartige „Naturwissenschaft" systematisch vor der gelehrten Welt aufschließen zu dürfen. Darum konnte er später auch R. Mayreder gegenüber seiner „Philosophie der Freiheit" buchstäblich schreiben: *ich erzähle, was ich innerlich durchlebt habe ... Es ist alles in meinem Buch persönlich gemeint. Auch die Form der Gedanken* (GA 39, Nr. 402). Was er hier schreibt, gilt von gleichartigen biologischen Produktionsbedingungen her, für sein gesamtes philosophisch-theosophisches Werk. Die Formel dafür könnte lauten: cogito quod sum.

Weitere Konstellationen

Bei der vorne geschilderten Kindheits- und Jugendzeit Rudolf Steiners fiel an seinem Verhalten eine deutliche Zurückgezogenheit auf. Gemeinsame Spiele und Unternehmungen mit anderen Kindern, Lausbubenstreiche gar oder etwa Bandenstreifzüge werden von ihm nicht erwähnt. Sie müssen darum nicht gänzlich gefehlt haben. Seine späteren Schilderungen über sein nachholendes Spielen mit den Kindern der Familie Specht machen sie aber eher unwahrscheinlich. Hingegen zeichnet er mehrfach einzelgängerische Aktivitäten auf, so den Gang zum Sauerbrünnle in den Ferien, einsame Spaziergänge in die Wälder und besonders zur Rosalienkapelle, das bis spätabendliche Verweilen bei den *Quellwundern* im Rosalienwaldstück, die Ausgrenzung durch die Neudörfler Dorfjungen bei der Nussernte, so dass nur die angeordneten Maßnahmen wie vorübergehendes Ministrieren, Hochzeitsfeiern der Kleinhäusler und deren alljährliche Weinlese einen geringen und keineswegs immer gesuchten Kontakt mit anderen Kindern herbeiführten. Auch in der Schulzeit blieb er Außenseiter. Während der ersten vier Realschuljahre zog er sich zum Mittagessen zu der den Eltern zufällig bekanntgewordenen Familie Lackinger aus Wiener Neustadt zurück, fertigte später seine Hausaufgaben im leerstehenden Waggon im Wiener Neustädter Bahnhof an und ward bei den freizeitlichen Unternehmungen seiner Klassenkameraden *am Glacis* nicht gesehen. Die Kontakte, die er in seiner Schulzeit pflegte, waren durch intellektuelle Interessen in der Pubertätszeit angeregt, so ersichtlich beim Besuch eines Mitschülers zuhause, der ihm die sichtbaren Gasblasen im geschöpften Quellwasser erklären sollte und ihm bei einer Mathematikaufgabe half. Selbst der anregende Blick in die Privatlektüre eines Mitschülers, der beim Turnunterricht Heines Buch „Die romantische Schule" und „Die Geschichte der Philosophie in Deutschland" beiseite gelegt hatte, führte nur zum *Anlass, dass ich das Buch selber las* (GA 28, S.53) und erst in der Wiener Studentenzeit zum freundschaftlichen Kontakt mit dem früheren Leihgeber. Die von Steiner gemachte Aussage: *Ich war stets ein geselliger Mensch* (ebd., S. 47) kann zumindest für die Zeit bis zur Pubertät anhand der bekannten Dokumente nicht nachvollzogen werden. Im Gegenteil, ein so atypisches Kontaktverhalten während der Kindheits- und Jugendzeit macht den Eindruck einer **autistischen** Konstellation, die ihn vornehmlich in diesen Jahren charakterisiert.

Zur Zeit seiner Schulgänge nach Wiener Neustadt, wo er nachmittags zu Fuß den Nachhauseweg anzutreten hatte, sommers wie winters, kam oft seine jüngere Schwester ihm entgegengelaufen, den schwergepackten Schulranzen tragen zu helfen. Der schwächliche Junge hatte sicherlich durch allerlei Reden über die im Waldstück nach Sauerbrunn in armseligen Holzhütten mit Strohdächern (Neud., 1982, S. 129) angesiedelten Zigeuner, die hin und wieder an den Haustüren erschienen, um ihre typischen Dienste anzubieten oder einfach bettelten, Angst davor als „Gadscho" von ihnen geraubt zu werden (Poeppig, 1960, S. 25; Picht, S. 38). Biologisch wirkt sich diese Angst im Nacken (vor dem Räuber) in den Augenrelais aus und könnte immerhin Steiners Augenverschlechterung als Schüler erklären, die ihn bei der Matura erstmalig mit Brille auf dem Klassenfoto zeigt. (Auch hierbei könnte eine Konstellation vorliegen, muss es aber nicht, da die gleichseitigen Netzhauthälften beider Augen auf derselben Hirnseite vom gleichen Relais gesteuert werden.)

Im Deutschunterricht der Oberstufe produzierte er meist überlange, oft ganze Hefte füllende Aufsätze und stellte seinen Lehrer damit gehörig auf die Nervenprobe. Offensichtlich war Steiner ein einsames Gipfelerlebnis in dessen Lehrerlaufbahn, bezeichnete er doch seinen Schüler bei der Matura-Feier als *seinen stärksten Phraseur*. Seinen Nachhilfeschülern steuerte Steiner zu einem gestellten Aufsatzthema jeweils andere Ideenvariationen bei und konnte anschließend dem Thema immer noch einen genügenden Rest zum eigenen Aufsatz abgewinnen. Seine einfallsreiche Ideenproduktion als Schüler zeugt von einem mit reichlicher Phantasie ausgestatteten Innenleben, das in dieser enormen Ausprägung als **mythomanische** Konstellation zu erkennen ist.

Die Auswahl dieser Beispiele an hervortretenden Eigenarten seiner Kinder- und Jugendzeit, die noch ins einzelne gehende Betrachtungen seiner Konstellationen und Konflikte an späterer Stelle nötig machen, mag vorerst genügen.

Retardierung

Da Konstellationen als *Kunstgriff der Natur viel Leben* ermöglichen, kommt es auf biologischer wie psychischer Ebene zu erkennbaren Auswirkungen. Eine der hauptsächlichen Folgen stellt die Unterbrechung der Reifeentwicklung dar, deren Eigenart anhand charakteristischer Merkmale bestimmt werden kann.

Körperlich bedeutet dies für Knaben, zumal wenn die Konstellation vor der Pubertät eingesetzt hat, eine weniger maskuline und daher nicht eben kräftige anatomische Ausformung. Schaut man die erhaltenen beiden Klassenfotos an, auf denen der junge Steiner mit abgebildet ist, so fällt sein zarter, schmächtiger Körperbau gegenüber dem robusteren seiner Kameraden auf. Auch später wird er immer als recht mager geschildert, was aber nur teilweise den kargen Ernährungsbedingungen angelastet werden kann. Zur ersten Garde im Turnunterricht kann er erwartungsgemäß kaum gehört haben und es überrascht nicht zu erfahren, dass er in der sechsten Realschulklasse mit drei weiteren (von insgesamt neun) Kameraden im Turnen die klassenschlechteste Note 4 erhalten hatte und zumindest im letzten Schuljahr vom Turnen dispensiert worden war. Wie sein späterer Zögling Richard Specht schildert, war er noch in seinen jungen Mannesjahren *körperlich ( ) so schwächlich, dass er sofort zu Boden stürzte, wenn einer von uns Buben in einem Anfall von Liebe oder von Übermut (sich) an seinen Hals hän-*

Schemata einiger Grundkonstellationen im Großhirnbereich mit ihren Organ-Relais nach Dr. med. R. G. Hamer
Copyright by Dr. med. R. G. Hamer

Einfaches Muster zur Lokalisation

vordere Seite

linke Hirnseite

rechter Ventrikel mit Liquor

hintere Seite

Praemortale Konstellation

Kehlkopf-Relais

Bronchial-Relais

Biomanische Konstellation

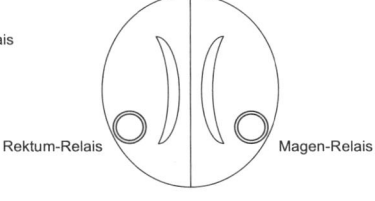

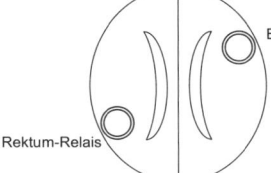

Rektum-Relais

Magen-Relais

Autistische Konstellation

Kehlkopf-Relais

Magen-Relais

Mythomanische Konstellation

Bronchial-Relais

Rektum-Relais

Konflikt - Waage des Gehirns
Gewichtung der "Konfliktmasse" wird zusammengesetzt aus:
Zeitdauer und erlebter Intensität des Konflikts

Manisch: Konfliktmasse der linken Hirnseite überwiegt

Depressiv: Konfliktmasse der rechten Hirnseite überwiegt

gen wollte (Poeppig, S.61). Dennoch trug er als Schüler seinen schwer gefüllten Ranzen täglich mindestens einmal die fünf Kilometer lange Wegstrecke, im Winter gelegentlich zweimal pro Tag.

Seine stimmliche Entwicklung scheint davon ebenfalls in Mitleidenschaft gezogen worden zu sein, berichtet doch derselbe Gewährsmann von der *niemals volltönenden ... kindlich fragenden Stimme* Steiners, die mit *lebhaften Fisteltönen* (ebd., S. 62) koloriert war.

Auch das feminin wirkende Gesicht auf den Fotographien belegt die Änderung des *natürlichen Laufs* seiner Entwicklung. Ihm selbst blieb diese Veränderung nicht unbemerkt: *Ich habe es durch diese Darstellung meines Lebenslaufes doch wohl bemerklich gemacht, dass ich schon als Kind in der geistigen Welt als in der mir selbstverständlichen lebte, dass ich mir aber alles schwer erobern musste, was sich auf das Erkennen der Aussenwelt bezieht. Dadurch bin ich für* **dieses** *auf allen Gebieten ein spät sich entwickelnder Mensch geworden* (GA 28, S. 220). Aus biologischer Sicht darf Steiners Einschränkung berechtigterweise erweitert und präzisiert werden.

Daher wird die Maxime des Jungen, allen Prügeleien aus dem Weg zu gehen, unter dem Aspekt körperlicher Unterlegenheit verständlicher. Er empfand eine *ganz unwiderstehliche Abneigung* dagegen und blieb darin erfolgreich, sich ihnen zu entziehen. Umgekehrt tat sich ihm auf intellektuell-geistigem Gebiet ein schier unbegrenztes Reich an Möglichkeiten auf, womit er es allmählich verstand, seinen körperlichen Mangel zu kompensieren. Dazu brauchen seine hochintelligenten Fähigkeiten nicht erneut ausgeführt zu werden, doch soll zumindest erwähnt werden, dass Steiner später bei zivilrechtlichen Gerichtsprozessen, zu denen er mindestens zwei in seinem Leben anzutreten hatte, seine Verteidigung selbst übernahm, bzw. das strategische Konzept selbst erarbeitet hatte. (Im ersten Fall gewann er mit dem pflichtigen Anwalt als von ihm instruierte juristische Marionette den Prozess, im zweiten Fall dürfte er eine Milderung des Strafmaßes bewirkt haben.)

Auch seine Beziehungen zum weiblichen Geschlecht wurden durch die hormonell sich auswirkenden Konstellationen mit beeinflusst. Von einer Freundin aus der Schulzeit ist nichts bekannt und erst in der Wiener Zeit zeigte er eine schüchterne Verliebtheit zur Schwester eines Freundes namens Radegunde Fehr, zu der er aber nie in ein näheres Verhältnis trat. Immerhin erwähnte Steiner noch in Weimar 1892 auf einem Fragebogen unter der Rubrik weiblicher Lieblingsname den ihren! R. Specht äußerte sich zu dieser unbekannten Seite: *Er war nie ein „junger Mensch' wie andere; war immer irgendwie abseits und auch mit Frauen hatte er im erotischen Sinn nie zu schaffen ...* (Poeppig, S. 63). Hingegen lehnte er sich an die fünfzehn Jahre ältere, eher mütterlich-fürsorgende, geistig interessierte Frau Specht an, eine zum Großbürgertum aufgestiegene Dame von Welt, zu der er eine innige, herzlich vertraute Beziehung noch weit in seine Anthroposophenzeit reichend unterhielt. Steiners erste Frau Anna, acht Jahre älter als er, war buchstäblich diejenige, die ihn in ihrem Nest angenehm versorgte. Die Ehe war für sie erst dadurch undurchführbar geworden, dass er sich erst geistig, dann auch in persona in ihren Augen zu einem Nestflüchter entwickelte.

Selbst die Beziehung zu der um sechs Jahre jüngeren Marie von Sivers, die er drei Jahre nach dem Tod Annas standesamtlich heiratete, war durch deren hervorragendes Organisationsvermögen, ihren kompromisslosen Einsatz und ihr geistiges Interesse gekennzeichnet.

Die schon erwähnte frühe Intellektualität Steiners, infolge der Konstellationen schärfer prononciert, zeigte sich bei ihm in durchaus außergewöhnlichem Format. 1873, als Zwölfjähriger, las er im Schulprogramm den wissenschaftlichen Aufsatz seines Direktors, von dem er damals natürlich *zunächst fast nichts verstehen* (ebd, S. 20) konnte. Darin wurde auf ein Buch desselben Verfassers verwiesen, das Steiner nun begehrte und mit erspartem Geld aus seinem Nachhilfe-Unterrichten zu kaufen gelang. *Es wurde nun eine Art Ideal von mir, alles so schnell als möglich zu lernen, was mich zum Verständnis des Inhaltes von Aufsatz und Buch führen konnte. ... Wo ich nur mathematische und physikalische Bücher auftreiben konnte, benutzte ich die Gelegenheit. Es ging recht langsam. Ich setzte mit dem Lesen von Aufsatz und Buch immer wieder an; es ging jedesmal etwas besser* (ebd., S.20 f).

Was sucht ein Zwölfjähriger in einer wissenschaftlichen Abhandlung mit höherer Mathematik?

Gleichzeitig mit dieser noch viel zu frühen Auseinandersetzung weist die Beharrlichkeit, mit der er schon fast verbissen um Verständnis des Inhaltes ringt, zugleich auf die autistische Konstellation hin, bei der sich ein durch jahre- bis jahrzehntelanges zielgerichtetes Beharrungsvermögen mit unnachgiebigem Perfektionismus legieren kann.

Als dann 1877 eine wohlfeile Reclam-Ausgabe von Kants „Kritik der reinen Vernunft" erschien, ackerte sich der sechzehnjährige Schüler mit ähnlicher Ausdauer auch durch dieses Werk des *verwachsenen Begriffskrüppels* (Nietzsche) hindurch.

Dass ihn R. Specht als einen *nie jungen Menschen* beschrieb, mag daran liegen, dass über ihr Alter hinaus kluge Kinder/Jugendliche im Volksmund auch als altklug bezeichnet werden. In Anbetracht seiner körperlichen Zartheit zur Zeit seiner Erzieherstellung, die im Verhältnis zu Steiners Mannesalter einem Jungen der ersten Schulklassen oder noch früher entspricht, kommt es natürlich mit der Entstehung der allerersten Konstellation in diesem Alter zu einer Retardierung, die von dieser Altersstufe koloriert wird. Ob dies mit zwölf, acht oder wie bei Steiner mit etwa vier Jahren geschieht, setzt für die Retardierung doch jeweils andere Maßstäbe und Nuancen. Wie sehen diese aus?

Neben dem kindhaften äußeren Versorgtwerden, das Steiner bei Familie Specht, Anna Eunike und später durch die volle Organisationstätigkeit Marie von Sivers genoss und das ihn von seinem *wüschten* häuslichen Milieu entlastete, kommt ein zweites wichtiges Moment zum Tragen. Denn diese Entwicklungsphase ist *gekennzeichnet durch die irreale Phantastik. Die Innenwelt des Kindes beginnt sich nun mächtig zu regen. Zuerst das Tun seiner Umgebung im Spiel nachahmend, bringt es zusehends neue, eigene Gestaltungen und Einfälle aus seinem Innern, aus der schöpferischen Kraft dazu. Die reiche, lebendige Phantasiewelt dieser Altersstufe ermöglicht dem Kinde neue Ausdrucksformen der eigenen Persönlichkeit. Mit der Phantasie wird die ganze Welt umfasst. In jede Rolle kann sich das Kind hineinleben. Der spielende Knabe kann in kurzer Zeitspanne sich verwandeln in die Großmutter, ein Pferd, ein Dampfschiff, er kann gesund, krank, gestorben, ja ein Engel sein. In Bildern wird die ganze für das Kind erfassbare Welt geschaut, nicht gedacht* (Lutz, S. 24).

Ergänzend führt ein anderer Experte an, diese *schöpferische Phantasie wird von innen her der Außenwelt entgegengesetzt und bildet diese gemäß den inneren Bedürfnissen um. ... Die Zeit ist angebrochen, in der das Kind die Welt durch ein Zauberglas sieht, in dem sich Farben und Verhältnisse nach eigener Willkür verändern können.*

An anderer Stelle wird deshalb von solcher Entwicklungsstufe durchlaufenden Kindern gesagt, sie benötigten *nur einen Steigbügel ( ), um sich aufs Ross ihrer galoppierenden Phantasie zu schwingen.*

Der Übergang *von der Welt der Phantasie in die Wirklichkeit und umgekehrt ist unmittelbar* (alles bei: Lievegoed, S. 47 f).

Erinnern diese Züge nicht unmittelbar und frappierend an charakteristische Eigenarten der Persönlichkeit Steiners?

Vor allem auf der Bühne konnte er bei Proben spontan „in jede Rolle" schlüpfen, so überzeugend und total, dass so mancher von seiner Darstellung befremdet und überwältigt war. *Einmal machte uns Dr. Steiner vor, wie Joseph in einem ähnlichen Spiel darzustellen wäre. Mit einem Stock unsicher stolpernd, ging er auf der Bühne nach vorne, mit leerem, verlorenem Blick und offenem Mund, dem Gesicht eines Greises – jeglicher Seelenregung bar. Plötzlich verwickelte er sich in seinen Stock und lag zu unserem Schrecken auf allen vieren auf der Bühne, dann sprang er auf und lachte. " Ja, so muss der Joseph in diesem Spiel sein", sagte er. Es war unglaublich – diese Wandlungsfähigkeit* (Turgenieff, S. 79).

Als Steiner einmal ebenso spontan Mephistos Part abstoßend und unheimlich demonstrierte, war er für den anwesenden Belyj *nicht mehr der Doktor, das war der Teufel... Er war der Böse selbst* – so dass Belyj ihn für

Augenblicke hasste (Belyj, 1990, S. 369 f). Gerade Belyj empfand Rudolf Steiner als *großen Schauspieler* und meinte, er *wäre ein großartiger Berufsschauspieler geworden, wenn er in seiner Jugend zur Bühne gegangen wäre...* (ebd., S. 102).
Durch sein Einfühlungsvermögen hatte Steiner *dem Theater viel Kompetentes zu sagen – das bestätigte* M.A. Tschechov durch seine Behauptung, *der Dramatische Kurs* (ein neunzehnteiliger Vortragszyklus für Schauspielkunst von Steiner) *gebe dem Schauspieler eine Antwort auf Detailfragen, von denen weder der Zuschauer noch die Mehrzahl der Theaterkritiker auch nur eine Ahnung hätten* (ebd., S. 370).

Hatte er nicht als einen Vorzug seiner geistigen Entwicklung dargestellt, sich in jeden Gedankengang – wie in jede schauspielerische Rolle – eines Philosophen hineinleben zu können, um nachher wieder einen anderen aufzugreifen und sich in diesem Prozess in seiner eigenen Gestalt ertasten zu lernen? War er nicht immer ganz in Nietzsche, Stirner, u.a. eingetaucht, um sie dann hinter sich zu lassen, für andere wenig nachvollziehbar („Nietzsche-Narr", „individueller Anarchist", „Monist")? Seine geradezu genial zu nennende psychologische Fähigkeit, sich in andere Menschen dadurch hineinversetzen zu können und sie zu durch-schauen, war auch dem Sohn Haeckels, dem Weimarer Kunstmaler Walter Haeckel, seinerzeit aufgefallen, als er aufgrund seiner persönlichen Bekanntschaft mit Steiner ihn zum 60. Geburtstag seines Vaters nach Jena eingeladen und so den persönlichen Kontakt der beiden hergestellt hatte. Die ihm von Steiner zugekommene Charakterisierung seines Vaters empfand er als *bestzutreffende Kennzeichnung der Wesensart seines Vaters* (Hemleben, 1965, S. 16). Kultivierte Steiner nicht diese persönliche Wesensart methodisch als Schulungsmaßnahme seines anthroposophischen Erkenntnisweges für andere, wenn diese sich ohne Regung von Kritik nicht-konforme Vorträge beliebiger Redner anhören sollten, um sich in die Ideenwelt anderer hineinversetzen zu können? Es geht hierbei nicht um die Frage des Förderlichen einer solchen Methode, sondern wo sie wurzelt.

Die reiche Phantasie ist bei ihm ohnehin schon in dem Miterleben der *Geister hinter den äußeren Dingen* angelegt und von der mythomanischen Konstellation her gesteigert. Doch auch in dieser Form war sie bei Steiner gar noch einer weiteren Steigerung fähig.

Mit dem für ihn typischen bildhaften Erfassen der Welt und der ihr zugrundeliegenden Vorgänge und Wesen wird eine weitere spezifische Eigentümlichkeit seines Denkens angeschlagen, bei welcher der nonverbale Denktypus stärker betont blieb, als es bei normal verlaufender Entwicklung hätte sein können. Das brachte ihm die Möglichkeit ein, schneller als bei verbal gestützten Denkprozessen zu denken, und merkwürdigerweise auch: genauer und tiefer. Der Denkablauf verläuft dabei infolge der Bilderschnelligkeit meist unter der Bewusstseinsschwelle, so dass vom Betreffenden oft nur die Ergebnisse, nicht aber die einzelnen Schritte, wie er dazu gekommen ist, mitgeteilt werden können. Für gewöhnlich wird ein solches Denken intuitiv genannt. Von Legasthenikern wird beschrieben, wie sie Möglichkeiten finden können, den so bei ihnen ablaufenden unterschwelligen Bilder-Denk-Prozess ins Bewusstsein zu heben und mit weiteren Techniken dahin zu kommen, ihre Gedanken, Vorstellungs- und Empfindungswelt als Realität wahrzunehmen (s.d. Davis). Ich halte es durchaus für angemessen, bei Steiner die Frage nach dem Vorliegen einer Legasthenie aufzuwerfen und einzubeziehen, da die von ihm selbst berichteten orthographischen Mängel, das Übersehen der Oberzeilen etc., die bei seinem Eintritt in die Neudörfler Dorfschule dem Lehrer auffielen, desweiteren seine jahrzehntelang bestehenden Einprägungsschwierigkeiten von Namen, die er durch zum Teil zigfache Repetition in sein Gedächtnis einzuprägen suchte, auffällige Hinweise darauf geben. Bei all seinen überragenden intellektuellen Fähigkeiten musste Steiner selbst den abfallenden Kontrast zu seinen beharrlichen Sprachproblemen bemerken: *Schwierig erging es ihm nur in allem Sprachlichen, auch im Deutschen.* Dass diese Probleme keine oberflächlichen und daher mit etwas Eifer auszubügelnden waren, kehrt die lange Dauer ihrer hartnäckigen Beeinträchtigung hervor: *Jener Knabe (R.St.) hat bis zu seinem vierzehnten, fünfzehnten Jahre (!) die allertörichsten Fehler in der deutschen Sprache bei seinen Schulaufgaben gemacht; nur der Inhalt hat ihm immer wieder hinweggeholfen über die zahlreichen grammatikalischen und orthographischen Fehler* (BGA 83/84, S. 9). Auch Legasthenie ergibt sich aus Konflikt-Konstellationen. Die von vielen Legasthenikern beschriebene seelisch-geistige Funktionsweise kennzeichnet modellhaft auch Steiners typische Mentalität und vermag sie zu präzisieren. Leider liegen keine schriftlichen Unterlagen aus seiner Schulzeit mehr vor und in späterer Zeit scheint er ebenso hart wie erfolgreich, mit autistischer Gründlichkeit und biomanischer Zähigkeit, die Ausmerzung solcher grammatikalisch-orthographischer Fehler trainiert zu haben wie die Verbesserung seiner Einprägungsschwäche.

Die Retardierung hält aber auch den Zeitpunkt des Reifestops in der Physiognomie fest. Das Gesicht dieser Menschen ist geschichtslos insofern, als es nicht altern kann, sondern ewig jung bleibt und den kindlichen oder jugendlichen Moment des Konstellations-Eintrittsalters fixiert. Statt zu altern vergreist der Betreffende. Gibt es auch bei Steiner dafür Hinweise ?

Marina Zwetajewa schreibt in ihrem Tagebuch von einer Wiederbegegnung mit Steiner nach vierzehn Jahren anno 1923: *Er ist seit 1909 überhaupt nicht gealtert. ... Dieser Jüngling ist tausend Jahre alt. Das Gesicht: ein Netz feins-*

ter Falten. Feinarbeit der Zeit. Einen Schritt zurück – und er ist wieder der Jüngling. Aber ich stehe – und vor mir ein Alter aus der Hand Leonardos. Nicht Alter – Greisenalter. Nicht Greisenalter – Durchsichtigkeit. – Gleich zerfällt er zu Staub (Zwetajewa, S. 192 f).

Eine weitere Konsequenz seiner Retardierung knüpft an Steiners eigenen menschenkundlich-pädagogischen Erkenntnissen an, die tatsächlich auch auf ihn gewendet einen Schlüssel liefern. In der psychischen Entwicklung als Vierjähriger verblieben, müssten „Nachahmung" und „Vorbildfunktion" (s.d. GA 306) einer anderen Persönlichkeit auch die Zauberworte für seine eigene Biographie bilden! In zweierlei Hinsicht kann somit für die Untersuchung gefragt werden:

Wer soll das Vorbild Steiners gewesen sein, das er tatsächlich lebenslänglich nachgeahmt hätte?

Wenn Steiner zeitlebens in diesem entwicklungsmäßigen Dornröschenschlaf verblieben sein sollte, dürften ihm reifere Verhaltensweisen nicht möglich gewesen sein. Woran ließe sich das prüfen?

Niemand im Lebensumkreis Steiners hat mehr Eindruck auf ihn gemacht als sein Hochschullehrer, Förderer und Freund K.J. Schröer. Steiner *erwarmte geistig*, wenn er in Schröers Arbeitszimmer, das voller Goethe-Bildnisse hing, kam und der ihn in seiner beseelten Weise an Goethe heranführte, so dass Steiner das Gefühl hatte, *dass noch ein Dritter anwesend war: Goethes Geist* (GA 28, S. 61). Seine lebenslange Goetheverehrung teilte sich Steiner mit Schröer. Typisch allerdings für Steiners Inhomogenität war, dass er auch kleine Seitenhiebe auf Goethe austeilte, wozu sich Schröer nicht verstanden hätte. Um einmal eine Besonderheit der persönlichen Begegnung von Individuen bei der Reinkarnationsrhythmik zu illustrieren, die nach Steiners anthroposophischer Auffassung nur die wiederverkörperten ehemaligen Zeitgenossen vertrügen, auf ehemalige Nicht-Zeitgenossen aber wie vergiftend wirken würde, nahm er den *dicken Geheimrat Goethe mit dem Doppelkinn* als Exempel für ein *sich wie innerlich unmöglich fühlen*, wenn er ihm begegnet wäre. (Bei Jean Paul, zu dem er *in wahrer Liebe eine Einleitung* geschrieben hatte, hätte er *ganz bestimmt* bei einem unzeitigen Treffen in Bayreuth *Magenkrämpfe* bekommen GA 235, 24.2.1924).

Steiner verdankte seinem Vorbild Schröer eine Fülle von Anregungen, die sich unter dessen Nachahmung tief einprägten und sein eigenes Wirken kennzeichneten. So ähnlich, wie sich unter Anleitung Schröers die Teilnehmer des ‚Deutschen Vereins' übten, wird man sich auch seine Redeseminare an der Wiener TH vorstellen dürfen: *in deutlich artikulierter hochdeutscher Aussprache, wobei auf Stimmbildung, auf Befreiung von ungarischen, polni-*

schen, tschechischen und jüdischen Akzenten und auf Reinigung von mundartlichen Einschlägen geachtet wurde. Man las oder trug frei vor aus dem Bereich aller Dichtungsgattungen. Dabei wurde auf Mimik, auf ungezwungene Gestik gesehen und wie ein Gegenstand aufgefasst wurde. Auch selbstverfasste ‚Gedichte' oder Abhandlungen über gewisse Themen, die Schröer stellte oder die frei gewählt werden konnten, trugen sich die Mitglieder der Gesellschaft gegenseitig vor, was oft genug Anlass gab, außer einer Besprechung der angewendeten Stilmittel, der Durchführung eines Gedankens usw., auch moralische und weltanschauliche Gesichtspunkte zu erörtern. Jedem Verfasser oder Vortragenden wurde ein ‚Rezensent' gegenübergestellt, der entweder aus dem Stegreif oder nach Vorbereitung (gelegentlich auch schriftlich) ... Stellung nehmen musste (Streitfeld, S. 479 f). Der rhetorisch selbst so geförderte Steiner hat später aus dem Fundus dieser Übungen auch für seine Tätigkeit an der Arbeiterbildungsschule wie auch für die Rednerausbildung anthroposophischer Vortragender mit geschöpft.

Schröer wie Steiner lehnten den Schopenhauerschen Pessimismus ab, was letzeren nicht daran hinderte, eine mehrbändige Schopenhauer-Ausgabe herauszugeben. Ob Steiners anfängliche Reserve gegen Richard Wagner allein auf Schröers Einfluss zurückzuführen ist, dürfte vom Musikalischen her noch von seinen Bruckner-Vorlesungen unterstützt worden sein. Selbst in Schröers orthographischen Reformbemühungen folgte ihm Steiner aufs Wort: wol schrieb er gleich ihm ohne Dehnungs-h.

Die vielfältigen pädagogischen, speziell unterrichtspädagogischen Erfahrungen Schröers haben Eingang in die Waldorf-Pädagogik gefunden, wie zum Beispiel die bewährte Praxis Schröers, als Schuldirektor *durch häufige Konferenzen und Erörterungen praktischer Unterrichtsfragen den guten Geist im Lehrerkollegium anzuregen...* (ebd., S. 245 f). Pate für den sogenannten Epochenunterricht hat sicherlich Schröers Ideal gestanden, *dass der Unterricht der Naturgeschichte, Physik und Chemie fortwährend durch alle Klassen Rücksicht zu nehmen habe auf den geographisch-historischen Unterricht und womöglich danach eingeteilt werde* (ebd., S. 249). *Wenn auf diese Art, so Schröer, der Gesamtunterricht der Unter-Realschule so eingerichtet ist, dass der Geist des Schülers ihn immer als eine Einheit erkennen kann, dann kann man erst verlangen, dass er davon auch so erfüllt sei, dass ihm der Unterricht Freude macht* (ebd.). Steiner war für die später auf ihn zutretenden Fragen zum Unterricht der Waldorfschule jedenfalls durch Schröers frühere Vorarbeiten bestens gerüstet gewesen.

Schröers Vorlesungsreihe über „Hauptepochen der Weltgeschichte" oder „Geschichte der neueren deutschen Literatur" oder über „Shakespeare" finden sich mit gleichlautendem Titel bei Steiners Kollegien an der Arbeiterbildungsschule wieder. Ebenso befruchtend kam ihm die Kenntnis der theatergeschichtlichen Aufsätze Schröers und die zu Schauspielerschulen zugute, die er in der Berliner Zeit praktisch erproben konnte, wo er sich mit O.E. Hartleben ganz als Regisseur fühlte und seine Erfahrungen bei den künstlerischen Inszenierungen der theosophischen Kongresse und später an der Dornacher Bühne ausweitete.

Die volkskundlichen Forschungen des frühen Schröer pflegte Steiner in den Aufführungen der „Oberuferer Weihnachtsspiele" weiter. Sein während der Studienzeit berichtetes Interesse an einem Münchendorfer Dorfschullehrer namens Johann Wurth dürfte ebenfalls von den volkskundlichen Exkursionen des ehemaligen Feldforschers Schröer angeregt worden sein.

Besonders der Gedanke der „Volksseele" und der „Mission des Deutschen" (Deutschtums) beeindruckte Steiner im geistigen Katalog seines Lehrers. Schröer verglich die Stellung Deutschlands mit dem Fundament der griechischen Antike. Deutschland war ihm das antike Griechenland, Weimar sein Athen. Österreich verglich er mit Mazedonien und leitete daraus ab: *Wir sehen die schöne Aufgabe Österreichs in einem Beispiel vor uns: den Samen westlicher Kultur über den Osten hinauszustreuen* (zit.b. GA 20, S. 94). Eine Mission, die Steiner in persona zu übernehmen und kontinental zu realisieren trachtete. Eroberer wie vor allem der Mazedonier Alexander waren und blieben Steiners geschichtliche Helden.

Im Gleichklang mit seinem geliebten Lehrer fehlte auch nicht eine Parallele im äußeren, akademischen Werdegang. Beide waren extern an der gleichen Universität promoviert worden und Steiner hätte ebenfalls einen Lehrstuhl für Literaturgeschichte (in Jena) erhalten, wenn er nicht abgelehnt hätte. Zuletzt hoffte er sogar auf ein Extra-Ordinariat an der TH Wien, wo ihn einst Schröer selbst unterrichtet hatte.

Wenn Steiner folglich die Entwicklungsstufe des zweiten Jahrsiebtes mit ihren Charakteristika „Autorität und Nachfolge" erst gar nicht erreicht haben sollte, so müsste er auf solche „selbstverständlichen Autoritäten", statt ihnen nachzufolgen, ablehnend oder eben kindhaft trotzig reagiert haben.

Mir ist keine Persönlichkeit bekannt, die Steiner vorbehaltlos anerkannt hätte. Fichte schrieb er sich schon als Jugendlicher um. Seine teilweise glühende Anhängerschaft zu Stirner, Nietzsche, Hegel, Haeckel ist allesamt von ihm korrigiert, ihre Persönlichkeit später herabgesetzt worden. Vor allem Kant, den er in der Zeit des Neukantianismus nicht scheute, hinsichtlich seines Pflichtbegriffs kategorisch abzulehnen – aus hartnäckigem Missverstehen (s.d. Firgau). Obwohl er selber einmal auf die Frage, was Anthroposophie sei, antwortete: *Pflicht, Pflicht und noch einmal Pflicht*, meinte er irrtümlich, dass Kants Pflichtbegriff nicht aus freier Selbstbestimmheit hervorgehe.

Selbst zu Schröer, gegen den sich wie erwähnt *schon einige Opposition* (GA 238, 23.9.1924) bei Steiner regte, konnte er die nächste Entwicklungsstufe nicht erlangen, auch wenn er noch so sehr mit seinem anthroposophischen Werdegang über ihn hinaus zu kommen trachtete gemäß da Vincis Diktum: *Schlecht steht es um den Schüler, der seinen Meister nicht überflügelt.* Ist es nicht allzu durchsichtig, wenn er sein Vorbild Schröer in den „Esoterischen Betrachtungen" als reinkarnierten Plato, den Vater des Dualismus, hinstellte – und sich selbst als dessen überragenden Schüler Aristoteles?

Steiners Aussage war, er habe erst einen langen Umweg über die zähe Goethe-Forschung einschlagen müssen, weil Schröer, von Goethe kommend, es nicht geschafft habe, die Anthroposophie zu begründen. Somit habe er dessen Aufgabe eigentlich noch zu übernehmen gehabt.

Von Suphan, seinem Vorgesetzten aus Weimarer Zeiten, glaubte er sich intrigant missbegünstigt und brachte seine Kritik an ihm nur in Briefen an andere, weibliche Vertrauenspersonen vor. Eine offene Auseinandersetzung mit ihm scheute er, als er bei einem zufälligen Treffen nach Beendigung seiner Archivarbeiten Suphan zu verstehen gab, nur der guten alten Schwiegermutter Suphans einen Abschiedsbesuch abzustatten, und damit Suphan selbst überging. Steiners Jenenser Pläne waren da schon gescheitert, die Archivstellung beendet und er stand im Alter von sechsunddreißig Jahren – alt genug, ein offenes Wort vorzubringen. Offenbar fehlte ihm an dieser Stelle die dazu nötige Reife. In späteren Situationen war Steiner davon nichts mehr anzumerken, sei es, weil er eine andere Position zu vertreten hatte oder bzw. und weil er sich darin besser steuern konnte. Die nur brieflich überkommene Suphan-Episode jedenfalls glättete Steiner in seiner Autobiographie.

Auch mit ebenbürtigen oder originellen Persönlichkeiten hatte Steiner unverständlicherweise – oder nunmehr verständlicherweise – Probleme.

Über seinen späteren Lieblingsschüler Dr. Carl Unger, Fabrikdirektor und philosophisch hochgebildeter Anthroposoph, den er seit Jahren Mitgliedern zur logischen Denkschulung empfahl und von dessen eigenständigen Ideen und anthroposophischen Vorträgen er sehr angetan war, plauderte er seiner Frau Marie brieflich im Dezember 1923 ein *Amtsgeheimnis* aus: *Dass Du über Dr. Unger Gutes schreibst, freut mich gewiss. Er gibt sich jetzt alle Mühe. Und ich will der erste sein, der dies anerkennt. Zur Leitung aber der anthroposophischen Gesellschaft in dem Sinne, was diese jetzt durch die anthroposophische Bewegung geworden ist, kann er auch dadurch nicht geeignet werden, dass er, wenn er einmal irgendwohin kommt, die Dinge sagt, die man erst selbst in unzähligen Sitzungen einbleuen musste. Das reicht dann für ein paar Vorträge, weiter nicht. Es würde nur weiter reichen, wenn reales eigenes Nachdenken dahinter steckte. Das ist aber eben doch auch jetzt nicht der Fall* (GA 262, Nr. 177).

Mit Annie Besant arrangierte er sich zunächst auf der Basis von divide et impera. Als aber die europäische Bewegung der Theosophen unter dem indischen Weltheilandsrummel eingenordet werden sollte, machte er sich mit seinen Getreuen unabhängig.

Seine „geistige Mutter" H.P.Blavatsky schließlich derangierte er von der verehrenden Bezeichnung „Meisterin" zur „Irregeleiteten". Swedenborg und Eliphas Levy waren ihm Illusionisten.

Manie

Kommt es zu Konfliktherden, die thematisch dem Bereich der Großhirnentwicklung angehören, so werden spätestens mit dem zweiten Konfliktereignis, das fokal auf der dem ersten Konfliktherd gegenüberliegenden Hirnhemisphäre platziert liegt (Hamersche Herde), wie auf einer Waage beider Konfliktmassen gewogen. Überwiegt dabei die der rechten Hemisphäre, tönt als psychische Dynamik eine mehr oder weniger starke depressive Komponente hinzu; überwiegt jedoch die Konfliktmasse der linken Hirnseite, tritt entsprechend eine manische Tönung auf. Da die Konflikte nicht immer gleichmäßig andauern müssen, sondern mal herunter- mal hochgefahren werden, brauchen gleichmäßig temperierte Stimmungen nicht notwendigerweise vorhanden zu sein. Dem stabilen Zustand kann durchaus das feine Oszillieren der Konfliktmassenveränderung mit täglichem oder gar stündlichem Wechsel psychischer Wechselbäder gegenüberstehen. – Eine Ausnahme dazu bilden cerebrale Linkshänder, die je nach Geschlechtszugehörigkeit schon beim ersten Konflikt stärker depressiv bzw. manisch reagieren, als auch Personen im sogenannten hormonellen Patt des Klimakteriums, der Pubertät oder bei künstlicher Hormongabe. Bei Rudolf Steiner vermute ich aufgrund einiger hinweisender Dokumente cerebrale Rechtshändigkeit.

Beim Maniker tritt daher zu der konfliktbedingten Sympathikotonie des vegetativen Nervensystems noch eine weitere Sympathikotonie hinzu, die ihn quasi doppelt leistungsfähig ausstattet. Er vollbringt dadurch außergewöhnliche bis spektakuläre körperliche Leistungen und schlägt im Alltagsleben mit seiner schier unerschöpflichen Energie alle anderen um mehr als nur Nasenlängen. Da sein Schlafbedürfnis äußerst reduziert ist und auf wenige Stunden zusammenschrumpfen kann, vermag er die übrige Zeit voll durchzuarbeiten, wie im Fall einer berufstätigen Frau, die es ohne Schwierigkeiten fertigbrachte, vierzig Stunden ununterbrochen in ihrem

Büro zu arbeiten, ohne in irgendeiner Weise dabei exaltiert zu erscheinen oder hinterher eine übermäßige Regenerationszeit beanspruchen zu müssen. Im Alltag heißt dieser beliebte manische Typus „dynamisch".
Auch über den älteren Rudolf Steiner wird eine kurze Schlafdauer von ca. vier Stunden berichtet (Mees, S. 11). Auf eine Frage des Pfarrers Rittelmeyer nach einem Mittel, den Schlaf abzukürzen, gab ihm Steiner zwar eine Konzentrationsübung an, die den Schlaf sogar auf eine Stunde reduzieren könne – allerdings konnte Rittelmeyer das Rezept nicht umsetzen (Rittelmeyer, S. 44).

Von Steiner, der noch zu seiner Zeit als Erzieher im Hause Specht mit Kaffee und gedanklichen Übungen krampfhaft gegen den Schlaf ankämpfte und als Student über eine einzige durchwachte Nacht in geistiger Arbeit triumphierte, wird mehrfach eine solche dynamische Kapazität seit seiner theosophisch-anthroposophischen Zeit berichtet.

Noch in den Zwanziger Jahren nahm er nach einer mehrstündigen Autofahrt von Dornach nach Stuttgart ohne Ruhepause bis 21 Uhr an einer Lehrerkonferenz teil. Gegen 23 Uhr begann er mit einem weiteren Kreis Beratungen, die ohne Unterbrechung bis 6 Uhr morgens dauerten. Danach schrieb er einen angefragten Artikel und lieferte ihn um 7.30 Uhr ab. Ab 8 Uhr nahm er an verschiedenen Unterrichtseinheiten an der Waldorfschule teil. Mittags hielt er Besprechungen in einer Klinik und am Nachmittag führte er stundenlange Gespräche in einem anderen Kreis. Abends schließlich trug er *mit der Frische und Elastizität eines Jünglings* (Hahn, S. 104) einen anderthalbstündigen Vortrag öffentlich vor und ließ sich danach noch in viele Einzelgespräche bis nach Mitternacht ein.

So ungewöhnlich hoch noch im Alter seine Energie gewesen ist, sie lässt sich aus der manischen Note seiner Konstellationen erklären und braucht nicht auf okkulte Praktiken zurückzugreifen. Da er zu dieser Zeit aus Krankheitsgründen schon Kokain benutzt hat, wie aus seinen brieflichen Mitteilungen an Edith Maryon hervorgeht (s.d. Weibring), könnte ihm ein zusätzliches chemisches Doping in dieser Phase ausgeholfen haben.

Die zugrunde liegende biologische Dynamik zeigt deutlich den unvergleichbaren Abstand der manisch dynamisierten von der nicht-manischen Persönlichkeit auf, ein Abstand, der aus Unverständnis in der Person Steiners vorbildlich-ehrfürchtig hingestellt wurde, wie es damals sein Schüler, der Waldorflehrer H. Hahn tat, und wahrscheinlich auch noch heutzutage devot angestaunt wird. Energie galt Steiner als männliche Lieblingseigenschaft, wie er in einer Fragenbeantwortung kurz vor seinem einunddreißigsten Geburtstag schrieb – und der beste Beruf war ihm der, *bei dem man vor Energie zu Grunde gehen kann.* Womit er vorausschauend für sich nicht ganz unrecht behalten hat.

Alle Konstellationen, die ihn auszeichneten, waren ab seinem Erwachsenenalter manisch dynamisiert. Nur die doppelte Sympathikotonie ermöglichte ihm, die Reisestrapazen mit Tausenden von Vorträgen durchzustehen, stundenlang an seinen Dornacher Holzplastiken zu meißeln – während die anderen Mitarbeiter Ruhepausen einlegen mussten –, einer umfassenden Buch-, Zeitschriften- und Zeitungslektüre nachzukommen und auch selbst noch Bücher zu schreiben.

Während die Vereinsamung seiner Kindheits- und Jugendjahre mehr die Seite depressiver Tönung zum Vorschein bringt, die sich in fehlenden sozialen Kontakten zu Gleichaltrigen zeigt, und die hochgradige Intellektualität eher den kommunikativen Mangel als eine gesunde Grundlage zu erkennen gibt, kommt es nach den Studienjahren deutlicher zur fast permanenten „Dynamisierung". Zunächst überrascht in der Wiener Zeit die Geselligkeit, die sich an dem schlechtgenährten und wie ein Theologiestudent maniriert gekleideten Steiner bemerkbar macht. Kontakte nach allen Seiten, die sich untereinander selber kaum grün sind, werden von ihm geknüpft, Steiner *lechzt* nach den ausgehungerten Jahrzehnten seiner Kindheits- und Jugendzeit nach Geselligkeit und holt damit im dritten Lebensdezennium nach, was ihm vorher versagt geblieben war. Auch bei den Spechts konnte er in seiner Kindheit Übergangenes endlich nachholen: spielen! *Ich musste da auch lernen, wie man spielt... Ich glaube sogar, ich habe im Leben nicht weniger gespielt als andere Menschen. Nur habe ich eben dasjenige, was man sonst vor dem zehnten Lebensjahr nach dieser Richtung vollbringt, vom drei- bis achtundzwanzigsten Jahre nachgeholt* (GA 28, S. 71).

Einige wenige Ereignisse außer der Brandkatastrophe des ersten Goetheanums sind bekannt, bei denen Steiner depressiv reagiert hatte. Das eine liegt in der Berliner Zeit, in der nach seinem Biographen Poeppig, der immerhin noch einige Informationen von Marie Steiner in seine Darstellung einfließen lassen konnte, Steiner nach Alkoholgenuss in Depressionen versank, während Hartleben daraufhin einzuschlafen pflegte und Jacobowski äußerst liebenswürdig wurde. Wie erklärt sich das bei Steiner?

Wie Hamer zeigen kann, vermögen Drogen wie Alkohol, zentral wirksame Medikamente und Rauschgifte den Grundrhythmus des Gehirns zu verändern. Liegt aber schon eine geänderte Schwingungsart auf einer Hemisphäre aufgrund eines Konflikts vor, so kann es mittels Alkohol ziemlich schnell zu einer weiteren Schwingungsänderung mit nun zwei unterschiedlichen Rhythmen kommen, die sich in krassen, psychiatrischen Zuständen oder in einer manischen bzw. depressiven Stimmung äußern, je nach individueller Vorgegebenheit (Hamer, 1999, II, S. 155 f u. 291). Das muss auch nicht gleich nach dem ersten Glas Alkohol auftreten. *Nach einer in Verzweiflung zugebrachten Nacht, wo ihm zum Bewusstsein kam,* welchen Einfluss der Alkohol auf das heutige Bewusstsein hat, trank er keinen Tropfen mehr. Wie in allen seinen Entscheidungen, war er auch hier radikal (Poeppig, 1960, S. 142). Ohne seine Radikalität in Entschlüssen in Frage zu stellen: dass er danach gar keinen Tropfen Alkohol mehr getrunken habe untersteht frommer Legendenbildung.

Das weitere Mal, wo von einer depressiven Verstimmung Steiners berichtet wird, ist der Erstbesuch mit Marie von Sivers in Dornach. Obwohl die herbstlich bunte Landschaft den beiden *Stadtmenschen ein wonnevoller Anblick war, erwachte Rudolf Steiner* (am anderen Morgen) *wie nie zuvor. Verstört, wie zermalmt, ganz umdüstert; es lag eigentlich kein Grund dazu vor, und so etwas geschah ihm nie, dem trotz ewiger Hetze in ewiger Harmonie Lebenden. Es ging vorüber...* (M. Steiner, zit.b. Wiesberger, 1989, S. 398).

Noch ein Zeugnis für die früher offenbar nicht so stabile seelische Verfassung Steiners und seiner depressiver Episoden tritt in den Schreiben an Anna Eunike Ende 1896 zutage, wo er ihr eingesteht, *etwas still und vielleicht verstimmt* (GA 39, Nr. 471) gewesen zu sein. Dass es kein einmaliger Ausrutscher war stellt er im Folge-Brief heraus, wo er seine *Verstimmungen, die immer seelische* seien, von seinen momentanen dürftigen Existenzbedingungen abzugrenzen sucht.

Grundformen der Konstellationen

Die bislang erwähnten verschiedenartigen Konstellationen im Bereich der Großhirnrinde bedürfen zunächst einer näheren Bestimmung, um ihren Wert als Kriterium einer Persönlichkeitsanalyse zu erfassen. Je nachdem welche einzelnen Konfliktpaare im Gehirn zusammenkommen, reagieren Seele und Gehirn mit einer Art Überforderung und produzieren ein scheinbar ver-rücktes Verhalten, das, über den speziellen biologischen Sinn des einzelnen Konfliktprogrammes hinausgehend, einen den beiden einzelnen biologischen Sinnfunktionen übergeordneten Sinn schafft, den Hamer den „Übersinn" nennt. Auch dieser variiert in seiner Thematik je nach den Elementen, aus denen die Konfliktpaare bestehen. Natürlich gibt es auch Dreier- und Mehrfachkombinationen, doch stellen die Paare eine Art Grundmuster dar, an denen die weitere Orientierung erfolgen kann.

Die erwähnte praemortale Konstellation kann als „Verrücktheit" ein Gefühl des Schwebens, des Abhebens hervorrufen, weshalb sie von Hamer auch „Schwebekonstellation" genannt wird. Mit ihrem Eintritt können Träume auftreten, in denen der Betreffende das wohlige Erlebnis zu fliegen oder zu schweben erfährt. Auch sonst aber *erhebt er sich über die Dinge* (Hamer, 1999, II, S. 190) bis dahin, seine Nase hoch darüber zu erheben, wie es der Sprachgenius im Bild der Hochnäsigkeit anschaulich beschreibt. Auch mag er sich vom Ort „weggehoben" fühlen, so dass er unter Fernweh leidet. Die innere Abgehobenheit führt nicht selten zu spirituellen Erlebnissen (Astralreisen) und Wahrnehmungen von Geistern, macht jedenfalls sehr empfänglich für bestimmte Aspekte religiös-spiritueller Inhalte.

Bei der biomanischen Konstellation bekommt der Betreffende einen Kraftschub, der ihn – je nach der Gewichtung eines Konfliktes auf der jeweiligen Hirnseite – entweder dauerhaft zu großen physischen Leistungen befähigt, die er sonst aufgrund seiner physischen Konstitution gar nicht erbringen könnte oder, bei Betonung der linken (manisch-saugenden) Hirnhemisphäre, sich in heftigem Aufbrausen und Aggressionen entlädt, im Volksmund Jähzorn genannt. Somit entsteht die vermeintliche Charakterveranlagung beim Zusammentreffen zweier bestimmter Akutkonflikte, wobei der in der linken Hirnhälfte dominiert. Andernfalls kann der biomanisch Konstellierte lebenslang unauffällig sein und mit seiner Zähigkeit und seinem Stehvermögen äußere Strapazen über Jahrzehnte unvermindert durchstehen.

Die Extremformen der praemortalen Konstellation im religiösen Wahn oder der biomanischen Konstellation in einer Gewalttat („im Affekt") stellen die aus Psychiatrie und Forensik bekannten Spitzen des Eisbergs von Konstellationen dar, die im Alltag weniger dramatisch, wenn auch nicht immer ganz unauffällig, weit verbreitet sind. Ebenso ist die autistische Konstellation ihrem von der Psychiatrie destillierten Bild gegenüber abgemildert: Zurückgezogenheit, Eigenbrötlertum, Vor-Sich-Hinbrüten, Monotonie eines Zielvorhabens, das mit großer Verbissenheit und Perfektionsbesessenheit über lange Zeiträume hinweg angesteuert werden kann, besonders wenn wiederum die linke, „manische" Hirnseite betont ist.

Vorläufig letzte Konstellation, die hier interessiert, die mythomanische, äußert sich durch einfallsreiche, phantasievolle Ideen und einem oft unaufhörlichen Redefluss. Die vor Ideen übersprudelnden „Mythomanen" sind gesellschaftlich geschätzte Unterhalter: Sie können extemporieren, d.h. über ein beliebiges Thema improvisieren und es dabei als unendliche Geschichte fortsetzen. Ein „mythomanischer" Arbeiter kann wiederum Spitzenreiter bei den Verbesserungsvorschlägen seines Betriebes sein, ohne vielleicht sonst über eine blühende Phantasie zu verfügen. Ein Künstler vermag unter dem Produktionsstrom, den er – in poetischer Sprache – den Musen zuschreibt, eine Fülle von Ideen zu entwickeln. Viele Dichter und Denker wären ohne diese Konstellation nicht zu dem gekommen, was sie letztendlich erreichten. Allerdings vermögen die „Mythomanen" mit ihren

Einfällen eine scharfe Grenze zwischen „Dichtung und Wahrheit" nicht immer exakt zu ziehen, denn wo hätte die Phantasie eine Grenze ..?

Mit Hilfe der Konstellationen verschafft sich ein Individuum die vorher nicht mögliche Zurüstung einer bestimmten Fähigkeit, die es über die sonst erdrückende Konfliktübermacht hinweghebt, die Situation in ohnmächtigem Standvermögen durchzuhalten, sich eisern auf ein zukünftiges Ziel auszurichten oder sich massenhaft Einfälle zu verschaffen, ohne in dem biologischen Dilemma unterzugehen. Wie Grundakkorde, die vielfältig moduliert werden können, erklingen diese vier Grundmuster an Konstellationen. Der Übersinn wirkt somit wie ein *geistiger Turbo* (Hamer), der „übernatürliche" Kräfte aktiviert und individuelle wie kulturelle Fortschritte in Technik, Kunst und Wissenschaften ermöglicht. Er erklärt jedoch nicht Genialität und schöpferisches Tun, findet sich dabei jedoch nicht wenig vergesellschaftet.

Duplizität eines Maysters

Einfälle zu haben und sogar von ihnen leben zu können, gehört zu den elementaren und nicht selten tragischen Bedingungen der Dichter und Denker, wenn sie ihrem Beruf der Schriftstellerei nachgehen müssen, unter dem auch Steiner amtlich firmierte.

Ob es sich dabei um ein Feuerwerk an Erfindungen und verschlungenen angelegten Handlungs-Kompositionen bei Edward Bulwer-Lytton handelt, der über fünfzig erfolgreiche, teilweise opulente Romane verfasst hat und in einem über tausendseitigen Kriminalroman gleich vierzehn Hauptpersonen auftreten lässt; ob es sich um fünfhundertfünfzig Titel von Georges Simenon dreht, der bis zu achtzig Seiten pro Tag zu schreiben vermochte; ob es um die Fülle der „Menschlichen Komödie" in vierzig Bänden von Honore de Balzac geht oder um die *geradezu einzige und unerreichbare* Fähigkeit des *Geschichtenerzählers* Karl Marx, der seinen Kindern Geschichten nicht nach Kapiteln, sondern nach Meilen einteilte (Jenny Marx, zit.b. Fromm, S. 217), dessen Gesamtwerke die unvollständige MEW-Anzahl von dreiundvierzig Bänden übersteigt – nicht selten liegt der sprühenden Phantasie und der reichlichen Fabulierkunst unterschiedlichster Qualität die mythomanische Konstellation zugrunde.

Steiner war ein Mann des geschriebenen und gesprochenen Wortes. Über zwanzig Bücher, vier Dramen, mehrere Briefbände und ca. sechstausend Vorträge, einige tausend Seiten Aufsätze und reich kommentierte Editionen geben davon Eindruck. Die Vielzahl seiner Themen aus Philosophie, Geschichtsdarstellungen, Religionslehren, Pädagogik, Medizin, Landwirtschaft etc. zeigen den weitgespannten Ideenhorizont auf, der in seinem Lebenswerk aufscheint.

Um den mythomanischen Charakter seiner Persönlichkeit besser kennen und verstehen zu lernen, soll er mit einer anderen Persönlichkeit verglichen werden, die geradezu als dessen Prototyp im Bereich der Schriftstellerei herangezogen werden kann: Karl May. Das mag zugegebenermaßen zunächst befremden, die beiden Unvergleichlichen nebeneinandergestellt vorzuführen, doch ergeben sich unerwarteterweise in beider Viten merkwürdige Duplizitäten, frappierende Parallelen und gemeinsame Episoden und Lebensverhältnisse. Allerdings fügen sich bei Karl May noch die praemortale Konstellation und sein Größenwahn (Megalomanie) hinzu, die in der Folge nicht gesondert, sondern bewusst miteinander angeführt werden. (Damit dem Leser Umwege über eine eigene Lektüre der K. May-Biographie erspart werden und ihm an den kongruenten Partien nichts entgeht, werden diese ausnahmsweise durch Fettdruck hervorgehoben.)

Wie um schon eingangs auf die Unmissverständlichkeit des Vergleichs hinzudeuten, wird der um neunzehn Jahre ältere Karl May unter demselben Datum geboren: am 25.2. (1842), – einem Freitag statt eines Montags wie zu Steiners Geburtstag. May stammte aus **ärmlichsten Verhältnissen**. Der Vater, ein kärglich fristender Weber, war *streng, doch gut*. *Jähzornig* auch er (May, S. 304). Die Mutter, als Hebamme mit dazu verdienend, *war still und lieb...* (ebd.).

Kurz nach der Geburt erblindet das Kind bis ins **fünfte Lebensjahr** und kann mit sechs Jahren noch nicht stehen oder laufen. Damit ist **der Knabe auf die Ausbildung seiner inneren Welt verwiesen**, da er die äußere nicht erobern und Gegenstände, Natur und die Menschen nicht sehen kann: *Ich konnte die Personen und Gegenstände wohl fühlen, hören, auch riechen; aber das genügte nicht, sie mir wahr und plastisch darzustellen. Ich konnte sie mir nur denken... ich konnte mir nur innerlich ein Bild davon machen, und dieses Bild war seelisch. Wenn jemand sprach, hörte ich nicht seinen Körper, sondern seine Seele. Nicht sein Äußeres, sondern sein Inneres trat mir näher. Es gab für mich nur Seelen, nichts als Seelen. Und so ist es geblieben, auch als ich sehen gelernt hatte, von Jugend an bis auf den heutigen Tag* (ebd., S. 56).

Die **Isolation der ersten Lebensjahre** prägte Mays gesamtes Leben. Die Menschen sah er *mehr seelisch als körperlich* (ebd., S. 203) vor sich. *Als ich sehen lernte, war mein Seelenleben schon derart entwickelt und in seinen späteren Grundzügen festgelegt, dass selbst die Welt des Lichtes, die sich nun vor meinen Augen öffnete, nicht die Macht besaß, den Schwerpunkt, der in meinem Inneren lag, zu sich hinauszuziehen. **Ich blieb ein Kind für alle Zeit**, ein um so grö-*

ßeres Kind, je größer ich wurde, und war ein Kind, in dem die Seele derart die Oberhand besaß und noch heute besitzt, dass keine Rücksicht auf die Außenwelt und auf das materielle Leben mich jemals bestimmen kann, etwas zu unterlassen, was ich für seelisch richtig befunden habe* (ebd., S. 57 f). Was May hier nicht ohne poetisches Melos als bittere Errungenschaft aus der Härte seiner Kindheitserfahrungen mitteilt, bestätigt seine Physiognomie, an der die **Retardierung** abzulesen ist, die ihm sein Leben lang als einem kindhaft Unvollendeten erhalten blieb.

Sein ein und alles ... mein Licht, mein Sonnenschein, der meinen Augen fehlte (ebd.) war ihm die geliebte Großmutter, die ihm in seine Finsternis hinein mit ihren Märchen und Geschichten leuchtete. Sie erzählte nicht bloß, *sie schuf, sie zeichnete, sie malte, sie formte*. Der Inhalt war ihm infolge seines Mangels an äußerem Realitätserleben und fehlender Kontakte viel mehr, sie bildeten seine einzige Seelennahrung und Wahrheit. Die Saat ihrer Märchen ging in ihm auf; schon als Kind wurde er von den Schulgängern *herangezogen* (ebd., S. 59) Geschichten zu erzählen, alle Tage eine andere, so gut, dass ihm auch Erwachsene zuhörten. So sah er früh seine Berufung, ein Hakawati, ein Märchenerzähler zu werden.

Ihm ist aber sein Märchen nicht nur Fabulierstück gewesen, sondern *himmlische Wahrheit, die der Dichter liebend ins Gewand des Märchens kleidet* (ebd., S. 158 f). Deshalb wertete er *das wahre, eigentliche, wirkliche Märchen, trotz seines anspruchslosen, einfachen Kleides* (als) *die höchste und schwierigste aller Dichtungen* (ebd., S. 159). Wahrheit und Märchen liegen in dem von ihm – nach einem Titel des von seiner Großmutter benutzten Märchenbuches – gewählten arabischen Begriff des hakawati beieinander (al hak = Wahrheit) und *wer nicht weiß, dass ich Hakawati bin, der beurteilt mich falsch, weil er mich nicht begreifen kann* (ebd., S. 301). So Dichtung und Wahrheit ineins setzend, vermischte er unkontrolliert Phantasie und äußere Realität, bis er als Seminarist und später als **Hilfslehrer** für seine Hochstapeleien und Betrügereien schließlich acht Jahre Gefängnisaufenthalt abbüßen musste. Bevor er zur letzten, mehrjährigen Strafe verurteilt wurde, war er als ausweisloser Unbekannter aufgegriffen worden, konstruierte aus dem Stegreif eine scheinbar wasserdichte Version seiner Lebensgeschichte, die den Mythomanen fast auf freien Fuß gebracht hätte, wäre nicht doch noch bei der fast ergebnislos verlaufenen Überprüfung der angegebenen Personaldaten der Schwindel aufgeflogen.

Nachdem May anschließend an seinen Gefängnisaufenthalt mit der Schriftstellerei beginnt, kommt er mit **zwei Verlegern** in Berührung, die schon im Zusammenhang mit Steiner erwähnt wurden. **Wilhelm Spemann**, der die ersten Werke Steiners verlegte, sicherte sich im Dezember 1888 vertraglich das Privileg der Erstveröffentlichung der Erzählungen

Mays; seit 1886 erschienen in seiner ‚Knabenzeitung Der Gute Kamerad' mehrere Beiträge und Erzählungen Mays.

Der andere Verleger war der nämliche **Joseph Kürschner**, der Steiner auf Schröers Vorschlag hin die Herausgeberschaft der naturwissenschaftlichen Werke Goethes übertragen und ihn auch zu weiteren lexikalischen Beiträgen über Jahre verpflichtet hatte. Kürschner, der immer rastlose Herausgeber, wollte den auch für das Deutsche Reich siegreich beendeten Boxeraufstand in China zu einem rühmlichen verlegerischen Projekt nutzen und eine Verherrlichung der imperialistischen Militärintervention unter dem Titel veranstalten: „China, Schilderungen aus Leben und Geschichte, Krieg und Sieg. Ein Denkmal den Streitern und der Weltpolitik."

Helmut von Moltke, der ältere Generalstabschef, hatte im nachhinein einmal offen zu dem Vorgehen geäußert, dass der brutalen Militäraktion *Geldgier zugrunde lag, die uns bewogen hat, den großen chinesischen Kuchen anzuschneiden* (zit.b. Klußmeier/Plaul, S. 189).

Der in einem Kürschner-Literaturkalender als Chinakenner ausgewiesene Karl May wird zu einem Honorar von 2.000,- Mark um einen erzählenden Beitrag angefragt. *Und May wittert sehr bald die faule Luft, die er mit entfachen helfen soll, und beschließt sogleich, das Hurra-Unternehmen empfindlich am Geiste zu schädigen* (Wollschläger, S. 108). Da er die winzige Schrift Kürschners in der Anfrage nicht lesen mochte und der hastige Kürschner notgedrungen nur kurze telegraphische Angaben vornehmen konnte, sattelte der listige May sein trojanisches Pferd; unter dem Titel „Et in terra pax!" landete er seine nachfolgenden literarischen Lieferungen pazifistischen Inhalts mitten im Sammelwerk, bevor der entsetzte Kürschner dessen gewahr wurde und May zum Abbruch nötigte. May verschaffte sich noch zusätzliche Genugtuung, Kürschner in die Parade zu fahren in seinem verschlüsselten Gleichnis vom „Zauberteppich", wo er ihn als Yussuf el Kürkdschü, d.i. Joseph den Kürschner, also reden lässt: *Was sehen meine Augen! Du füllst trotz meines Wunsches den Untergrund (eines bestellten „Teppichs") noch immerfort mit unwillkommenen Worten, und die Gestalten, die auf ihm entstanden sind, werden das Missfallen jedes wahren Gläubigen erregen! ... Kürze das Werk und füge schnell den Rand hinzu...* (zit.b. Wollschläger, S. 109). Wenngleich Kürschner in seiner Vorrede Mays Unternehmung öffentlich nicht tadelte: *Karl Mays Reiseerzählung ... hat einen etwas anderen Inhalt und Hintergrund erhalten, als ich geplant und erwartet hatte. Die warmherzige Vertretung des Friedensgedankens, die sich der vielgelesene Verfasser angelegen sein ließ, wird aber gewiss bei vielen Anklang finden ...* (ebd.), so entzog er ihm doch das Honorar, denn *ich (K.May) hatte mich und das ganze Buch blamiert ... während ganz Europa unter dem Donner der begeisterten Hipp, Hipp, Hurra und Vivat erzitterte, hatte ich mein armes, kleines, dünnes Stimmchen erhoben und voller Angst gebettelt: „Gebt Liebe nur, gebt Liebe nur allein!"* Das war lächerlich; ja, das war mehr als lächerlich, das war albern (ebd.) – vielleicht jedoch das Couragierteste und Ehrwürdigste, was Karl Mays wirkliche Heldentaten anbelangt.

Um 1900 tritt auch für May ein **entscheidender Wendepunkt** ein, der sich in seiner weiteren literarischen Produktion niederschlägt. Durch seine erste große Orientreise von anderthalb Jahren Dauer in eine **Krise** gestürzt, setzte er anschließend zu seinem **Spätwerk** an, das ihm von Kennern anerkennend als Hochliteratur bescheinigt wird. Arno Schmidt, der Mays Jugendschriftstellerei als *quantité negligeable* abtat und ihn literarisch als *armes Würstchen* aburteilte, ließ ihm aufgrund seines Spätwerks („Im Reich des silbernen Löwen" Bde. 3 u. 4, „Ardistan und Dschinnistan") die zweifelhafte Ehre als *Koloss von Würstchen* widerfahren.

May interpretierte nun seine **vorangegangenen Schriften** um und bezeichnete sie als *Vorübungen, (Skizzensammlungen, Vorbereitung auf Späteres* (May, S. 276) Schülerarbeiten (zit.b.Wollschläger, S. 130) seines eigentlichen Werkes.

Alle seine Reiseerzählungen sollten nun *bildlich, sollten symbolisch* (May, S. 160) gemeint sein. Dass seine omnipotenten Helden von *denkenden Leuten* unmöglich für real existierend gehalten oder sogar mit dem Ich-Erzähler identifiziert werden konnten, war zumindest ihm allzu gewiss: *kein vernünftiger Mann (würde) auf die Idee kommen* (ebd. S. 164). Mit seinem Spätwerk brach *eine neue Ära* (May, zit.b. Klussmeier/Plaul, S. 231) an, die ihn verkünden läßt: **Meine Zeit ist endlich da!** (ebd., S. 232) (Steiner wird in seinem ersten esoterischen Vortrag in der Theosophischen Bibliothek über Goethes „Märchen von der grünen Schlange" von ihr aussprechen lassen: „Es ist an der Zeit" !) Dass diese Flucht in die symbolische Deutung seines vorangegangenen Werkes auf Selbsttäuschung beruhte, ist längst erkannt worden. Die im Alterswerk vorgenommene Verschlüsselung und Mystifikation seines Lebenskampfes, deren symbolische und allegorische Bezüge, sind nicht bloß ein hermeneutisches Problem.

Mays **Interesse an** spiritistischen Praktiken und an **okkultistischer Literatur**, die in seiner Bibliothek mit etwa einhundert Titeln vertreten war, führte zu entsprechenden Topoi in seinen letzten Werken. So sprach er in einem 1908 in Massachusetts, wo er einen spiritistisch aktiven alten Schulfreund besuchte, gehaltenen Vortrag vom **viergliedrigen Menschen**, den er allegorisch mit einer Droschke verglich. Der Wagen in seinem Zustand ist ihm der Leib, das Pferd in seinen Eigenschaften repräsentiert das Triebleben, der Kutscher stellt die Seele dar und der zielgebende Fahrgast den Geist.

Mit seiner symbolisch aufgefassten Mission der Kunst will er einen der drei Wege gehen, die aus dem *Gefängnis des materiellen Daseins* hinausführen. Zu ihnen zählen **Wissenschaft, Kunst, Religion**. *Wissenschaft bringt Erkenntnis, die Kunst Offenbarung, Religion bringt Erlösung. Die Kunst ist jene Betätigung des menschlichen Geistes und der menschlichen Seele, die ins Innere des Gegenstandes eindringt, um sein Wesen zu erfassen, und dann wieder nach außen zurückkehrt, um das Äußere im Einklang mit dem Inneren darzustellen* (May, S. 299).

Durch übel ausgeschlachtete Enthüllungen seiner biographischen und schriftstellerischen Vergangenheit genötigt, sah er sich zu einer **rechtfertigenden Autobiographie** veranlasst, in der er sich in Legende und Selbsttäuschung flüchtet – während Steiner durch zahlreiche Auslassungen und Glättungen in seiner Autobiographie ein Bild von sich zeichnete, das Rosa Mayreder nicht teilen konnte.

Der krisenhafte Einbruch von 1900 führte auch mit zur Scheidung seiner ersten Ehe, und bald darauf **heiratete er ein zweites Mal**: die Witwe seines verstorbenen Freundes, die ihm als „**Sekretärin**" zur Seite gestanden hatte.

Obwohl May sich der philosophischen Literatur seiner Bibliothek kaum bedient hat, beschäftigte er sich stärker mit **Nietzsche** und wurde von dessen Ideenwelt auch literarisch beeinflusst. Arno Schmidt wies inhaltliche Bezüge nach und teilte mit, dass May immerhin neun Bände von Nietzsches Werk und weitere sechs über ihn besaß. So wundert es nicht mehr auch den Namen **Ahriman** Mirza (Prinz Teufel) bei ihm zu vernehmen, womit allerdings vieldeutige Anspielungen verknüpft sind (Schmidt, 1983, S. 62 f).

Zu seiner Schreibtechnik bekannte May offenherzig, auf seinen Stil *nicht im Geringsten (zu achten).* **Ich schreibe nieder, was mir aus der Seele kommt; und ich schreibe es so nieder, wie ich es in mir klingen höre. Ich verändere nie, und ich feile nie** (May, S. 54 f). Tatsächlich weisen laut Arno Schmidt die wenigen erhaltenen Manuskripte seitenlang nicht eine Korrektur auf!

Nachdem nun hauptsächlich Mays mythomanisch begründetes Geschichten- und Märchenerzählen geschildert wurde, das ihn auch schon vor seiner schriftstellerischen Karriere in Kollision mit dem Strafgesetz gebracht hatte, weil er die Realität zu stark umschichtete, darf der schon durchgeschimmerte Anteil seiner praemortalen Konstellation nicht unbeachtet bleiben. Die Überheblichkeit seiner Hochstapeleien, das spätere Darüber-hinweg-Heben über die angeblich symbolisch gemeinten Passagen seiner Jugenderzählungen, für die er immerhin sich im passenden Kostüm seiner Helden hatte fotografieren und dem Publikum präsentieren lassen, verweisen auf die Schwebekonstellation, die ihm einträchtig mit dem Größenwahn die Feder führte.

Seine protzig vorgegebene Kenntnis von nahezu vierzig Sprachen lässt Schliemanns Sprachengenie dagegen verblassen.

Mays spezifische und konstante seelische Wahrnehmung, geprägt von der frühen Erblindung, war eine Seite seiner inneren Welt, aus der ihm hin und wieder auch **Gestalten und Wesen entgegentraten.** *Ich vernahm ihre Stimmen so deutlich, als ob sie vor mir stünden und ... mit mir sprächen... Sie gingen, als ich mich niederlegte, mit mir schlafen. Aber sie schliefen nicht und ließen auch mich nicht schlafen* (May, S. 174). An anderer Stelle bezeichnet er sie als *meine dunklen Gestalten und ihre quälenden Stimmen* (ebd., S. 193).

In seinem Spätwerk entwirft er das Märchen von Sitara, dem Stern mit den beiden polaren Ländern Ardistan und Dschinnistan, den symbolträchtigen Landschaften seiner biographischen und seelisch-geistigen Welt. *Wenn wir,* nach Ansicht Mays, *die Aufgabe dieses Jahrhunderts erfüllen, die Rätsel der Zukunft lösen wollen* (ebd. S. 302), müssen wir dorthin – fliegen !

In den Höhen Dschinnistans liegt das **Reich der Edelmenschen,** zu denen wir uns **emporzuarbeiten** haben. *Aber ich meine hier weniger den körperlichen als vielmehr den geistigen Flug...* (ebd.). Die „**Meister** des Höhenflugs" waren ihm **Goethe** und Schiller, die es aber **nicht vermocht hatten, die Menschen** *vom* **Staub zu erheben** (ebd.).

Die Menschheit blieb mit ihren technischen Erfindungen Rad, Zug, Automobil auf der Erde haften, bis die Luftfahrt und die Flugzeuge aufkamen. Hier jubelte das Volk ihren Erfindern zu. Da für May körperlicher und geistiger Flug aber zusammenhängen, leuchtet ihm nicht ein, den *geistigen Höhenflieger, der sich mit ebenso großer Kühnheit hoch über die alten hergebrachten Mauern, Zäune und Schranken der Wissenschaft und Kunst erhoben* (ebd., S. 302) hat, des **Vorwurfs von** *Lüge, von Schwindel, von Phantastereien, von literarischer Hochstapelei* (ebd.) zu zeihen. Denn er musste hinauf, *ich ... musste fliegen* (ebd., S. 306).

Aber alle Wege (Wissenschaft, Kunst, Religion) nach Dschinnistan führen zur „Geisterschmiede", einen Ort, an dem die emporstrebenden Geister an Ketten geschmiedet und gepeinigt werden. Dieser Tortur können die meisten nicht widerstehen und werden so wieder in die materielle Welt Ardistans, aus dessen Gefängnis May seine Mitmenschen befreien will, zurückgeschickt. *Auf ihnen (den drei Wegen) war also das Menschheitsleid nicht zu umgehen. Aber ich sah auch, dass man diesen Ort vermeiden kann, nämlich wenn man – fliegt. An hohen Bergen begann der Flug* (ebd.).

Im letzten und krönenden Abschlussvortrag wenige Tage vor seinem überraschenden Tod sang May ein Hohelied auf sein literarisch Programm gewordenes „Fliegen"! Er zitierte aus einem Buch von Bertha von Suttner, der Friedensnobelpreisträgerin von 1905, die ihn hoch schätzte und zu dieser Veranstaltung nach Wien eingeladen hatte, den dreitausend begeistert

Ovationen bringenden Zuhörern gerade die Passagen, die sich auf den „fliegenden Menschen" beziehen!

Als es der aus ärmlichsten Verhältnissen stammende Karl May nach den Verwicklungen zum **äußeren Wohlstand** gebracht hatte, drohten die heftigen **Angriffe auf seine Person und sein Werk** beider **Substanz zu zerstören** und trieben ihn zu gerichtlichen Gegenmaßnahmen und der Flucht ins Symbolische. Der drohende Verlust seines Reviers endete am 18.12.1911 mit einem gerichtlichen Sieg über den *Bösesten der Feinde* (Wollschläger, S. 179) und brachte als tragische Konfliktlösung ihr unvermeidliches tödliches Resultat im Gefolge.

Um der verblüffenden Demonstration der Duplizitäten dieser „ungleichen Brüder" noch die allerletzte Merkwürdigkeit anzufügen: der siebzigjährige Karl May starb im Jahre 1912 am gleichen Datum wie dreizehn Jahre später Rudolf Steiner – dem **30. März.**

Mythomanische Konstellation

Wie an Karl Mays Persönlichkeit deutlich wird, durchdringen sich bei ihm mehrere Konstellationen, die herauszuarbeiten und transparent zu machen bei Steiner ungleich schwerer sind. Eine genaue Grenzziehung lässt sich dabei nicht immer vornehmen und würde Vermutungen als Wissen vortäuschen. Von daher kann es zunächst nur Aufgabe sein, bislang als Charakterzüge, Persönlichkeitsmerkmale und Verhaltensauffälligkeiten verstandene Eigenschaften Steiners unter dem Aspekt konstellativer Phänomene zu verfolgen und zu untersuchen, ob diese einen Schlüssel zu der Erklärung jener liefern.

Kennzeichen der mythomanischen Konstellation ist der Einfallsreichtum, gleichgültig in welchem Bereich. Ob er sich in technischen Verbesserungen und Erfindungen, in künstlerischen Produktionen oder in Ideen zeigt, ob in niveaulosen Phrasen, sprunghaften Gedanken, in ausufernden Erzählungen epischer Breite – oft ist dabei der blühenden Phantasie eine Grenze zwischen „Dichtung und Wahrheit" nicht scharf erkennbar.

Obwohl gerade die (doppelseitigen) Cortex-Konstellationen zur Dauerhaftigkeit neigen, zeigt sich bei möglichen Konfliktlösungen, wozu eine einseitige Lösung schon ausreicht, der umgekehrte Effekt: die Einfälle versiegen, wie im Falle des Liederkomponisten Hugo Wolf, der verzweifelt neue Lieder zustande zu bringen suchte, während ihm sonst vielleicht zwei seiner Perlenstücke an einem Tag gelangen.

Wenn der Mythomane, wie er als Typus genannt werden soll, erzählt, redet er nicht bloß für den anderen, sondern unterhält auch sich. Sein Unterhaltungsbedürfnis kann so weit gehen, dass er sich selbst eine Gute-Nacht-Geschichte allabendlich ausdenkt. Zu Steiners typisch mythomanischen Anekdotenreichtum, aus dem er bei Tischgesprächen oder auf geselligen Reisen gerne schöpfte, gehörten auch die bei ihm beliebten Variationen der sogenannten „Serenissimus"-Geschichten, Geschichten um die Person des Weimaraner Fürsten, deren Ur-Anekdote im Kreis um O.E. Hartleben entstanden war. Steiner erzählte sie gekonnt auch in einem Vortrag. *Serenissimus besucht das Zuchthaus seines Landes, und er will sich einen Sträfling vorführen lassen, worauf ihm wirklich ein Sträfling vorgeführt wird. Er stellt dann eine Reihe von Fragen an diesen Sträfling. „Wie lange halten Sie sich hier auf?" „Bin schon zwanzig Jahre hier." „Schöne Zeit das, schöne Zeit, zwanzig Jahre, schöne Zeit das! Was hat Sie denn veranlasst, mein Lieber, hier Ihren Aufenthaltsort zu nehmen?" „Ich habe meine Mutter ermordet." „Ach so, so! Merkwürdig, höchst merkwürdig, Ihre Frau Mutter haben Sie ermordet? Merkwürdig, höchst merkwürdig! Ja, sagen Sie mir, mein Lieber, wie lange gedenken Sie sich hier noch aufzuhalten?" „Bin lebenslänglich verurteilt." „Merkwürdig, schöne Zeit das! Schöne Zeit...! Na, ich will Ihre kostbare Zeit nicht weiter mit Fragen in Anspruch nehmen ... Mein lieber Direktor, diesem Manne werden die letzten zehn Jahre seiner Strafe in Gnaden erlassen!"* (zit.b. Eppinger, S. 55 f).

Die ersten Hinweise auf Steiners Ideenreichtum und Beredsamkeit geben sich während der Realschulzeit kund. Im Nachhilfeunterricht vergab er an seine Zöglinge gleicher Klassenstufe die Ideen zu den gemeinsamen Hausaufgaben-Aufsatzthemen, bevor er dann an die für einen Mythomanen spannende Aufgabe heranging, als Übriggebliebener sich noch etwas Originelles einfallen zu lassen. Diese Anforderungen während seiner Realschulzeit dürften geradezu methodische Schulung für seine spätere rhetorischen und denkerischen Fertigkeiten gewesen sein. Trotz oder sogar wegen dieser Gegebenheiten steigerte er dabei die Länge seiner Aufsätze, dass manche den Umfang eines Schulheftes einnahmen. Sein Deutschlehrer beurteilte ihn deswegen als seinen *stärksten Phraseur*. Auch in Österreich ist damit der Mann mit einer bestimmten Eigenschaft, der wenig gehaltvollen, abgedroschenen Redensart gemeint.

In Wien schließlich war er so weit gesattelt, bei einem Besuch zusammen mit Freund Lemmermayer im Hause des Pfarrers Formey einen improvisierten Vortrag über irgendein bedeutsames Thema (Lemmermayer, S. 119) zu halten.

Sein ältester Zögling aus der Familie Specht äußerte über ihn: *Sein Wissensdrang war ebenso intensiv wie sein geistiges Mitteilungsbedürfnis. Ich erinnere mich, dass ein andeutendes Wort meiner Mutter ... genügte, um ihn zu ver-*

anlassen, ihr und mir einen ganzen Winter lang Vorträge über Ästhetik zu halten. Dabei machte Specht die später mitgeteilte Beobachtung, die ihm manches von Steiners nachheriger Laufbahn erklärte. *Das war die Art, mit der er alles vergewaltigte, um seinen Gedankeneinfall zum Recht zu verhelfen: er sprach eine Idee als Axiom aus und bog seine Beweise hinterher so lange zurecht, bis alles zu stimmen schien. Ich glaube nicht, dass er jemals deduktiv zu einem Gedanken oder einer Theorie gelangt ist. Sicher war das Endglied der Kette sein primärer Einfall; dann aber wurde alles herbeigeholt und zurechtgestutzt, was bestätigend, alles eleminiert, was wiederlegend sein mochte. Er war ein Fanatiker seiner Ideen. Damals schon.* – (zit.b. Poeppig, 1960, S. 62).

Steiner erwähnt einmal eine Episode als Student, als er mit Schröer noch nicht so intim befreundet gewesen war, er habe in dessen Seminar *eine ziemlich verdrehte Mephisto-Interpretation gegeben, bloß um Schröer zu widerlegen* (GA 238, 23.9.1924). Gabriele Reuter, die ihn intensiv in Weimarer Zeiten erlebte, schildert Ähnliches, als sie ihn darin groß empfand, *barocke, unerhörte Prämissen aufzustellen und sie dann mit einem erstaunlichen Aufwand von Logik, Wissen, kühnen Einfällen und Paradoxen zu verteidigen.*

Bei seinen Berliner Vorträgen vor den Arbeitern an der Wilhelm Liebknecht-Schule erregte er Erstaunen, da er *ohne irgendwelche Notizen zur Hand zu nehmen* (Rudolph, S.61) sprach. Als Redakteur glänzte er mit seiner Fähigkeit, keine Reinschriften seiner Manuskripte anfertigen zu müssen, da er *seine Aufsätze fertig in sich (trug), das Schreiben war ihm außerordentlich geläufig, und wie in einer unaufhörlichen Gedankenflut ergoss sich Zeile für Zeile über das Papier ... es gab keinerlei Einschaltungen oder Veränderungen – jeder Artikel war fertig, ehe er geschrieben war, es brannte förmlich in ihm, er musste zu Papier gebracht werden, und er hätte geradesogut aus dem Setzkasten heraus in den Winkelhaken gelegt werden können* (ebd., S. 81 f). Am 23.9.1903 berichtet er selbst von einem unvorbereitet gehaltenen Abendvortrag (s. GA 39, S. 431).

In seiner theosophisch-anthroposophischen Zeit sprach er auf Wunsch des Kasseler Arztes Dr. Noll spontan über *die eigentliche Bedeutung der Wochentage, deren (Planeten-)Namen in Beziehung zur vergangenen und zukünftigen Evolution der Erde und der Menschheit stünden. Es war für mich erstaunlich,* schreibt ein ehemaliger Zuhörer, *wie er so auf bloßen Anruf hin aus dem Vollen eines unergründlichen Wissens schöpfend über ein gewünschtes Thema sprach* (Kleeberg, S. 68).

1906, wiederum in Kassel, trug er im Anschluss an einen nachmittags gehaltenen Vortrag vor Mitgliedern abends öffentlich vor. *Als wir zu dem öffentlichen Vortrag gingen, der im Palaisrestaurant stattfand, fragte mich Rudolf Steiner, wie denn das Thema laute, welches angesagt sei. Ich glaubte an einen Scherz und fragte unter Lachen, das müsse er doch wohl wissen. Aber er versicherte, dass er es nicht wisse, und so sagte ich es ihm* (ebd., S. 88). *So sprach* er dann über „Germanische und indische Geheimlehre" und erarbeitete sich – wohl grundsätzlich – im Reden die Gedanken, was bei manchem Zuhörer (Kleeberg, G. Husemann) den wohltuenden Eindruck aufkommen ließ, dass Steiner im Gegensatz zu manchem Kathedergelehrten eben darüber zu sprechen wagte, was er nicht schon fix und fertig im bloßen Wissensstand abrufbar „parat hatte". Dass dies keineswegs nur in Ausnahmefällen zu ungeplanten Vortragsthemen führte und diese ganz aus der „Stimmung" heraus entwickelt wurden, teilte er in einem Gespräch seiner Schülerin, der russischen Künstlerin M. Woloschin mit: *Auch ich, sagte Steiner, wenn ich einen Vortrag zu halten habe, bestimme nicht im voraus, was ich sagen werde, sondern vertiefe mich in eine bestimmte Stimmung, aus der ich dann spreche* (Woloschin, S. 206).

„Über die allmähliche Verfertigung der Gedanken beim Reden" hat Kleist einen gleichnamigen Aufsatz geschrieben, in dem er dazu rät, *mit dem nächsten Bekannten* zu sprechen, um zu finden, was nicht einfällt und selbst durch Meditation nicht gefunden werden kann. Kleist parodiert die Formel, dass der Appetit mit dem Hunger komme zu: die Idee kommt mit dem Reden. Die aus der Beobachtung gewonnenen Angaben Kleists treffen in besonderer Weise auf Steiners Gedankenduktus zu. Auch wenn Steiner ein Vortragsthema mehrfach sprach, wandelte er es immer ab. Es langweilte ihn die Vorstellung, den Vortrag stereotyp zu wiederholen.

Noch in späteren Jahren, als er gesundheitlich schon arg angeschlagen war, stand ihm dieses Vermögen zur Verfügung: Als Dr. Noll bei einem Medizinerkurs in Dornach unentschuldigt ausfiel und die Teilnehmer ungeduldig auf ihn warteten, sprang Steiner mit einem improvisierten Vortrag ein.

Zuletzt steigerte Steiner sich auf teilweise fünf Vorträge am Tag, als er in der kurzen Zeit von nur neunzehn Tagen im September 1924 siebzig Vorträge hielt. Offensichtlich war Steiners ohnehin nicht wenig auffällige Mythomanie noch einer Potenzierung fähig gewesen, wozu ihm weitere Konflikte seiner letzten Lebensjahre wie auch sein späterer Kokaingebrauch einen zusätzlichen Energieschub gaben.

Praemortale Konstellation

Als weitere prägnante Eigenart dürfte sich die praemortale Konstellation erweisen, die zum „Abheben" und „Schweben über den Dingen" bis hin zu Flugträumen und Astralreisen führen kann. Genau genommen lässt der

"Übersinn" dieser Konstellation über die Konflikte hinweg heben und zu einer anderen, höheren Ebene aufschließen, um sie dadurch bewältigen (aber nicht lösen) zu können. Aus dem Abheben wird nicht selten auch ein Überheben i. S. einer Überheblichkeit. Typische Eigenschaft dieser Konstellation kann die Neigung zu spirituellen Dingen sein, von der Steiner einmal bekannte, dass er sich der Theosophie zugewandt habe, *weil sie mir immer in der Seele und im Blute steckte* (GA 39, Nr. 595).

Wenn der nach Neudörfl umgesiedelte Schüler bis zu seinem vierzehnten, fünfzehnten Lebensjahr *die allertörichsten Fehler in der deutschen Sprache bei seinen Schulaufgaben gemacht (hat), nur der Inhalt hat ihm immer wieder hinweggeholfen über die zahlreichen grammatikalischen und orthographischen Fehler* (B83/84 S.9), er alle Buchstaben rundete und die oberen Zeilen ignorierte, spricht die lange Zeit dieser ausgeprägten Schwäche des „Über-den-Wassern-der-Buchstaben-Schwebens" zwar stark für die schon angeführte legasthenische Konstellation des jungen Steiner, die inhaltlichen Phantasien, die sich teilweise an den Worten entzündeten, könnten auf die Schwebekonstellation hindeuten. Jedenfalls bemerkte er daran, dass ihm in einer gewissen Weise der Zusammenhang mit dem fehlte, was man nennen könnte: *unmittelbares Sichhineinleben in das ganz trockene physische Leben* (ebd.).

Typischer ausgeprägt erscheint sein Darüber-hinweg-Heben in der Episode mit dem Philosophen Karl Vorländer, der Steiner bei widersprüchlichen Aussagen zu Plato ertappt hatte. Steiner korrigierte daraufhin elegant, indem er an Platos Namen die philosophiegeschichtlich korrekte Endung ‚ismus' anfügte und schaffte es vor aller Augen, sich aus peinlicher Lage hinwegzuheben.

Zu einer ähnlichen Art, Verbesserungen an seinen Texten vorzunehmen, kam es bei der zweiten Auflage (1910) seines Werkes „Das Christentum als mystische Tatsache", das er um die Krisenzeit der Jahrhundertwende erstveröffentlicht hatte.

Wie blind – oder besser gesagt darüber hinweghebend/-sehend – Steiner auf dem Auge der Selbstkritik war, zeigt eine Stelle in seiner Autobiographie: *Ich bewegte mich nicht, wie viele glauben, in Widersprüchen vorwärts. Wäre das der Fall, ich würde es gerne zugeben. Allein es wäre nicht die Wirklichkeit in meinem geistigen Fortgang. Ich bewegte mich so vorwärts, dass ich zu dem, was in meiner Seele lebte, neue Gebiete hinzufand* (GA 28, S. 284).

Wenn sich Steiner als Redner über Argumente und Einwände hinweghob, sie *zurechtbog*, wurde er von seiner mächtigen Stimme und seiner beeindruckenden Erscheinung unterstützt, *in der etwas vom Geistlichen, etwas vom Philosophen und etwas vom rechthaberischen Pedanten war ... Er war eine seltsame Mischung von Gelehrtenernst, von Knabenhaftigkeit und von*

Rodomontade (= Aufschneiderei, Großsprecherei) *in ihm...* (Specht, zit.b. Poeppig, 1960, S. 6). Nicht allein Specht kam zu dem Urteil der Rechthaberei, wie Steiner in einem Brief (GA 39, Nr. 275) über seinen *oft gerügten rechthaberischen Ton* zu erkennen gibt.

Noch bevor Steiner von Kürschner die endgültige Zusage zur Herausgabe der naturwissenschaftlichen Schriften Goethes erhielt, hatte er ihm die verlangte Stellungnahme seines Standpunktes zugeschickt, in der er vom Herausgeber – also von sich selbst – verlangte: *Er muss mit einer **vollkommenen** Beherrschung des Standes jeder einschlägigen Wissenschaft in der Gegenwart die Fähigkeit vereinigen von allgemeinen Gesichtspunkten ausgehend die großen Maximen Goethes mit freiem Blicke zu überschauen* (zit.b. Raub, S. 33).

Mit ähnlich selbstbewusster Formulierung legte er dar: *Goethes und Schillers wissenschaftliche Darlegungen sind für mich eine Mitte, zu der Anfang und Ende zu suchen ist. Der Anfang durch Darstellung der prinzipiellen Grundlage, von der wir uns diese Weltsicht getragen denken müssen; das Ende: durch Auseinandersetzung der Konsequenzen, die diese Betrachtungsweise für unsere Anschauung über Welt und Leben hat* (GA 38, S. 141).

In seinem Nietzsche-Buch und auch bezüglich seiner „Philosophie der Freiheit" fand er, dass jener *eine Menge von Fragen, die er offengelassen hat, bei mir weitergeführt gefunden* hätte (zit.b. Raub, S. 112), und wird von so Raub *gleichsam als geistiger Testamentsvollstrecker Nietzsches* (ebd.) benannt, wozu nur zu ergänzen wäre, dass Steiner dies selber auch so für sein Verhältnis zu Goethe sah.

Der evangelische Pastor Rittelmeyer hatte einmal Steiner seinen Aufsatz über „das Werk" Christi zugesandt und ihn darum gebeten, zu sagen, was daran falsch sei. *„Es ist nichts falsch"*, sagte Steiner. *„Aber sehen Sie"* – und er *nahm behaglich ein Blatt Papier von einem Block und zeichnete darauf einen kleinen Kreis –, „das sind Sie."* Nun zeichnete er mit Sorgfalt und Liebe daneben einen anderen Kreis, der sich mit dem ersten gar nicht berührte. *„Das ist Ernst Haeckel."* Dann kam ein großer Kreis, der beide umfasste: *„Und das ist die Theosophie."* Er hätte auch sagen können. Und das bin ich. Doch er vermied das Wort „ich" (Rittelmeyer, S. 46).

Auf die Frage Rittelmeyers, ob er sich noch niemals getäuscht habe, antwortete er nach einer Weile: *Doch, in Menschen habe ich mich manchmal getäuscht* (ebd., S. 57).

Die „Jugendfreundin" Rosa Mayreder, der Steiner noch 1924 in Wien seine Aufwartung machte, hinterließ in ihren Tagebüchern für Steiner wenig schmeichelhafte Zeugnisse, darunter auch das vom Treffen beider im Sommer 1918, dass *das Beisammensein mit ihm (...) mich immer an jene Geschichte von dem Besucher einer Irrenanstalt (erinnert), der durch einen sehr versierten, sehr gescheiten, sehr angenehmen Menschen herumgeführt wird, weshalb er ihn* für den Arzt der Anstalt hält. Zum Schluss stellt derselbe ihm noch einen Patienten vor, indem er sagt: „Die Krankheit dieses Menschen besteht darin, dass er sich für den Kaiser von China hält – und das bin doch ich, wie Sie sehen!" Unsere Gespräche stimmen solange überein, bis er auf sich und seine Tätigkeit zu reden kommt – da wird er plötzlich der Kaiser von China (Mayreder, S. 180 f).

Seine braunen Augen wiesen viele schwarzbraune Flecken in der Iris auf, die einem Augendiagnostiker viel gesagt haben würden, wie sein Schüler und später als Heilpraktiker tätige W.J. Stein meinte. Steiner jedoch war sich gewiss: *diese Flecken drückten nicht Krankheit aus, sondern Überanstrengung in der Jugend* (Stein, S. 268).

Bei seinem letzten Besuch in England, wo auch dem Freund Dunlop seine schlechte gesundheitliche Verfassung in die Augen sprang, entgegnete er ihm, *dass auf seinen Zustand keine gewöhnlichen Krankheitsverstellungen angewendet werden sollten* (zit.b. Lindenberg, 1997, S. 972).

Als er schließlich zu seinem letzten Krankenlager von der ‚Villa Hansi' den Hang hoch zur Schreinerei am Goetheanum übersiedelte, meinte er (nur beruhigend?) zu seiner Haushälterin: *Für zwei Tage gehe ich hinauf, um zu schwitzen, dann hoffe ich wieder herunterzukommen* (zit.b. GA 260 a, S. 660). Angesichts seines Zustandes mit nachfolgendem halbjährigen Krankenlager eine bodenlos-abgehobene Behauptung. Kulminierend in dieser Hinsicht ist seine erwähnte Aussage, einen Tod für einen Meister – wie ihn – gebe es nicht.

Nachdem Steiner in Weimar unter Umständen ausharrte, die *uns fortwährend das Gefühl des Ekels einflößen* (GA 39, Nr. 307), statt wie W. Raub meinte, aus Einsicht in die Unvereinbarkeit der Editionsprinzipien der Sophien-Ausgabe mit den seinigen besser daran getan hätte, zu kündigen, und die Weimarer Zeit auch noch wegen des erfolglosen Habilitierungsbestrebens eine schwere Zeit für ihn wurde, hatte er sich mit Ablenkung in Nietzsche-Kreisen und der Herausgabe von Werken Schopenhauers und Jean Pauls über Wasser gehalten. Allerdings überschritt er auch hierbei die Abgabefristen, die einzuhalten er nicht gewillt war, um Jahre. Ebenso unrealistisch war seine zeitliche Einschätzung zur Herausgabe der nachgelassenen Schriften Nietzsches, die nach seiner Auffassung *in drei bis vier Monaten zu Ende geführt werden könne* (GA 39, Nr. 472).

Auch seine Beziehung zu Ita Wegman führte bei seiner Frau Marie, die *eine so komplizierte Persönlichkeit* (L. Kolisko) war, zu gehörigem Unmut und Intrigen. Darüber sah er lange hinweg – von gelegentlichen Bemerkungen zu Dritten abgesehen –, bevor Marie wohl nach Rückkehr von ihrer Tournee an seinem Krankenlager zu einer heftigen Aussprache ansetzte.

Welche Helden wählte sich Steiner als junger Mann? Es mag verblüffen, wenn er in dem schon öfters erwähnten Fragebogen an dieser Stelle Herrschertypen nennt, die allesamt als rücksichtslos erobernde Tatmenschen Geschichte schrieben: Attila – Napoleon I – Cäsar – und als Frau Katharina von Russland. Mit Cäsar hat er immerhin gemein, dass er, wie dieser in seiner Schilderung des Gallischen Krieges, gelegentlich von sich selbst in der dritten Person gesprochen hat. (Allerdings ging ihm auch darin H.P.Blavatsky voran.). Alle vier Herrschertypen waren stürmische Welteroberer, auch wenn zum Beispiel Katharina II. wegen ihres „aufklärerischen Programmes" unter Historikern große Wertschätzung genießt. Obzwar Steiner den Fragebogen in seiner Weimarer Sturm- und Drangzeit ausgefüllt hatte, als ihn noch Nietzsches und Stirners Philosophie begeisterten, dürfte diese immerhin psychologisch interessante Tatsache verknüpft geblieben sein mit seinem Ziel, die geistige Eroberung der europäischen Menschheit nie aus den Augen zu verlieren. Stecken in diesen Neigungen nicht reale, auf Herrschaft gerichtete Motive, quasi Steiners persönliche Variante des „Willens zur Macht"? Ein Indiz für den nicht abgerissenen Faden zu dieser Zeit und zu der Beharrlichkeit seiner Pläne liegt wohl auch in der Entdeckung der Reinkarnation der von ihm so geschätzten Ita Wegman, in der er Alexander den Großen wiederfand.

Mit einer unbedingten Zielgerichtetheit, die noch näher zu bestimmen sein wird, setzte sich Steiner über alle Widerstände, Misserfolge, Einwände, Kritiken und Niederlagen in seinem daran nicht armen Leben hinweg und richtete seinen Blick nach oben in die „Entwickelung" geistiger Fähigkeiten und der Erkenntnis „höherer Welten", wo er als *Astral-Marx* (J.Huber) prometheische Lichtsamen der Menschheit wie ein abendländisch abgewandelter Ganesha austeilte, um mit leidenschaftlicher Hingabe, ähnlich seinen favorisierten historischen Eroberern, sein Imperium in der Welt zu gründen, von dem ein anderer weise sagte, dass dieses Reich nicht von ihr sei.

Autismus

Autismus als Konstellation zweier bestimmter Konflikte zu erkennen, gehört mit zu den großen biologischen Entdeckungen Hamers. Dabei rangiert das psychiatrisch bekannte Symptomenbild nur als Spitze eines extrem ausgeprägten Autismus, der in abgemilderter Form sehr viel mehr verbreitet ist. Als charakteristischer Zug der Persönlichkeit gehört er zur Eigenart mancher Denker oder auch von Künstlerpersönlichkeiten, wie zum Beispiel den beiden herausragenden Pianisten des 20. Jahrhunderts Arturo Benedetti Michelangeli und Glenn Gould.

Eine der eigentümlichen Verhaltensweisen der autistischen Konstellation bildet die Zurückgezogenheit, die bei mehr cerebral rechtsbetonter, depressiver Nuance stärker, bei Linksbetonung kaschiert (manische Komponente) und damit unauffälliger auftritt. Der autistische Typus kann sehr konzentriert bis zur (manischen) Verbissenheit ein Ziel ins Auge fassen, darüber alles andere vergessend, bis er sein Ziel erreicht hat. Somit ist er in dieser Hinsicht sehr genügsam, aber exorbitant anspruchsvoll im Hinblick auf seine Zielvorstellung. Alles was ihn auf seinem geplanten Weg stört oder Unordnung schafft, meidet er vehement, da es ihm unmittelbar zusetzt. Bei Kant beispielsweise lassen sich starke autistische Züge in seinem streng geregelten Alltagsleben, das sich ausschließlich im Umkreis von Königsberg abspielte, erkennen (s.d. Weischedel).

A.B. Michelangeli, für dessen Klaviervortrag die Bezeichnung meisterlich zu gering erschien, so dass er von Kollegen als „Übervirtuose" gerühmt wurde, lebte von jeglichem Vermarktungsrummel zurückgezogen und galt als unnahbar. Er soll so viele Konzerte abgesagt wie gespielt haben und übte manche seiner Stücke über Jahre, manchmal über ein Jahrzehnt ein. Gemessen am Repertoire seiner Kollegen fiel seines dadurch eher bescheiden aus.

Was er als junger Mann einer Komponistin gegenüber aussprach, erinnert an die selbstbewusste Haltung Steiners – dem er überdies mit seiner Selbstcharakterisierung als *slawische Seele mit österreichischer Bildung* nahe steht – bei der Kommentierung von Goethes naturwissenschaftlichen Werken: *Ich werde mit aller Kraft versuchen, ihrer neuen Komposition gerecht zu werden, aber ich klinge, wie ich klinge, ich kann, was ich kann und ich höre, wie ich höre.*

Wenn dann Michelangeli sein vollendetes Spiel ohne lautmalerische Mimik und Gesten beendet und als *Inkarnation einer solch erhabenen und perfekten Legende* (Paolo Isotta) einen nahezu überirdischen Eindruck beim Publikum hervorgerufen hatte, kam er selbst nach stürmischen Ovationen auf der Bühne ohne ein Lächeln vor, so dass ihm dieser Wesenszug den Beinamen „la faccia del silenzio" eintrug.

Der Kanadier Glenn Gould spielte, zurückgezogen vom Publikum, in späteren Jahren nur im Studio. Sein Perfektionismus war so rigoros, dass er an der monotonen Gleichartigkeit nichts ändern wollte, sei es an seiner in Kindersitzhöhe (35,5 cm) fixierten Spielhaltung, seinem über die Jahre nur noch als Rahmen übriggebliebenen „Stuhl", sei es an seinem Flügel, der von der Plattenfirma exklusiv für ihn reserviert geblieben war. Bei der zweiten Einspielung von Bachs „Goldberg-Variationen" ließ er am Schluss den identischen Anfangsteil technisch anfügen, statt ihn selbst zu wiederholen – weil ihn sein Perfektionismus auch vor minimaler Abweichung scheuen ließ. Die von ihm produzierten Aufnahmen geben nicht die Einmaligkeit eines authentischen Studio-Konzertes wieder, sondern sind Endergebnis technischer Montagen und Manipulationen des eingespielten Rohmaterials, das künstlerische Vollendung gewährleisten sollte. Selbst seine von ihm inszenierten Filme über ihn selbst waren trotz aller scheinbar spontanen Szenen bis ins kleinste Detail geplant. Sein Kommunikationsbedürfnis äußerte er in exzessiven stundenlangen Telefonaten aus sicherer Distanz.

Was findet sich von diesen autistischen oder gar „exzentrischen" Verhaltenszügen der beiden Künstler in der Vita Rudolf Steiners wieder? In seiner Kindheit tritt die Zurückgezogenheit von anderen Kindern als ein stark kennzeichnendes Element hervor, das sich z.B. in seinen einsamen Spaziergängen dokumentierte, die nur gelegentlich von Familienangehörigen begleitet waren. Spielen holte er bekanntlich erst in seiner Wiener Zeit als Hauslehrer bei Familie Specht nach.

Verbissen nahm er sich über Jahre hinweg den unverständlichen Aufsatz seines Schuldirektors vor, bildete sich autodidaktisch in mathematischen Übungsbüchern zu dessen besserem Verständnis heran, bis er schließlich mit Ausdauer und gewachsenem Verständnis erreicht hatte, den naturwissenschaftlichen Gedankengängen darin folgen zu können.

Über seine inneren Erlebnisse hatte er über Jahrzehnte gepflogen zu schweigen und war auch gegenüber seinem Jugendfreund Lemmermeyer bei der interessanten telepathischen Begebenheit nicht eingestiegen.

Seine von ihm als Mission empfundene Tätigkeit, nicht bloß als Realschul-Lehrer sondern als Menschheitslehrer, nicht als Bahn-Ingenieur, sondern als prometheischer Ingenieur geistige Güter zu vermitteln und ein spirituelles Reich an die naturwissenschaftlichen Grundlagen seiner Zeit anzugliedern, ist deutlich schon in der ernstzunehmenden Beantwortung des ‚Weimarer Fragebogens' enthalten. An diesem Programm und für dieses Programm lebte und arbeitete er unermüdlich. Alles andere ignorierte er weitgehend und bezog auf seinem sonst nicht eben geradlinig verlaufenden Weg, was sich ihm bot, in sein reichhaltiges Repertoire ein. Dazu gehörte sein ständiges Lesen, autodidaktisches Studieren und Erarbeiten, seine psychisch-gedanklichen Schulungsmethoden, sein jahrelanger Plan der Promotion, dem sich eine Dozentur oder Professur anschließen sollten.

Es gehört zu dieser Missionsidee Steiners Art, seine „Gabe" über sein Leben hinaus in die Kultur eingepflanzt sehen zu wollen. Auf eine entsprechende Frage der Ärztin Wegman an seinem Krankenbett äußerte er, sein Name müsse untrennbar mit der Anthroposophie verbunden bleiben, um, wie er meinte, Fälschungen abzuwehren. Die perfektionistischen Ansprüche, die er in wissenschaftlichen Disziplinen an sich stellte und ihn bei-

Dornach, Goetheanum, 26 April 1924

Sehr verehrtes liebes Fräulein S......

Es ist mir herzlich leid, dass Sie von mir die von Ihnen gewünschten Themen für die Pariser Vorträge noch nicht erhalten haben, aber die notwendigen fortwährenden Reisen und die Sorge um den Wiederaufbau des Goetheanums haben das bewirkt. Ich möchte in den Mitgliederversammlungen vortragen über „Anthroposophie als Erkenntnis-Bild von Mensch und Welt und als ethisch-religiöser Impuls" In dem Vortrag vor geladenem Publikum möchte ich sprechen über „Wie kommt man zur Erkenntnis der geistigen Welt?"

Wenn Sie noch Weiteres wünschen, so bitte ich es mir mitzuteilen. Ich antworte dann sogleich.

Allerherzlichste Grüße
Ihr
Rudolf Steiner
Goetheanum Dornach bei Basel
Canton Solaire Schweiz

Sorgfältige Abschrift bzw. Entwurf eines Briefes von Rudolf Steiner an Alice Sauerwein (Vollständige Textversion veröffentlicht in: Irene Diet – Jules und Alice Sauerwein, S. 406)

spielsweise behaupten ließ, er könne *jeden Professor der Botanik in der Botanik durchfallen lassen* (Konferenzen, 31.1.1923), legte Steiner auch seinem Gesamtwerk zugrunde, so dass es über sein begrenztes Leben hinauszuwirken vermöge. Und wie zum Beweis konnte er bei einer spontanen Fragenbeantwortung nach einem Vortrag auch die entlegene Spezialfrage nach südamerikanischen Pflanzen, deren Namen die anfragenden Botanikstudenten aus einem halb vergilbten Buch ausgegraben hatten, zu deren Erstaunen die Pflanzen beschreiben, mit komplettierenden Angaben zur medizinischen Verwendung (Hahn, S. 42-45).

Biomanisch

Die erhöhte Energie, die Steiner aus der grundsätzlichen Sympathikotonie eines bzw. mehrerer Konflikte bezog, wurde verstärkt durch seine linkscerebrale manische Komponente, der ein zweiter Verstärker in Gestalt der biomanischen Konstellation hinzutrat.

Im hochakuten Zustand tritt sie bei cerebraler Linksbetonung als Jähzorn und vehemente Affekthandlung auf; unter der Spitze dieses Eisberges wirkt sie unerkannt als Kraftmotor, verleiht Zähigkeit und Ausdauer, ohne jemals einen Jähzornsanfall hervorzurufen. Viele körperlich erstaunliche Leistungen auf Dauer sind damit auch bei schwächlicher Konstitution – sogar bei älteren und völlig unsportlichen Menschen – möglich.

Steiners unentwegter körperlicher Belastung durch ständiges Reisen über zwei Jahrzehnte und mehrtausendfaches Vortraghalten (die schon im Kap. über seine Manie dargestellt wurde) wurde hier von einem weiteren *Turbo* (Hamer) begegnet, der es ihm erlaubte, ohne große Ruhepausen sein Programm zu absolvieren, das andere erschöpft hätte.

Das gelegentlich anzutreffende dominante Verhalten, seine nicht so ganz unbekannte Art, nötigenfalls Freund oder Gegner niederzumachen, ihnen eine Abfuhr zu erteilen, polemische Attacken zu reiten oder vor Wut Türen zu schlagen, erinnern an den väterlichen Jähzorn. Beispielsweise 1919 in Berlin, als er *mit einer vernichtenden Wucht* (Rittelmeyer, S. 118 f) seine Gegenargumente auf einen Widersprechenden niederprasseln ließ, dass der kleine Arbeiterführer, so fertiggemacht, den Saal verließ und draußen heulte. So bei einigen seiner geschätzten Mitarbeiter wie dem Chemiker Oskar Schmiedel, der von ihm angefahren wurde *in einem Ton ..., wie er noch nie mit mir gesprochen hatte. Ich war darüber ganz betroffen und sprach mit einem Stuttgarter Freund*, der ihm antwortete: *Das sind wir in Stuttgart gewöhnt. Das ist der Stuttgarter Ton von Rudolf Steiner* (Schmiedel, zit.b. Zeylmanns, S. 428). Steiner hatte für das Verhalten gegenüber dem *Stuttgarter System*, wie er es nannte, natürlich seine Gründe.

Oder bei dem von ihm überaus geschätzten Emil Leinhas, dem kaufmännischen Direktor nahestehender Unternehmungen der Dreigliederungsbewegung, der einen Verweis Steiners kassierte, als er nach einer vorangegangenen Konferenz, bei der Steiner außer ihm alle anderen getadelt hatte, bei der nächsten Zusammenkunft beim Verlesen seines Protokolles naiverweise den Tadel referierte. Darauf wies ihn Steiner scharf zurecht und bemerkte, dies stehe ihm nicht zu.

Postmortale Konstellation

Ein doppelseitiger Revierkonflikt, bei dem die beiden coronaren Herzrelais betroffen sind, kann die Symptomatik der postmortalen Konstellation auslösen. Kennzeichnend dafür sind postmortale Vorstellungen, d.h. Gedanken über Nachtodliches, die je nach Stärke der Konflikte mehr kultiviert, als Interesse an derartigen literarischen Zeugnissen oder in eigener Produktion ausfallen können – der Zusammenhang unglücklicher Liebe und dichterisch verklärter Todessehnsüchte füllt Bibliotheken – oder als Leiden des jungen Werthers maximal in realen suizidalen Handlungen enden.

Steiners okkultistische Forschungen haben einen unübersehbaren Schwerpunkt in postmortalen Erlebnissen: die Zeit nach Beendigung des Lebens als „geistige Geburt", der Seelen Weg durch die nachtodliche Sphäre, wie er sie detailliert in seiner „Geheimwissenschaft" und „Theosophie" beschreibt und in vielfältigen Vertiefungen und Ergänzungen seiner Vorträge weiter behandelt. Die „Verbindung zwischen Lebenden und Toten" war schon vor dem Ereignis des 1. Weltkrieges, bei dem auch viele Anthroposophen Angehörige verloren, Bestandteil seiner Thematik.

Als seine erste Frau sich von ihm trennte (1904/5), war ihre krankhafte Eifersucht durch seine enge Zusammenarbeit mit Marie von Sivers aufgeflammt. Wie ich an anderer Stelle vermutet habe (Mohr, 2003), leitet sich von daher Steiners Prostata-Konflikt ab. Der kann allerdings nur entstehen, wenn vorher das Herzrelais schon durch einen Konflikt besetzt ist, und nimmt daher quasi stellvertretend den neuen, verschobenen Revierkonflikt an, was ein weiteres Indiz für eine solche Besetzung bei Steiner abgibt.

Einem seiner Schüler, dem Literaten und Führer der russischen Symbolisten Andrej Belyj, interpretierte er dessen pektanginösen Anfälle, die zuvor ärztlicherseits als glimpfliche Herzneurose beurteilt worden waren, *nicht (als) Anzeichen einer organischen Krankheit, sondern einer inneren Entwicklung* (Belyj, 1992, S. 105). Sehr wahrscheinlich versuchte Steiner den psychisch ziemlich verstörten Belyj damit weiter zu beruhigen. Wieso ordnete er aber die klinische Symptomatik nicht als offensichtlich krankhafte Fehl-Einweihung ein, wenn er schon ihre tatsächlichen Ursachen dabei übersah?

Belyj hatte starke Nöte mit der sexuellen Abstinenz seiner Lebensgefährtin; ihn quälten erotische Anfechtungen, die er in stundenlangen täglichen Meditationen zu betäuben suchte, da ihm *Zuflucht zu Prostituierten zu nehmen* (ebd., S. 58) mit seinem geistigen Streben unvereinbar war. Die konfliktive Not kommt in seinen Aufzeichnungen deutlich zutage, daher weisen die Herzsymptome auf einen bedenklichen „Einweihungsweg", den der Triebunterdrückung, hin, wie er von der Anthroposophie nicht propagiert wird. Weshalb dann also Anzeichen *innerer Entwicklung*? Noch dazu aus nächster Nähe beurteilt, wohnte Belyj doch ein paar Jahre lang in der Nachbarschaft Steiners. Steiners Verkennung der zugrunde liegenden Lebenstatsachen und die befremdliche Einschätzung der Symptome als *innere Entwicklung* statt als Fehlentwicklung des jungen Russen erklären sich dann, wenn sie nicht als leichtfertige Verknüpfung, sondern so gesehen werden, dass sie ihm aus eigenem Erleben möglicherweise nicht unbekannt waren.

Körperliche Fährten

Um die behaupteten konstellativen Grundlagen von Merkmalen der Persönlichkeit Rudolf Steiners auf die Füße stellen zu können, muss nun der Blick auf die Fakten in Form von körperlichen Symptomen gelenkt werden, die das organische Pendant zu ihnen bedeuten. Immerhin bieten die Briefe Steiners hin und wieder einmal einen Einblick in seine spärlich dokumentierte Gesundheitsverfassung. Auch zu seiner schweren Erkrankung der letzten Lebensjahre finden sich nur karge Äußerungen. Was ist dazu überhaupt aus seinem gesamten Leben bekannt geworden?

Von seiner Schwester wurde die lebensbedrohliche Nabelblutung nach seiner Geburt überliefert.

Mit dem schreienden Säugling hatte die Mutter viel zu tun und versuchte ihn dadurch zu beruhigen, indem sie ihn ums Haus herum trug.

Die vier hauptsächlichen Konstellationen Steiners geben vier feste Organrelais vor, deren unterschiedliche Kombination für die jeweilige Konstellation verantwortlich ist; dazu gehört das Bronchialrelais mit den möglichen wiederkehrenden Lösungssymptomen Husten, Bronchitis etc.; das Kehlkopfrelais mit Kehlkopfhusten, Räuspern, Heiserkeit, Aphonie etc.; das Magen-/Zwölffingerdarm-/Gallengangs-/Bauchspeicheldrüsenrelais mit unspezifischen Verdauungssymptomen, Unverträglichkeit von Speisen, Schmerzen, Gastritis, Magengeschwür etc.; sowie das Rektumrelais mit Hämorrhoiden, Afterschmerzen etc. Alle genannten Symptome treten erst auf, wenn der zugehörige Konflikt – wieder einmal – in Lösung gegangen ist, danach kommt es bei den schon zur Persönlichkeit gehörenden Konstellationen („Charaktereigenschaften") meist wieder zur Konfliktaktivität.

Zu bedenken ist ferner, dass die Konstellation gerade mit dem zweiten Konflikt einen *Kunstgriff der Natur* darstellt, der die unter Umständen gefährlich anwachsende Konfliktmasse abbremst und soweit abpuffern kann, dass die kaum spürbaren Symptome unauffällig bleiben oder aber chronifiziert werden. Umso wichtiger stellen also entsprechende Symptomspuren die Bestätigung der mehr oder minder stabilen Konstellations-Balance dar. Finden sich Spuren davon in Steiners Lebenszeugnissen?

Angaben zu Erkrankungen Steiners in seiner weiteren Kindheit fehlen völlig. Gegen Ende der Schulzeit dokumentiert einzig sein Klassenfoto das sonst nirgends erwähnte Ereignis, als einziger von allen Mitschülern zwischenzeitlich eine Brille zu tragen. Als hierzu gehörige Angst-im-Nacken, dem Netzhautrelais zugeordnet, vermute ich eben seine Angst, auf dem längeren Schulweg von den Zigeunern geraubt zu werden.

Wertet man seine veröffentlichten Briefe aus, ergibt sich aus recht unspezifischen Angaben über oftmaliges *Unwohlsein, grausamer Kopfschmerz* dann auch die konkrete Bezeichnung von:

Aphonie, wieder, seit Tagen, etwa im Zeitraum 9.-21.3.1891
Heiserkeit, jedes Jahr (Weimarer Zeit)
Stimme fatal, 19.3.1905

dann immer wieder Steiners Achten auf evtl. kalte, ungeheizte Schlafräume, da er davon ein Versagen seiner anfälligen Stimme befürchtete. *Besser ist's*, schrieb er einmal über die Wohnbedingungen im Hotel an Marie, *dort am Fußboden kleben zu bleiben, was ja einmal passiert ist, als hier anzufrieren* (GA 262, Nr. 40). Oftmals begann er seine Vorträge heiser und redete sich die Kehle allmählich klar.

1908 wird erstmals der empfindliche *Magen* erwähnt. Steiner lehnte beim Mittagessen eine Pastete mit dem Hinweis auf eine Empfindlichkeit seines Magens ab (Kleeberg, S. 183). Es kann aber auch sein, dass der Vegetarier Steiner dies als höfliche Ausrede gegenüber seiner Gastgeberin benutzte. Strakosch erwähnt ab dem Jahr 1917 Mandelmilch als tägliches Getränk Steiners, vermutlich wegen seines empfindlichen Magens. Marie

Steiner nannte seinen Magen einmal *Patron*, da er wohl immer wieder Schwierigkeiten machte.

Seinen *Husten oder Bronchitis* erwähnte Marie Steiner in ihrem Brief November 1923. Dieses Symptom darf auch unterstellt werden, wenn von Erkältungen (11/1896) oder Influenza (Rittelmeyer, S. 124) die Rede ist.

Seine *Rektum*symptomatik deckte Steiner erst ganz spät, im Jahr 1924 auf.

Ein nicht genau einzuordnendes Symptom wird im Oktober 1912 berichtet, wo Steiner sagt, dass er *so mürbe ist wie zerhacktes Fleisch und in der Stille ihm starke Schmerzen kommen* (zit.b. Chronik, S. 321).

Alle weiteren Symptome der letzten Krankheitsjahre sind im vorhergehenden Buch „Das Rätsel der Todeskrankheit Rudolf Steiners" tabellarisch aufgelistet und besprochen worden.

Aus diesen spärlichen Symptomen der erhaltenen Briefliteratur und den während des letzten Krankenlagers gemeldeten werden immerhin alle vier Organbereiche bestätigt: Rektum, Kehlkopf, Bronchialbereich und der Magen. Der Einwand, es gebe nur wenige Menschen, die nicht auch Husten, Heiserkeit, Magenbeschwerden und Hämorrhoidalsymptome gehabt hätten geht insofern fehl, als die Symptome nichts beweisen, sondern nur belegen sollen. Es spricht auch nicht gegen Steiners Konstellationen, wenn viele andere Menschen gleichartige Symptome produzieren, wobei jedenfalls nicht auszuschließen ist, dass ein Teil dieser Personengruppe ebenfalls konstelliert ist.

Ein folgenreiches Missverständnis

Für die in Rede stehenden Konstellationen, Konflikte sowie ihre Organrelais und Symptome kommen ja auch noch entsprechende Konfliktthemen in Frage, die – cerebrale Rechtsdominanz bei Steiner vorausgesetzt – mit „Revierangst", „Revierärger", „Schreckangst", und „Identitätskonflikt" umschrieben sind. Im einzelnen genaue lebensgeschichtliche Zuordnungen zu belegen, ist aufgrund mangelnder Übersicht über die konfliktiven Ereignisse in Steiners Vita nicht möglich. In meiner vorigen Untersuchung über die „Todeskrankheit Rudolf Steiners" habe ich dies zumindest für die Krankheitsmanifestationen zur Zeit des Krankenlagers zu belegen und zuzuordnen versucht. Für die Zuordnung in seiner weiteren Lebensgeschichte möchte ich dies zumindest an einem Beispiel eines bislang in seiner Bedeutung übersehenen Ereignisses illustrieren.

Anfang 1887, als Steiner noch in Wien bei der Familie Specht als Hauslehrer fungierte und den ersten Goethe-Band und auch die „Grundlinien" veröffentlicht hatte, wurde er für mehrere Wochen so schwer krank, dass er seinen literarischen Verpflichtungen nicht mehr nachkommen konnte. Etwa von Anfang Februar bis in den April hinein war er durch eine nicht näher bezeichnete Erkrankung *zu jeder Arbeit unfähig* und danach nur *halb und halb (wieder) hergestellt* (GA 38, Nr. 116.) Einer so langen Krankheitsdauer, die als Lösungsphase eines vorhergehenden Konfliktes anzusehen ist, muss also im Vorjahr ein solcher vorangegangenen und etwa um den Jahreswechsel herum gelöst worden sein, denn als Steiner am 18.2.1887 von seinem desolaten Gesundheitszustand schrieb, wähnte er sich schon *seit einigen Tagen auf dem Wege, besser zu werden* (ebd., Nr. 113), d.h. umgekehrt, er laborierte schon einige Zeit daran. Wo wäre im Jahr 1886 ein erschütternder Konflikt für Steiner zu erkennen, der ihn so stark und auf längere Zeit berührt hätte, dass er zur Heilung fast ein Vierteljahr benötigte?

Im April 1886 hatte ihn Schröer enthusiastisch auf die Dichtungen der jungen Wienerin delle Grazie aufmerksam gemacht, woraufhin er die Dichtungen in einem Zuge las und davon so begeistert war, dass er ein Feuilleton darüber schrieb, womit er sich der Dichterin persönlich näher brachte. Bald danach nahmen Steiner mit Schröer und seiner Familie als geladene Gäste an einer Autorenlesung in delle Grazies Haus teil. Der *pessimistische Grundton, ... die vom Schicksal innerlich betrogenen Menschengrößen, ...das von seiner erschüttemdsten Seite gemalte Leben* (GA 28, S. 82) in delle Grazies Dichtungen war für einige Zuhörer zuviel. *Die Damen entfernten sich. Sie hatten eine Art von Krämpfen bekommen* (ebd.). Auch für Schröers Kunstauffassung war die Grenze des Erträglichen überschritten. Er wurde unwillig. Das Erlebnis war für ihn so durchschlagend, dass er keinen Fuß mehr ins Haus der Dichterin setzte. Steiner, einer anderen Generation angehörend, konnte hier mit ihm nicht übereinstimmen.

Davon angeregt schrieb er einen Aufsatz „Die Natur und unsere Ideale", in dem er zu der Anerkennung von delle Grazies Standpunkt seinen eigenen, diametral entgegengesetzten vorführte, und ließ den Artikel drucken. Schröer erhielt natürlich ein Exemplar weitergeleitet. Doch das löste ein Zerwürfnis mit ihm aus!

Denn Schröer ließ daraufhin Steiner ein Schreiben (!) zukommen, in dem er ihm eröffnete, *dass, wenn ich (Steiner) so über den Pessimismus denke, wir uns nie verstanden hätten. Und wer von der Natur so spreche wie ich in diesem Aufsatze, der zeige damit, dass er Goethes Worte „Erkenne dich und leb' mit der Welt in Frieden" nicht tief genug nehmen könne* (ebd., S. 82 f). Krasser hätte der immer taktvoll zu seinen Schülern und besonders zu seinem Schützling Steiner sich verhaltende Schröer seinen Unmut und die Differenz mit ihm kaum anbringen können. Ein geistiger Bruch mit dem „geistigen Vater", gipfelnd in dessen Vorwurf, Goethe nicht tief genug verstanden zu haben in Anbetracht seiner herausragenden Goethe-Kommentierung lassen verstehen, dass Steiner, *als ich diese Zeilen von der Persönlichkeit empfing, an die ich mit stärkster Anhänglichkeit hingegeben war ... im tiefsten meiner Seele betroffen war.* Er erlebte *einen grossen Schmerz* (ebd.).

Mein Gefühlsleben hatte dadurch, weil es an beiden Seiten (delle Grazie und Schröer) *mit ehrlicher Liebe und Verehrung beteiligt war, einen wirklichen Riss* (ebd., S. 87).

Der Kontakt zu Schröer wurde infolge dieses Zerwürfnisses wohl abgekühlter, was sich auch daraus schließen läßt, dass Steiner das Kürschner anfangs Mai angekündigte Manuskript für den zweiten Band der naturwissenschaftlichen Schriften Goethes, es werde den „Grundlinien" ehestens *nachfolgen* (GA 38, Nr. 95), nicht schickte. Denn es befand sich, wie er weiter schreibt, zur Lektorierung in Schröers Hand, und erst als Kürschner nach einigen Monaten wiederholt anmahnte, schickte ihm Steiner am 21. November wohl den Goethetext – aber ohne seine Einleitung!

Noch vor Jahresende stocherten dann beide wieder den abgekühlten Kontakt an, was auch aus der um diesen Zeitpunkt vorliegenden Korrespondenz hervorgeht, worin über einen Teilabdruck des ersten Kapitels aus den „Grundlinien" in der von Schröer herausgegeben „Chronik des Wiener Goethe-Vereins" die Rede ist. Durch die Folge ihrer Annäherung ging für den zutiefst getroffenen Steiner der Konflikt mit Schröer biologisch in Lösung, deren körperliche Folgen er im Anschluss so einschneidend durchzumachen hatte.

Es wird jedem, der etwas mit der Germanischen Neuen Medizin® vertraut ist, nicht schwer fallen, Steiners Symptomatik und Organerkrankung zu erahnen, doch soll hierbei nicht spekuliert werden, sondern der herausgearbeitete Anteil genügen.

Steiner jedenfalls entging der Zusammenhang seiner Erkrankung mit der so deutlich erlebten Verletzung durch Schröer. Dass er als anthroposophischer Geisteswissenschaftler eine andere Ebene der Diagnostizierung von Krankheitsursachen verfolgte, trifft als Einwand nicht zu, hat er doch Rittelmeyer die frappierende Ferndiagnose: *Durch einen Absturz nachträglich aufgetretene Folgen an der Gehirnhaut* (Rittelmeyer, S. 139) gestellt, die auch auf ein physisches Ereignis zurückgeht und nicht die „geistige Ursachenebene" angibt.

Trotz aller Bedeutung, die Schröer weiterhin für Steiner zukam, auch seine vermutliche Unterstützung von Steiners Promotionsbetreiben, wird Schröer in Steiners Autobiographie danach nur noch einmal erwähnt, als er im Jahre 1888 wiederum auf einen Artikel Steiners, in dem er viel Sympathie für den ehemaligen katholischen Unterrichtsminister Leo Thun geäußert und damit eine empfindliche Stelle des von Klerikalen in seiner beruflichen und existentiellen Situation behinderten Schröer getroffen hatte, nicht ohne Emotionen reagierte. Schröer war im Jahre 1870 sehr froh darüber gewesen, dass endlich das Konkordat, der Einfluss Klerikaler im Staatlichen, gefallen war und nun auf deren Wiederaufleben nicht gut zu sprechen. Steiner überliefert Schröers bedenkliche Reaktion in dessen Frage an ihn: *Wollen Sie denn wieder eine klerikale Unterrichtspolitik in Österreich?* (GA 28, S.99).

1916 erwähnt Steiner seinen ehemaligen Lehrer nochmals in dem Kapitel „Bilder aus dem Geistesleben Österreichs" seines Buches „Vom Menschenrätsel" an erster Stelle neben fünf weiteren Dichtern und Denkern. In dieser unkritisch gehaltenen Miniatur entfaltet er wohl das biographische Umfeld und die wissenschaftliche Forschung Schröers, charakterisiert auch dessen idealistisches Anliegen in der Unterrichtspädagogik und Literaturgeschichte, weicht aber verständlicherweise in der kleinen Hommage Äußerungen aus, die er an anderer Stelle (mündlich) über die eigentliche, „verpasste Mission" Schröers gegeben hat. Vielmehr geht es hierbei Steiner darum, ihn der Öffentlichkeit als seinen „Lehrer und älteren Freund" hinzustellen und als *Persönlichkeit, in der ich vermeine, die Offenbarung des geistigen Österreichertums innerhalb der zweiten Hälfte des neunzehnten Jahrhunderts in einem sehr edlen Sinne erblicken zu dürfen* (GA 20, S. 88).

Somit endet in Steiners Autobiographie die Beziehung zu Schröer als Torso. Innerlich hatte er wohl mit dem Erlebnis bezüglich delle Grazie seinen eigenen geistigen Weg eingeschlagen und sich von Schröer geistig verabschiedet. Über die raren schriftlichen Kontakte der beiden aus Steiners Weimarer Zeit, sowie Steiners eher schleppendem Lektorat von Schröers Neuauflage seiner „Faust"-Ausgabe, das auch durch sein *Unwohlsein* mit verzögert wurde, kam es zu keiner Verbesserung der nur oberflächlich gekitteten Beziehung. Wenn auch Schröer in seiner Einleitung Steiners Bemühungen höflichen Dank abstattete, so dürfte es mehr als eine Formel aufzufassen sein, war doch anscheinend *das Placet aus Weimar (häufig) erst eingetroffen ..., nachdem die Frist verstrichen und der endgültige Wortlaut festgelegt war* (Raub, S. 17). Drängt sich dabei nicht die ehedem umgekehrte Situation Steiners auf, der nach dem Zerwürfnis mit Schröer allzu lange auf sein von ihm zu lektorierendes Manuskript hatte warten müssen und es ihm noch bis in die Weimarer Zeit nachtrug?!

Bezeichnend vielleicht für Steiners persönlich abwertende Sicht der Persönlichkeit Schröers kann neben dessen angeblich verpasster anthroposophischer Mission seine 1924 aufgeworfene Ansicht sein vom *Altersschwachsinn* Schröers (GA 238, 23.9.1924), was nach den persönlichen Recherchen des Schröer-Forschers Erwin Streitfeld zweifelhaft erscheint. Außer der motorischen Behinderung, die Schröer in den Rollstuhl zwang, und einer nierenbedingten Ödembildung (als Brightsche Krankheit diagnostiziert; s. Streitfeld, S. 362) sprechen die von Streitfeld gesammelten Zeugenaussagen der Angehörigen für Schröers geistige Regsamkeit im Alter. Da jedoch der nach heftigen Auseinandersetzungen mit dem von ihm gegründeten Goethe-Verein daraus ausgetretene Schröer innerlich vereinsamt war und gelegentliche Desorientiertheit durchaus infolge eines doppelten Vertriebenkonfliktes für beide Nierensammelrohre (*Seine äußere Erscheinung war die eines untersetzten, zur Dicklichkeit neigenden, sehr lebhaften Mannes ...* zit.b. Streitfeld, S. 365) im Bereich des Möglichen gelegen hat, wäre auch bei diesem Zugeständnis an Steiners „Demenz-Diagnose" Schröers vorübergehende Desorientiertheitsphasen im Sinne der Germanischen Neuen Medizin® verständlich, würden als Demenz aber nicht zutreffen.

Kurz nach der Einweihung des Goethe-Denkmals am 16.12.1900 starb Schröer, worüber erstaunlicherweise in Steiners Autobiographie sowenig wie in Lindenbergs Chronik berichtet wird. Zwei Wochen lag Jacobowskis Tod zurück, von dem Steiner hingegen bewegt schreibt. Mit Schröers Tod ist Steiners Geburtsstunde um die Jahrhundertwende gekommen. Er ist endgültig an der Pforte der Theosophie angelangt, in der er die Früchte seiner goetheanistischen Sicht einbringen wird, die ihm nicht ohne Schröers Verdienst zugefallen waren.

Grabrelief seines Hochschullehrers und Förderes K.J.Schröer auf dem Matzleinsdorfer Friedhof in Wien (Halbstück mit aufgeschlagenem ‚Faust' des Goethe-Kommentators Schröer)

Inhomogen

Die Folgen einer retardierenden Konstellation, die in der nicht vorhandenen Ausreifung der Persönlichkeit sichtbar werden, spalten diese zudem inhomogen auf. Demgegenüber weist eine gereifte Persönlichkeit eine einheitliche seelisch-geistige Verfassung auf. Intellektuelle Abstraktionen, sophistische Spitzfindigkeiten, altkluge Phrasen, wechselhafte Ansichten sprechen für eine labile, inhomogene Struktur der Persönlichkeit.

In Steiners intellektueller Biographie finden sich nicht selten überraschende Kehrtwendungen von vormals vollmundig ausgegebenen Parolen wieder. Das hatte ihm auch häufig Verurteilungen und enttäuschte Freundschaften eingebracht. Ob im Falle Platos, Nietzsches, Stirners, Haeckels – überall kam das *Janus-Gesicht* Steiners (Raub) zum Vorschein.

Geradezu verzückt verwies er häufig auf ein kritisches Büchlein eines anonymen Autors: „Das Unterbewusste vom Standpunkt der Philosophie und Deszendenztheorie", das vom modernen Standpunkt aus alle möglichen Einwände gegen das Werk „Die Philosophie des Unbewussten" von Eduard von Hartmann aufführte und es widerlegte. Es war – vom selben Autor verfasst worden! Ebenso stellte Steiner in seinen Büchern häufig die Bemerkung voran, er habe sich alle Einwände gegen seine Ergebnisse selber gemacht.

Aber die *Wandelbarkeit* seiner Ansichten, wie ehemals Verächter der Theosophie und anschließend ihr Wortführer zu sein, war genau das Wort, mit dem er als Einunddreißigjähriger im Fragebogen sein Temperament bezeichnet hatte! In seiner Autobiographie bestritt er anderen diese an ihm gemachte Beobachtung und meinte, dies in seine Persönlichkeit integrieren zu können, indem er behauptete, einiges *hinzugefunden* zu haben. Aus seiner Berliner Zeit datiert ein briefliches Bekenntnis, in dem er sich dem Leser gegenüber zugesteht, darüber *so ziemlich gleichgültig* zu bleiben, *ob ich mit dem, was jemand schreibt, einverstanden bin oder nicht. Wenn es nur anregend ist* (GA 39, Nr. 484). Ob er es deswegen auch dem Autor freigehalten hat der Anregung halber Positionswechsel zu begehen?

Die wechselhafte Argumentation Steiners, im Fall seiner theosophischen Berufung von einer geänderten Haltung begleitet und in der Attitüde (insbes. Kleidung) seiner Welt-Anschauung zelebriert, erinnert etwas an eine von Karl Marx beschriebene Taktik. *Es ist möglich,* schrieb dieser an Engels, *dass ich mich blamiere. Indes ist dann immer mit einiger Dialektik wieder zu helfen. Ich habe natürlich meine Aufstellung so gehalten, dass ich in umgekehrtem Falle auch Recht habe* (zit.b. Löw, S. 275 f). Im Vergleich zu Marx agierte der hochbegabte und hochintelligente Steiner womöglich undurchsichtiger?

In diesem Sinne wurde „Dialektik" auch von Marx' Epigonen verstanden, so von Bebel in einem Brief an Kautsky: *Macht man ihn* (Liebknecht) *dann auf die Widersprüche aufmerksam, dann leugnet er den Widerspruch und beweist mit großer dialektischer Gewandtheit, dass der größte Widerspruch eigentlich die größte Einheit sei* (ebd.).

Die Betrachtung einer Sache von sogar entgegengesetzten bzw. mehreren (zwölf) Gesichtspunkten aus empfahl Steiner als methodische Übung seinen Schülern. Das mag angehen. Aber heute zum einen „ja" und morgen dazu „nein" zu sagen, hat nichts mit Persönlichkeitsschulung oder ihrer Entwicklung zu tun, sondern ist Negation und Bruch der eigenen Persönlichkeit. Sollten dazu nachweisbare Gründe vorliegen, liegt die Änderung auf der Hand. Wiederholt sich der Ablauf jedoch mehrfach, verweist das nicht auf die Gründe, sondern auf den wendigen Urteiler. Differenziertheit hat nichts mit Verwischen zu tun.

Phaidros

Wenn nach Auswertung der biographischen Angaben die Wahrscheinlichkeit, dass Rudolf Steiner in seinem Leben nicht konstelliert gewesen ist, höchstens während der ersten vier Lebensjahre gegeben war, so stellt sich zwingend die Frage nach der Qualität seiner Ideen und Erkenntnisse. Kann ein entwicklungsgeschichtlich retardiertes, nicht zur reifen Persönlichkeit entwickeltes Individuum überhaupt Wahrheiten aussprechen oder Weisheit finden?

In den abgelaufenen phylogenetischen Zeiten zumindest der Großhirnevolution zeigte einzig die Alpha-Stellung in der Hierarchie die Position mit Führungsqualitäten an. Ihre Dominanz ist mit Freiheit von dauerhaften Cortex-Konflikten oder gar Konstellationen verbunden. Alle anderen Mitglieder – außer den nicht erwachsenen Exemplaren – haben entweder einen Konflikt mit resultierendem „Zweitwolf"-Phänomen der Unterordnung oder konstellative Verfassung mit eventuell instabiler Unterordnung in der Hierarchie. Von daher scheint es eher unwahrscheinlich, dass ein biologisch zur Führung ungeeignetes Individuum zu einer derartigen Qualifikation ausersehen wäre. Wenn wir auch diese biologischen „Mechanismen" als Anachronismus, aber mit perfekter Funktion in unserer psychisch-biologischen Konstitution lebendig finden, führt der Hinweis auf höhere Lebewesen wie Delphine, Bienen etc. nicht aus diesen biologischen Gesetzen und Regeln heraus. Biologisch gesehen stellt gerade der Konstellierte den Außenseiter dar, den Ver-rückten, den „Hofnarren".

Doch kommt es in den Märchen nicht gerade diesem „Dummling" oder „Däumling" zu, nachmalig „König" zu werden, wenn er die Konstellation gelöst hat, die ihm auf dem Weg dazu so unentbehrlich war? Damit ist er vom Potential her jener „Chefersatzreifen" (Hamer), zu dem ihn die Konstellation auf die Reservebank gestellt hatte, um ihn im Einsatzfall aus der Taufe zu heben. Doch Steiner hatte seine Konstellationen ja nie vollständig gelöst bekommen, wie seine bis zum Lebensende teilweise sogar gesteigerten Fähigkeiten belegen.

Vielleicht weist aber der mit der Konstellation eintretende „Übersinn" auf eine zukünftige biologische Bedeutung der Konfliktdoppelung hin, mit der die Evolution arbeitet, um voranzuschreiten? Seit dem Auftreten des Menschen entstanden keine echten neuen Tierarten mehr; Entwicklung scheint somit auf ein anderes Ziel als nur der Produktion biologischer Organismen zuzusteuern und vornehmlich dem menschlichen Bewusstsein vorbehalten. Der biologische „Kunstgriff der Natur" diente dann diesem nächsten Evolutionsschritt mit der Einrichtung der Großhirnrinden-Konstellationen. Denn durch diese Konstellationen kommen neue, bislang evolutionär unbekannte Fähigkeiten in die menschliche Entwicklung hinein. Auch „das Nachhinken der Phylogenie hinter der Ontogenie" (Konrad Lorenz) heißt nicht zwingend, dass biologisch ein Stillstehen stattfindet. So könnte die Konstellation als „Notreaktion des Organismus" (Hamer) auf zunächst nicht zu bewältigende Konflikte in der menschlichen Evolution ein Potential enthalten, das sich nicht mehr ausschließlich in der zeitlich aufgeschobenen, aber dann nachgeholten Konfliktlösung und damit einhergehenden Nachreifung erfüllt, die dem Individuum sogar die Führungsposition zu erringen möglich machen kann, sondern auch unter biologischem Aspekt einen „Zugewinn" hervorbringt, ohne den die menschliche Evolution in eine Sackgasse geriete.

Allerdings weicht diese These in meiner Interpretation einer zukünftigen Mission der Konstellation von den durch Hamer gewonnenen Ergebnissen ab. Damit ist aber gar nichts gegen die Funktion der „Notbremse des Organismus" gesagt, die dieser mit der Konstellation zieht, im Gegenteil muss dies ihre erste und eminent vitale Bedeutung gewesen sein. Doch bietet die Biologie auch eindrucksvolles, reichhaltiges Material, wie über die existentielle Notwendigkeit hinaus an bestehenden Organen und ihren Funktionen zusätzliche Qualifikationen erschlossen werden. So belegt Hamer selbst am besten, wieweit „Mutter Natur" ihre Entwürfe qualitativ variiert und steigert, wenn er auf den von ihm entdeckten biologischen Sinn der Konfliktprogramme, die gemeinhin als Krankheiten bezeichnet werden, während der jeweiligen Hirnentwicklungsstufen aufmerksam macht. So findet im Konfliktfall bei Stammhirn- und Kleinhirnabhängigen Relais der biologische Sinn statt in Form einer Verstärkung der Leistungsfähigkeit des Organs, die nach erfolgter Konfliktlösung hinfällig und durch Abbau zurückgenommen wird (restitutio ad integrum), während bei Marklager-gesteuerten Relais nicht mehr im Konfliktfall, sondern erst bei seiner Lösung der biologische Sinn zur Erscheinung kommt, indem hier die Organe/Funktionen verstärkt werden und als Errungenschaften sogar über die Dauer des Programms hinaus beibehalten werden (teleologischer Sinn), um schließlich bei der jüngsten Hirnentwicklungsstufe, dem Neocortex, wieder – aber unter spezifisch geänderter Kombination der beteiligten biologischen Elemente – in der konfliktaktiven Phase wirksam zu werden, wobei nun der bisherige Begriff der optimierten Leistungsfähigkeit des Organs als biologischer Sinn nicht mehr ausreicht. Also erkennt man auch hierbei einen grandiosen schöpferischen Umgang der Biologie mit den zugrundeliegenden konflikt-notwendigen Bausteinen, durch deren freie Kombination qualitativ Neues geschaffen wird.

In einem seiner Eranos-Vorträge formulierte Portmann eine allgemeine Regel, die ein analoges biologisches Geschehen beschreibt, bei der ein zur Erhaltung des Individuums elementar notwendiges Organ *in eine neue Dienstbarkeit für überindividuelle Funktionen* (Portmann 1950, S. 363) tritt. Die von Portmann anschaulich belegte Bildung von Organen der Kundgebung folgt einer abgestuften Differenzierung: *soziale Organe der Stimmungskundgabe, also des Ausdrucks der Innerlichkeit, entstehen immer aus bereits vorhandenen Organen elementarer Individualfunktionen der Erhaltung. Irgend eine individuelle elementare Erhaltungsfunktion ist die Voraussetzung, die soziale Kundgabe-Funktion ist die höhere Stufe, die sich der elementaren Bildung der ersten Stufe bedient, auf ihr aufbaut* (ebd., S. 362).

Doch nicht nur biologische Entwicklungen unterstützen die vorgeschlagene Interpretation, auch ein kulturgeschichtliches Zeugnis spricht in dieser Richtung. Fasst man nämlich die konstellierte Persönlichkeit so, wie Hamer es getan hat, als gespaltene, aus ihrer Mitte verrückte auf, die nur graduell vom Wahnsinn und den massiven psychiatrischen Erscheinungsformen geschieden ist, denen lediglich mehr Konfliktmasse zugrunde liegt, so kann eine Passage aus Platos „Phaidros" vielleicht eine angemessene und durchaus zukünftige biologische Mission zum Verständnis bringen, die sonst den Typus des unausgereiften Konstellierten geneigt machte, als Fast-Verrückter disqualifiziert zu werden, und Steiner bequem mit einer neuen psychiatrischen Schablone erledigte. Doch so einfach geht es eben nicht. Sokrates spricht zu Phaidros: *Denn freilich, wäre es unbedingt richtig, dass der Wahnsinn ein Übel sei, so wäre das schön gesprochen. Nun aber werden uns die größten der Güter durch Wahnsinn zuteil, freilich nur einen Wahnsinn, der durch göttliche Gabe gegeben ist. Denn die Prophetin in Delphoi und die Priesterinnen zu Dodona haben ja vieles und Schönes in besonderen und öffentlichen Angele-*

genheiten unserer Hellas im Stande des Wahnsinns geleistet, in dem der Besinnung aber noch weniges oder nichts. Und wollten wir noch von der Sybilla und den anderen sprechen, welche, göttlicher Wahrsagekunst mächtig, fürwahr vielen vieles vorausgesagt und für die Zukunft berichtigt haben, so würden wir, doch nur von Allbekanntem sprechend, allzu weitläufig werden. Das aber verdient als Zeugnis bemerkt zu werden, dass auch von den Alten die, die die Namen festgesetzt haben, den Wahnsinn weder für schändlich noch für einen Schimpf hielten. Denn nicht würden sie dann die schönste Kunst, durch welche die Zukunft erkannt wird, gerade mit diesem Namen verflechtend **Wahnsagekunst** (maniken) genannt haben; sondern weil sie etwas Schönes ist, wenn sie durch göttliche Schickung entsteht, haben sie es so beliebt und festgesetzt. Die Neueren aber haben unschönerweise das N mit R vertauschend sie **Wahrsagekunst** (mantiken) geheißen.

Nicht jeder „Konstellierte" trägt schon gleich in jeder seiner Äußerungen die zukünftige Qualität in sich, vielmehr besagt die hier vorgelegte These, dass in der Konstellation als biologischem Kunstgriff der Natur ganz allgemein das Potential zur weiteren Evolution des Menschen liegt, da hier neue Elemente und Verbindungen („Zugewinn") aufgebaut werden. Die Sonderstellung des Menschen in der Entwicklungsgeschichte wird schon anhand seiner Besonderheit der *extrauterinen Frühgeburt* (Portmann) deutlich, die ihm allein eine offene und längstjährige Zeit ermöglichende Lernperiode bietet, zeichenhaft auf seinen Beitrag hinweisend, den er der Welt noch zu leisten hat.

Von Pilsach nach Dornach –
Prinz und armer „Förstersleute" Knabe

Die biologische Tatsache der Retardierung Rudolf Steiners und ihrer zeitlichen Bestimmung um das vierte Lebensjahr dürfte dem anthroposophischen Leser, der Steiners Äußerungen genau nimmt, letztlich nicht nur nicht befremden oder empören – was eine nicht-biologische Wertung seinerseits vornähme – , sondern ließe sich ganz im Gegenteil im Rahmen des karmischen Selbstverständnisses Rudolf Steiners komplettierend einfügen, so dass sein Lebenslauf erst dadurch in manchem erhellt wird.

Wie nämlich erst vor wenigen Jahren bekannt gemacht wurde (s.d. Greub, S.471), gab er an eine Vertrauensperson den Hinweis auf seine letzte Vorinkarnation als Kaspar Hauser (1812–1833), über den die damaligen ärztlichen Untersucher darin übereinstimmten, dass das mit sechzehn

Jahren in Nürnberg plötzlich auftauchende „Kind von Europa" etwa einem Entwicklungsalter von vier Jahren entsprach. Wie den Forschungsergebnissen zum vorigen Lebensabschnitt Hausers zu entnehmen ist, wurde der als Kleinkind ausgetauschte badische Thronprinz etwa in diesem Alter von seiner zweiten Pflegemutter gewaltsam weggenommen und in ein Verlies nach Schloss Pilsach verbracht, wo er ungefähr zwölf Jahre lang fixiert in einem Kerker in Isolationshaft gehalten wurde. Die bis zur Verschleppung vielleicht noch einigermaßen intakte seelische Entwicklung Hausers erlitt spätestens dadurch einen heftigen Einschnitt, der nun genauer als Konflikt-Konstellation und Retardierung zu erkennen ist. Bis zum Äußersten getrieben wurde die Retardierung durch die Haftbedingungen, bei denen jegliche Bildungsanregungen wie auch die Wahrnehmung eines anderen menschlichen Wesens fehlten, die zeitliche Rhythmik aufgehoben war, eine Verbringung in ausschließlich sitzender oder liegender Position während der gesamten jahrelangen Haft erfolgte und eine regelmäßige Gabe der zentral wirksamen Opiumtinktur verabreicht wurde, um den bewusstlosen Knaben ohne Gefahr des Erkanntwerdens säubern zu können.

Wohl machte Kaspar Hauser später als Lernwilliger schnelle Fortschritte in seinen Bildungsdefiziten, doch stagnierten dann die anfänglichen Erfolge (s.d. Leonhardt, S. 177-180 u. 208), vermutlich weil, wie sein präzisester Beurteiler, der Gerichtspräsident Anselm Ritter von Feuerbach, richtig bemerkte, die durch die verbrecherischen Eingriffe zerstörte Kindheit und Jugend aus ihm ein *monströses Wesen* gemacht hatten, da *die verschiedenen Lebensstufen gleichsam verrückt, aus- und durcheinander geschoben* wurden und die verschlafene Kindheit zur *Unzeit* wurde, die ihm *wie ein beängstigendes Gespenst bis in die späteren Jahre* folgte (zit.b.ebd., S. 179 f). Als er mit einundzwanzig Jahren eines gewaltsamen Todes starb, blieb sein unerfülltes Leben auch äußerlich ein Torso, von dem er denn auch gesagt hatte: *Mir liegt an meinem Leben nichts; ich habe ja früher auch nicht gelebt und habe es lange gar nicht gewußt, daß ich lebe* (ebd., S.350).

Mit diesem nicht weitergekommenen, abgebrochenen Lebensansatz hätte dann Steiner nochmals zu beginnen gehabt: mit der um das vierte Lebensjahr retardierten Entwicklung einen neuen Anlauf zu nehmen! Eine Fortsetzung, die mit einer karmischen Hypothek als Erbe enorm belastet war.

Nun schließen sich einige Elemente des Steinerschen Lebensganges erst richtig auf: etwa seine Angst, von Zigeunern auf seinem Schulweg entführt zu werden, oder seine hochgradige körperliche Schwäche, für die der kilometerlange Schulweg eine maximale Anstrengung bedeutete und seine Freistellung vom Turnunterricht verlangte. Selbst noch als Erzieher bei Familie Specht kam er körperlich bei den spielerischen Rangeleien aus dem

Gleichgewicht. Ein weiteres wäre sein merkwürdiger Gang, von den Zehen zur Ferse, den er in der Eurythmie künstlerisch etablierte.

Steiners nachholendes Spielen in seiner Wiener Zeit, das Kaspar Hauser auch erst als Jugendlicher in seiner Nürnberger Zeit erlebte. Die dumpfe, zwölfjährige Dauer für die Sinne, die durch die Isolationshaft unterfordert und einseitig gehalten wurden, dadurch unter normalen Bedingungen überempfindlich reagierten. Fehlende Eindrücke und Wahrnehmungsmöglichkeiten bei Hauser, während Steiner beharrlich mit massiven Einprägungsstörungen physischer Dinge bis zum 35. Lebensjahr zu tun hatte!

Sehr viele Elemente und zarte Spuren in beider Vita könnten mit Aufmerksamkeit zusammengestellt werden. Dazu gehören andeutungsweise auch Hausers autistische Komponente seiner Konstellation, seine Neigung und Begabung zum Zeichnen, sein eigentümlicher Wunsch auf einen Traum hin, worin ein Bibliothekszimmer mit lateinisch und griechisch geschriebenen Werken auftauchte: *Wenn nur das eine geblieben wäre, dass er (K.H.) alle Bücher lesen gekonnt, so wolle er sich gern darüber trösten, daß alle die andern Herrlichkeiten (des Traumes) verschwunden seien* (Daumer, zit.b. ebd., S. 119). Einer seiner verborgenen Unterbringungsorte war nahe Laufenburg am Oberrhein, nur ca. fünfzehn Kilometer von Basel entfernt. Steiner wiederum hatte seinen Wirkungsort nicht nur in Dornach, sondern errichtete einen „Modellbau" in Malsch bei Karlsruhe, entfaltete im baden-württembergischen Raum wesentliche pädagogische, soziale und politische Aktivitäten und hatte mit dem letzten Reichskanzler der Kaiserzeit, dem Prinzen Max von Baden, ein persönliches Gespräch über soziale Fragen. Wie Max von Baden anderweitig versprochen haben soll, wollte er als erste Amtshandlung auf dem Thron die Gebeine Kaspar Hausers im Pforzheimer Erbbegräbnis des Hauses Baden beisetzen lassen, wozu es infolge der Kriegsereignisse nicht mehr kam, da er Thron und Kanzleramt verlor.

Auch auf Steiners Leben hatte eine fürstliche Hand entscheidenden Einfluss genommen, als Sophie von Sachsen-Weimar ihn ans Goethe-Archiv berufen ließ und er durch vermutete Intrigen enttäuscht, seine Weimarer Jahre als verloren gab. Schließlich fehlten in beider Leben auch die Gegner nicht, nicht der Vorwurf der Betrügerei und die Anschläge auf ihr Leben: bei Kaspar Hauser seien die Namen Gräfin Hochberg, Ludwig von Baden, Lord Stanhope, Hennenhofer, Lehrer Meyer und Polizeirat Merkels Schrift „Kaspar Hauser vermutlich ein Betrüger" genannt; bei Steiner treten u.a. Hübbe-Schleiden, Annie Besant, Ludendorff und die Veröffentlichung von Schwartz-Bostunitsch „Doktor Steiner – ein Schwindler wie keiner" auf.

Seelenumschwung

Steiner beschrieb sich selbst als Spätentwickler im Hinblick auf seine Kindheit, in der er *in der geistigen Welt als in der mir selbstverständlichen lebte* (GA 28, S. 220). Was dies lebensgeschichtlich und biologisch konkret meint, ist in diesem Kapitel ausführlich dargelegt worden.

Nun kann eine weitere Nagelprobe für die angewendete Methode anhand eines Rätsels in der Vita Steiners vorgenommen werden, eines Ereignisses, für das seine Biographen bislang die Erklärung schuldig blieben – Steiner eingeschlossen, der es *ganz unabhängig von der Änderung meiner äußeren Lebensverhältnisse* (ebd., S. 221) sah.

Es handelt sich um den Zeitraum, als er im Begriff stand, Weimar zu verlassen, und ein tiefgehender seelischer Umschwung sich bei ihm bemerkbar machte. Zum genaueren Verständnis dieses bedeutsamen Prozesses sei der Wortlaut Steiners wiedergegeben: *Am Ende meiner Weimarischen Zeit hatte ich sechsunddreißig Lebensjahre hinter mir. Schon ein Jahr vorher hatte in meiner Seele ein tiefgehender Umschwung seinen Anfang genommen. Mit meinem Weggang von Weimar wurde er einschneidendes Erlebnis. Er war ganz unabhängig von der Änderung meiner äusseren Lebensverhältnisse, die ja auch eine große war. Das Erfahren von dem, was in der geistigen Welt erlebt werden kann, war mir immer eine Selbstverständlichkeit; das wahrnehmende Erfassen der Sinneswelt bot mir die größten Schwierigkeiten. Es war, als ob ich das seelische Erleben nicht so weit in die Sinnesorgane hätte ergießen können, um, was diese erlebten, auch voll inhaltlich mit der Seele zu verbinden.*

Das änderte sich völlig vom Beginne des sechsunddreißigsten Lebensjahres angefangen. Mein Beobachtungsvermögen für Dinge, Wesen und Vorgänge der physischen Welt gestaltete sich nach der Richtung der Genauigkeit und Eindringlichkeit um. Das war sowohl im wissenschaftlichen wie im äußeren Leben der Fall. Während es vorher für mich so war, dass große wissenschaftliche Zusammenhänge, die auf geistgemäße Art zu erfassen sind, ohne alle Mühe mein seelisches Eigentum wurden, und das sinnliche Wahrnehmen und namentlich dessen erinnerungsgemäßes Behalten mir die größten Anstrengungen machte, wurde jetzt alles anders.

Eine vorher nicht vorhandene Aufmerksamkeit für das Sinnlich-Wahrnehmbare erwachte in mir. Einzelheiten wurden mir wichtig; ich hatte das Gefühl, die Sinneswelt habe etwas zu enthüllen, was nur sie enthüllen kann. .... Ich wurde gewahr, dass ich einen menschlichen Lebensumschwung in einem viel späteren Lebensabschnitt erlebte als andere (ebd.), womit er wiederum die vorgetragenen Ergebnisse bestätigt. An anderer Stelle präzisiert er nochmals diesen Umschwung: *Ich selber wuchs so heran, dass ich eigentlich niemals Schwierig-*

keiten hatte in der Auffassung der geistigen Welt. Was die geistige Welt mir entgegenbrachte, das ging in meine Seele herein, bildete sich zu Ideen aus, konnte sich in Gedanken formen. Dasjenige, was den anderen Menschen so leicht wurde, wurde mir schwer. Ich konnte naturwissenschaftliche Zusammenhänge rasch fassen, dagegen einzelne Tatsachen wollten nicht im Gedächtnis bleiben, gingen nicht herein. Ich konnte die Undulationstheorie, die Anschauungen der Mathematiker, Physiker, Chemiker mit Leichtigkeit erfassen; ein Mineral dagegen musste ich nicht wie mancher einmal, zweimal sehen, um es, wenn es wiederum vor mich hintrat, zu erkennen, sondern das musste dreißig-, vierzigmal geschehen. Die Tatsachen der äußeren physischen Welt boten mir Widerstand in Bezug auf das Halten, das Auffassen. Ich konnte nicht leicht heraus in diese physisch-sinnliche Welt (GA 240, 12.8.1924).

Was soll dieser merkwürdige Umschwung bedeuten? Inwiefern meinte Steiner etwas verspätet nachzuholen, was in ungestörter Entwicklung früher stattfinde? Und was für eine eigenartige Wahrnehmungs- und Gedächtnisfähigkeit lag bei ihm vor, die doch eher einer teilweisen Unfähigkeit nahekommt?

So wie die Konstellation zum „Dornröschenschlaf" der psychischen und körperlichen Entwicklung führt, so kann nach Lösung einer Konstellation eine Nachreifung einsetzen, die etwa um ein halbes Jahr oder länger benötigt, um dann abschließend wieder mit dem kalendarischen Alter übereinzustimmen. Allerdings gelten in der Biologie zeitliche Limits. Wird jedoch eine Konstellation außerhalb der hier erwähnten Grundtypen z.B. im sensorischen Rindenfeld gelöst, so ergeben sich Gedächtnis-und Wahrnehmungveränderungen, die den von Steiner so deutlich beschriebenen gleichen. Nicht die gesamte Persönlichkeit reift dann nach, sondern nur ein Teil des Entwicklungsrückstandes analog der betreffenden Organe.

Mithin muss Steiner demnach einen Trennungskonflikt gelöst haben, der seit seiner Kindheit bestanden hatte und dessen Lösungszeitpunkt schon ein Jahr vor dem sechsunddreißigsten Geburtstag lag. Was kommt in Frage, wenn die bekannten Lebensdaten dieser Zeit danach gesichtet werden?

Vor dem fünfunddreißigstem Geburtstag, als 1895 etwa, taucht in der Korrespondenz mit seinen Eltern immer wieder der Plan auf, eine Berufung an der TH Wien auf einen philosophischen Lehrstuhl durch den Wiener Universitätsdirektor Laurenz Müllner zu erhalten. Das hieße, eine Rückkehr nach Wien hätte ihn näher an seine Eltern und Geschwister herangebracht. Aber welch möglichen Trennungskonflikt sollte er dadurch gelöst haben? Da Steiner ausdrücklich darauf hinweist, schon als kleines Kind jene seltsame Gedächtnis-und Wahrnehmungweise gehabt zu haben, ergibt dieser Ansatz keinen Sinn, mit der erwartbaren Rückkehr zu den Eltern einen hypothetischen Trennungskonflikt zu ihnen zu lösen.

Ein Fingerzeig ergibt die Beziehung zu Anna Eunike, mit der er ja schon seit längerem vertrauten Umgang hatte. Durch die Beendigung seines Arbeitsverhältnisses Mitte 1896 und Fertigstellung seiner letzten Bände stand eine grundsätzliche Änderung buchstäblich ins Haus, die nicht unabhängig von Annas Zukunft mit der seinen gedacht werden kann. Denn beiden war wohl klar geworden, dass sie nun ihre Zukunft gemeinsam zu planen hatten. Dazu sollte das Haus, das Anna gehörte, verkauft werden, währenddessen die beiden so lange auf getrenntem Posten auszuharren hätten, bis die Gelegenheit zum gemeinsamen Wohnen mit einem von Annas Kindern gegeben wäre. Diese gemeinsam angesteuerte Zukunft von Rudolf Steiner mit Anna ist wohl der entscheidende Moment, der zur Lösung des alten, in der Kindheit entstandenen Trennungskonfliktes geführt hat. Zum erstenmal in seinem Leben fühlte er sich einem Menschen verbunden, der liebend für ihn sorgte, den er selbst liebte und an seiner Seite haben wollte. *Ich fühle solche Ausgleichung in meinem ganzen Wesen, wenn Du in meiner Nähe bist, dass ich weiss, Du gehörst zu mir. Wenn ich arbeite und Du trittst ins Zimmer, so fühle ich: jetzt kommt der einzige Mensch, der mir Freude macht, den ich sehen will. Meine geliebte Anna: das ist ein anderes Gefühl, als wenn meinetwegen Koegel ein neunzehnjähriges Mädchen liebt und sich mit ihr verlobt. Wie tief steht alles solches bürgerliches Empfinden unter dem, was uns verbindet* (GA 39, Nr. 472).

Vorher gab es nur intellektuelle Gefährten oder solche, die wie Rosa Mayreder schon gebunden oder wie Radegunde Fehr zu schüchtern waren.

Der Umzug ins Ungewisse leitete somit die Lösung einer alten Hypothek bei Steiner ein. Die endliche Realisation eines gemeinsamen Domizils in Berlin zusammen mit Anna – wozu es allerdings erst 1899 kam – und die gleich anschließende Heirat bekräftigten den einmal anvisierten Kurs.

Als Anna ihn 1904 verließ, kam es wohl dennoch nicht zu einer Wiederauflage des Trennungs-Konflikts, da inzwischen Marie von Sivers ihm von einer anderen Seite her etwas entgegenbrachte, was ihm bei Anna allmählich zu fehlen begann: geistige Übereinstimmung.

Worin aber gründete der ursprüngliche Trennungskonflikt? Vielleicht lässt er sich ja doch näher erkennen?

Steiner war ja räumlich in seiner Kindheit von den Eltern nie getrennt gewesen. Es lässt sich auch schlecht spekulieren über irgend ein mögliches Ereignis, das zu einer Trennungssituation geführt haben könnte. Dennoch meine ich, mit großer Wahrscheinlichkeit – und dies sei wenigstens als Arbeitshypothese zulässig – handelt es sich um den entscheidenden Moment, als der kleine Rudolf im Pottschacher Bahnhof sein erstes hellsichtiges Erlebnis hatte und, damit angefüllt, vertrauensvoll zu den geliebten Eltern ging, es ihnen in kindlicher Einfalt mitzuteilen.

Du dummer Bua, kam es ihm da in *herbsten Worten* vom Vater entgegen und von deren ablehnenden Unverständnis enttäuscht, muss es wie ein unheilbarer Riss durch die kindliche Seele gegangen sein, so dass er knapp vierzig Jahre lang schwieg, bevor er solche inneren Erlebnisse vor Zuhörern preisgeben konnte. Erst Anna hatte ihm den seelischen Riss durch ihre warme, liebevolle Art schließen können. Später gab dann Marie mit ihrem geistigen Verständnis Anlass, Worte über seine innere Welt öffentlich verlauten lassen zu können. Schröers schroffes Unverständnis über den geistigen Weg Steiners in der Affäre delle Grazie griff noch einmal in diese alte Richtung.

Leider liegen keine Veröffentlichungen darüber vor – obschon vermutlich vorhanden – wie Steiners Eltern über die späteren Ideen ihres Sohnes dachten. Immerhin erlebte der Vater noch zehn theosophische Jahre seines Sohnes, die Mutter starb kurz nach dem Ende des 1. Weltkrieges. Hatte ihnen ihr Sohn etwas über die *höheren Welten* gesagt, zu denen er Zugang hatte? Seinem Vater, der im Alter ein frommer Mann wurde und fleißig die katholische Kirche in der Horner Heimat aufsuchte; seiner Mutter, von deren geistigen Interessen nirgends etwas berichtet wird?

Telepathie – Umkehrung – Kombination: Die drei Quellennymphen Steiners

Aus der bisherigen Analyse der Vita Steiners haben sich seine originären und überdurchschnittlichen Fähigkeiten markant bestätigen lassen. Der Einstieg dazu lag um sein viertes Lebensjahr, wo er eine überwältigende seelische Erfahrung gemacht hatte, die ihn fast völlig nach innen kehrte. Es ist eine Art *schizophrener Zusammenbruch* (Campbell): Das ganze Unbewusste klafft auf und, wie der Mythenforscher Joseph Campell es für den Vorgang bei Schamanen bildhaft formuliert hat, dieser Mensch *fällt hinein* (Campell, S. 95). Die zugrunde liegenden biologischen Vorgänge und Leistungen, die in der Biographie Rudolf Steiners eine so einschneidende Wende herbeiführten, konnten weitgehend mit Hilfe der Erkenntnisse Hamers konkretisiert werden. Seit diesem Zeitpunkt, als der *natürliche Lauf der Dinge* auf Dauer verändert war, hatte Steiner hellsichtigen Kontakt zu Verstorbenen, wie zu seiner ihm unbekannten Tante. Auch später tauchen immer wieder diesbezügliche Wahrnehmungen auf, sei es nach Beendigung seiner Oberrealschule, als er einem Lehrer in einem Brief ausnahmsweise Andeutungen über seine Erlebnisse von einem verstorbenen Mitschüler machte oder bei dem ihm unbekannten, verstorbenen Vater seiner Jugendliebe

Radegunde Fehr, über den er eine erstaunlich kenntnisreiche Grabrede hielt, die alle wegen seines intimen Wissens überraschte.

Seine besondere Erfahrung hatte ihn früh von der sinnlich-normalen Realität abgehoben und in eine seelisch-geistige Weltbeziehung geführt, mit der er zunächst im Sozialen von Kontakten stark ausgeschlossen war. Umgekehrt legte dies eine starke Intellektualisierung mit hohem Abstraktionsvermögen und nonverbalen Denkvermögen an. Da der Zeitpunkt einer solchen „schizophrenen Konstellation" die Entwicklung maßgeblich koloriert (Hamer), prägten die bildhaften Phantasiekräfte etwa des vierten Lebensjahres zeitlebens sein geistiges Vermögen mit.

Übernatürlich erscheinende Fähigkeiten werden so teilweise erklärlich, wenn die entwicklungsmäßige Retardierung wie bei Rudolf Steiner frühkindliche Wahrnehmungen zu seelisch-geistigen Wirklichkeiten fixiert und sein ausgebreitetes seelisches Wahrnehmen von Sinnesorganen gespeist wird, die *wie Golfe* (Steiner) ungefiltertes Material einströmen lassen.

Telepathische Wahrnehmungen sind vielfach in der Literatur über „unzivilisierte" Völker beschrieben worden (z.B. Bozzano; L. van der Post), ebenso hellfühlende Erlebnisse und geschärfte Sinneswahrnehmungen bei Sinnesgestörten (Lusseyran, H. Keller).

All dies bildet Voraussetzungen und Kombinationselement, wenn von Steiners Hellsichtigkeit und der Manifestation Verstorbener die Rede ist. Es ist unzweifelhaft, dass Steiner hierin große Fähigkeiten hatte. Seine Berliner Mitarbeiterin Anna Samweber berichtet von einem auf sie versuchten Überfall Unbekannter, die ohne erkennbaren äußeren Grund von ihr abließen und flüchteten, als sie innerlich zu Rudolf Steiner um Hilfe gefleht hatte. Steiner begrüßte sie am nächsten Morgen mit den Worten: *Guten Morgen Sam! Sie haben aber heute nacht geschrieen! Was war denn?* (Samweber, S. 20 f).

Ein Beispiel seiner „Austritte", in typischer Manier den Überlieferungen von anderen Okkultisten gleichend, berichtet wiederum dieselbe Zeugin. Etwa Anfang der Zwanziger Jahre, nach einem Vortrag in Berlin, begaben sich beide *unverzüglich ins Künstlerzimmer. Er schloss die Tür hinter uns, drehte den Schlüssel und sagte: „Niemanden rufen!" Dann sank er wie entseelt zu Boden. Ich erschrak zutiefst und dachte: das ist das Ende. Uralt, vom Tode gezeichnet erschien sein Antlitz. Minuten lag er so da, die mir viel länger vorkamen. Plötzlich begann er sich zu regen, erhob sich aus eigener Kraft, und dann sagte er zu mir: „Ich habe mit Dämonen gekämpft. Ich habe sie bezwungen."* (ebd., S. 42 f).

Durch seine entwicklungsgeschichtlich begründete Retardierung hatte Steiner die Voraussetzung zu seiner produktiven Phantasie, seiner einfühlenden Intuition, der hohen Abstraktionsfähigkeit, wie der auffälligen Intellektualität und dem charakteristischen (legasthenischen) Realitätsempfinden seiner Gedanken bekommen. Sein reales Erleben des ständigen geistigen Hervorbringens brachte ihm genau jene Bestätigung und jenes Selbstverständnis seines Ich, die in seiner Erkenntnistheorie den heuristischen Ausgangspunkt des eigenen Modells bildeten. Gesteigert durch die in späteren Jahren erfolgende Wirkung seiner Lehre auf Zuhörer und Mitglieder, dürfte sie den Glauben an sich selbst und seine Schöpferrolle bestärkt haben, dass sie ihm zur Totalen wurde.

Karl May musste die Identität seines phantasierten Heldentums mit sich selbst durch einige nachträgliche Korrekturen glätten, da er sich unklugerweise mit dem vorgeblichen Gewehr Winnetous hatte fotographieren lassen, das seinen Erzählungen zufolge jedoch mit dem toten Apachenhäuptling begraben worden war. Füglich konstruierte er eine kleine Anmerkung, die dem stutzig gewordenen Leser den Widerspruch lösen half: marodierende Indianer hätten die Grabesruhe Winnetous bedroht, der umgebettet worden sei, und das als Trophäe begehrte Gewehr habe den Ehrenplatz in der Stube des deutschen Blutsbruders gefunden.

Gab es ähnliche Rektifikationen auch bei Steiner? Oder hat er gar mögliche Konstruktionsfehler nicht bemerkt?

Dazu ist zunächst ein kleiner Exkurs ins medizinische Gebiet nötig.

Die Geschichte der Medizin ist in starkem Maße geprägt von den religiös-magischen Vorstellungen der Völker und ihrer Zeit. Die Figur des Priesterarztes, die religiösen Opferungen im Heil-Tempel, der in der Antike weit verbreitete Exorzismus weisen auf die enge Verbindung beider Bereiche hin. Auch für Steiner, der auf medizinischem Gebiet einige Vortragszyklen gehalten hat und als letztes Werk ein medizinisches Grundlagenbuch aus anthroposophischer Sicht schrieb, blieb Krankheit, wie in der Gesamtentwicklung davor, an dämonische Mächte geknüpft.

Die ursprüngliche Entwicklung des Krankheitskonzeptes lässt sich verkürzt so skizzieren, dass in den bekannten Hochkulturen Krankheit vor allem Ausdruck von Sünde gewesen war. Deshalb ging es zunächst weniger um materielle Heil-Verrichtungen am Kranken, sondern um Beschwichtigung von Geistern und Göttern, Opferungen, Exorzismen, Reinigungen etc.. Diese Entwicklung gelangte in der Antike bei Galen an einen Umschlagpunkt, der ein emanzipatorisches Potential einbrachte. Galen kehrte nämlich die geläufige Krankheitskonzeption um und bezeichnete nun umgekehrt Sünde als Ausdruck von Krankheit (s.d. Lain Entralgo; vgl. GA 318, 13.9.1924). Mit dem Erstehen des kirchlich organisierten Christentums aber wurde die Errungenschaft von Galen zurückgeworfen und aus Machtgründen die besser steuerbare alte Version beibehalten. Bei den Kirchenvätern Tertullian, Ambrosius und Gregor von Nyssa kann die paradigmatische kirchliche Dogmatik für die medizinische Auffassung nachgelesen werden: die Kirche selbst sah es von ihrem Selbstverständnis her durchaus nicht als wichtig an zu forschen, vielmehr das, was bekannt war durch ihre dogmatische Interpretation zu deuten. In der Zeit der Scholastik nahm aufgrund fehlender Forschung die dogmatische Berufung auf Autoritäten der Bibel, Kirchenväter – oder im Bereich der Naturgeschichte auf Aristoteles – zuweilen groteske Formen an, die Galilei in seinem Tagebuch einmal – durchaus noch mit brennendem Aktualitätswert – spöttisch vorgeführt hat und Luther zu dem Ausdruck „Narristoteles" reizte. (Anm 6)

Ungebrochen vom neuzeitlichen Forschungsdrang, dem aufgekommenen Verlangen nach eigenem Betrachten (Autopsie) sowie aufgeklärtem und systematischem Verständnis, wechselten die religiösen Vorstellungen verkappt in die scheinbar rein naturwissenschaftlichen Grundlagen der Medizin des 19. und 20. Jahrhunderts hinüber, wo „Mikroben exorziert", „gut-„ oder „bösartige" Befunde von Histologen"päpsten" erhoben, unsägliche Opferrituale bei den Patienten praktiziert und „dogmatisierte Lehrmeinungen" die Oberhand vor rechtschaffener wissenschaftlich-empirischer Forschung behalten haben (vgl. Hamer, Mitscherlich).

Steiner, der nie als revolutionärer Geist aufgetreten ist und ein Gebiet von der Wurzel her in Frage gestellt hätte, hat sowohl im Religiösen als auch im Medizinischen jegliche grundsätzliche Neuerung gar nicht erst gesucht, viel lieber konservative „Erweiterung der Heilkunst" angestrebt, (auch wenn der gleichnamige Buchtitel nicht von ihm selbst stammt).

Auch klerikale Zustimmung war ihm keineswegs unwillkommen gewesen, so als er einmal auf den Einwand zweier Geistlicher nach seinem Vortrag, er sage nichts, was sie nicht auch sagten, entgegnete, eben für diejenigen, die nicht in ihre Kirche gingen, sondern darum wohl zu ihm kämen, zu sprechen. Scheinbar mit Genugtuung gab er dem zum Katholizismus übergetretenen Ex-Anthroposophen Kleeberg Kenntnis über nur drei oder vier beanstandete Sätze einiger Vorträge, die er in Rom vor Würdenträgern gehalten hatte. Er wies ihn sogar darauf hin, ob ihm nicht aufgefallen sei, dass ein Katholik die Anthroposophie verkündige und dass seine Lehre nicht unter die in der päpstlichen Enzyklika enthaltenen Sätze fiele (gemeint war wohl die unter Exkommunikation fallende Theosophie?). Steiner war also mit seinen religiös-geistigen Erweiterungen nach seiner Einschätzung konfessionell linientreu geblieben.

Jedenfalls haben die Vorstellungen der Sünde und Dämonie in Steiners medizinischem Krankheitskonzept ihre Fortsetzung gefunden. *Die Krankheiten, die spontan, nicht durch äußere Verletzungen, sondern spontan von innen heraus im Menschen auftreten, sie kommen nicht aus der menschlichen Seele, sie kommen von diesem Wesen* (=Doppelgänger, ein ahrimanisch-mephisophelisches Wesen). *Er ist der Urheber aller organischen Krankheiten* (Steiner, zit.b. Glas, S. 10).

Obwohl die wissenschaftliche Sichtweise Hamers ohne fremde Anleihen auskommt, Krankheit im Zustandkommen und Ablauf restlos biologisch verstehen zu können, und sogar erstmalig einen naturwissenschaftlich aufzeigbaren biologischen sinnvollen Vorgang darin erkennen kann, sanktionierte Steiner in Unkenntnis dieser – erst heute erkannten – biologischen Zusammenhänge wieder die alten magischen. Damit leistete er, im Gegensatz zum verdeckten Fortführen in der „naturwissenschaftlichen Medizin", einen offenen Rückfall in die vorbiologische Sichtweise von Gut und Böse und zeigte hierbei entgegen seiner „Philosophie der Freiheit" sein ureigenstes Bestreben sittlich-moralischer Lebenspragmatik, sowie den ausgesprochenen Hang zu systematischer Einordnung aller Bestandteile und „systemstabilisierender" (B.Zinke) Geschlossenheit. Daran wird sein spekulatives Interpretationsmuster durchsichtig.

In die Werkstatt seiner medizinischen Gedankengänge erhält man Einblick anhand einer brieflichen Mitteilung an die damalige Marie von Sivers. Er berichtet darin von der Krankheit eines zwischenzeitlich wiederhergestellten Frankfurter Theosophen, an der ihm *ganz klar geworden ist, dass dessen Krankheit ein bemerkenswerter Fall von zu schnell vollzogener Abstinenz ist. Der Mann steht den ganzen Tag im Ledergeruch. Du weißt, er hat noch seinen Schoppen getrunken, als wir ihm das erste Mal in Frankfurt begegneten. Nun war der Alkohol für ihn das, was den Schaden des Lederduftes paralysierte. Er hat sich ihm ganz schnell entzogen, und ist ebenso schnell Vegetarier geworden. Da reagierte denn der Organismus mit einer Rippenfellentzündung. Jetzt hat er die Reaktion hinter sich und kann natürlich sowohl Fleisch wie Alkohol meiden.... Der Organismus ist eingespannt zwischen zwei Krankheitsursachen, die sich paralysieren. Fällt die eine weg; hier der Alkohol, so macht die andere krank, bis sich der Organismus sie eingeimpft hat* (GA 262, Nr. 52).

Die Konstruktion Steiners hierbei hat nicht mehr ‚Beweiskraft' als die willkürlichen Korrelationen mancher statistischer Ergebnisse, die dann als Kausalität gewertet werden. Wenn auch sein Gedankengang ausschließlich private Mitteilung und nicht offizielles Forschungsergebnis darstellt, dürfte sie Symptomatisches an seiner Methode erkennen lassen.

Gerade im Kontext des Krankheitsgeschehens hätten ihm durch die Schulung an Goethes Naturwissenschaft die sinnvollen biologischen Funktionen und auch sittlichen Wirkungen der Naturgesetze bzw. Phänomene aufgehen können, statt sie dem Systemzwang und einer überholten Anschauung von Gut und Böse preiszugeben. Die Biologie kennt keine theologisch-moralisch wertenden Begriffe, sie fordert ganz im Gegenteil zu einer Emanzipation von falschen Sichtweisen auf, wie sie in der Vergangenheit auch den Nützlichkeitsgedanken aus ihrem Denken entfernt hat.

Darauf aufmerksam geworden, lohnt es sich vielleicht, eine kurze Charakterisierung von Steiners „Denkfiguren" vorzunehmen. Wie am vorhergehenden Modell zu ersehen, rangieren bei Steiner intellektuelle Muster mehr als vermutet in seinen anthroposophischen Forschungen, insofern als sie Ausdeutungen und weniger hellsichtige Schau, verbunden mit klarer Erkenntnis von Zusammenhängen, bedeuten. Dass er nämlich offenbar, wie R. Specht meinte, vom Ergebnis her die Dinge anschaute, lässt sich strukturell besser belegen als das Umgekehrte. Was nicht heißt, ihm hellsichtige Fähigkeiten, Intuition und ein hohes telepathisches/-metrisches Vermögen abzusprechen, vielmehr wäre auf seine eigene Erklärung zurückzukommen, dass auch dabei denkerische Untersuchungen und Interpretationen dazutreten müssen.

Das intellektuelle Grundbedürfnis Steiners liegt m.E. in der umfassenden Tendenz, alles begreifen zu wollen, die sich erkennbar in seinem immensen Wissensdrang äußerte. Etwa neuntausend Bände umfasste die eigene Bibliothek des fleißigen Antiquariatsbesuchers und sein Leseeifer, von der Realschulzeit an, hatte ihn lebenslänglich sowohl auf seinen Reisen, die er mit reichlich Büchern im Gepäck antrat, bis aufs Krankenlager nicht wieder losgelassen. Unermüdlich brachte ihm dort sein Sekretär noch stapelweise ausgesuchte Bücher, staunend über dessen unermüdliches Lesepensum.

Autobiographisch wird dieses Bedürfnis von ihm selbstironisch erwähnt. Dem Pottschacher Bahnhof gegenüber lag die Spinnfabrik, deren Rohstoffe und Produkte über die Schienen transportiert wurden. Der kleine Rudolf *war bei alledem dabei, was in der Fabrik verschwand und was sich wieder aus ihr offenbarte. Einen Blick „ins Innere" zu tun war streng verboten. Es kam nie dazu. Da waren die „Grenzen der Erkenntnis"* (GA 28, S. 7). Der Knabe hätte diese Grenzen so gerne überschritten, wie er nicht ohne Zufall und Hintergründigkeit die gleiche Diktion zu späteren Gelegenheiten bei Erkenntnisfragen wiederholte, wo andere wie z.B. Kant oder Schiller oder Du Bois-Reymond Grenzpflöcke des Erkennens „hinpfahlten". (Ein von Goethe übernommenes und beliebtes Wort Steiners.)

Dem über Jahre unverständlich gebliebenen Aufsatz seines Schuldirektors und dessen Fachbuch allmählich beizukommen, gehört gleichfalls zu diesem Bereich. Ein schon bekanntes Schlaglicht aus der Schulzeit wird von einem Mitschüler berichtet, der ihn zuhause in Neudörfl aufsuchte und von Steiner *inquisitorisch* befragt wurde, *was das für Gasblasen an der Glaswand des Gefäßes mit Sauerbrunnen seien* (zit.b. Picht, S . 42).

Auch die Unbegreiflichkeit seines taubstummen Bruders mag ihm Ansporn zur Suche gewesen sein, deren Ergebnisse er in seinem Brief an einen Redakteur (GA 39, Nr. 630), in den Karmavorträgen als auch in seinem heilpädagogischen Kurs mitgeteilt hat.

Sein philosophisches Programm dieses zentralen psychisch-biologischen Dranges legte er mit fast dreißig Jahren Rosa Mayreder in einem Brief dar: *Ich fühle mich erst dann ganz voll in meiner Menschlichkeit, wenn ich den Punkt kenne, der mein „Ich", mein individuelles Sein mit mit dem Sein des Universums verknüpft ... Es ist furchtbar, sich ausgeworfen zu sehen aus dem Gebiete des Weltgeistes, ein Punkt zu sein im Weltbau, es ist unerträglich, „Ich" zu sein; aber abzuwerfen diese Haut der Besonderung, hinauszutreten auf den Plan, da, wo der Weltgeist schafft, und zu sehen, wie im Wesen des Ganzen auch meine Individualität begründet ist, vom Standpunkt des zeitlosen Anschauens sein eigenes Zeitendasein zu begreifen, das ist ein Augenblick des Entzückens, gegen den man alle Qual des Daseins eintauschen muss* (ebd., Nr. 276).

Die Grundfragen des Lebens ordnete er alle philosophisch-anthroposophisch ein. Einige Details der unerschöpflichen lebendigen Vielfalt musste er trotz seines Erklärungsmonopolismus mit mehr oder weniger Humor offenlassen. So die unbeantwortete Frage eines Arztes nach der gelben Krone und violetten Blüte des Wachtelweizens, wie deren Komplementärfarben zustandekämen. Anders in der Fragenbeantwortung eines öffentlichen Vortrages, als er auf die damals unüblich kurzgeschnittenen Haare zweier Anthroposophinnen angesprochen wurde, die in der ersten Reihe saßen. *Steiner las den Fragezettel laut vor, in dem stand: „Es haben sich Damen Ihres Kreises die Haare abgeschnitten. Ist dies empfehlenswert für okkulte Entwicklung?"* Steiner ließ sich die Gelegenheit zum Schalk nicht entgehen. *„Es haben sich die betreffenden Damen erst seit kurzer Zeit die Haare abgeschnitten, so dass sich okkulter Forschung das Resultat noch nicht ergeben konnte." (Große Heiterkeit). „Wir wollen es aber",* so setzte Steiner nach, *„für die betreffenden Damen von Herzen wünschen!" (Schallendes Gelächter)* (zit.b. Eppinger, S. 272).

Oder bei der Frage nach den „Bremer Stadtmusikanten", ob sie mit den vier Wesensgliedern im Zusammenhang stünden, gestand er ein, sich damit nicht beschäftigt zu haben und vertröstete den Fragesteller artig zu warten, *bis sich in diesem oder in einem nächsten Leben einmal eine Gelegenheit dazu bietet, nachdem die Sache erforscht worden ist* (GA 283, 30.9.1920).

Wie Steiner bei seiner Archivierungstätigkeit der Bibliothek Nietzsches bemerkt zu haben glaubte, entwarf dieser bei der Lektüre von Eugen Dührings Werk „Kursus der Philosophie als streng wissenschaftlicher Weltanschauung und Lebensgestaltung" lediglich eine Gegenposition mit seiner „Wiederkehr des Gleichen". Janz, der Biograph Nietzsches, hat in seinem zweiten Band, (S. 232 f), dazu einiges gesagt. Wichtiger aber scheint mir zu sein, dass diese Vorgehensweise eigentlich diejenige Steiners selbst ist, die er nur an anderen bemerkte.

Erinnern wir uns an die Wiener Zeit, als er auf Schröers Hinweis die Dichtungen delle Grazies kennenlernte, denen er seine Bewunderung nicht versagte. Er empfand zugleich das starke Bedürfnis, die in ihrem Werk aufgeworfenen pessimistischen Gegensätze einer *grausamen, ideenlosen, zermalmenden Natur ihre Harmonie finden zu lassen* (GA 28, S. 81). In seiner Entgegnung „Die Natur und unsere Ideale" produzierte er die *Urzelle* seiner „Philosophie der Freiheit" (ebd.). *Die Ideale unseres Geistes sind eine Welt für sich, die sich auch für sich ausleben muss und die nichts gewinnen kann durch die Mitwirkung einer geistigen Natur. – Welch erbarmungswürdiges Geschöpf wäre der Mensch, wenn er nicht **innerhalb** seiner Idealwelt Befriedigung gewinnen könnte, sondern dazu erst der Mitwirkung der Natur bedürfte? Wo bliebe die göttliche Freiheit, wenn die Natur uns, gleich unmündigen Kindern, am Gängelband führend, hegte und pflegte? Nein, sie muss uns alles **versagen**, damit, wenn uns Glück wird, dies ganz das Erzeugnis unseres freien Selbstes ist. Zerstöre die Natur täglich, was wir bilden, auf dass wir uns täglich aufs neue des Schaffens freuen können!* **Wir wollen nichts** *der Natur, uns selbst* **alles** *verdanken!* (ebd., S. 88).

Diesen Gedanken entwickelte er natürlich *nicht aus Widerspruchsgeist* (ebd.), wie in der besagten Vorlesung bei Schröer. Delle Grazie, Nietzsche u.a. gaben ihm die Anregung oder These, seine eigene Auffassung schärfer fokussieren und auch polarisieren zu können. Steiners antithetische Argumentation wurde ja schon im Zusammenhange mit Plato, Kant und Fichte erwähnt.

Als er 1889 seinen Vortrag „Goethe als Vater einer neuen Ästhetik" hielt, wandte er sich nach eigenen Worten dagegen, *dass das Schöne „die Erscheinung der Idee in der äußeren Form" sei, indem ich zeigte, dass man gerade das Umgekehrte meinen müsse: dass das Schöne entsteht, wenn man der Form den Schein des Unendlichen gibt* (GA 339, 12.10.1921)!

Eine besonders frappierende Umkehrung, die an seine musikalische Kompositionsweise erinnert, sprach Steiner bei der Grundsteinlegung zum Dornacher Bau. Dabei setzte er dem „mikrokosmischen Gebet" des christlichen Vaterunsers das „makrokosmische Gegenbild" entgegen. Es lautet:

A U M, Amen!
Es walten die Übel,
Zeugen sich lösender Ichheit,
Von andern erschuldete Selbstheitsschuld,
Erlebet im täglichen Brote,
In dem nicht waltet der Himmel Wille,
Da der Mensch sich schied von Eurem Reich
Und vergaß Euren Namen,
Ihr Väter in den Himmeln.
(zit.b. Grosse, S. 22 f)

Eine weitere modifizierte Umkehrung nahm er bei einer pädagogischen Maßnahme hinsichtlich der verschiedenen Temperamente der Schulkinder vor. Laut H. Ullrich soll Steiner die beiden Bücher von Bernhard Hellwig: „Die vier Temperamente bei Kindern", 1889, und „Die vier Temperamente bei Erwachsenen", 1890, *bis in den Wortlaut hinein* übernommen haben. Einzige Abweichung Steiners bestehe zu der Folgerung Hellwigs, der Kinder entgegengesetzter Temperamente zusammenbringen wollte, *während Steiner das Umgekehrte veranlasste, nämlich Kinder mit gleichen Temperamenten in Gruppen zusammenzusetzen* (zit.b. Baumann-Bay, S. 195). Es geht hierbei nicht um die inhaltliche Bewertung der beiden methodischen Konzepte, sondern um die zustande gekommene Antithese bei Steiner.

Die schon behandelte Krishnamurti-Affäre und Steiners eigene Verkündigung erhielte unter diesem Aspekt der Umkehrung eine weitere Nuance. – Sich an Überliefertes anzulehnen, es gegebenenfalls durch die Technik der Gegenpositionen /Gegenmeinungen (Nietzsche) als etwas unerhört Neues und Originelles *mit einem erstaunlichen Aufwand von Logik, Wissen, kühnen Einfällen und Paradoxen* (G. Reuter) zu präsentieren, mag wie sein unbändiger Wille zum Begreifbarmachen und Einordnen des geheimnisvollen Lebens aus einem kindlich-intellektuellen Hang Steiners hervorgehen.

Selbst bis in die Interpretation von Muttermalen bei den Vorträgen vor Arbeitern am Goetheanumbau lässt sich sein modifizierendes Aufgreifen alter Vorstellungen, wie sie bei dem Paracelsus-Schüler van Helmont im Begriff der „Imagination" enthalten sind, nachweisen (Werfring, Kap. 2.2.1.1. u. 2.2.1.2.).

Schließlich stellt auch sein von Anfang an angestrebter grundsätzlicher Versuch, der Welt, *die man nicht sieht*, einen gebührenden Platz zur sichtbaren zu verhelfen, eine Umkehrung des Üblichen dar. *Es gibt, so schreibt er 1902, ein anderes Verhältnis zu der Welt. Wer unbedingt an der eben geschilderten Art von Wirklichkeit (sinnliche Wahrnehmung als Wirklichkeit; Gedanken, Ideen als Bilder) hängt, wird es kaum begreifen. Es stellt sich für gewisse Menschen in einem Zeitpunkte ihres Lebens ein. Für sie **kehrt sich das ganze Verhältnis zur Welt um*** (Hvhg. v.m.). *Sie nennen Gebilde, die in dem geistigen Leben ihrer Seele auftauchen, wahrhaft wirklich. Und was die Sinne hören, tasten und sehen, dem schreiben sie nur eine Wirklichkeit niederer Art zu. Sie wissen, dass sie, was sie da sagen, nicht beweisen können. Sie wissen, dass die von ihren neuen Erfahrungen nur erzählen können.* Dennoch bedingt das nach Steiner gerade ihre überlegene Position; *denn sie (stehen) mit ihren Erzählungen dem Anderen so gegenüber (...) wie der Sehende mit der Wahrnehmung seines Auges dem Blindgeborenen* (GA 8, S. 20 f). Wie das durch den Verlust der gewöhnlichen Wirklichkeit auftretende Erlebnis, im Leeren zu schweben, bei dem Gewandelten das Gefühl, wie abgestorben zu sein, hervorruft, das ihm, sofern er nicht versagt und in die Unterwelt versinkt, eine neue Welt auftut (s.d. ebd., S. 22 f), lässt sich schecht mit dem zusammendenken, dass Steiner, der das wohl für sich in Anspruch nahm, von sich andererseits behauptete, sich *nicht sonderlich in seinem Leben geändert* zu haben (ebd.).

Inhaltlich weist Steiners reichhaltiges Oeuvre einen ebenso reichhaltigen Eklektizismus auf. Als *anregende* Materialsammlung integrierte er die Inhalte in seinem Welt-Gebäude. Es finden deutliche Übernahmen und Entlehnungen von Denkfiguren statt, die das Gedankengebäude seiner Anthroposophie prägen. Auf Haeckels biogenetisches Grundgesetz wurde schon beispielhaft eingegangen, da es von zentraler Bedeutung ist. Weitere wesentliche Elemente wurden von Goethes naturwissenschaftlichen Ideen miteingebracht.

So findet sich dessen „Typus" metamorphosiert wieder, was erst Verständnis für die anthroposophischen Anschauungen vom „Ätherleib" und der „Gruppenseele" ermöglicht. Goethes Erklärung der Schädelknochen aus Umformung der Wirbelkörper macht Steiners Ansicht auf dem Reinkarnationsgebiet verstehbar, wo analog die Bewegungen der Gliedmaßen in der nächsten Inkarnation zur Schädelkalotte metamorphosieren sollen. Missbildungen in der Natur betrachtete Goethe als Besonderheit des Regelfalles, an dem einzelne Bildungsgesetze sichtbar gemacht werden könnten. Entsprechend erschlossen sich Steiner bei heilpädagogischen Kindern die Abweichung vom regelhaften Entwicklungsverlauf. (Bei der Krebserkrankung entstand daraus sein Konzept der „Dislokation", der Sinnesorganbildung an falscher Stelle.) Demzufolge forderte er in Bezug auf die Ausbildung zum Heilpädagogen zunächst die Kenntnis des regulären Verlaufes, bevor die Ausnahmefälle verstanden werden könnten. Inwiefern Goethe eine Mitte ist, dem ein Anfang (philosophische Grundlegung) und ein Ende (Fortführung auf die geistige Ebene) anzufügen sei, wird damit anthroposophisch konkretisiert. Wenn Steiner schon Goethe als den „Kopernikus und Kepler der Organik" titulierte, wohin wollte er dann seine eigene Leistung gestellt sehen, da er überzeugt war, ihm das Alpha und Omega zur Vollendung anzufügen?

Bei einigen von Steiners Entdeckungen gelingt der Nachweis ihrer zeitlichen Priorität nicht. Er selbst und auch mancher Biograph machten gerne auf jenen 1906 in Paris gehaltenen Vortrag aufmerksam, wo er darauf hingewiesen habe, *dass in der Kometensubstanz Cyan enthalten ist, Verbindungen von Kohlenstoff und Stickstoff* (GA 346, 20.9.1924). Inzwischen (seit 1995) müssen die Herausgeber einräumen, dass zwar in der Öffentlichkeit die durch die Spektralanalyse festgestellte cyanhaltige Kometensubstanz erst mit der aufsehenerregenden Wiederkehr des Halleyschen Kometen (1910) bekannt geworden war, aber Fachkreisen diese Tatsache schon Ende des 19. Jahrhundert vertraut gewesen ist. Man kann ohne jede Unredlichkeit unterstellen, dass Steiner solche Ergebnisse sicherlich nicht entgangen waren, war er doch auch ein interessierter Leser von Fachzeitschriften.

1917 entdeckte er die Dreigliederung des Menschen in Nerven-Sinnes-system, rhythmisches System – womit er Blutkreislauf und Atmung meinte – und Stoffwechsel-Gliedmaßen-System und beschrieb deren Ineinanderwirken zu den seelischen Eigenschaften: Vorstellen, Fühlen, Wollen in seinem Buch „Von Seelenrätseln". Im Vorwort dazu gewichtet er diese Erkenntnis damit, dass er an ihr dreißig Jahre geforscht habe. Was hat es damit auf sich?

Die Bedeutung der Schriften Haeckels für Steiners spirituellen Weg kann nicht hoch genug veranschlagt werden. Haeckel war derjenige, der die bis dahin durch die Mikroskopie erarbeitete Keimblattlehre neu fasste. Vor Haeckels Lehre sollten aus den zwei Keimblättern hervorgehen:

zentrales Nervensystem
kutane Umhüllungen
Wirbelsäule
das Blutsystem (Herz, große Gefäße, Leber, Nieren)
Eingeweidekanal
(IGdM, S. 1937)

Haeckel besaß eine Leidenschaft für Klassifikationen und hielt ebenso wie Schelling, Hegel und Oken überall in der Natur nach Dreiteilung Ausschau. Allen Gegenständen kamen seiner Meinung dreierlei Attribute zu: Materie, Form und Energie. Daher gab es die Chemie, die von der Materie handelte, die Morphologie, die sich mit Gestalten beschäftigte, und die Physik, in der es um die Energie ging. Fernerhin sollte jede dieser Wissenschaften wieder in drei Disziplinen unterteilt werden können (Mason, S. 503).

Für die embryonale Entwicklung beim Menschen beschrieb Haeckel, dass *im Verlauf der weiteren Entwicklung ( ) sich zwischen den beiden Zellschichten der Körperwand, dem Ektoderm und dem Entoderm, eine dritte Zellschicht (bilde), das Mesoderm* (ebd., S. 505). Aus diesen drei Keimblättern gingen im einzelnen hervor:

aus dem Entoderm der Darmkanal
aus dem Mesoderm die Muskulatur
und aus dem Ektoderm Bindegewebe und Nervensystem.

Die anatomische Dreigliederung fußt also auf Haeckels Keimblattlehre, die dieser 1874 in seiner „Anthropogenie" dargestellt hatte. Steiner erweiterte die physiologischen Grundlagen zu einer psychosomatischen Einheit, in der er die bekannte psychologische Dreigliederung in Denken, Fühlen, Wollen damit zusammenfügte. Dies führte konsequenterweise dazu, dass der immer nur wahrnehmende und zur Vorstellung dienende Nerv keine motorische Funktion ausüben konnte, somit Steiner die gängige Auffassung sensorischer und motorischer Nerven konzeptionell – nicht wegen seiner Hellsichtigkeit – ablehnen musste. Die von ihm vollzogene Zusammenfügung der vorhandenen Elemente soll als produktive Leistung nicht geschmälert werden, sie stellt aber eine rein denkerische dar und bildet eben kein „geisteswissenschaftliches" Resultat.

In anderem Zusammenhang ordnete er das Dreigliederungsschema der Pflanze so zu, dass sie einen umgekehrten (!) Menschen darstelle, also die Wurzel sei dem Nerven-Sinnessystem des Kopfes analog, das Blatt dem rhythmischen System, die Blüte dem menschlichen Stoffwechsel-Gliedmaßensystem. Zu der schon Francis Bacon bekannten umgekehrten Version schreibt derselbe in seinem „Neuen Organon", als der „wahren Anleitung zur Interpretation der Natur" im Aphorismus 27: *Auch jene Übereinstimmung und Gleichförmigkeit, wonach der Mensch nur eine umgekehrte Pflanze sei, ist gar nicht so abwegig. Denn der Kopf ist die Wurzel der Nerven und der tierischen Kräfte, während die Samenteile unten liegen, die äußeren Glieder, Arme und Beine kommen dabei nicht in Betracht. Bei der Pflanze dagegen ist im allgemeinen die Wurzel – dem Kopf gleichbedeutend – unten, der Same oben* (Bacon, II, S. 405).

Hinsichtlich der Entdeckung der Mistel für die Krebstherapie hat Steiner *möglicherweise (...) die Anregung für seine Iscadortherapie aus Paracelsus geschöpft. Im Kapitel über die Novalia und ihre Species der Philosophia sagax heißt es: „Darauf soll der Naturforscher gut achten, dass überall, wo die Form missgestaltet ist, auch der Sinn missraten ist, wie bei ... der Mistel, dem Moder etc. Und wo es solche missgestaltete Körper in der Natur gibt, dort sind auch die Mittel für diese Missgestalt."*

Es handelt sich nach Meinung des Herausgebers Schmeer hier um eine primitive Homöopathie: botanische Missgestaltung oder Neubildung gegen krankhafte Neubildung und führt den Steiner-Schüler Pelikan an: *Rudolf Steiner hat als erster darauf hingewiesen, dass es gerade die Heilpflanzen sind, welche die Tendenz haben, ein Glied oder einen Teilprozess überbetont zu entwickeln, sie zum hervorstechenden Merkmal ihrer Erscheinung zu machen. Es ist die Abnormität, welche die Pflanzen zu Heilpflanzen macht... . Sich über die Art klar zu werden, wie diese Verzerrung (des Urbildes des Pflanzlichen) erfolgt ist, bedeutet also, die Richtung zu entdecken, zu der die Pflanze Heilpflanze sein kann. Darauf begründet sich die Möglichkeit einer ‚rationellen' Heilpflanzenkunde* (zit.b. Schmeer, in Schlegel, Anm. 42).

Ein weiteres Beispiel liegt am plastischen Bildnis des „Menscheitsrepräsentanten" vor, ein Christusbild in Holz, geformt aus der Hand Rudolf Steiners, an dem er mit der bildhauerischen Unterstützung Edith Maryons seit 1913 gearbeitetet hatte. Wer die Physiognomie seiner Christusdarstellung mit der des Turiner Grabtuches vergleicht, wird eine erstaunliche Ähnlichkeit bemerken können. Die Anregung dazu bräuchte sich Steiner nicht erst bei seinem Besuch in Turin im September 1910 geholt zu haben. Das Tuch war 1898 zum erstenmal fotographiert worden, Zeichnungen und Abbildungen davon existierten in vielen Zeitungen. Vor allem aber war seit 1902 durch den Anatomen und Physiologen Yves Delage mit seinem veröffentlichten Vortrag vor der Französischen Akademie der Wissenschaften erstmalig der Versuch unternommen worden, die Echtheit des Turiner Grabtuches wissenschaftlich zu begründen, was Unterstützung fand bei dem Biologen Paul Vignon und dem Chemiker Rene Colson. Damit war die Physiognomie, die sich im Turiner Grabtuch erhalten hatte, zu berücksichtigen bei Steiners eigenem Versuch, das Antlitz zu gestalten.

Einen erstaunlichen Meinungsumschwung vollzog Steiner in Sachen Schillers Todesumstände. Dies ist in mehrfacher Hinsicht bemerkenswert, denn außer einer Neuversion zu einer früher gemachten Aussage musste er dabei auch zum charakterlichen Verhalten Goethes Stellung nehmen. So bedächtig, wie es bei der Brisanz seines Themas möglich war, führte er aus, dass *man nicht anders (kann) – trotz allem was nach dieser Richtung geschrieben worden ist – als aus dem Krankheitsbilde die Vorstellung zu haben, da ist auf irgendeine, wenn auch okkulte Weise mitgeholfen worden an dem schnellen Sterben Schillers! Und dass Menschen eine Ahnung haben konnten, dass da mitgeholfen worden ist, das geht daraus hervor, wie Goethe, der nichts machen konnte, aber manches ahnte, in den letzten Tagen gar nicht wagte, den unmittelbar persönlichen Anteil – auch nicht nach dem Tode – zu nehmen, den er an dem wirklichen Hingange Schillers seinem Herzen nach wahrhaftig genommen hat. Er getraute sich nicht herauszugehen mit dem, was er in sich trug* (GA 310, 18.7.1924). Auch wenn Steiner die deutlich geäußerte Nachhilfe an Schillers frühem Tod abschwächte mit der vagen Formulierung einer wie auch immer gemeinten „okkulten Weise" und weiter mit dem vorangehenden Satz abbremste: *Man braucht selbstverständlich niemand anzuklagen*, so verlässt er seine knapp acht Jahre vorher ausgesprochene monokausale Version, dass *Schillers früher Tod ( ) von nichts anderem her(rührte) als davon, dass sein Organismus verbrannt wurde durch seine mächtige seelische Lebenskraft. Handgreiflich ist es. Ist es doch bekannt, dass sein Herz wie ausgedörrt in seinem Innern war. Nur durch seine mächtige Seelenkraft hielt er sich eben, solange es ging, aber diese mächtige Lebenskraft verzehrte zugleich das leibliche Leben* (GA 172, 5.11.1916). Hier übernahm Steiner ein in der Schillerliteratur verbreitetes Klischee, das weit bis ins 20. Jahrhundert hinein noch Eingang gefunden hat. Wie aber kam er auf „seine" Idee von der „okkulten Mithilfe", die er recht spät, an seinem Lebensende vortrug? Dass sie ihm nicht erst mit dreiundsechzig Jahren an Goethes sonderbarem Verhalten aufgegangen sein kann, dürfte sich bei dem mit Goethes und Schillers Leben in eminenter Weise Vertrautem von selbst verstehen.

Bevor Mathilde Ludendorff im Jahre 1935 ihr Buch über die kriminellen Machenschaften der Beseitigung Schillers veröffentlichte, gab es vor 1924 nur eine einzige Abhandlung, in der von „Schillers Hinrichtung" gesprochen wurde: die des ehemaligen Rektors und Reichtagsabgeordneten Hermann Ahlwardt, die dieser 1910 publiziert hatte. In zwei Kapiteln über gut zehn Seiten belegte er seine Aussagen und nahm sich dabei auch Goethes Verhalten und Ahnungen vor, auf die Steiner anspielte. Ahlwardt forschte genauer nach, warum der Staatsminister sich nicht *getraute (...) herauszugehen mit dem, was er in sich trug* (s.d. H. Fikentscher, Der heutige Stand der Forschung über Friedrich Schillers sterbliche Reste, Mohrkirch 1990, bes. S.185-204). Dass Ahlwardt für Steiner kein Unbekannter war geht aus seinem Brief vom 22.7.1893 aus Weimar an Pauline Specht hervor, worin er ihn erwähnt.

Wenn auch ein Vergleich des Vortrages mit der wissenschaftlichen Arbeitsweise einer Schrift nicht geführt werden kann, zeigt doch Steiners Umschwung und das nachweisliche Werk Ahlwardts an, was bei Steiner in typischer Weise zutage tritt: Kehrtwendungen und „okkulte" Quellen, d.h. solche, die er nicht offen legte.

So ist doch sehr in Frage zu stellen, ob ihn die von offizieller anthroposophischer Seite zugesprochenen Attribute: Kontinuität – Wahrhaftigkeit – Neugestaltung tatsächlich kennzeichnen. Damit soll keineswegs das Gegenteil behauptet oder intendiert werden doch die Frage angebracht sein dürfen, wo sie bei den vorgestellten Beispielen zu finden sein sollen? Kontinuität wahrte er, wie im ersten Kapitel beschrieben, im Aufgreifen des Goetheschen naturwissenschaftlichen Verständnisses, das in die Theosophie/Anthroposophie hineinführte. Diskontinuität offenbarte sich ersichtlich und fast ausnahmslos an allen seinen geistigen Weggefährten.

Zur Wahrhaftigkeit, hier nur als „Andacht im Kleinen" (Steiner), als wissenschaftliche Redlichkeit gefasst, weist er aus, dass ihm als Systematiker und Synthetiker zu gelten anscheinend nicht Verdienst genug war, auch das Material musste noch seine Leistung sein.

Die Beantwortung der Frage nach seiner Neugestaltung muss noch abgewartet werden, bis auch das in den Kapiteln IV und V Dargebotene zu seiner Persönlichkeit als auch eine Analyse seiner Reinkarnationsforschung eingebracht ist.

Entscheidend für Steiners Anthroposophie scheint mir jedoch nicht das Abwägen von Prioritäten oder Konstatieren originärer Ideen, sondern vielmehr, wie er mit der Einordnung fremder Quellen und ähnlich bis gleicher Elemente bei anderen Autoren in sein universales System umging. Da er dabei viel mehr als bisher geahnt vom Denkerisch-Kombinierenden ausging, ist sein Konzept auch dem Nicht-Hellsichtigen nachvollziehbar, ja zuweilen „hellsichtig" klar und bewertbar. Wohl in diesem Zusammenhang betonte er, sich *erst eine gewisse Stellung in der Welt* errungen haben zu müssen; denn über solche (okkulte) Dinge öffentlich zu reden, gehöre Mut. Den habe er *erst finden müssen* (Rittelmeyer, S. 83). Vielleicht könnte man in diesem Zusammenhang die „okkulten Dinge" einmal ganz direkt auf seine Quellen beziehen?!

Wieweit eben Steiner selbst als authentische Quellen in Frage kommt und wieweit er Anregungen und kontextuelle Spuren von fremden Quellen erfahren hat, wird nie ganz scharf geklärt werden können und bleibt m.E. auch zweitrangig. Ob aus dem Vorliegen dergleichen Idee auf ein Plagiat oder auf die Unaufrichtigkeit Steiners geschlossen oder damit nachgewiesen werden kann, halte ich im Gesamten für eine verfehlte (In)Fragestellung; dazu hat schon Karl May – nicht nur in eigener Sache – Treffendes gesagt (S. 285-290). Das einzige, was zu all diesen „Quellenwundern" und „Wunderquellen" bemerkt werden kann ist, dass zu ihrer Erkenntnis keine „höheren Welten" zwingend in Anspruch genommen werden müssen und im Zusammenhang mit Steiners biologischer Persönlichkeitsanalyse zumindest die Richtung angezeigt wird, *wo Barthel einmal den Most geholt hat* (E. Bloch).

Weltgeschichtliche Betrachtungen mit spiritueller Ökonomie und okkulter Dialektik

Rudolf Steiner fühlte sich als philosophischer Vollender Goethes, W. Raub bezeichnete ihn als *Vollstrecker Nietzsches* und mit der Übernahme des biogenetischen Grundgesetzes gerierte er sich auf spirituellem Gebiet als der Fortsetzer Haeckels. Als ehemaliger Vorzugsschüler, späterer Stipendiat der TH Wien, dann als Student mit der außerordentlich verdienstvollen Herausgabe von Goethes naturwissenschaftlichen Schriften betraut, über sich selbst die Meinung hegend, einen Posten als Fabrikdirektor im Nebenher erledigen zu können, konnte Steiner sich mit einem Platz in der zweiten Reihe nicht zufrieden geben. Nachdem die beabsichtigte akademische Karriere zerschlagen war, gab ihm der Rang des deutschen Generalsekretärs der Theosophischen Gesellschaft zum erstenmal auf Dauer ein führendes Amt, das ihm trotz aller stellenweisen Achtung seines philosophischen Werkes beruflich versagt geblieben war. Das ließ Steiner sich nicht mehr aus der Hand nehmen. Aus der vorausgesehenen Rivalität mit A. Besant ging er siegreich als Oberhaupt der neu gegründeten Anthroposophischen Gesellschaft auf der anvisierten Linie seiner Lieblingshelden hervor.

Wie man aus der Geschichte der Anthroposophischen Gesellschaft weiß, kam es später ja nicht bloß partiell in Stuttgart, sondern in toto zu ziemlichen Gesellschaftskrisen: einer Neukonstituierung, einer Herauslösung der jüngeren Anthroposophen in einem eigenen Verein u.a.m., Vorgänge, die Steiner so sehr zusetzten, dass er selbst seine Abkehr von ihr, in der er bis 1923 nicht selbst Mitglied gewesen war, erwogen hatte. Bisher hat es natürlich kein Anthroposoph gewagt, die in der Krise zutagegetretenen Unstimmigkeiten auch mit der Person Rudolf Steiners selbst in einen kausalen Zusammenhang zu bringen. Wie sollte es einer Gruppe von mehreren Tausend unterschiedlichst ausgerichteter Menschen ergehen mit dieser führenden Persönlichkeit, die in unerschöpflicher und nicht zu fassender Quantität die grandiosesten und weitgespanntesten Gebiete von der „Mission des Buddha auf dem Mars" über die „Mondenbrüller" bis zu den „zwei Jesusknaben" mit so unvisionär mathematischer Nüchternheit im Denken ausbreitete, wie es der historisch-kritischen Epoche des 19. und 20. Jahrhunderts zu denken nicht mehr möglich schien. War nicht Steiner mit seiner entwicklungsmäßigen Retardierung außer Lage, überhaupt eine führende Rolle auszuüben? Diese Funktion hatte er nicht erst mit der im Jahr 1923 übernommenen Vorstandsleitung der Gesellschaft inne, sondern war als ihr unangefochtener spiritus rector die das Leben der Gesellschaft prägende Persönlichkeit. Als Vorsitzender der ‚Deutschen Lesehalle' war er nach einem halben Jahr abgewählt worden. Aus seinem Kindheits- und Jugendalter sind weder Gruppenaktivitäten noch Anführertum bekannt. In seinem produktiven Alter empfand er sich durch manche Mitarbeiter zur „quantité negligeablé" herabgesetzt – kaum denkbare Episoden für eine Anführernatur. Sein Vermögen, viele Mitglieder zu akquirieren kann keineswegs mit dem, sie auch führen zu können, verwechselt werden. Ein Klassenprimus ist nicht notwendigerweise zum Anführer geeignet und ein funktionierendes Ein-Mann-Unternehmen bietet keine Garantie für Chefqualitäten.

Die männliche Gefolgschaft, die Steiner um sich geschart hatte, erkannte ihn ausnahmslos als den großen Meister an und verhielt sich, wie es ein Eisenbahn-Schaffner einmal ausgesprochen hatte, wie „une famille religieuse", also devot gegenüber ihrem Oberhaupt. Die Frauen hatten anscheinend eine besondere Aufgabe zu erfüllen, die als mütterlich-versorgend-organisierende charakterisiert wurde. Ob die fürsorgliche erste Frau Anna, die einsatzfreudige Organisatorin Marie in zweiter Ehe, die hilfreich-versorgende Pauline Specht, die treuen und zuverlässigen Stützen Anna Samweber, Johanna Mücke, Sophie Stinde, Else von Kalckreuth, Mathilde Scholl, die verschwiegene Gehilfin und weiblicher Mäzen Helene Röchling, die befreundete und spendable „Haushälterin" Mieta Waller, die selbstlos dienende Edith Maryon – keine seiner Frauenbeziehungen beinhaltete Ebenbürtigkeit (s.d. Weibring). Auch in der nur im Keimzustand verbliebenen jugendlichen Liebe zu Radegunde Fehr kam es nicht zu einem männlich reifen Werben. Die anhimmelnden brieflichen Bekundungen des über sechzigjährigen Steiner an Ita Wegman lassen in extenso die volle Höhe einer reifen Entwicklung vermissen.

Wie hat sich Rudolf Steiner selbst gesehen? Welche Bilder schwebten seinem Selbstverständnis vor? Gab er sich darin wie andere Künder der geistigen Welt den Anschein der Bescheidenheit, wie der schwedische Universalgelehrte und Geisterseher Emanuel Swedenborg (1688-1774), der in Süddeutschland lebende Alois Mailänder (1844-1905), „Bruder Johannes" genannt, oder der Grazer „Schreibknecht Gottes", Jakob Lorber (1800-1864) mit seinen Neuoffenbarungen in fünfundzwanzig Bänden von nahezu zehntausend Druckseiten?

Eine materialreiche Auskunft bietet dafür seine eigene Lehre von der Reinkarnation. Steiner konkretisierte diese auch im orthodoxen Christentum vorhandene Anschauung, indem er eine Reihe von Inkarnationsfolgen geschichtlicher Persönlichkeiten, teilweise auch zu seinem eigenen Personenumkreis, angab. Über sich selbst vertraute er aber nur dem engsten Kreis (z.B. Marie Steiner, Ita Wegman, Graf Polzer-Hoditz und einigen wenigen Schülern) Angaben an, die allmählich kolportiert wurden und erst seit 2003 einen (vorläufigen?) Abschluss erhalten haben.

Nicht vergessen seien hierbei die vorweg schon besprochenen Selbstbilder des indischen „Elefantengottes" Ganesha und der in Steiners Mysterienspiel genannte Vorgänger des Benedictus: Benedikt von Nursia.

Es wäre nicht bloß unklug sondern auch von Schaden gewesen, hätte Steiner Angaben über eigene Vorinkarnationen publik gemacht, die ihn a priori unglaubwürdig und größenwahnsinnig hätten erscheinen lassen. Insofern musste er die Angaben entweder vertraulich behandeln oder unter Anspielungen verstecken.

Seine Sekretärin hatte, von ihm ermuntert, ihre Frage an ihn gestellt: *Wer sind Sie? Wer waren Sie? Wer werden Sie sein?* (Samweber, S. 36). Steiner entgegnete darauf, seine Individualität ziehe sich wie ein roter Faden durch die ganze Erdenevolution und sei schon vor deren Beginn dagewesen. *...Wenn Sie in Liebe und Enthusiasmus nachdenken*, hatte Steiner ihr gesagt, *werden Sie noch in diesem Leben finden, wer ich bin* (ebd.).

Wir verlassen uns dabei lieber auf ihn selbst und nehmen Vorlieb mit den von ihm überlieferten Angaben.

Er selbst kannte zu gut die megalomane Neigung, die auf dem unkontrollierbaren Gebiet der Reinkarnationsangaben in der Behauptung höchst-

St. Andreas in Köln 1910, als Rudolf Steiner mit Marie von Sivers den Reliquien von Albertus Magnus einen Besuch abstattete

rangiger Personalunion ins Kraut schoss und erlaubte sich einmal den Spaß, einer stolzen Mutter, die gerne erfahren hätte, wer ihre beiden Söhne im Vorleben gewesen seien, „Schiller und Goethe!" als Antwort anzubieten.

Marie von Sivers teilte er 1910 bei einem Besuch in der Kölner St. Andreas-Kirche, wo damals noch in der Albertus-Kapelle die Reliquien von Albertus Magnus aufgebahrt wurden, mit, sie beide würden jetzt wieder zusammenarbeiten! Also er als wiedergeborener Thomas von Aquin (was Marie schon 1902 aufgegangen war, s.d. GA 262, Nr. 59 a) und Marie als reinkarnierter Albertus, Graf von Bollstädt, des doctor universalis der mittelalterlichen Geistesgeschichte.

Die ehemalige Albertuskapelle in St. Andreas mit dem damaligen Reliquienschrein

Ita Wegman enthüllte er ihre Vorinkarnation als Alexander d. Gr. und die seine als damaligen Lehrer Alexanders: Aristoteles. Damit war auch der Eroberungsimpuls in Gestalt von I. Wegman in der Anthroposophie vertreten und die Sehnsucht aus Weimarer Zeiten erfüllt.

Als weiter zurückliegende Inkarnationen Alexander d.Gr. gab Steiner Gilgamesch an, bei der von Aristoteles Eabani/Enkidu. Im gleichen Vortrag wird auch noch die Linie Marie von Sivers – Albertus Magnus weiter geführt zu der antiken Mathematikerin und Philosophin Hypatia (GA 126, 29.12.1910). Hypatia, die mit ihrer Bildung laut Sokrates gen. Scholastikos „sämtliche Philosophen ihrer Zeit ausstach", war von aufgestachelten christlichen Fanatikern grausam ermordet worden.

Eine weitere Figur in der Reihe eigener Reinkarnationsangaben ist der Schüler des Heraklit, Kratylos (Kirchner-Bockholt, 1976, S. 25), der nach Aristoteles Zeugnis ein Lehrer Platos gewesen war.

Steiner beanspruchte also mehrere historisch hervorragende Plätze, leicht gewandelt zu denen aus Weimarer Zeiten. Aus der Vereinnahmung geistesgeschichtlich vorderster Ränge spricht sein weltgeschichtliches Sendungsbewusstsein in Form einer weltplanmäßigen Apotheose der eigenen Person. Dass seine Anthroposophie, unter der Ägide des Erzengels und jetzigen „Zeitgeistes" Michael in Verbrüderung mit einem anderen Meister, nämlich Christian Rosenkreutz, dazu berufen sei, eine kleine Schar Auserwählter wie Noah während der Sintflut zu retten, gehört zum eschatologischen Selbstverständnis von Werk und Person Steiners. Schließlich gebot er auch Ahriman und Luzifer, die ihm im Dornacher Atelier Modell saßen. In seinen Vorträgen hat er Andeutungen darüber nicht unterlassen, in ihm selbst die Inkarnation des Bodhisattva Maitreya zu erkennen (s.d. Zinke, S. 103 u. 108 f).

Die zusammengestellte Inkarnationsreihe enthält also die Aussage, Steiner in allen wesentlichen Kulturepochen („alle hundert Jahre"), von der urpersischen an als „Zarathustra", führend mit der menschlichen Entwicklung in Beziehung zu sehen, so dass für Tausende von Jahren durch ihn eine maßgebende geistige Prägung inauguriert wurde. In seiner Inkarnationsangabe als Kaspar Hauser kommt noch dessen dynastische Herkunft aus badischem Königshaus hinzu, also der aristokratische Anspruch auf Verbindung geistiger mit weltlicher Herrschaft. Hausers Ermordung mag übrigens Steiners Auffassung begünstigt haben, die ‚nicht gewöhnlichen Umstände' seiner Erkrankung gelegentlich als Attentat (Vergiftung) zu interpretieren.

*

Zu den Angaben über mehr als fünfzig Persönlichkeiten, zu denen Steiner vornehmlich in seinen „Esoterischen Vorträgen" – aber auch schon ab 1910/11 in seiner „Okkulten Geschichte" – eine oder mehrere Inkarnationsfolgen anführt, stellt sich die Frage, ob darin ein Bauprinzip erkennbar wird, das als verborgenes Kompositionsprinzip zugrunde liegt? Die von ihm mitgeteilten Beziehungen der historischen Existenzen jener Persönlichkeiten und ihr verbindender Schlüssel untereinander können ja auf Ähnlichkeit hin verglichen werden, was in der anthroposophischen Literatur auch geschehen ist. Allerdings berechtigen dabei leicht feststellbare Ähnlichkeiten, so interessant sie auch sein mögen, nicht zu einem Schluss, dem irgendeine Beweiskraft zukommt. Das schon aus der Statistik bekannte Vorgehen, zwischen zwei willkürlich verglichenen Komponenten statt einer Korrelation eine Kausalität zu konstruieren, wurde ja besonders am Vergleich mit Karl May überdeutlich, dessen frappierende Duplizitäten zu Steiner denn doch nicht für Reinkarnationsbelege reklamiert werden können. Dennoch ist die Frage nach einem möglichen inneren System, das Steiners „praktischen Karmaübungen" zugrunde liegen könnte, nicht wertlos.

Bei diesen karmischen Studien konnte er auf sein großes Vorbild H.P. Blavatsky zurückgreifen, die 1888 in ihren „Karmischen Visionen" mit einer solchen Betrachtung auch hierin einen Grundstein gelegt hatte.

Als Besonderheit der Mentalität Steiners darf speziell die Erwartung gehegt werden, unter der Leitidee der Entwicklung die von Goethe gewonnenen Begriffe von Polarität, Steigerung und Metamorphose hierbei wiederzufinden, die das Urbild (Typus) des Menschen, seine Entelechie (Aristoteles), in allen Verkörperungen modulieren. Bereicherung gewinnt er hinzu durch sein musikalisches Kompositionsprinzip der Umkehrung wie am Beispiel seiner pädagogischen Vorträge, in denen er auf die schon der Antike bekannten Sieben-Jahresepochen des menschlichen Lebenslaufes eingeht, dessen scheinbar rein linearer Verlauf davon gebrochen wird, und nun noch mit dem spiegelbildlichen Ineinanderwirken von erstem und letztem Jahrsiebt, zweitem und vorletztem etc. weitere Figurationen hineinkomponiert.

Interessant wird nun, welche zu überprüfenden Verschränkungen nach Steiners Reinkarnationsangaben beobachtet werden können, wenn er die Auffassung Gottfried Kellers in extenso personae konkretisiert, die dieser so aussprach: *Wer heute einen Gedanken sät, der erntet morgen die Tat, übermorgen die Gewohnheit, danach den Charakter und endlich das Schicksal. Darum muss er bedenken, was er heute sät und muss wissen, dass ihm sein Schicksal einmal in die Hand gegeben ist: heute.*

Zunächst muss aus der übergroßen Anzahl der Personen eine Auswahl und Gruppierung nach bestimmten Kriterien getroffen werden. Die erste Gruppe umfasst einen Kreis von Personen, die einen besonders prägenden geistigen Einfluss auf Steiner ausgeübt haben und ihm zumindest teilweise persönlich bekannt waren. Dazu gehören: Schröer, Nietzsche, Stirner, Goethe, Haeckel.

In der zweiten Gruppe sollen Zeitgenossen zusammengefasst werden, denen er verehrend-kritisch gegenüberstand wie: Vischer, Hamerling, H. Grimm, von Hartmann.

Repräsentativ für die dritte Gruppe wird eine einzelne Persönlichkeit gestreift, an der eine Abgrenzung zur anthroposophischen Weltanschauung Steiners vorgenommen wurde: Swedenborg.

Zuletzt ein kurzer Ausblick auf die von ihm klassifizierten geistigen Gegnern, denen ihrer Bedeutung nach mehr Raum im anschließenden Kapitel gewidmet ist.

Die Auswahl ist wenn auch nicht in allen Kategorien messerscharf, aber doch, wie sich zeigen wird, brauchbar.

Bevor nun die Inkarnationsreihen Schröers und der anderen untersucht werden, soll als Richtwert an die Vorgabe Steiners über seine eigenen Vorinkarnationen erinnert werden: in der Antike die Position des Aristoteles, dessen Philosophie und Naturwissenschaft für fast zweitausend Jahre das Abendland prägte; im Mittelalter dessen Erneuerer Thomas von Aquin, des „doctor angelus".

Für Schröer weist Steiner zwei Vorinkarnationen vor: zunächst die von Plato. Dieser wurde in seinem Schüler Aristoteles übertroffen, was auch die aktuelle Beziehung Schröer-Steiner formte. Steiner hatte ja die bislang nirgends bewältigte Aufgabe zu übernehmen, den „Irrtum" der naturwissenschaftlichen Schriften Goethes nicht als unqualifizierten Dilettantismus Goethes, sondern als bisher übersehene Begründung einer neuen Organik offenzulegen, da der ausschließlich ideenzugewandten Interpretation der Goetheschen Dichtung durch Schröer – wie auch durch H. Grimm – das Rüstzeug für diese Unternehmung fehlte. Schröers Weg, der darauf ausging, die platonischen Ideen eines Kunstwerkes zu erfassen, kann als idealistische Kunstinterpretation aufgefasst werden, auf die Schröer sich beschränkte. Dass Steiner deswegen einen langwierigen Umweg gehen musste, indem er erst von 1883 –1896 sich der liegengebliebenen naturwissenschaftlichen Kommentierung anzunehmen hatte, was ihn beruflich nicht förderte und nach seinen Worten von seiner eigenen Mission abhielt, hat ihn auf Schröers unerfüllte Aufgabe hingewiesen, dieser habe eigentlich die Tür zur Anthroposophie aufstoßen sollen. Thematisch sollte das an Goethe geschehen, was Steiner dann nachholte – nur, wieso sollte ausgerechnet Schröer eine „innere" Neigung zu theosophisch-anthroposophischen Ideen gehabt haben, um sich der anthroposophischen Aufgabe anzunehmen? Da erzählt

Steiner, wie er ehemals die Erschütterung Schröers auf die Nachricht vom Selbstmord des Kronprinzen Rudolf unmittelbar mitbekommen hatte, aus dem, für Steiner ganz unersichtlich, der Name „Nero" hervorbrach (GA 236, 27.4.1924). Steiner bestätigte später in seinen „Esoterischen Vorträgen" die instinktive Witterung seines Lehrers für die reinkarnative Identität Nero – Kronprinz Rudolf. Eine solche für Schröers Denkweise untypische Äußerung erklärte Steiner aus dessen theosophischer Veranlagung, die nur gelegentlich zum Vorschein gekommen sei. Schröer hatte ihn nämlich von einer phrenologischen Untersuchung berichtet, bei der ihm ein *theosophischer Kopfhöcker* attestiert worden war! Damit fügen sich die Mosaiksteinchen für Steiners Reinkarnationsangaben zu Schröer nach und nach zusammen.

Ein vielsagender Aspekt der Platoinkarnation Schröers ist auch der, dass Steiner vor seiner Aristoteles-Inkarnation als Kratylos aufgetreten war, der wiederum Lehrer Platos war. Die persönliche Rangordnung zwischen Steiner und Schröer gestaltet die Reihe der Reinkarnationspersönlichkeiten. Steiner wiederholt seinen überlegenen Status als Schüler, der seinen Lehrer übertrifft, indem ihm zweimal die Mission zufiel, die Einseitigkeit des Platonismus für das Abendland zu korrigieren: als Aristoteles und als (goetheanistischer) Schöpfer der Anthroposophie.

Eine weitere Zwischeninkarnation Plato-Schröers soll die der ersten deutschen Dichterin, Hrotsvith von Gandersheim, aus dem 10. Jahrhundert gewesen sein. Hrotsvith, deren Herkunft aus dem Adel vermutet wurde, lebte als Äbtissin im Kloster. Sie schrieb mehrere Legenden, Dramen und Epen und baute *mit erstaunlicher Menschenkenntnis und feiner psychologischer Beobachtungsgabe aus dem äußeren Ablauf der Geschehnisse ein Drama auf, dessen Verinnerlichung im Rahmen der mittelalterlichen Erzählkunst ungewöhnlich ist* (zit.b. Langosch, S. 200 f). Mit ihren Dramen schloss sie an eine seit vier Jahrhunderten nicht mehr gepflegte Art der Dichtkunst an.

Parallel dazu hatte Schröer in jüngeren Jahren auch einige schriftstellerische Versuche hinter sich, zu denen er im Gegensatz zu Hrotsvith wenig ermunternde persönliche Kritiken bekommen hatte, und ordnete diese Fähigkeit später seinem fachlichen und militärisch-propagandistischen Tun unter.

Am Rande sei hingewiesen auf zwei von insgesamt acht Legenden Hrotsviths zum biblischen Themenkreis und zwei, die mit einem vorfaustischen Teufelspakt zu tun haben. Schröer selbst hatte in seinem „Faust"-Kommentar natürlich auch auf sie hingewiesen.

Hrotsviths Versuch, den auch von ihr geschätzten heidnischen Dichter Terenz wegen seiner schönen Sprache nachzuahmen (*illum imitari dichtano, dum alii colunt legendo*; zit.b. ebd., S. 209), seine lasziven Inhalte aber durch christliche Weltsicht thematisch aufzuwerten, lässt sich vielleicht auch zu der starken und idealisierten Auseinandersetzung Schröers mit dem „Faust"-Drama in Beziehung setzen, mit der er sich von dem zu der Zeit gängigen historisch-kritischen Verfahren und gröberen, un-idealistischen „Erklärungsweisen" absetzte.

Der von Schröer geschriebene Aufsatz „Goethe und die Frauen", in dem *etwas von Empfindung für Frauenwert und Frauenwesen* lebt (GA 238, 23.9.1924), berührt sich mit der Wertschätzung der Frau, die auch in den Werken der Hrotsvith durchgängig zu beobachten ist. Mit der weiblichen Zwischeninkarnation als Hrotsvith wird dem geistigen Adel Schröers (dessen Vater Christian Oeser Steiner als reinkarnierten Sokrates angegeben haben soll) Rechnung getragen und zugleich seine eigenen schriftstellerischen Versuche und lebenslange Zuwendung zum „Faust"-Drama integriert.

Prekär wird Steiners Lage aufgrund dieser „geisteswissenschaftlichen" Reinkarnationsergebnisse durch die neuesten Forschungsergebnisse zu Hrotsvith von Gandersheim. Schon einmal 1867 waren die unter ihrem Namen herausgegebenen Schriften als Fälschung bezeichnet worden, die aus der Werkstatt des Humanisten Conrad Celtis Ende des 15. Jahrhunderts stammen sollten. Doch der gut begründete Verdacht setzte sich nicht nur bei der Zunft nicht durch. Auch Steiner war davon zu Ohren gekommen und er betonte in seinem Vortrag vom 23.9.1924 ausdrücklich, der *unumstößliche Beweis*, die Nonne Hrotsvith habe kein einziges Drama geschrieben, sondern irgendein Ratgeber des Kaisers Maximilian habe alles gefälscht, sei *natürlich ein Unsinn*. Dass Steiner den Namen des verdächtigenden Urhebers Joseph Aschbach nicht kennt, der noch vor Steiners Studienzeit Professor an der Wiener Universität gewesen war, und ihn mit einem Allerweltsnamen als *irgendein Schmidt oder Müller* bezeichnet, spricht dafür, dass er dessen Originalschrift „Roswitha und Conrad Celtes" nicht eingesehen hat, damit auch keine Urteilsgrundlagen vorweisen kann, vielmehr bloße Voreingenommenheit und Geringschätzung demonstriert. (Eventuell meinte Steiner P.J.F. Müller mit seinem schon 1814 veröffentlichten Werk „Meine Ansicht der Geschichte", in dem dieser u.a. die mittelalterlichen Überlieferungen als systematisch gefälscht zu begründen versuchte?).

Jedenfalls zeigt die umfassende, kritische Recherche der von Alfred Tamerl 1999 vorgelegten Studie die reichhaltigen Unstimmigkeiten und Unmöglichkeit der Annahme auf, die Texte Hrotsviths hätten im 10. Jahrhundert tatsächlich geschrieben werden können. Mit der Entmystifizierung „Hrotsviths" und ihrer Identifizierung mit einer Nürnberger Äbtissin um 1500, die die Schwester und Schülerin eines großen Humanisten, Willibald Pirckheimer, ist, löst die gründlich vorgenommene Untersuchung Tamerls das Rätsel auf. – Zu dem Freundeskreis Pirckheimers zählten übrigens Erasmus von Rotterdam, Melanchthon, Reuchlin, Ulrich van Hutten, Albrecht Dürer, – allerdings auch die Fälscher Conrad Celtis, der vom Habsburger König Maximilian I. an die Wiener Universität berufen wurde und „Hrotsviths" Schriften herausgegeben hatte und als der führende Kopf der Inszenierung anzusehen ist, sowie Trithemius, der schon in den achtziger Jahren des 19. Jahrhunderts als *Scharlatan und Betrüger* (L. Geiger, Renaissance und Humanismus, 1882, S. 157) entlarvt worden war. Das Motiv der beiden Humanisten, die natürlich noch weitere Mithelfer bei ihrer Unternehmung gehabt haben müssen, sieht Tamerl in dem Bedürfnis der deutschen Humanisten, ein nationales Erbe vorweisen zu können, das der anmaßenden italienischen Vorrangstellung ebenbürtig wäre, und so die renovatio imperii (Reichserneuerung) auch auf dem Gebiet der Bildung als renovatio studii (Erneuerung der Bildung) geleistet zu haben (s. Tamerl, S. 13 f).

Damit hätte Steiner sich gründlich in der Person Hrotsviths, deren Lebenszeit und Lokalität geirrt! Seine von ihm gesehenen Affinitäten zwischen Schröer und „Hrotsvith" bezögen sich lediglich auf geistreiche Verknüpfungen mancher Ähnlichkeiten. Sein selbstgenannter Anspruch geisteswissenschaftlicher Forschung, in ihrer Exaktheit der naturwissenschaftlichen Methode gleichzukommen, wäre auf aphoristische Beiträge reduziert. Weil es für Steiners Ansicht von eminenter Bedeutung ist, dass „Hrotsvith" **vor** dem *Übergang der Lehrer von Chartres in die geistige Welt* und dem nachfolgenden *Herunterkommen derjenigen, die dann Aristoteliker geworden sind*, gelebt haben muss – was also die Zeit der Scholastik etwa um 1200 meint –, müssen erhebliche Zweifel aufkommen über den auf dem Höhepunkt seines spirituellen Wirkens angekommenen Meister mit seinem (zeitlichen) Beharren auf der Realität einer Fiktion!

*

Steiner hatte Nietzsche erst auf dessen Krankenlager von Angesicht gesehen. Dessen Philosophie wirkte nachhaltig auf Steiner ein. Mit einem eigenen Nietzsche-Buch war er in Weimar als *Vollstrecker Nietzsches* (W. Raub) auch über ihn hinausgelangt. Einige Jahre später folgten die beiden Aufsätze in der ‚Wiener Klinischen Rundschau' über die „Psycho-Pathologischen" Grundlagen Nietzsches – eine Art Abrechnung und gleichzeitige Selbstempfehlung für den verhinderten Steiner.

Nietzsches Vorinkarnation macht Steiner als asketischen Franziskaner aus – ein zunächst verblüffendes Gegenbild zum gottlosen Philosophen! Doch immerhin stammte Nietzsche aus einem evangelischen Pastorenhaus und konnte als Kind *Bibelsprüche und geistliche Lieder mit einem solchen Ausdruck hersagen ( ), dass man weinen musste* (zit.b. Weischedel, S. 309). Der

„Pastorensohn, der selbst ein Prediger wurde" und zeitlebens *ein Pastor ohne Kanzel* (Walter Jens) blieb, zertrümmerte schließlich mit seinem philosophischen Hammer der „Gott-ist-tot-Philosophie" das Christentum und verkündigte neue Werte auf neuen Tafeln, die „Umwertung aller Werte". Seine hymnische Sprache des „Zarathustra" liegt dabei den Hymnen der zu zertrümmenden Religion nicht ganz ferne.

Die anfänglich tiefe Beziehung Nietzsches zu Schopenhauer und dessen vom Buddhismus geprägte Bedeutung des Mitleides bildet die konkrete Nahtstelle zu Steiners franziskanischer Inkarnations-Angabe, während das ersichtliche pastorale Milieu, dem Nietzsche entwuchs, seinen religiösen Wesenszug charakterisiert. Später kehrte Nietzsche sich von „Schopenhauer als Erzieher" ab und erstrebte den Starken, den freien Geist, denn *wer Mitleid braucht, kann nicht allein stehen, und der freie Geist will vollständig auf sich selbst gestellt sein* (Steiner, GA 5, S. 78).

Einer ebensolchen Umkehrung war Steiner beim Katalogisieren von Nietzsches Bibliothek auf die Spur gekommen. Er fand in Eugen Dührings „Kursus der Philosophie als streng wissenschaftlicher Weltanschauung und Lebensgestaltung" die Quelle von der „ewigen Wiederkunft des Gleichen" – die Nietzsches *Gegen-Idee* (GA 31, S. 552) zu Dührings Auffassung angeregt hatte.

Dass dies aber kein einmaliger Vorgang für Nietzsche gewesen war, belegt Steiner anhand eines Aphorismus Nietzsches: *Was ist die Reaktion der Meinungen? Wenn eine Meinung aufhört interessant zu sein, so sucht man ihr einen Reiz zu verleihen, indem man sie an ihre Gegenmeinung hält. Gewöhnlich verführt aber die Gegenmeinung und macht nun neue Bekenner: sie ist inzwischen interessanter geworden* (zit.b. ebd., S. 555).

Die umkehrende Wendung wird nun auch an der Inkarnationsfolge Nietzsches buchstäblich vollzogen, die en miniature in seiner geistigen Entwicklung schon enthalten ist!

*

Max Stirners radikales Werk vom „Einzigen und seinem Eigentum" stand zu Steiners „Philosophie der Freiheit" in Affinität, so dass er deren Übereinstimmung dem Stirner-Biographen Mackay brieflich anpries. Der tiefergehenden Bedeutung Stirners auf Steiner ist in einem eigenen Kapitel schon nachgegangen worden, was an dieser Stelle nicht wieder aufgerollt werden braucht. Stirners Person aber war dem post mortem-Biographen Mackay anhand von Dokumenten nicht greifbar geworden. Wie hinter einem Phantom war er nach Zeugnissen auf der Suche gewesen, hatte jedoch weder eine Fotographie Stirners, noch ein Gespräch mit dessen Witwe erhalten. *Die Wirtin, bei der Stirner seine letzten Jahre gewohnt, lebt noch – aber als Mackay es erfährt, ist sie gerade gestorben!* (Dobe, S. 30).

Als Negierer aller geistigen ‚Auswüchse' der Menschen in Religion und Philosophie war Stirner von schärfster Radikalität. Folglich braucht es nicht zu verwundern, wenn Steiner von ihm schreibt, er habe ihn **nicht** bis in die geistige Welt hinein verfolgen (GA 28, S. 259) können. Ob das – wie schon bei Napoleons Seele – deshalb war, weil er sie dort nicht auffinden konnte, oder ob das „Phantom" Stirner auf der geistigen Ebene wiederholte, was ihr auf der irdischen widerfuhr, bleibt in Steiners Formulierung offen. Im Resultat aber äfft die Angabe seiner nicht auffindbaren Seele Stirners Negation des Geistigen nach.

*

Die Goethes naturwissenschaftliche Betrachtungsweise kennzeichnenden Elemente der anschauenden Urteilskraft, der damit ansichtig werdenden Idee, des Typus, der Metamorphose in Polarität und Steigerung lassen auf einen platonischen Stammbaum in der Reinkarnationsreihe des naturforschenden Dichters rückschließen. Allerdings war ja Platos Inkarnation selbst für Schröer schon reserviert. Wo fand nun Goethe noch Platz?

Eine Vorexistenz wird als Philosophieschüler Platos angegeben, die aber eigentlich als Bildhauer ausgeübt worden sei. So konnte er plastisch mit der Verwandlung von Motiven umgehen, was ihn für das innige Verständnis der Metamorphose prädestinierte. Auf seiner Italienreise bemerkte Goethe die Affinität der plastischen Kunst der Griechen mit seiner Art die Natur anzusehen: *Die Griechen schaffen nach denselben Gesetzen, nach denen die Natur schafft, denen ich auf der Spur bin* (zit.b. Schuchard,4, S. 114), eine Schlüsselbemerkung auch für Steiners Methode seiner Reinkarnationsangaben.

Nun gibt Steiner für Goethe noch zwei weitere weibliche Zwischen-Inkarnationen an! Warum durchbricht er bei Goethe die sonst im steten Wechsel sich abspielende männlich-weibliche Inkarnationsfolge, wie er sie z.B an Schröer-Hrotsvith-Plato modellhaft vorgeführt hatte?

Dafür gibt es m.E. nur die eine Antwort, dass er darin den Aspekt von Polarität und Steigerung ausgedrückt wissen wollte, der eben in der Reihenfolge abwechselnder (polarer) geschlechtlicher Inkarnationen anders nicht manifestiert werden kann als dadurch, dass die Steigerung das Extra zweier gleichgeschlechtlicher Inkarnationsfolgen nötig macht. Dieser Wink war allerdings bislang der Aufmerksamkeit der anthroposophischen Bearbeiter entgangen. Wie bei den bisher angeführten Beispielen schon deutlich zu erkennen ist, liefert die spezifische Methode der betreffenden Persönlichkeit den Schlüssel zum Verständnis ihrer Reinkarnationsangaben.

*

Haeckel stellte mit seinem monistischen Weltbild die konkrete pragmatische Fortführung von Stirners Abschaffung dualistischer Systeme auf dem Boden naturwissenschaftlicher Forschung dar, in der Materie und Haeckels Verständnis von Geist eine Einheit bilden sollten. Gegen sein Programm der Abstammung des Menschen und sein Konzept der Evolution nahmen die religiösen Vertreter gegen Haeckel den Kampf auf, den er eifrig mitführte. Seine Polemik gegen die katholische Kirche war von starkem Missionierungseifer in eigener Sache geschürt gewesen.

Unter diesem Aspekt verwundert es daher weniger, die Vorinkarnation Haeckels als größten Machtpolitiker und Eiferer vor dem Herrn auf dem Stuhl Petri anzutreffen: Papst Gregor VII. Unter dessen Ägide hatte der Pakt mit der großen See- und Handelsmacht Venedig, die Absetzung Kaiser Heinrichs IV. und dessen Canossagang, – übrigens auch die Einsetzung des Zölibates – Geschichte geschrieben. Von seinen Gegnern war der ehemalige Mönch Hildebrand als „Höllebrand" demaskiert worden. Von ihm sagte Steiner: *In dieser Zeit war es, dass die Päpste, das Prinzip der christlichen Demut mit Füßen tretend, sich erhoben in äußerer Macht, ... als die ganze äußere Kirche zu Gebräuchen kam, die ein Hohngelächter der ahrimanischen Geister erweckten* (ebd., 3, S. 37).

Wiederum spielt es nach Steiner *für die geistige Welt keine so große Verschiedenheit, ob einer den Katholizismus in extremster Art zur Macht bringen will – der andere ihn in extremster Art bekämpft* (ebd., 2, S. 124).

Haeckel als unfreiwilliger Wasserträger Steiners und der Anthroposophie erhält in der Einseitigkeit des größten päpstlichen Eiferers eine degradierende Abfuhr, da er mit *extremsten* Mitteln für das Christentum arbeitete und sein Zerrbild auf geschichtlich transponierter Ebene in der fanatischen Durchsetzung seines „Monismus" wiederholt zum Vorschein kommt. Hier fällt noch ein weiteres Licht auf die ahrimanische Krise Steiners durch die Auseinandersetzung mit Haeckel um die Jahrhundertwende.

*

Der ebenfalls wie Steiner im niederösterreichischen Waldviertel geborene Robert Hamerling war im Brotberuf als Gymnasiallehrer für Griechisch und Latein tätig gewesen. Bekanntheit aber erlangte er durch seine schriftstellerischen Werke zu verschiedenen Themenkreisen und seinem unvollendet gebliebenen philosophischen Hauptwerk „Atomistik des Willens".

Darin hatte Hamerling Steiner namentlich erwähnt und dessen Stil und Darstellungsart Lob gezollt. Hamerling versuchte in seiner Philosophie, von dem *in seinem Existenzgefühl sich ergreifenden Ich aus ... ein Weltbild zu gewinnen. ... Das Ich weiß, sich fühlend, von sich; und es weiß sich dadurch der Welt gegenüber als ‚Atom'* (zit.b. GA 18, S. 527). Da es nach Hamerling entscheidend für die Menschen ist, dass sie – überwiegend – *leben wollen, leben um jeden Preis, – gleichviel, ob es ihnen gut ergeht, ob schlecht* (zit.b. ebd., S. 524), sind ihm diese sich erfühlende Menschenatome wollende *Monaden*.

Steiner resümiert, *der Denker eines solchen Weltbildes blickt um sich und schaut in die Welt zwar als Geist, doch alles, was er in diesem Geist erblicken kann, ist Willensoffenbarung*. Mit diesem Ansatz ende das Ganze schon, denn – so Steiner – *mehr lässt sich darüber nicht sagen* (ebd., S. 527).

Immerhin strebte Hamerling einer Weltanschauung zu, *die weiß, dass sie mit einem **wirklichen Gedanken** ein Erlebnis des **Weltenwillens** in sich hat* (GA 20, S. 141).

Der Ausblick auf den durch Ideen erschauten Weltenwillen (ebd., S. 142) sichert ihm auch für Steiner den Anschluss an den deutschen Idealismus.

Von daher liegt seine Vorinkarnation wiederum in der griechischen Antike, als Schüler Platos, mit ausgeprägtem Interesse an Göttermythen. Da er dort zu stark in den Götterimaginationen lebte und schwebte, geht er als Gegenwirkung in der Hamerling-Existenz zu stark in den Leib und wird chronisch krank.

Steiner stellt ihn gegenläufig zu Hölderlin, der aus seinem Leib heraustrat, weil er als früherer Schüler Platos dessen *Himmelsflügen* folgte, aber immerhin ein reichliches gemüthaftes Interesse an jedem Menschen sich bewahrt hatte, was bei Hamerlings Vorexistenz nicht geschah.

Jedenfalls zeigt sich an Hamerling und Hölderlin, deren Leben durch Krankheit gezeichnet waren, die Einseitigkeit des Platonismus auf physischorganischer Ebene. Denn (wieder einmal!) bei *Plato sind die Ideen sozusagen etwas über den Dingen Schwebendes* (GA 236, 26.4.1924). Ihnen komme als platonischen Ideen Ewigkeitscharakter zu, während das Stoffliche nur vergängliches Bild davon sein könne. Bei diesem platonischen Himmelsflug komme der Mensch eben zu kurz. Ein solcher Maßstab gilt nach Steiner wohl für Minerale, Kristalle, auch für die Pflanzen im Sinne der Goetheschen Urpflanze und ebenso beim Tier (Typus). *Aber bei dem Menschen ist es so, dass in jeder einzelnen Menschenindividualität die lebendige Ideenindividualität auch verfolgt werden muss. Das hat erst Aristoteles bewirkt, nicht Plato, dass die Idee als ‚Entelechie' im Menschen wirksam gesehen wurde* (ebd.).

Wenn man so die Folgen der geistigen Aussaat an der Art des Denkens sieht, bis in physische Behinderungen und Erkrankungen bei Folgeinkarnationen hineinzuwirken, erkennt man in der rechten Schulung des Denkens und Steiners disziplinierter Geisteserkenntnis den ethisch-hygienischen Blickwinkel sub specie aeternitatis der anthroposophischen Weltanschauung. Auch Hamerling wird von seiner einseitig platonisch gebildeten Vorinkarnation eingeholt und wie ein Hysteron-Proteron muss er sein philosophisches Schicksal im Körperlichen ausbaden.

*

Auch mit dem in Berlin dozierenden Hermann Grimm war Steiner im Weimarer Goethe-Archiv zusammengekommen. Grimm war Sohn des berühmten Wilhelm Grimm, der mit seinem Bruder Jakob die „Kinder- und Haus-Märchen" und das „Wörterbuch der deutschen Sprache" herausgegeben hatte. H. Grimm war von unglaublicher Intuition – er erkannte schlagartig bei einem Spaziergang mit Marianne von Willemer, dass nicht Goethe sondern sie die bescheidene Autorin eines unter Goethes Namen bekannten Gedichtes war – und hatte selbst dichterische Werke vorgelegt, in denen nach Steiner *die werdende Geisteswissenschaft liegt* (zit.b. Schuchard, 3, S. 50). Allerdings nur auf künstlerischer Ebene.

Steiners Inkarnationsangaben zu ihm werden verständlich aus Grimms schicksalshafter Begegnung mit den Essays des Amerikaners Ralph Waldo Emerson. Als junger Mann hatte er ihn eindringlich im amerikanischen Original studiert und sich an dessen Sprachstil begeistert. Die intensive Beschäftigung mit Emersons Werk dauerte ein Leben lang an. Grimm wurde zum kongenialen Übersetzer Emersons ins Deutsche. Ein ersehntes Treffen mit dem Autor gelang H. Grimm einmal in Florenz. In einem Nekrolog zog Grimm den Vergleich mit Shakespeare, Goethe, Schiller, von denen er bestimmte Eigenschaften in Emerson wiederzusehen meinte.

An Emerson lernte Grimm eine neuen Stil des Schreibens kennen. So wie nun Grimm Emersons Stil nacheiferte, so war in der Antike der jüngere Plinius ein Bewunderer des Schreibstiles des elf Jahre älteren Tacitus gewesen (noch mehr aber von Ciceros Briefen). Tacitus war Geschichtsschreiber und Plinius d.J. begründete die Gattung des Kunstbriefes. Parallel zu der literarischen Wahlverwandtschaft Grimms zu Emerson visiert Steiner bei seinen Angaben dessen Reinkarnation als Plinius d.J. an dessen antiken Vorbildverhältnis zu Tacitus an.

*

Friedrich Theodor Vischer, jener schwäbische „V-Fischer" mit seiner monumentalen fünfbändigen Ästhetik, war maßgebender erster philosophischer Lehrstuhlinhaber dieses Fachgebietes. Er hatte jene klassische Definition gegeben: *Das Schöne ist also die Idee in der Form begrenzter Erscheinung. Es ist ein sinnliches Einzelnes, das als Ausdruck der Idee erscheint, so dass in dieser nichts ist, was nicht sinnlich erschienen und nichts sinnlich erscheint, was nicht reiner Ausdruck der Idee wäre* (zit.b. Schuchard, 1, S. 44 f).

Diesen Satz hatte der junge Steiner 1889 mit seiner These in dem Vortrag „Goethe als Vater einer neuen Ästhetik" umformuliert, denn Vischer begrenzte das ideelle Reich des Schönen durch die materielle Erscheinung. Steiners Korrektur, die sozusagen den materialistischen Vischer geistig auf die Füße stellte, beruft sich auf eine Äußerung Vischers, dass die Ästhetik noch in den Anfängen liege. Vischer selbst hatte auch eine Art Autodafe an seiner Ästhetik verfasst, er gab *die ganze Methode Hegelscher Begriffsbewegung* darin preis (ebd, S. 48). Steiner wollte ja ursprünglich auch eine Ästhetik ausarbeiten und hatte in den Wiener Jahren mit umfangreichen Vorarbeiten im Hause Specht begonnen.

Trotz Vischers materialistischer Begrenztheit, die durch seine Hegelschülerschaft abgemildert war, verehrte der junge Steiner den Ästhetiker, dessen Sätze sich wie „ein Pfeil in seine Seele gebohrt" hatten, während er ihm später, als er eigene Wege ging, *fremd geworden* war (GA 30, S. 553). Ein durch seine Regelmäßigkeit nun hinlänglich vertrautes Verhaltensmuster. Einmal hatte der gerade einundzwanzigjährige Steiner dem fünfundsiebzigjährigen Vischer eine kleine Abhandlung zukommen lassen, auf die Vischer per Postkarte freundlich geantwortet hatte und seine kurzen Bemerkungen mit Arbeitsüberhäufung entschuldigte. Steiner jedoch war davon äußerst beglückt und verstand Vischers Aufforderung zur Überarbeitung seines Zeitbegriffes als grundsätzliche Zustimmung, wofür er ihm lebenslang dankbar blieb.

Vischer nun war nach Steiners Angaben in einer vorbereitenden Inkarnation im 8. Jahrhundert Angehöriger maurisch-arabischer Menschen, die von Afrika nach Sizilien gekommen waren und nahm dort in reichlichem Maße auch an Kämpfen gegen die Christen teil. In seiner Bildung umfasste er, so betont Steiner, das Künstlerische, das in der arabischen Kultur enthalten ist.

Wenn also analog zu Goethe, der erkannt hatte, dass die Griechen nach denselben Gesetzen schafften wie er, des Ästhetikers entscheidende Vorinkarnation ausgemacht werden soll, so durfte sie kaum bei den Griechen angesiedelt werden, viel eher bei den sinnesfreudigeren Vorläufern des Materialismus, den mittelalterlichen Arabern. Da Vischer zudem eine agnostische Haltung in seiner Ästhetik einnahm, passte das gut zu einer heidnischen Vorinkarnation.

Die vom älteren Vischer selbst vorgenommene Infragestellung seiner eigenen Ästhetik diente Steiner modellhaft zu einer Figur der Überhöhung, indem er den Vorgang als ein Großbild sich bekämpfender geistiger Konzepte des Christentums mit dem Arabismus darstellte. So wird die verfehlte Lehre vom Schönen dialektisch in einen ästhetisch-weltanschaulichen Gegensatz gebracht. Doch damit nicht genug.

Der maurische Vorläufer der Vorexistenz Vischers „versah" (i.S.v. van Helmonts Imaginatio gebrauchte Vokabel Steiners) sich an einem christlichen Krieger aus dem Norden, der ihm *besonders gefiel* und bekommt in der nächsten Inkarnation dessen germanische Gestalt (GA 235, 9.3.1924) ! Damit wird das „sinnlich Einzelne", das dem kultivierten Araber am Gegner „schön" erschien, in der nächsten Inkarnation Anlass zum leiblichen Hinüberwechseln ins andere Volk, während sein Geist selbst in seiner „arabischen" Idee verbleibt und, als Vischer-Inkarnation sein Ungenügen nur entfernt ahnend, nicht in der Lage ist, die in die Person verwirrte Dialektik aufzuarbeiten.

*

Eduard von Hartmann stammte aus einem preußischem Offiziershaus und schlug, nachdem er als Sechzehnjähriger das Gymnasium verlassen hatte, ebenfalls die Militärlaufbahn ein. Wegen der Folgen einer dort zugezogenen Knieverletzung musste er dreiundzwanzigjährig seinen Beruf wechseln und begann nach einigen Versuchen als Maler, Musiker, Dramatiker schließlich mit freier philosophischer Schriftstellerei.

Sein Erstlingswerk, die mehrbändige „Philosophie des Unbewussten" (1868), die er als Sechsundzwanzigjähriger veröffentlichte, brachte ihm sensationellen Erfolg. Mehrfach angetragene philosophische Lehrstühle lehnte er ab, promovierte aber in absentia.

Hartmanns Erfolg rief auch heftige Kritik von darwinistischer Seite hervor. Wenige Jahre nach seiner Veröffentlichung erschien eine vernichtende Kritik: „Das Unbewusste vom Standpunkt der Philosophie und Deszendenztheorie" (1872), das zum Standardwerk der Kritik berufen wurde. Zur Verblüffung aller gab Hartmann 1877 das in Wirklichkeit von ihm selbst verfasste kritische Werk nun unter seinem Namen neu heraus, übertraf es noch weit, indem er alle darin enthaltenen Einwände nun noch widerlegte! Diese intellektuelle Glanzleistung gefiel Steiner außerordentlich; immer wieder führte er sie in seinen Vorträgen an.

Nach Hartmann zeigt sich in allen unbewusst ablaufenden natürlichen Vorgängen, wie z.B. Reflexen, ein sinnvolles Geschehen, das demnach von einer unbewussten Vernunft ausgeht. Da dieser Vorgang vom menschlichen Willen unabhängig sei, müsse noch ein unbewusster Wille wirken. Unbewusste Vernunft und unbewusster Wille umfassen das Hartmannsche „Unbewusste".

Werde dem Menschen die unbewusste Vernunft bewusst, so deswegen, weil ihm nur ins Bewusstsein geraten könne, was im Unbewussten vorhanden sei, folglich es ihm nur als Rückschluss, indirekt möglich sei. Menschliche Ideen hätten daher nur Abbildungscharakter und könnten keine eigene Wirklichkeit beanspruchen.

Mit dieser ungoetheschen oder auch unplatonischen Folgerung konnte Steiner natürlich nicht mitgehen, sosehr er auch von dem naturwissenschaftlichen Ansatz der Hartmannschen Philosophie eingenommen war. Hartmann wiederum konnte an der „Philosophie der Freiheit" nicht gelten lassen, dass Steiner die von ihm angegebenen Zusammenhänge, die ihm nur als Abbildungsverhältnis erschienen, als Zusammenhänge ideeller Art ansah, die im eigenen Denken des Menschen hervorgebracht würden, das daraus Naturgesetze gewinnen könne. Hartmann winkte ab und beharrte auf der dahinterstehenden Kraft, die das (Natur)Gesetz erst lebendig mache, wie analog die *Regierungsgewalt die Gesetze*. Also seien die vom Denken gewonnenen ideellen Zusammenhänge bloße Abstraktionen.

Im Gespräch mit Hartmann, zur Weimarer Zeit, wollte Steiner Vorstellungen nicht vom Wirklichen abgesondert als Abbild gesehen wissen, da dies erst erkenntnistheoretisch geprüft werden müsse. Hartmann konterte, darüber lasse sich doch nicht streiten, denn schon aus der Worterklärung von „Vorstellung" gehe doch hervor, dass in ihr nichts Reales sei. Steiner war von diesem „Beweis" geplättet. *„Wort-Erklärungen" der ernsthafte Ausgangspunkt von Lebensanschauungen* (GA 28, S. 105). Dennoch blieb Hartmann, der 1906 verstarb, die mächtigste Kritikerinstanz für Steiner. Als der nach fünfundzwanzig Jahren seine „Philosophie der Freiheit" neu auflegt, *sind fast alle (Zusätze) geprägt von der Auseinandersetzung mit dem Hartmannschen Denken* (Schuchard, 2, S. 57).

Hartmanns zündende Weisheit gipfelte darin, den durch ein Malheur der Unvernunft ins Dasein getretenen Willen wieder in den seligen Zustand der Potenz zurückzuführen, d.h. konkret die Welt *ins Nichts zurückzuschleudern*. Die Ausführung dieses Vorhabens dachte er sich in bewährter Manier eines ehemaligen Artillerieoffiziers: die Erde in die Luft zu sprengen.

In seinem nächsten Hauptwerk „Phänomenologie des sittlichen Bewusstseins" modifizierte Hartmann den Vernichtungsvorschlag und versuchte gnädigerweise die Welterlösung zum Zweck des Bewusstseins zu machen und den Weg über die Entwicklung dieses Bewusstseins zu gehen. Sein Werk endet mit den Worten: *Das reale Dasein ist die Inkarnation der Gottheit, der Weltprozess die Passionsgeschichte des fleischgewordenen Gottes, und zugleich der Weg zur Erlösung des im Fleische Gekreuzigten; die Sittlichkeit aber ist die Mitarbeit an der Abkürzung dieses Leidens- und Erlösungsweges* (zit.b. Schuchard, 2, S. 50).

Steiner hatte sein eigenes philosophisches Hauptwerk in Anlehnung an Hartmanns „Philosophie des Unbewussten. Spekulative Resultate nach induktiv-naturwissenschaftlicher Methode" im Untertitel „Seelische Beobachtungs-Resultate nach naturwissenschaftlicher Methode" genannt. Sein Erstlingswerk, die umgearbeitete Dissertation „Wahrheit und Wissenschaft" hatte er ihm gewidmet. Von Hartmanns Gesichtspunkt fand Steiner sich gefördert und schickte ihm seine Schrift zu. Er erhielt von ihm ein freundlich gehaltenes Schreiben zurück, das in der Sache aber ein denkbar schärfstes Vernichtungsurteil über die „Philosophie der Freiheit" verkündete. Das in Marginalien kommentierte philosophische Hauptwerk Steiners gipfelte abschließend in folgenden Sätzen Hartmanns: *Vor allem aber ist übersehen, dass der Phänomenalismus mit unausweichlicher Konsequenz zum Solipsismus, absoluten Illusionismus und Agnostizismus führt, und nichts getan ist, um diesem Rutsch in den Abgrund der Unphilosophie vorzubeugen, weil die Gefahr gar nicht erkannt ist.*

Zu Steiners Reinkarnationangabe zu E.von Hartmanns war es nötig, etwas weiter auszuholen und Steiner genau zu lesen. Denn für Steiner vereinigte v. Hartmann unübertroffen philosophische Kompetenz, die Goethe und Haeckel abging, mit moderner naturwissenschaftlicher Erkenntnis und Methode.

Hartmanns Vorexistenz sieht Steiner zur Zeit der Kreuzzüge, auf denen er die großartige Geistigkeit der Orientalen bewundern lernte. Bei der Verfolgung eines Gegners bei glühender Sonnenhitze erlitt er einen Sonnenstich. Weil aber die Verfolgung ungerecht war, wirkte diese als „moralische Tat" in Verbindung mit dem Sonnenstich leibgestaltend in der nächsten Inkarnation, so dass da die „Gehirnlähmung" (Sonnenstich) zur Lähmung des Knies metamorphosierte.

Zu der Gescheitheit des Philosophen, der ihn in der Sache vernichtend abgekanzelt hatte, bemerkte Steiner rückblickend für die Zeit, als er v. Hartmanns „Philosophie des Unbewussten" gelesen hatte: *Ja, da ist was Gescheites drinnen. – Aber wenn ich eine Seite las: Ja, da ist was furchtbar Gescheites, aber das Gescheite ist nicht auf dieser Seite. Ich wollte immer umblättern und auf der Rückseite schauen, ob da das Gescheite ist. Es war das Gescheite nicht von heute, es war das Gescheite von gestern oder vorgestern* (GA 235, 15.3.1924).

Steiner interessierte für seine karmischen Studien natürlich mehr das Knieleiden von Hartmannns, *als mich (ehedem!) sein transzendentaler Realismus interessierte, oder dass er sagte: Erst gab es die Religion des Vaters, dann die Religion des Sohnes, und in der Zukunft kommt die Religion des Geistes. – Das sind geistreiche Dinge, aber die sind ja mehr oder weniger im geistreichen 19. Jahrhundert auf der Straße zu finden gewesen* (ebd.). Dass er aber *nicht vom Kopf/Geist E.v.Hartmanns, sondern von seinem Knie aus* (ebd.) den Weg zu seiner Vorexistenz fand, greift zwar motivisch den ungewöhnlichen Berufswechsel v. Hartmanns auf, es liesse sich aber ebenso als eine „Köpfung" des Meisterdenkers auffassen. Dass v. Hartmann schließlich einem früheren „Sonnenstich" seine Entwicklung zum Philosophen zu verdanken hätte, lässt auf eine späte und versteckte Abrechnung Steiners mit ihm ahnen. Immerhin hat Steiner damit, dass er den „explosiven" Unsinn der Philosophie des übergescheiten v. Hartmann auf einen Sonnenstich zurückführte, ein köstliches Aperçu mit einem „Stich" Ressentiment geschaffen. Den Kopf zu verlieren, um dann das kopflose Denken vom „gelähmten" Knie aus zu besorgen, soll hier auch noch die leibbildende Kraft der Art der Vorstellungen illustrieren, die in der Vorinkarnation tonangebend, in der darauf folgenden instrumentell wirke.

Im übrigen stimmt Steiners Befund von der „Gehirnlähmung" und der „Beinlähmung" nicht mit den angeführten Zeugnissen überein. Der anthroposophische Arzt Norbert Glas hat in seinem biographischen Artikel über E.v. Hartmann recht genau die Symptome des Leidens angegeben: Quetschung der linken Kniescheibe, rheumatische Beschwerden, Ergussbildung im Knie (Syndrom!), später – nach einem Ausrutschen v. Hartmanns – lang dauernde Kniegelenksentzündung, ebenso beim anderen Knie (s.d. Schuchard, 2, S. 34/36). Man hat die Steinersche Diagnose also nicht als medizinische zu lesen, sondern sie metaphorisch zu sehen i.S. einer Beeinträchtigung, damit sie in sein Metamorphose-Schema passt.

Unzureichende Kritiken konnte Steiner mit Genuss zerpflücken, wie einige Kostproben aus seinem „Magazin für Litteratur" belegen können. Bei kundigen Kritikern, wie beispielsweise K. Vorländers Abhandlungen, reagierte Steiner gereizt mit heftigen Ausfällen. Sollte da E.v. Hartmanns schallende Ohrfeige des Verdammungsurteils: *Unphilosophie* nur sachliche Wirkung bei Steiner hinterlassen haben?

Mit der Episode von der bewundernden Rezeption der orientalischen Geistigkeit wird in Steiners Denkweise verständlich gemacht, warum der kreuzgescheite v. Hartmann Idee und Vorstellung gleichermaßen als Abstraktion und nicht als lebendige Geistesrealität erfassen konnte. *(Die Mysterienweisheit) verschwand dann vollkommen mit dem Arabismus, der eine reine Verstandesspekulation war...* (GA 109/111, 31.3.1909). An dieser Stelle klang nochmals das zwischen Goethe und Schiller geführte Gespräch nach, als Schiller Ideen nur als denkerischen Begriff gelten lassen wollte, während Goethe die Ideen sah.

Sieht man so in den von Steiner angegebenen Inkarnationsfolgen das enthaltene Bauprinzip aufgedeckt, werden die zunächst verblüffenden oder unverständlichen karmischen Beziehungen als rationale transparent. Nach diesem Muster ist nicht mehr schwer zu erraten, wie es beispielsweise Marx und Engels dabei erging. In ihrem Reinkarnationsverhältnis wird ihr Bezug zur eigenen Lehre dialektisch materialisiert: Der eine verwaltete als *energische* Persönlichkeit seinen großen Besitz *in einer für die damalige Zeit* (ca. 9. Jahrhundert) *außerordentlich systematischen Weise* und unternahm mit seiner *merkwürdigen Mischung von einem zielbewussten Menschen und einer Abenteurernatur* kleine *Kriegszüge* mit seinen Leuten. Währenddessen bemächtigte sich eine andere Persönlichkeit *energisch* des verwaisten

Landgutes, so dass nach der Rückkehr des Eigentümers ihm dieser *als eine Art Helot, als Leibeigener ... auf dem eigenen Herrenhofe* (alles GA 239, 5.4.1924) zu dienen hatte. Der Enteignete wird als Karl Marx, der Enteigner als Friedrich Engels wiedergeboren!

Als Wirkungsfeld für seine Ideen knüpfte Steiner unter konkreten geschichtlichen Persönlichkeiten kunstreich mit individuellen Handgriffen Muster von Inkarnationsverhältnissen und gewann mit dieser Historisierung nicht bloß systemstabilisierende Rückwirkung für seine Weltanschauung. Er setzte mit dieser grandiosen Inszenierung auch die Arbeit seiner früheren Thesenstücke fort: was als Mysteriendramen noch literarisch-künstlerisch auf die Bühne gestellt worden war und durch den Kriegsausbruch Torso blieb, erstand nun auf geschichtlichem Boden mit namhaften Persönlichkeiten in einer großen „divina commedia" oder „Comédie Humaine".

Nach mittelalterlicher Tradition dienten Mysterienspiele dem Erweis christlicher also heilsgeschichtlicher Wirksamkeit und Überlegenheit. Unter der Regie Steiners wurde gleich die gesamte ideologische Konkurrenz ausgeschaltet und er als Primus sine paribus inthronisiert.

Wie immer auch die behauptete „geisteswissenschaftliche Wahrheit" der Angaben Steiners von den Lesern angenommen werden mag, wer kann dabei völlig die Tatsache außer Acht lassen, dass ihm beim Erteilen des Nachhilfeunterrichtes nach verausgabten Ideen immer noch genug zum selben Thema eingefallen war – und er ganze Hefte zu einem Aufsatzthema vollgeschrieben hatte? Oder seine *unerhörten, barocken Prämissen*, die er vorspannte, oder – weniger schmeichelhaft von R. Specht formuliert – wie er *seine Beweise zurechtbog*?

Dennoch hat er mit diesem Szenario des Weltendramas eine Antwort gegeben auf die Frage nach dem Schicksal, das die alten Griechen in ihren Tragödien in die Hände der Götter legten. Am griechischen Begriff der Entelechie stellt er jenes von außen kommende Schicksal als vom Menschen selbst geschaffenes hin, das bis ins Detail individuell und methodisch zueinander in Beziehung steht.

Hinter Steiners Vernetzung von Schicksal, Krankheit, Denken, Tod – wie Gottfried Keller es programmatisch in seinem Aphorismus niedergelegt hat – mit einer moralisch-richtenden Dimension steht ja die jedem menschlichen Erleben nahestehende Frage nach dem Warum eines Schicksalsereignisses, einer Krankheit etc. Die Frage danach mag sich fast zwangsläufig stellen, doch ist sie auch „richtig"? Dieses unmittelbare Bedürfnis, ein Krankheitsereignis oder einen Unfall mit einer moralischen Interpretation zu verknüpfen, hat der Medizinhistoriker Sigerist als *atavistisch* bezeichnet (Sigerist, S. 145).

Sowenig ein Grübeln über einen transzendenten Sinn einer rot geschalteten Ampel etwas Ergiebiges über ihre Funktion verrät, sowenig bringt eine transzendierende Frage über die biologischen Grundlagen der Krankheit hinaus etwas über die in sich restlos transparenten Zusammenhänge ihres Zustandekommens zutage. Dass der Ampel-Stop eine günstige oder ungünstige Wirkung auf den Fortgang persönlicher Ereignisse (Schicksal) nehmen kann und in dieses Leben hineingreift, ist wohl unvermeidlich, ebenso bei einer Erkrankung. Verständlich aber wird die Rotschaltung ausschließlich systemimmanent, als Regulation des Verkehrsflusses, zu beantworten sein!

Ebensowenig kann die Wirkung von Schicksalsereignissen, Krankheit, Tod mit der moralisch-richtenden Kalibrierung eingetauscht werden. Goethe hatte dies erkannt, wenn er sagte: *Die Frage nach dem Zweck, die Frage Warum? ist durchaus nicht wissenschaftlich. Etwas weiter aber kommt man mit der Frage Wie? Denn wenn ich frage: Wie hat der Ochse Hörner? so führt mich das auf die Betrachtung seiner Organisation und belehrt mich zugleich, warum der Löwe keine Hörner hat und haben kann* (Gespräche mit Eckermann, 20.2.1831).

Krankheiten wie die v. Hartmanns, Hamerlings, Nietzsches etc. lassen sich nach den Entdeckungen Hamers restlos biologisch verstehen. Sie selbst sind das Phänomen. *Man suche nur nichts hinter den Phänomenen: sie selbst sind die Lehre* (Goethe, Max. u. Refl., Nr. 575).

Gilgamesch hatte den Tod Enkidus als Feind des Lebens empfunden. Auf einer nächsten Stufe versuchte der Mensch den Tod durch Praktiken und in der Vorstellung zu bändigen. Ahnenkult, Grabbeigaben, Mumifizierungen künden davon. Wiederum stellt Goethe die höchste Stufe vor, die er aus seiner naturforschenden Erfahrung gewonnen hatte: *Der Tod ist ein Kunstgriff der Natur, viel Leben zu haben.*

Der vorwissenschaftliche Mensch sucht in allem eine religiöse Erklärung, die ihn nur zufriedenstellt, wenn er darin göttliches, geist(er)haftes Wirken zu erkennen glaubt. Dass Natur, Krankheit, Schicksalsereignisse im staunenden Verstehen ihrer Weisheit andächtige Ehrfurcht hervorzurufen vermögen, erfasst das vorwissenschaftliche Denken nicht ohne Anlehnung an moralisch-geisterhafte Wesen.

Goethe wäre nicht so weit wie Steiner gegangen, der ihm „Anfang und Ende" anzufügen als Aufgabe sah, denn für Goethe ist *das Höchste, wozu der Mensch gelangen kann, (...) das Erstaunen, und wenn ihn das Urphänomen in Erstaunen setzt, so sei er zufrieden; ein Höheres kann es ihm nicht gewähren, und ein Weiteres soll er nicht dahinter suchen; hier ist die Grenze. Aber den Menschen ist der Anblick eines Urphänomens gewöhnlich noch nicht genug, sie denken, es müsse noch weiter gehen, und sie sind den Kindern ähnlich, die, wenn sie einen Spiegel geguckt, ihn sogleich umwenden, um zu sehen, was auf der anderen Seite ist* (Gespräche mit Eckermann, 18.2.1829). Waren *den Kindern ähnliche*

Züge durch Steiners Reifestop um das vierte Lebensjahr nicht schon wiederholt aufgefallen?

Zieht man einmal Bilanz der durch die stichprobenartigen Analyse gewonnenen Ergebnisse, ergibt sich folgendes Bild: die Inkarnationsfolgen entsprechen zum einen der Lehre der Personen (Goethe, Stirner) oder exemplifizieren eine wertende philosophische Betrachtung als Richtschnur (Schröer, Vischer, Hamerling) oder nehmen biographische Elemente in Parallele (Nietzsche, Haeckel, Grimm). Krass durchgeführt sind vor allem Stirners Beispiel, der das dualistische Prinzip vernichtete und nun selbst in die „Geistwelt" nicht hinein verfolgt werden kann; dann Goethe, an dem der Begriff von Polarität und Steigerung in der doppelten weiblichen Verkörperung „gesteigert" wurde und schließlich nicht weniger heftig die durchscheinende Abrechnung mit E.v. Hartmann.

Mit der eigenen Positionierung Steiners in der kulturgeschichtlichen Hautevolee liegt zugleich die Befestigung seiner im eminentesten Sinne eschatologischen Sichtweise mit der anthroposophischen Geschichtsbetrachtung im historischen wie menschlichen Schicksal vor. Steiner hat Ordnungsmerkmale aus der Naturgeschichte auf das Gebiet der menschlichen Geschichte übertragen, so wie er das biogenetische Grundgesetz ins Geistige fortgeführt hatte. Als außerordentlich feinsinniger Psychologe, der Steiner war, mit genialem Einfühlungsvermögen begabt, sind seine Bauprinzipien durchaus als virtuose Kompositionen aufzufassen, in denen wie in einem Gesamtkunstwerk Geschichte, persönliche Vita, geistige Biographie, Philosophiegeschichte, Heilsgeschichte u.a.m. zu neuen Akkordklängen geführt werden. Dass er dabei selbst seine Urheberschaft als „erobernder" Welten-Symphoniker und -Regisseur positionell nicht unberücksichtigt liess, ist bisher allerdings von seinen Schülern geflissentlich übersehen worden.

So verwundert es auch nicht mehr, den berühmten schwedischen Seher Swedenborg, der eine geniale naturwissenschaftliche Karriere beendete, um als „Geisterseher" einer riesigen religiösen Neuoffenbarung – von mehr als zwanzigtausend Seiten Umfang – Gehör zu verschaffen, von Steiner dadurch relativiert und paralysiert zu sehen, dass er die Wiederverkörperung von Ignatius von Loyola gewesen sein soll. Steiner reicht den Jesuitismusvorwurf, mit dem ihn A. Besant und kirchliche Kreise ungerechtfertigterweise in Verruf zu bringen gedachten, als reales Reinkarnationsgeschenk an den geistigen Konkurrenten weiter und bootet ihn als Visionär, der Täuschungen erlegen sei, aus.

Alle geistigen Gegner auf naturwissenschaftlichen, philosophischen, pädagogischen usw. Gebieten werden als wiederverkörperte Araber beschrieben, sei es Darwin, Francis Bacon, Amos Comenius oder Woodrow Wilson. Im Arabismus meinte Steiner natürlich keine nationale oder sonstige Gegnerschaft, sondern gemäß dem mittelalterlichen Denken der Hochscholastik die arabische Geistigkeit, die im „Averroismus" besonders des Belgiers Siger von Brabant an der Pariser Universität kulminierte. In der geistigen Abwehr und der Festigung des christlichen Bollwerks, wie vor ihm vor allem durch Thomas von Aquin, sah auch Rudolf Steiner seine vorzügliche, aktuelle Aufgabe. Die griechische Antike zur Zeit von Plato und Aristoteles und die Hochscholastik mit Albertus Magnus und Thomas von Aquin sind die entscheidenden Spiegelungsachsen in Steiners Verständnis von Geschichte und – Heilsgeschichte.

Gegenläufig zur rationalen Konstruktion der Reinkarnationsangaben steht seine karmische Forschungsmethode, die davon zu unterscheiden ist. Anhand der Knieverletzung E.v. Hartmanns gelangte er intuitiv-assoziativ zu bestimmten Realisationen in dessen Vorleben, durch Schröers betroffenen „Nero"-Ausruf anlässlich des Suizids des österreichischen Kronprinzen geriet er auf die karmischen Fährten Schröers und Kronprinz Rudolfs oder wurde *in die karmischen Zusammenhänge hineingeführt (...) dadurch, dass jemand eine Gewohnheit hat, die man immer wieder sieht an ihm und sie sich zum Bilde formt. ... Z.B. bei einem seiner Lehrer, dessen erstes war, wenn er vor die Klasse trat, dass er sein Taschentuch herausnahm und sich die Nase putzte. Nie hat er seine Stunde anders begonnen. Gerade dieses, das sich immer wiederholte, das formte sich mir zum Bilde, indem es sozusagen karmisch zurückführte in die früheren Erdenleben dieses Menschen* (GA 239, 11.6.1924). Sein eigentümlich intuitiv-assoziatives Vorgehen wird besonders am „Fall"(en) eines ihm aus den Wiener Jahren bekannten Schriftstellers klar, der ein *Byron-Enthusiast* war. Steiner nahm ihn mit zu einem Abend bei delle Grazie, die er ebenfalls als eine *Byron-Enthusiastin* bezeichnete. Während sich die beiden Begeisterten lebhaft über den von ihnen so verehrten Dichter unterhielten, wobei alle anderen Anwesenden schwiegen, ging der Stuhl unter dem heftig gestikulierenden Gast weg, so dass er unter den Tisch fiel und dabei seine Füße an delle Grazie anstießen. *Dieser Schock*, so berichtete Steiner später, *löste bei mir eine ganz besondere Sache aus* (GA 235, 22.3.1924). Der anstößige Fuß brachte ihn nämlich auf den Klumpfuß von Lord Byron und das führte ihn auf die Spur, dessen karmisches Rätsel auflösen zu können.

Assoziative Herleitung/Methode und das herausgeschälte rationale Baumuster müssen sich, wie zu sehen, durchaus nicht gegenseitig ausschließen oder behindern. In ganz anderer Hinsicht kennt man in der Germanischen Neuen Medizin® einen logischen Zusammenhang von biologischem Konflikt, Lebensgeschichte und organischer Symptomatik, der gesetzmäßig determiniert und formelhaft beschreibbar ist und ein einfaches wie geniales (evolutionäres) Bauprinzip aufweist, dessen individuelle Veranlassungen bei Rezidiven oder „Schienen" anamnestisch aufzuspüren jedoch der Erfahrung mit einer handwerklich-assoziativen Methode bedarf, die einem darin ungeübtem Denken gelegentlich als „weit hergeholt" erscheinen kann, ihre reale Nagelprobe aufs Exempel aber besteht. Insofern dürfte dann das vorhin analysierte ernüchternde Konstrukt der Reinkarnationsangaben nicht unbedingt Steiner angelastet, sondern der Wirksamkeit der „Weltregie" selbst in Rechnung gestellt werden.

Wenn die verborgene Struktur der „Esoterischen Vorträge" aber eher den intellektuellen Absichten Steiners als den Ergebnissen hellsichtiger Forschung zuzuschreiben wäre, dann müsste er sich selbst als vorerst einziger Kenner daraus höchsten Genuss bereitet haben. Denn nicht zu vergessen ist, dass Steiner in seiner vortheosophischen Zeit Reinkarnationsgedanken als *morgenländische Bilder* (GA 30, S. 511) abtat, die *nicht durch Aufpfropfung abendländischen Realismus entstell(t)* werden sollten. Er, der nun in vielen Fällen als Meister der Umkehrung zu erkennen war, hat demzufolge mit seinen eigenen Reinkarnationsangaben curriculare Bilderbücher geschrieben und mit verschmitztem Humor seiner Gefolgschaft als Erziehungsmittel zur Unterrichtung hinterlassen. Als Ethiker ist es seine Version einer historischen „Schaubühne als eine moralische Anstalt".

Die ernsthafte Persönlichkeit Steiners und das seriöse Anliegen eines Okkultisten wären da kein wirklicher Einwand. Steiner war ein sehr humorvoller und schalkhafter Mensch, der Maries Zustimmung mit seinen manchmal „plumpen Späßen" nicht immer gefunden hat. Andererseits gehören Verschlüsselungen von Texten zur esoterischen Tradition, die u.a. eine überlegene Ironie des Autors belegen können.

Die Kunst, im Offenbaren Geheimnisse zu verstecken und sie somit vor Unwissenden zu verbergen, ist alt. In den aufgefundenen Schrifttäfelchen von der Osterinsel wird dieses Verfahren „Reo Kihikihi" genannt, was bedeutet: *Sprache, die dem nicht Eingeweihten unverständlich ist* (s.d. Barry Fell, The Epigraphic Society – Occasional Publications, Arlington bzw. San Diego 1975-93). Da ihre Botschaften auch politisch-revolutionären Charakter haben konnten, musste frühzeitig eine Art „Pescher-Methode" kodifiziert werden. Auch Goethe hat sie meisterhaft in seinem „Faust" angewandt; sie wurde von dem Hamburger Schullehrer Louvier enträtselt, dessen Werke Steiner vermutlich noch über Schröer kenengelernt hatte und zu dessen Aufschlüsselung des „Faust" er bekannte, sie habe *gestimmt* (GA 353, 8.3.1924).

Gerade der von Steiner in seiner „Mystik" herangezogene Abt Trithemius von Sponheim *hat in seiner „Staganographie" ein Werk geschrieben, in dem er mit der verstecktesten Ironie die Vorstellungsart behandelte, welche die Natur mit dem Geiste verwechselt. Er redet in dem Buche scheinbar von lauter übernatürlichen Vorgängen. Wer es liest, so wie es ist, muss glauben, dass der Verfasser von Geisterbeschwörungen, Fliegen von Geistern durch die Luft usw. rede. Lässt*

Herrn Prof. Schröer
Hochachtungsvoll
d. Verfasser

Die Neue Methode

der

Fauſt-Forſchung

und

Der Alte und der Neue Mephiſto.

Zwei Vorträge

von

F. A. Louvier.

Preis 80 Pfennig.

Hamburg, 1890.
Verlag von Hermann Grüning.

Von Ferdinand August Louvier signiertes Exemplar seiner Faust-Studien an K.J.Schröer

man aber gewisse Worte und Buchstaben des Textes unter den Tisch fallen, so bleiben – wie Wolfgang Ernst Heidel im Jahre 1676 nachgewiesen hat – Buchstaben übrig, die, zu Worten zusammengesetzt, rein natürliche Vorgänge darstellen (GA 7, S. 104 f). Steiner waren diese „okkulten" Praktiken also geläufig.

Ob nun dem Wirken der geistigen Weltgeschichte und des Ich zugeschrieben oder der berechnenden Ironie Steiners, verstehen lässt sich seine Darstellung allemal erst durch die aufgedeckte rationale Struktur.

Steiners Humor, seine manchmal „plumpen Späße", seine Ironie gipfeln in diesem grandiosen Stück der narrativen Weltliteratur, in der er als Regisseur durch alle Geschichtsepochen hindurch Personen wieder auftreten lassen konnte, um verborgene Kraftlinien aufzuzeigen. „Die Menschheitsgeschichte – vom lieben Gott selbst erzählt" könnte man auch, in Anlehnung an einen italienischen Autor, Steiners „Weltgeschichtliche Betrachtungen" nennen, eine Benennung, die kaum bei seinen Anhängern, aber am ehesten von ihm mit Humor goutiert würde. Und vielleicht ist es auch einmal umgekehrt erlaubt, ihn an einer Stelle ernster zu nehmen, wo er unter der Maske der Satire zu seinem eigenen Sternbild der Fische dichtete:

„Und welcher Sonnenstrahl von Goethe,
Als Bote führt er deine Seele
Zum Reifen hoher Wissenstriebe?"
Der Seher greift zum schärfsten Redepfeile.
„Er schuf", so sagt er, „Goethe viel zu helle.
Drum träum ich Goethes hohe Kunst, und wähle
Des Schlafes Tiefen mir zum Arbeitsfeld."

Fata Morgana und andere Spiegelungen

Grundsteinlegung

Als Rudolf Steiner am Abend des 20. September 1913 anlässlich der Grundsteinlegung des (ersten) Goetheanums unter zunehmend stürmischer Begleitung der Elemente bei feinem Regen, fernen Blitzen und dröhnendem Donner nach dem von ihm praktizierten Ritual eine Ansprache hielt, lenkte er die Aufmerksamkeit seiner anthroposophischen Zuhörer dahin, ihren geisteswissenschaftlichen Auftrag als Fortsetzung der im Abendland begonnenen Geistesarbeit zu verstehen, die durch die – notwendige – Gegenströmung ahrimanischer Kräfte jedoch in einer Krise befindlich sei. In diesem *großen geistigen Kampf*, dessen Fortsetzerin die Anthroposophie sei, werde angeknüpft an *unsere Vorfahren einstmals, als sie drüben abgelenkt haben den ahrimanischen Ansturm der Mauren* (Steiner, zit.b. Grosse, S. 37).

Hier nimmt Steiner Bezug auf den in Geschichtsbüchern gefeierten „Sieg" Karl Martells über die Mauren 732 bei Poitiers und damit die „Rettung des Abendlandes" vor den Arabern. Saß Steiner hierbei nicht schon einem etablierten Fehlurteil auf? Denn wie von S. Hunke eingewendet worden ist, hatten sich die Araber in der Nacht zuvor nach dem Verlust ihres Anführers tatsächlich unbemerkt zurückgezogen, lieferten sich mit Karl Martell jedoch noch in den nächsten Jahren in Frankreich wiederholt Kämpfe. Weder er selbst behauptete von sich Retter des Abendlandes zu sein, noch etwa erkannten oder feierten seine Zeitgenossen, noch sein Urenkel Kaiser Ludwig der Fromme oder die Kirche ihn als solchen Helden (Hunke, 1960, S. 347). Dennoch markiert die Schlacht bei Poitiers den geschichtlichen Ort, an dem das Vordringen der islamisch-maurischen Expansionsbewegung in ein Kernterritorium des Abendlandes erfolgreich abgewehrt worden war und gibt dem geschichtlichen Urteil Steiners Recht. An seiner Aussage interessiert jedoch in diesem Zusammenhang die programmatische Verknüpfung mit dem Arabismus, der als ahrimanische Gegenkraft zu einem *geistigen Kampf* herausfordere. Wie in der Krishnamurti-Angelegenheit vertrat Steiner auch hier seinen spezifisch abendländischen Standort, den er als kulturelle Identität allen östlichen Einflüssen gegenüber abzugrenzen und zu behaupten suchte. Das Ausmaß der von ihm gesehenen Bedeutung dieser Identität und die von ihm erklärte Kontinuität des *geistigen Kampf*es gegenüber dem Arabismus gehört zum zentralen Dreh- und Angelpunkt des Steinerschen Welt- und Selbstverständnisses und bedarf einiger Aufklärung. Allerdings führt der Weg dabei in ungewohnte Höhen.

Gondischapur

Unter dem größten persischen König seit Dareios I., Schapur I., besiegten die Sassaniden 260 n.Chr. den römischen Kaiser Valerian und setzten ihn gefangen. Seitdem nannte sich der persische König, wie auf alten Münzen zu ersehen: „König der Könige von Iran und Nichtiran". Die Perser verschleppten bei ihren Eroberungen die Bewohner der prachtvollen Stadt Antiochia, um sie im südwestlichen Iran ein „besseres Antiochia Schapurs" (=Gondischapur) erbauen zu lassen. Diese Stadt sollte eine besondere Geschichte haben.

In ihr fand die Hinrichtung des religiösen Erneuerers Mani im Jahr 257 n. Chr. statt, dessen entzweigeteilter Leichnam ans Stadttor genagelt wurde. Dort fanden auch die vertriebenen christlichen Nestorianer Aufnahme, deren Lehre auf dem Konzil von Ephesos 431 zur Häresie erklärt worden war. Gondischapur wurde ein Sammelbecken griechischer, iranischer und indischer Kultur, das besonders durch die Schließung der letzten heidnischen Philosophenschule (Athen) durch Justinian I. im Jahr 529 sieben Gelehrte (Neuplatoniker) mit ihren Bibliotheken aufnahm, nachdem schon 489 der byzantinische Kaiser Zenon Isaurikus die Philosophenschule in Edessa hatte schließen lassen. Jedenfalls wurden bald nach diesem Zuzug der griechischen Gelehrten Schriften von Plato und Aristoteles ins Syrische übertragen.

Im Oktober 1918 weist Steiner in einigen aufeinanderfolgenden Vorträgen auf eine besondere Rolle der nur in speziellen Fachkreisen bekannten Stadt Gondischapur hin, nicht ohne Absicht zu einer Zeit, als der ‚Vierzehn Punkte Plan' des amerikanischen Präsidenten W. Wilson von der deutschen Regierung zur Grundlage ihres Waffenstillstandsabkommens genommen wurde. Steiner erläutert, wobei er die apokalyptische (Jahres)Zahl 666 anführt, die Menschheit wäre zu jenem Zeitpunkt in ein anderes Fahrwasser manövriert worden, wenn nicht das *Mysterium von Golgatha* als Gegenwirkung der guten Geister dagewesen wäre. Die in Gondischapur versammelte Weisheit mit ihrem großen, aber der Geschichte unbekannten Lehrer, dem *größten Gegner des Christus Jesus*, hätte nämlich einen Impuls über das gesamtarabische Reich bis Europa auszubreiten versucht, der eine *Hochgelehrsamkeit* bewirkt hätte unter Heranbildung *genialer Menschen*, deren „verfrühte Weisheit" die geistige Entwicklung der Menschheit *abgeschwächt* haben würde. Das wäre durch die *auserlesenste Gelehrsamkeit jener Wesen von Gondischapur* geschehen, *die herübergekommen war aus dem alten Griechentum und die keine Rücksicht genommen hatte auf das ‚Mysterium von Golgatha'. Und innerhalb der Akademie von Gondischapur lehrten diejenigen, die inspiriert waren von luziferisch-ahrimanischen Kräften* (GA 182, 16.10.1918).

Dieser Impuls von Gondischapur sei allerdings, so Steiner, durch die vorangegangene Gegenwirkung des „Mysteriums von Golgatha" *abgeschwächt, abgestumpft* worden im sich ausbreitenden Islam, der dem Impuls quasi das Feld nahm. Von dem Restimpuls blieb immerhin noch einiges an *gnostischer Gondischapur-Weisheit* übrig, die von den Arabern über Afrika nach Spanien, Frankreich, England auf dem Umweg über die Klöster kontinental weitergegeben wurde. Obwohl Aristoteles nach Steiner *noch von dem alten Erbgut der Weisheit* hatte und die Begriffe liefern konnte, *durch die man die Wissenschaft mit dem Christentum zusammenbringen konnte* (GA 112, 5.7.1909), sei durch die eigenartige Weise des aristotelischen Denkens eine Vermittlung durch Asien nötig gewesen, da seine naturwissenschaftlichen Schriften sonst würden *in einer Weise aufgenommen worden sein, die unheilvoll geworden wäre* (GA 233, 29.12.1923). Der dort abgeschwächte Impuls, über arabische Vermittler nach Europa transportiert, wird dann auch positiv von ihm gesehen: er würde aufgenommen worden sein von Leuten wie Jacob Böhme, Paracelsus, Valentin Weigel, und Basilius Valentinus.

Auf der Basis der tatsächlich unzulänglichen Werktreue der syrischen Übersetzungen von aristotelischen und ihm zugeschriebenen Werken, und im Verein mit dem *schärfsten Denken der Araber, verbunden mit einer gewissen Phantastik, welche aber in logischen Bahnen verlief und bis zum Schauen sich erhob* (GA 184, 12.10.1918), habe sich eine *gewaltige Weltanschauung* entwickelt. Was davon durch die „Abstumpfung" übrig geblieben sei war: *die Leugnung des Vatergottes* und damit die Abschaffung der Trinität, wie sie dann religionsgeschichtlich im Konstantinopolitanischen Konzil von 869 erfolgte durch den Wegfall der anthropologischen Dreiheit Leib-Seele-Geist in der dogmatischen Definition einer Dualität von Leib und einer Seele, die geistartige Eigenschaften als Reste aufwies.

Philosophiegeschichtlich habe sich der Impuls, durch arabische Philosophen vermittelt, im Mittelalter fortgesetzt, wobei u.a. im Begriff der Trinität wie in anderen Universalien nur noch rationale Abstraktionen vorgestellt werden konnten und einer rein materialistischen Betrachtungsweise das Tor geöffnet worden sei. Indem allgemeine Begriffe (Universalien) z.B. der Löwe als Gattungsbegriff oder Tierheit etc. im Gegensatz zum konkreten einzelnen Löwen als lediglich abstrakte Begriffe ohne geistige Realität gedacht wurden, wie es im mittelalterlichen Nominalismus der Fall war, trat hier eine der von Steiner gemeinten Stoßrichtungen hervor. Somit stehe der Universalienstreit zwischen Nominalisten und Realisten (die den Begriffsinhalt für keine Annahme, sondern für real vorhanden hielten) unter der Wirkung jenes arabistischen Einflusses. – Allerdings kam der erste Universalienstreit im 6. Jahrhundert durch Boethius schon vor der Möglichkeit arabischen Einflusses zustande.

Das zweite Problem betraf das Verhältnis von Glaubenswahrheiten und der Vernunft, das im christlichen Mittelalter in eine nähere Entwicklung gebracht wurde. Der Glaubensoffenbarung war damals alles geschuldet, so dass zu dieser totalen Weltanschauung die Philosophie, Vernunft und Verstand in einem selbstverständlichen Bezugs- und Abhängigkeitsverhältnis standen, das in dem gängigen Wort, die Philosophie sei die Magd der Theologie, ihre griffige Formulierung fand. Die erst tastenden, dann aber zunehmenden und zentralen Versuche, das Instrument der Vernunft dem Glauben verfügbar zu machen gehörte zu dem wesentlichen Bemühen der Scholastik. Während dieser erprobenden Vorstöße tauchte auch die Gefahr der Desintegration auf, wobei ein vom Glauben losgelöstes Denken die Sicherheit eines einheitlichen, religiös zentrierten Weltbildes zu beunruhigen anhub: wenn die dogmatisch überlieferte Auffassung der Trinität sich philosophisch falsch erwiese und somit zu anderen Ergebnissen führte als die Glaubenslehre, so gälten zwei Wahrheiten, die miteinander unvereinbar und im Ergebnis unhaltbar waren. Die Lehre von der doppelten Wahrheit wurde über den arabischen Einfluss an der Pariser Universität in den sechziger und siebziger Jahren des 13. Jahrhunderts zu einem Kulminationspunkt der Geistesgeschichte.

Als drittes Problem reflektiert Steiner die von Averroes an Aristoteles angelehnte Lehre von der Einheit des Geistes, eines kollektiven Geistes, an dem der Einzelne teilhabe und der nach dem Tod sich daraus zurückziehe, weshalb ein persönliches geistiges Fortleben nach dem Tode unmöglich sei. Als Monopsychismus benannt, wurde diese Lehre vor allem in der Person des Siger von Brabant an der Pariser Universität vertreten.

In diesen (drei angeführten) Problemkreisen also *schließen sich zusammen die großen der Universalien mit den Fragen, die das Weltenschicksal der einzelnen Menschen betreffen* (GA 74, 23.5.1920).

Seinen Höhepunkt erlangte nach Steiner der Impuls aus Gondischapur schließlich im abendländischen naturwissenschaftlichen Denken der Neuzeit, wo das Übersinnliche herausgetrieben war und nur das Sinnliche zurückbehalten wurde (GA 184, 12.10.1918). Dieser Gedanke war zu Steiners Zeit nicht fremd, er findet sich schon in Langes „Geschichte des Materialismus" (S. 213 ff u. S. 217).

Übrigens operiert Steiner bei seinen Angaben interessanterweise mit dem Begriff der Verfrühung, den er dem biologischen Begriff der Akzeleration verwandt denkt, wenn er den „abgestumpften" unchristlichen Impuls von Gondischapur erwähnt.

Von einer belegbaren Datenbasis aus ist das von ihm Vorgetragene nicht nachzuvollziehen, denn immerhin waren ja nestorianische Christen im 5. Jahrhundert nach Gondischapur gekommen und sie waren es, *die noch lange Zeit die Schule von Gondischapur leiteten* (Lombard, S. 196). Nach der arabischen Übernahme blieb die Hochschule von Gondischapur, als das christliche Zentrum und Hauptstadt des Elam *streng konfessionell geschlossen ... Alle Autoren stellen fest, dass persische Namen an der Hochschule fehlen, und wo dennoch arabische Namen auftauchen, handelt es sich um einige wenige nestorianisch getaufte Araber* (Schöffler, S. 88).

Der fanatische Christ Nestorius, der von dem machtgierigen Christen Kyrill, der am Tod der Hypathia maßgeblichen Anteil hatte, auf dem Konzil zu Ephesos (431) als Ketzer ausgeschaltet wurde, vertrat die dogmatische Auffassung seines Lehrers Theodor von Mopsuestia, Maria nicht als Gottesmutter (Theotokos) anzusehen, sondern als Gebärerin des Jesus Christus (Christotokos). Neben dem befürchteten Wiederaufleben heidnischer Kulte von Muttergottheiten stand hinter dem Konzils-Verbot ein philosophisch-theologisches Problem. Die syrische Theologenschule in Antiochia betrachtete Jesus als Menschen, der erst mit der Taufe zum Sohn Gottes geworden sei. Diese Ansicht seiner zwei verschiedenen Wesen wurde Dyophysitismus genannt und war die des Nestorius.

Das von griechischer Überlieferung beeinflusste Alexandria lehrte das göttliche Wesen des Christus als aus der geistigen Ideenwelt Platos niedergestiegen und in der Welt erschienen. Die Lehre von einem göttlichen Wesen in zweifacher Erscheinungsweise wurde als Monophysitismus bezeichnet.

Die zu Häretikern erklärten Nestorianer flüchteten sich zu den Persern und setzten später (484) mit blutiger Nachhilfe den Dyophysitismus bei der inzwischen unabhängig gewordenen persischen christlichen Kirche durch. Anfang des 7. Jahrhunderts kam dann durch die zum Monophysitismus konvertierte christliche Gattin des persischen Herrschers auch dieser Einfluss stärker zur Geltung. Am stärksten allerdings war der Einfluss der zoroastrischen Staatskirche der Feuermagier in Persien. Nach dem endgültigen Untergang des Sassanidenreiches durch die erobernden Araber kam auch der islamische Einfluss noch dazu.

Aladins Wunderlampe

In den am Ende seines Lebens gehaltenen „Esoterischen Vorträgen" zeigte Steiner Zusammenhänge zwischen den Exponenten der abendländischen Naturwissenschaft und ihren arabischen Vorinkarnationen auf. Francis Bacon, der sein philosophisches Hauptwerk zur Begründung der Naturwissenschaft nach dem Vorbild des Aristoteles „Novum Organon" genannt hatte und ihn damit weit zu überbieten gedachte, habe den verderblichen Einfluss von Gondischapur aufgenommen, da er in der Vorinkarnation Harun al-Raschid gewesen sei. Darwin als Urheber eines einseitigen, auf den Kampf ums Überleben bestehenden naturwissenschaftlichen Dogmas, wird als der wiedergeborene Feldherr Djebel al-Tarik genannt, der Spanien erobert hatte. Auch Laplace und der Philosoph Spinoza sollen aus diesem Milieu stammen. Interessanterweise fehlen Hinweise auf so entscheidende Personen wie Galilei, Descartes und Virchow. Voltaire gehört mutmaßlich zu diesem Kreis, seine Vorinkarnation wird als aus Nordafrika oder Spanien stammenden Gebieten angegeben. Auch der Pädagoge Amos Comenius, als reinkarnierter Ratgeber des Harun al-Raschid, zählt mit zu dieser Phalanx.

Das so von Steiner geprägte Bild des verderblichen Impulses von Gondischapur gilt ihm jedoch hauptsächlich von der christlich-geistigen Warte her, ohne die Errungenschaften und den abendländischen Beitrag des Arabismus zu verkennen. So spricht er zu Beginn seiner theosophischen Zeit 1904 über die arabische Kultur: *Es war einmal der Segen Europas, dass über Südeuropa herüber die arabische, maurische Kultur sich ausbreitete* (zit.b. Schuchardt, 1., S. 18). Als Rangzeichen des künstlerischen arabischen Beitrages führt er in den an seinem Lebensende gehaltenen Vorträgen den ersten Lehrstuhlinhaber für Ästhetik, F. Th. Vischer, als wiedergeborenen Araber und Franz Schubert als ehemaligen Mauren an. Sicherlich war auch Goethes Bewunderung des Islam und seiner Kultur nicht zu übersehen gewesen, der immerhin seinen „West-östlichen Diwan" selbst angekündigt hatte mit der wie ernst auch immer gemeinten Bemerkung, er lehne *den Verdacht nicht ab, dass er selbst ein Muselman sei* (zit.b. Mommsen, S. 11).

Offensichtlich enthält die konstante Linie Steiners gegenüber diesem geistigen Aspekt des Arabismus ein zentrales Anliegen. Inwiefern? Steiner war von seiner ersten Veröffentlichung an, mit der Kommentiertung der naturwissenschaftlichen Schriften Goethes, am Realitätserweis des Geistigen gelegen, den er in der geistlos auftretenden herrschenden Naturwissenschaft, der zeitgenössischen Philosophie und in der christlichen Theologie verloren gegangen sah. Auf den verschlungenen Wegen Gondischapurs über den arabischen Einflussbereich kulminierte im Mittelalter in der Auseinandersetzung des Thomas von Aquin mit dem Averroismus der entscheidende irdische Kampf um den Geist, an den Steiner „lebendig" anzuschließen gedachte, indem er sich und die anthroposophische Bewegung in einem hinter den Kulissen tobenden Kampf der Geister eingeschaltet darstellte, der über die persönlichen Inkarnationsreihen weiterlaufend in direkter Fortsetzung auftrat. Steiners monistisches Konzept, das den Geist in die von ihm geschätzte exakte Naturwissenschaft integrieren wollte, stand kämpferisch allen dualistischen bzw. nominalistischen Ansätzen gegenüber, die er in F. Bacon, Darwin, Haeckel, Kant, Laplace repräsentiert sah. Deshalb kommt dem scholastischen Kampf mit seinem Gipfelpunkt um 1277 erhöhte Bedeutung in Steiners Konzept und Selbstverständnis zu.

Christliche Träger des Kampfes gegen den Arabismus im Mittelalter waren nach Steiner vor allem zwei sich einander ablösende Gruppierungen, die er einmal als mehr platonisch orientierten Spiritualismus in der sogenannten Schule von Chartres ausmachte (11. u. 12. Jahrhundert), gefolgt von den Aristotelikern des Dominikanerordens Albertus Magnus und Thomas von Aquin (GA 238, 10./12./14.9.1924). Bevor auf den Anteil der beiden Letztgenannten im Kampf gegen den Arabismus eingegangen wird, soll Steiners Charakteristik zur Bedeutung der Schule von Chartres kurz betrachtet werden.

In dieser Schule von Chartres wurde noch anders geredet als in dem, was sich ausbreitete als Nachklang des Arabismus. In der Schule von Chartres war echtes Christentum, aber echtes Christentum im Glanze alter Mysterien, wie man eben diese Mysterienweisheit noch haben konnte (GA 240, 19.7.1924). Für die Schule von Chartres nennt er die Namen von Bernardus von Chartres, Bernardus Sylvestris, Johannes Salisbury, Alanus ab Insulis und verweist auf die spirituelle Ausstrahlung nach Südfrankreich und Italien bis hin zum Lehrer Dantes, Brunetto Latini. Was hat es mit der Schule von Chartres auf sich?

Die Schule von Chartres war über Jahrhunderte in Vergessenheit geraten, bevor sie Ende des 19. Jahrhunderts wiederentdeckt wurde. In der ersten Euphorie der um die imposante Kathedrale gruppierten Schule kam es nachweislich zu falschen Namenszuordnungen, die inzwischen die „Legende von Chartres" ins Wanken geraten liessen. Bernardus Silvestris wurde mit Bernhard von Chartres identifiziert, Thierry von Chartres als dessen Bruder angegeben. Bernardus Silvestris hatte jedoch mit Chartres nichts zu tun, Gilbert von Poitiers und Thierry von Chartres hatten, nach Kurt Flasch, eher in Paris als in Chartres gelehrt. Über Wilhelm von Conches ist unsicher, ob er dort gelehrt hat. Wenn auch die lokalbezogene Einheit dieser Namen unter der „Schule von Chartres" zweifelhaft geworden ist, so zeigen doch *eine Reihe von Autoren eine charakteristische philosophische Orientierung* mit der *Suche nach einer zusammenhängenden rationalen Konzeption*
– *Gottes als der Einheit, als der absoluten Notwendigkeit, als der reinen Aktualität*
– *der Natur als der dynamischen Realisierung idealer Gehalte und idealzahlhafter Strukturen*
– *der Würde des Menschen und des Vernunftgebrauchs* (Flasch, PDM, S. 255).

Steiners Interpretation der Schule von Chartres trifft nur eine inhaltliche Seite, die andere erwähnte er nicht. Bei dem als bedeutendste Persönlichkeit dieser Schule bezeichneten Gilbert de la Porrée bzw. von Poitiers (1070-1154) (v. Aster, S. 144), der sogar Abaelard überlegen gewesen sein soll, tritt der Einfluss arabischer Schriften mathematischen, medizinischen und naturwissenschaftlichen Inhalts auf, was die bislang untergeordnete Bedeutung der Naturforschung veränderte. Antike Grundlage waren die in Platos „Timaios" enthaltenen Gedanken über die Ordnung im Kosmos und in der Natur. Der arabische Einfluss und die an der Ratio orientierte Haltung dokumentieren sich schon bei ihm in typischer Weise: *Auch er deutet die Dreifaltigkeit in seinem Neuplatonismus als eine gelehrte Redensart über den Gott, weshalb auch von ihm einige Sätze der kirchlichen Verurteilung verfielen* (Fischl, S. 168).

Die kirchengeschichtlich bekannteste Persönlichkeit aus der Schule von Chartres war Berengar von Tours (999-1088), der Erzketzer des Mittelalters, der den Abendmahlstreit im 11. Jahrhundert hervorrief. Er war – wie Anselm von Canterbury – mit dem Programm der Vernunft (sola ratione) an den Glauben herangetreten und brachte als Lehrer der Grammatik und Dialektik logische und semantische Einwände gegenüber der Verwandlung von Brot und Wein in Leib und Blut Christi vor.

Wilhelm von Conches (1080-1154), der sich weigerte, *die Erschaffung Evas aus der Adamrippe wörtlich zu nehmen* (Flasch, AGM, S. 154), bekämpfte *die Theologen, die die Wissenschaft verachten und alles mit der Allmacht Gottes erklären möchten. „Ihr Narren! Gott kann aus einem Baum eine Kuh machen, aber hat er es je getan? Darum zeige einen Grund auf, warum es so ist, und höre auf zu behaupten, dass es einfach so sei." ... Die göttliche Dreifaltigkeit deutet er nur bildlich... Das war der Grund, warum einige Sätze seiner Lehre kirchlich verurteilt wurden* (ebd.).

Johannes von Salisbury (1115-1180) stellte mit großer Freizügigkeit *eine Liste von Fragen auf, die bezweifelbar (dubitabilia) sind: Natur und Herkunft der Seele, Erschaffung der Welt, Allmacht Gottes und menschliche Willensfreiheit, Vorsehung Gottes u.a.* (ebd. S. 169).

Thierry von Chartres (-1151) schließlich legte die Genesis rein physikalisch-atomistisch aus.

Diese „arabistische" Tendenz der „Schule von Chartres" passt nicht in das Steinersche Konzept vom *echten Christentum im Glanze alter Mysterien*, sie konnte ihm aber, der selbst eine philosophiegeschichtliche Darstellung (aus seiner Perspektive) geschaffen und sich besonders in der Weimarer Zeit intensiv mit der mittelalterlichen Philosophie beschäftigt hatte, nicht unbekannt geblieben sein.

Arabische Geschichte

Die geschichtlichen Abläufe der arabischen Expansion als Weltmacht mit einer überlegenen Höhe ihrer Kulturstufe, die in ihrer Fremdartigkeit und Faszination zu vielfältiger Assimilation im Abendland führte (Sprache, Handel, Militär, Naturwissenschaften, Medizin, Sitten, Dichtung etc., s.d. Hunke), sprechen nicht nur von der Dynamik ihres Erfolges – ohne sie wenigstens knapp zu schildern kann auch die geistige Dimension des Arabismus im Verständnis Steiners nicht zureichend verstanden werden.

Die Geschichte Arabiens beginnt natürlich lange vor dem Auftreten Muhammads. In den biblischen Texten wird das Reich Saba mit seinen kostbaren Gütern im Zusammenhang mit den drei Weisen aus dem Morgenland und früher noch bei Salomo erwähnt. Saba und der Jemen (= glückliches Arabien) waren Zentren des damaligen Handels (Weihrauchstraße) und konnten erfolgreich die Angriffe habgieriger Großmächte abwehren. Auch der Versuch des römischen Kaisers Octavianus Augustus 25 v. Chr. scheiterte kläglich und hielt von zukünftigen gleichartigen Unternehmungen ab.

Erst Muhammad mit seiner Lehre schaffte es, das in zahllose Stämme zerspaltene, in sich verfeindete Arabervolk (Kornemann, S. 967) zu einen und ihm jene Geschlossenheit und Stoßkraft zu verleihen, die als Grundlage seines Expansionsdranges zu schnellen Eroberungen führten.

Nachdem sich der Islam über Arabien ausgebreitet hatte (Muhammad wanderte 622 nach Medina, womit die islamische Zeitrechnung beginnt) und unter Muhammads Nachfolgern die Kalifate als religiös-politisch führende Herrschaftsform errichtet worden waren, entriss Muawija, der aus der vormals entmachteten Sippe der Umayyaden stammte, den Kalifen die Herrschaft. Er begründete 662 die sunnitische Dynastie der Umayyaden, die an Muhammads Lehre festhielten. Die dem Umkreis des Propheten entstammenden Anhänger der vier ersten Kalifen schufen nach ihrer Entmachtung die religiös-politische Gemeinschaft der Schiiten.

Unter der Umayyaden-Herrschaft eroberten die Araber ganz Nordafrika. Im Jahr 711 drangen sie mit dem Feldherrn Tariq Ibn-Ziyad über Gibraltar – das nach ihm benannt wurde – in Spanien ein, das sie größtenteils unterwarfen. Sie stießen bis über die Pyrenäen vor und setzten sich zeitweilig in der Provence fest. Die gewaltige Ausdehnung des arabischen Herrschaftsbereiches sicherte ihm so im Mittelalter die Stellung des größten Weltreiches vor Byzanz, neben dem chinesischen Tang-Imperium. Seine Ausschaltung der alten Großmächte Persien (637 und endgültig 642) und Ägypten sowie die Einnahme der griechischen Hochburg Alexandreia

dokumentierten die Weltmachtstellung des arabischen Reiches, die den Anbruch einer neuen Geschichtsepoche, das Mittelalter, einleitete.
Die Eroberungen der Araber waren aus mehreren Gründen erfolgreich abgelaufen. Die mit ihnen verbundenen Ansiedlungen arabischer Stämme begünstigten planmäßig die Arabisierung und Islamisierung der unterworfenen Völker, führten auch gleichzeitig zu größerer Sesshaftigkeit der arabischen Nomadenstämme und Städtebildungen. Die Araber waren ein Händlervolk, das wirtschaftliche Prosperität, Handelsbeziehungen, gemeinsame Sprache und kulturelle Bedürfnisse förderte. Kennzeichnend dafür war die kulturelle Integration der griechischen, persischen, indischen etc. Kulturen.

Als die Eroberung vollendet war, verschwanden die Araber; sie verschmolzen mit den alten Völkern, die schon vor ihnen dort gelebt hatten... Mit Recht wurde *die geringe Zahl der effektiv vorhandenen syrischen Kontingente und der berberischen Bevölkerung* (als Repräsentanten der erobernden Araber) *im islamischen Spanien des 10. Jahrhunderts unterstrichen* (Lombard, S. 21). Die Umayyaden des 10. Jahrhunderts sollen weniger als 1 % arabisches Blut in ihren Adern gehabt haben, so dass die Araber eher wie ein Katalysator ihre geschichtliche Mission ausgeführt haben.

Die kulturelle, aber auch machtpolitische Beeinflussung der ursprünglich arabischen Idee durch Persien war gewaltig und ist vielfach belegbar. So gründete der Bamarkide Abu Gafar al-Mansur, der aus persischem Haus stammte, 762 das Kalifat Bagdad (persisch: von Gott gegeben) an einer Stelle, die genau an der Grenze zwischen dem arabischen und persischen Gebiet lag. Harun al-Raschid wiederum löschte im Jahr 803 durch ein grauenvolles Gemetzel die persische Familie der Bamarkiden fast völlig aus, vermutlich aus machtpolitischen Gründen (s.d. Clot, S. 95-103). Die geistige Einwirkung Persiens auf die arabische Lehre Muhammads verglich der Historiker E. Kornemann mit der Bedeutung der Hellenisierung des Christentums.

Die arabischen Eroberungen wurden durch die ethnische und sprachliche Verwandtschaft zu den „semitischen" Völkern Syriens und Mesopotamiens begünstigt, deren lange Unterjochung durch Rom, Byzanz und dem Sassanidenreich der Perser dazu führte, die neuen Herren oft als Befreier zu begrüßen. Gegenüber den geistig-religiösen Interessen der besiegten Völker übten die Araber – von späteren Ausschreitungen abgesehen – Toleranz. Tribut forderten sie nur von Nicht-Islami nach ihrer unnachgiebigen Formel: „Bekehrung oder Tribut" und sahen es deshalb aus eigenem Vorteil nicht allzu gern, wenn die Unterworfenen zum Islam übertraten.

Sie zerstörten eroberte Länder nicht, ganz im Gegenteil lag ihnen daran, Handels- und Kulturzentren aufzubauen. Das spanische Cordoba mag dafür als Beispiel stehen. Die alte römische Hauptstadt hatte anfangs des 8. Jahrhunderts außer ihrer Lage den Arabern kaum etwas zu bieten. Im 10. Jahrhundert setzte die behutsame Entwicklung Cordobas ein, die mit ca. 300.000 Einwohnern (Köln mit 50.000 im 15. Jahrhundert, Paris im 14. Jahrhundert: 20.-30.000) mit ihren gepflasterten Hauptstraßen (in Europa kam erst im 13. Jahrhundert Straßenpflasterung auf) und der nächtlichen Beleuchtung durch Laternen alle Städte im christlichen Abendland weit übertraf. Oft zitiert findet sich die in der ‚Kölnischen Zeitung' vom 18.3.1819 noch angeprangerte Beleuchtungsmaßnahme der Straßen durch Gaslaternen, als *aus theologischen Gründen verwerflich, da die göttliche Ordnung der Finsternis nicht vom Menschen zerstört werden darf* (z.B. bei Khella, S. 126).

929 wurde in Cordoba ein Gegenkalifat zum Bagdader Kalifat ausgerufen, so dass nun zwei unabhängige Oberhäupter regierten. Nachdem schon 750 die Abbasiden die Umayyaden-Dynastie endgültig zerschlugen, machten sich die Umayyaden in Spanien schon 755 vom Kalifat unabhängig. Wesentliche Grundlage der arabischen Herrschaft war die Sklaverei, die in den Bereichen Militär, Arbeit und Haushalt eingesetzt wurde. Deswegen wurde die Menschenjagd auf schwarze Afrikaner, Slaven (Slave=Sklave; die in den frühmittelalterlichen Quellentexten von Mönchen verwandte Bezeichnung *sclavi* meinte die nichtchristianisierten Ostgermanen, die damals als potentielle Sklaven in Frage kamen. Durch den Wegfall des Buchstaben c kam es künstlich zum Entstehen einer eigenständigen ethnischen Gruppe: „Slawen"), Türken, also auf alle, die keine dimmi (Juden, Christen, Zoroastrier) waren, ausgedehnt (Ausnahme: revoltierende Kopten). Haussklaven konnten durchaus zu Bildung, Wohlstand, Ansehen, eigenen Sklaven und Landbesitz kommen.

Trotz aller unausgesetzten kriegerischen Unruhen innerhalb des arabischen Reiches sowie mit den Grenzmächten gedieh die arabische Weltmacht bis ins 11. Jahrhundert zur wirtschaftlichen und kulturellen Hochblüte. Der überlegene innovative Abstand arabischer Wissenschaft und Technik, der in Astronomie, Mathematik und ihrer praktischen Anwendung, von der „Höhe" christlicher Gelehrsamkeit abhob, die den Papst einmal nötigte, den Ostertermin bei den „Heiden" erfragen zu lassen, sowie der gewaltige Vorsprung der empirisch fundierten Medizin und der allgemeinen Hygiene vor der heillosen Heilkunde des Abendlandes, die Hochschätzung von Bildung und Kultur, die im Abendland nur dem adligen Stand vorbehalten blieben und auch da nur in homöopathischer Dosis in den Dom- und Klosterschulen des frühen Mittelalters vertreten wurden, die künstlerischen und kunsthandwerklich-technischen Errungenschaften, die schon zu Harun-al-Raschids Zeiten den kulturellen Abstand zu Karl dem Großen ersichtlich machten (wenn man den Überlieferungen trauen darf), können ausführlich in den Werken von S. Hunke nachgelesen werden. Jedenfalls muss der Aufruhr, den der Arabismus nach Europa brachte, bis hin zu jenem davon stark beeinflussten Friedrich II. und dessen Auseinandersetzung mit der römisch-katholischen Kirche, beträchtlich gewesen sein.

Die ausgedehnten kontinentalen Handelsstraßen nach Asien und über Russland bis Skandinavien reichend, die maritimen über den Indischen Ozean, die südwestliche Handelsflanke durch Nordafrika, der Austausch mit Byzanz zeigen den weltumspannenden Handel auf, von dem noch heute die Sprache mit einer Fülle von arabischen Lehnworten geprägt ist. Doch selbst mit dem christlichen Abendland bestanden trotz aller Blockaden der Christen Handelsbeziehungen durch die das Mittelmeer beherrschenden Ungläubigen. Zum einen über die arabisch beherrschten Anlaufhäfen der Mittelmeerküste, später vor allem über Venedig und über die im Frankenreich ansässigen Juden (Narbonne). Durch die Vertreibung der Araber aus Kreta durch Byzanz anno 961 und das Ergebnis der Ungarnschlacht 955 auf dem Lechfeld kamen auf gesicherten Wegen weitere Handelsbeziehungen zustande. Auflösungserscheinungen und Partikularinteressen rivalisierender arabischer Gruppierungen schwächten die wirtschaftlichen Grundlagen seit der zweiten Hälfte des 11. Jahrhunderts und trugen mit der Machtpolitik der Kirche in Spanien, den Kreuzzügen im Osten und im Westen (Reconquista) und der Invasion der Mongolen im 13. Jahrhundert mit der Einnahme Bagdads 1258 zum Untergang des arabischen Großreiches bei.

Herbst des Mittelalters ?

Indem Steiner auf die unterschiedliche geistige Haltung der arabischen Kultur und ihre Einflussnahme auf die abendländische hinwies, deren Ergebnis an der Abschaffung geistiger Inhalte (Trinität, Vatergott) und der Errichtung einer einseitig ausgerichteten Naturwissenschaft ablesbar sei, muss nun der zugrunde gelegte Begriff des Geistes als Vernunft (intellectus/nous) und Denken (ratio) in den beiden Kulturen verfolgt werden.

Paulus hatte im Römerbrief 1,20 formuliert, Gott sei aus den sichtbaren Dingen für jedes venünftige Denken erkennbar. Nachdem die christliche Religion durch Kaiser Theodosius I. im 4. Jahrhundert zur Staatsreligion geworden war, lag es kaum in ihrer Absicht, die menschliche Vernunft in ihrem Beitrag zur geoffenbarten göttlichen Weisheit zu fördern. Es ging ihr vorrangig um Bemühungen zur Festigung und Behauptung ihrer Doktrin, um Exegese, Abgrenzung und Verhinderung häretischer Auffassungen, wie sie von den ersten Konzilien berichtet sind. Die distanzierende Haltung zur naturwissenschaftlichen Forschung geht aus der Bemerkung des Kirchenvaters Gregor von Nyssa (331-394) hervor, es sei für den Christen besser *fremde Stimmen nicht zu gebrauchen, sondern für dies alles die Kirche als Lehrmeisterin zu nehmen* (zit.b. Müller S. 9) – gemeint war hier die naturwissenschaftliche Literatur der Heiden. Hatte doch Tertullian (160-220) schon behauptet: *Es ist nach Jesus Christus nicht unsere Aufgabe, neugierig zu sein noch zu forschen, nachdem das Evangelium verkündet ward.* Dennoch konnten auch die Kirchenväter nicht ganz die naturwissenschaftlichen (damals naturphilosophischen) Ergebnisse der Heiden unberücksichtigt lassen und wollten auch die gebildeten Ungläubigen für das Christentum gewinnen. Gerne haben sich christliche Autoren daher auf den paulinischen Ausspruch im Korinther-Brief bezogen, *jeden Verstand gefangenzunehmen, um ihn Christus gehorsam zu machen* (2. Kor., 10,5). So gab es durchaus unterschiedliche theologische Auffassungen von der Bedeutung der menschlichen Vernunft.

Nachdem das Christentum 391 Staatsreligion geworden war, trat als erster bedeutender Kirchenvater des frühen Mittelalters Augustinus (353-430) auf, der in seinem Werk dem Wissen neben dem Glauben einen Platz zuwies, da er von der Idee der Gottähnlichkeit der Vernunft sprach. In seiner Formulierung *credo ut intelligam* (Ich glaube, um wissen zu können) kommt der erkenntnismäßigen Einsicht die deutlich nachrangige Position zu, erst über den vorausgehenden Glauben zur gedanklichen Durchdringung zu gelangen. Ein prinzipieller Gegensatz zwischen Glauben und Wissen lag jedoch noch für Jahrhunderte außerhalb des theologisch-philosophischen Problembewusstseins, wobei schon die Unterscheidung „theologisch" bzw. „philosophisch" zur damaligen Zeit keinen Sinn gemacht hätte.

Boethius (+524), *vermutlich der letzte Mensch, der im lateinischen Westen den vollen Umfang der antiken Bildung aktiv in sich vereinigte* (Flasch, 2000, S. 55), leistete mit seiner Übersetzung der logischen Schriften des Aristoteles ins Lateinische und ihrer Kommentierung die Anknüpfung der westlichen Bildung an den antiken Denker. Sein früher, gewaltsamer Tod durch den legendären Gotenkönig Theoderich verhinderte die Vollendung seines Planes, den ganzen Aristoteles und Plato zu übersetzen und zu kommentieren, so dass der restliche und bedeutendere Teil des Aristoteles dem Westen lange Zeit unbekannt blieb und Aristoteles einseitig als Logiker galt.

Auch durch Johannes Eriugena (+880) wurde die Position der Vernunft in seinem Hauptwerk „Die Einteilung der Natur" aufgewertet: *Es soll dich also keine Autorität abschrecken von dem, was die Vernunft aufgrund einer richtigen Erkenntnis dich lehrt.*

Die Formel des Augustinus wörtlich aufgreifend, machte der ‚Vater der Scholastik', Anselm von Canterbury (1033-1109), den Vernunftgebrauch zum Programm: *fides quaerens intellectum* (der Glaube, der das Verstehen sucht). Ihm galt dialektisches (logisches) Denken als Beweisverfahren glaubensmäßiger Inhalte des Christentums. Auch ihm noch wäre ein grundsätzlicher Widerstreit im Sinne von Glaubenswahrheit und Vernunft völlig fremd gewesen und ein möglicher Widerspruch zur übergeordneten Heiligen Schrift nicht anders denkbar als ein Irrtum oder Mangel auf dem logischen Weg: *Ich bin sicher, dass eine Behauptung, die der Hl. Schrift zweifellos widerspricht, falsch sein muss; ich will auch gar nicht an ihr festhalten, wenn ich dies bemerke.*

Die von den späteren Benediktinern und durch Cassiodor, Beda und Alkuin initiierte Bildung in den Klosterschulen, sowie die in den Stifts-, Dom- und Kathedralschulen gelehrten antiken sieben Freien Künste (artes liberales) führten also nicht ganz unvorbereitet an den Zustrom vernunftbetonter – und methodisch von der ratio dominierter – antiker Überlieferungen und ihrer arabischen Vermittler etwa seit Mitte des 12. Jahrhunderts heran.

Über den schon beschriebenen Weg nach Schließung der letzten Philosophenschule im byzantinischen Reich waren durch die emigrierten sieben Weisen die Schriften des Aristoteles nach Syrien gelangt und nach der arabischen Eroberung seit Mitte des 10. Jahrhunderts vollständig ins Arabische übertragen worden. *Dabei lernten die Araber nicht den reinen Aristoteles, sondern einen neuplatonisch gedeuteten und mit Vorstellungen der syrischen Religion und Naturwissenschaft durchsetzten Aristoteles kennen. So waren z. B. die für aristotelisch gehaltenen Schriften „Theologie des Aristoteles" und „Buch von den Ursachen" (liber de causis) rein neuplatonisch. Dieser Aristoteles wurde später über den Umschlagplatz Spanien der Hochscholastik übermittelt, was zu schweren Verwirrungen führte* (Fischl, S. 172). Da der Islam als Monotheismus Glaubenswahrheiten verkündete unter Hochschätzung des Wissens: *Die Tinte des Schülers ist heiliger als das Blut des Märtyrers* (Muhammad), kam die philosophisch besser gerüstete arabische Auseinandersetzung mit der Offenbarungsreligion dort früher zustande als im Westen.

Als Hauptvertreter seien die beiden wichtigsten Vertreter Avicenna (eigentlich Ibn Sina, 980-1037) und Averroes (eigentlich Ibn Rušd 1126-1198) erwähnt, beide waren im Unterschied zu den klerikalen Gelehrten des christlichen Westens Ärzte im maurischen Spanien.

Avicennas philosophisches Hauptwerk, das „Buch der Genesung (der Seele)", stellt mit seinen zweiundzwanzig Bänden, das alle Wissensgebiete umfasst, ein Monumentalwerk der *systematischen Philosophie* (Gutas, in: Flasch, 1998, S. 91) dar. In ihm werden auf rationaler Grundlage eines praktizierenden Aristotelikers alle Wissens- und Themengebiete durchgearbeitet. Auf Avicenna wird sich später Thomas von Aquin stützen, vor allem bei einem seiner Gottesbeweise. Zu dem von ihm verehrten Aristoteles soll

Avicenna über einhundert Schriften verfasst haben.

Der Richter und Leibarzt des Fürsten von Cordoba, Averroes, bezeichnete schließlich Aristoteles als *die vollständigste Inkarnation der tätigen Vernunft* (s. Windelband, S. 285) und kommentierte minutiös dessen gesamtes Werk, als dessen maßgebender Interpret er von Dante in seiner „Göttlichen Komödie" als *il gran commentator* gewürdigt wurde und auch dem lateinischen Westen galt. Er vertrat gegenüber Avicennas neuplatonischem ‚Gemisch' einen reinen Aristotelismus (vgl. Flasch, PDK, S. 339).

Averroes war gegen den islamischen Theologen al-Gazali angetreten, der den Ehrennamen „Beweis des Islam" führte und in seiner Schrift „Tahafut al falasifa" (in etwa: Niveaulosigkeit/Abgewirtschaftete Philosophie; s.d Khella, S. 516) in Glaubensangelegenheiten der Vernunft das Recht bestritten hatte und zugleich den Versuch unternahm, den Bankrott der Metaphysik nachzuweisen. al-Gazali hatte unter dem Einfluss der Philosophie eine Schwächung seiner Glaubensgenossen bemerkt, die begannen, vom Glauben der Väter abzufallen. Er anerkannte wohl die Leistungen der Philosophen, bemängelte jedoch deren Missachtung positiver Inhalte der Religionen und der Autorität der religiösen Gesetze. So ahmten seiner Meinung nach die islamischen Bewunderer die Schwäche der Philosophen, nicht ihre wissenschaftliche Größe nach (vgl. Flasch, Einf., S. 99).

In seiner Gegenschrift „Tahafut al Tahafut" (also etwa: Hinuntergehen auf das Werk „Tahafut") wies Averroes al-Gazali nach, sein Versuch stütze sich auf ein Denken, das eben nicht subjektive Zurechtlegung, sondern Inhalte habe, die er für allgemeingültig und gewiss halte. Schon bei anderer Gelegenheit hatte der gesetzestreue Muslim Averroes gezeigt, *dass die Philosophie das religiöse Leben nicht behindert, sondern schützt und anregt* (Flasch/Jeck, S. 30). Doch erforderten die unterschiedlichen Verständnisfähigkeiten der Menschen die Anpassung mit spezifischen Zugängen, als deren oberstes Gebot die Übereinstimmung von Philosophie mit der Religion zu gelten habe. Wenn die volkstümlichen Bilder vom Jenseits sprachen, so konnte der Philosoph deren Gehalt nur allegorisch und praktisch-moralisch ausmachen. Diese phantasiegebundene Darstellungsart eignete eben mehr dem einfacheren Zugangsweg, der aber wie die Märchen, Sagen, Mythen einer anderen Bewusstseinsart als praktische Glaubenslehre fürs Volk mit Berechtigung entspreche. Averroes ließ beide Wege gelten und handelte sich damit schon den Vorwurf ein, die „doppelte Wahrheit" verkündet zu haben, wie ihm Jahrhunderte später von seinen Gegnern vorgeworfen wurde. Er dagegen hielt al-Gazali vor, diesen Gläubigen auf ihre Fragen (rationale) Erklärungen (statt Bilder) zu geben, die sie so umso mehr verwirrten. Ohne Zweifel sah Averroes in der Philosophie und nicht in der Religion die höchste Form des menschlichen Wissens.

Averroes Bedeutung erschöpft sich nicht als Kommentator des Aristoteles. Mit seiner Verteidigung von Wissenschaft, Vernunft und Philosophie leitete er die *Emanzipation der Wissenschaft vom Glauben* (Khella, S. 517) ein: *Wissenschaft ist nicht Religion*. Damit wird die Nachrangigkeit im Verhältnis der Vernunft zum Glauben beendet. Er entwickelte in seinem Werk „al–Burhan" die Arten des Beweises, vertrat die aristotelische Auffassung der unerschaffenen Welt und eines sterblichen individuellen Geistes (intellectus passivus) und der unsterblichen Gattungsvernunft (intellectus agens). Bei seinen eigenen islamischen Glaubensgenossen fiel er als Ketzer in Ungnade und wurde aus Cordoba nach Marokko in die Verbannung geschickt, seine Bücher verbrannt.

Somit enthielt sein Werk einigen Sprengstoff, der mit der einsetzenden Aristotelesrezeption im Abendland, in der sich die bevorzugte Autorität des Aristoteles durchsetzen sollte, auch in der christlichen Scholastik zum Tragen kam. – Bei dieser Skizze arabischer Vertreter im Spannungsfeld von Glaube und Vernunft darf der Verweis auf die Mutazila als eigentlicher *Anfang des arabischen Rationalismus* (ebd., S. 96) nicht fehlen, ohne die Averroes Lehre nicht vorstellbar wäre, die selbst schon eine späte Ausprägung ihrer Elemente beinhaltet.

Ursprünglich als Opposition zur Herrschaft der Umayyaden und Abbasiden im 8. Jahrhundert entstanden, entwickelten sie als „Kernthesen ihrer Rationalphilosophie"
- das Erfassen der Realität durch die Vernunft
- die Notwendigkeit wissenschaftlichen rationalen – nicht theologischen – Herangehens an die Lösung aller Fragen des Seins
- Kritik an der Dogmenherrschaft und metaphysischen Vorstellungen
- Anerkennung der Kausalität als Entwicklungsprinzip
- wissenschaftliche Forschung als einzig adäquate Methode der Erforschung und Erkenntnis von Natur und Kosmos mit dem Ziel, Gesetzmäßigkeiten der Entwicklung von Natur, Gesellschaft, Denken zu erkennen und praktisch anzuwenden
- Ablehnung der von Muawija zum Staatsdogma erhobenen Prädestinationslehre und Einsetzung eines persönlichen Freiheitsbegriffes i.S. der Eigenverantwortlichkeit
- Forderung nach sozialer Gerechtigkeit und Gleichheit aller.

(nach Khella, S. 95)

Durch die systematischen Übersetzungen des gesamten Aristoteles ins Lateinische, die um 1240 abgeschlossen waren (bessere Direktübersetzungen erfolgten aber noch im Auftrag Thomas von Aquins durch seinen Ordensbruder Wilhelm von Moerbeke) und den Zustrom übertragener

Werke arabischer Philosophen und Naturwissenschaftler gestaltete sich das erwachende Bedürfnis der Wissensaufnahme universal. So kam es zu den ersten Universitätsgründungen in Paris, Oxford um 1200. Es folgten nach Orléans: Cambridge 1209, Padua 1222, Salamanca um 1220, Toulouse 1229, Prag 1347, Wien 1365, Heidelberg 1368, Köln 1388, Erfurt 1389 (s.d. Khella, S. 527; Hirschberger, S. 80). In ihnen wurden in umfassender Art Theologie, Medizin und Jura gelehrt, wenn die Artes-Schule durchlaufen worden war. Zugleich ging damit das Anliegen einher, Gesamtdarstellungen (Summen) auszuarbeiten. Noch um 1150 hieß ‚Summe' eine kurze Zusammenfassung, um dann Ende des 12. Jahrhunderts als erschöpfende, systematische Darstellung den Bedeutungswandel zu markieren.

Als weiteres traten im 13. Jahrhundert die neugegründeten Bettelorden (Mendikanten) des Dominikus (Predigerorden = Dominikaner) und Franziskus in die theologisch-philosophische Auseinandersetzung bestimmend ein, nachdem sie 1230 durch günstige Umstände zwei Lehrstühle an der Pariser Universität, die unter bischöflicher Leitung stand, erhalten hatten. Der neuerschlossene philosophische Stoff wurde in der Hauptuniversität der Christenheit, Paris, an die Lehrer der Artistenfakultät gegeben, die ihre Studenten aller drei Fachrichtungen mehrere Jahre in den sieben Freien Künsten unterwiesen. Immerhin gab es in Paris des 13. Jahrhunderts über einhundert Professoren (Flasch, Verurt., S. 27).

Mit den nun bekannt gewordenen neuen Schriften des Aristoteles, der „neuen Logik", „Metaphysik" und seiner Naturphilosophie/wissenschaft wurde auch immer der arabische Kommentar dazu gelesen. In der „Stadt der Philosophen", wie Paris im 12. Jahrhundert genannt wurde, führte das von seiten der kirchlichen Universitätsleitung in den Jahren 1210 und 1215 zu ersten Verboten von Aristoteles-Texten (Naturwissenschaft und „Physik" sowie „De anima"), im selben Jahr ihres Erscheinens in den Vorlesungen. 1231 verbot Papst Gregor IX. für Paris erneut die aristotelisch-naturwissenschaftlichen Schriften, *bis sie geprüft und so von jedem Vorwurf der Irrlehre gereinigt seien* (zit.b. Flasch, Verurt., S. 28).

1245 erfolgte durch Papst Innozenz IV. das gleiche Verbot für die Universität Toulouse. Zugleich stellte er in unübertrefflicher Anschaulichkeit die von ihm gewünschte Aufgabe der artes vor: *Die Universität sei im Haus Davids, also in der Kirche, ein offener Brunnen, zu dessen Wassern die Durstigen eilen, um in Freuden aus den Quellen des Erlösers zu schöpfen. Wie die alttestamentarische Rachel die Kamele getränkt habe, so erfrische die Universität die Kamele mit ihrem Trank, nämlich die Sünder, die mit dem Höcker der Sünde beladen zu ihr kommen. Sie ruft die sieben Freien Künste als ihre Dienstmägde; sie beschäftigt sie als Dienerinnen und Türhüterinnen; sie sollen den, der die wahre Weisheit sucht, schneller zu seinem Ziel kommen lassen* (zit.b. ebd., S. 28 f).

Damit wird Philosophie buchstäblich zur Magd der Theologie, wie es vom Kardinal Petrus Damiani im 11. Jahrhundert erstmalig formuliert worden war. Die Kirche suchte an ihren Universitäten somit nicht die geistige Autonomie der Studierenden zu befördern, sondern ihr für sündig erklärtes Denken in kirchlich kodifizierte Vorstellungen und Dogmen *einzufangen*, was umso mehr begünstigt wurde, als eine vom Glauben gänzlich abgelöste, freie ratio noch unmöglich gewesen wäre.

Damit war die Aristotelesrezeption gekennzeichnet von einer zurückhaltend-abwehrenden Reaktionsweise des kirchlichen Machtapparates. Da aber Papst Gregor IX. noch Raum gelassen hatte, die aristotelischen Texte zu prüfen und zu reinigen, ergab sich auf kirchlichem Gebiet eine Chance, den überlegenen Vorsprung der Araber mit dem fortschrittlichen rationalen Konzept der aristotelischen Philosophie und Naturwissenschaft zu verbinden und als systematische Grundlage für den christlischen Glauben zu gewinnen. Dies in die Wege geleitet zu haben, war das bleibende Verdienst des Dominikaneroberen Albertus Magnus. Mit seiner Gelehrsamkeit wusste er die Kirchenoberen für die Aufnahme der aristotelischen Texte zu gewinnen und ging an das gesamte Werk des Aristoteles und seines arabischen Kommentators heran in der Absicht, *alle Teile der aristotelischen Philosophie den Lateinern verständlich zu machen* (zit.b. Hirschberger, S. 85). Albert begriff, dass die seit Augustinus und Anselm veränderte Lage des Verhältnisses von Glaube und Vernunft nicht durch Ablehnung und Bekämpfung der letzteren beizukommen war. Das verlief aber nicht ohne eine denkwürdige Vorgeschichte.

Im erbitterten sogenannten Mendikantenstreit um die Vertreibung der Ordensprofessoren aus der Pariser Universität bzw. von ihren Lehrstühlen erhoben weltliche Kollegen Häresie-Vorwürfe, denen Papst Innozenz IV. Glauben schenkte und mit Verboten die Existenzfrage der Orden stellte. Nach seinem überraschenden Tod führte sein baldiger Nachfolger Papst Alexander IV. zwar in dieser Frage eine Wende herbei, die erhobenen Anschuldigungen in Form eines Pamphletes des Theologieprofessors Wilhelm von Saint-Amour waren jedoch noch nicht ausgeräumt. 1256 wurde der deutsche Prior der Predigerbrüder, Albertus, erfolgreich an der päpstlichen Kurie in Anagni deswegen vorstellig. Albert muss mit seiner Gelehrsamkeit bei Papst und Kardinälen so tiefen Eindruck hinterlassen haben, dass er zum Professor der Theologie an der päpstlichen Universität ernannt wurde und dort etwa ein dreiviertel Jahr blieb.

Er nutzte die Gelegenheit, die aristotelische Philosophie in ihrer Befähigung in christlichen Glaubensangelegenheiten zu etablieren und die arabische Variante des Averroes als Abirrung hinzustellen. Vom Papst dazu aufgefordert, arbeitete er das Thema schriftlich in seinem Werk „De unitate intellectus contra Averroistas" aus. Hier lehnte er sich nicht an bindende Religionsvorschriften an (lex nostra), sondern *wolle nur zulassen, was durch rationale Schlussfolgerung beweisbar sei* (Flasch, Einf, S. 126). Dabei schnitt die abendländische Wissenschaft schlecht ab. Sie habe keine Wissenschaft von der Seele ausgebildet, nur ihre eigenen Phantasien. *Die Philosophen (Aristoteles und Averroes) reden anders von der Seele. Man muss bei ihnen erst einmal in die Schule gehen* (zit.b. ebd., S. 127). Allerdings musste er dazu der Glaubensoffenbarung Positionen erhalten, da die Offenbarung nicht von der Vernunft bewiesen werden könnte. Offenbarung war demnach nicht ohne Vernunft, vielmehr über der Vernunft stehend und unerreichbar. Unter seiner Marschrichtung kamen nun Ideen zum Vorschein, die – an den von ihm fleißig studierten Averroes anschließend – für damalige Zeiten revolutionär klangen:

Wir haben in der Naturwissenschaft nicht zu erforschen, wie Gott nach seinem freien Willen durch unmittelbares Eingreifen die Geschöpfe zu Wundern gebraucht, durch die er seine Allmacht zeigt, wir haben vielmehr zu untersuchen, was im Bereiche der Natur durch die den Dingen der Natur innewohnende Ursächlichkeit auf natürliche Weise geschehen kann ...

Was wir bringen, haben wir teils durch eigene Beobachtungen (experimento) erwiesen, teils stützen wir uns auf Angaben anderer, die unserer Erfahrung nach nicht leicht eine Behauptung aufstellen, ohne sie durch Beobachtung zu erweisen. Beobachtung gibt nämlich in diesen Dingen allein Gewissheit, weil für solche Einzelfälle eine Schlussfolgerung nicht vollzogen werden kann ...

Wenn jemand die Naturwissenschaften gründlich beherrscht, sind ihm die Worte des Herrn kein Anlass zum Zweifel.

Allerdings hatte er sich in den eigenen Reihen heftigen Widerstandes zu erwehren, wie es seine Worte andeuten: *Es gibt Leute, die nichts wissen, aber auf jede Weise die Verwendung der Philosophie* (zur Glaubensverteidigung) *bekämpfen, besonders bei den Predigerbrüdern, wo ihnen keiner entgegentritt. Sie sind wie unvernünftige Tiere, die das begeifern, was sie nicht kennen.*

Er wusste auch die als Dogmatiker auftretenden Ordensbrüder in ihre Schranken zu verweisen: *Gerade wie in allen physischen Büchern sagte ich niemals etwas von mir aus, sondern habe nur möglichst treu die Ansichten der Peripatetiker erklärt. Ich sage das wegen einiger bequemer Leute, die ihrer Bequemlichkeit zum Trost in Büchern nur nach etwas suchen, was sie bekritteln können. Weil sie lahm sind vor Bequemlichkeit, möchten sie nicht allein lahm erscheinen und suchen darum denen einen Makel anzuhängen, die sich hervortun. Solche Leute haben den Sokrates umgebracht, den Plato aus Athen in die Akademie vertrieben und durch ihre Machenschaften auch den Aristoteles fortgeekelt. Solche Menschen sind im Organismus der Wissenschaft, was die Leber im Körper ist. In jedem Körper ist ja die Gallenflüssigkeit; fließt sie aus, so macht sie dadurch den ganzen Körper bitter. So gibt es in der Wissenschaft immer einige überbittere und gallige Menschen, die allen anderen das Leben verbittern und sie nicht in wohltuender Gemeinschaft die Wahrheit suchen lassen* (alles bei: Albertus Magnus).

Sein Schüler Thomas von Aquin bemühte sich, die Konkordanz der christlichen Lehre mit Aristoteles herzustellen, wobei teilweise theologische Zugeständnisse, jedoch gegen die Interpretationen „radikaler Aristoteliker" scharfe Polemiken geführt wurden. Die christlichen Dogmen, die die Vernunft nicht beweisen aber auch nicht widerlegen kann, bleiben bei Thomas dem Glauben vorbehalten. Die Rolle der Vernunft dient der Erklärung (manifestatio) des Glaubens. *Freilich nimmt die heilige Lehre auch die menschliche Vernunft in ihren Dienst, nicht, um den Glauben zu beweisen, dadurch würde sie das Verdienst des Glaubens aufheben, sondern um den einen oder anderen ihrer Lehrsätze näher zu erläutern* (Th.v.Aquin, Su.Th., I, qu. 1, art. 8, ad 2).

Anhand einer rationalen Gliederung wurden in den Summen selber methodisch deutliche Schritte angewandt, um eine Konkordanz divergierender Aussagen herzustellen. Da die göttliche Offenbarung über Tradition und Autoritäten vermittelt wurde, gab es eine Rangfolge der Dokumente: An erster Stelle standen die kanonischen Bücher der Bibel, die „wesentliche und unwiderlegbare" Beweise lieferten; an zweiter Stelle die Lehren der Kirchenväter, deren Beweise „wesentlich" bzw. „unumstößlich" (ex necessitate argumentando), wenn auch nur „wahrscheinlich" waren, und zuletzt standen die Philosophen, deren Gedanken „nicht wesentlich" (extran) und deshalb gleichfalls nur „wahrscheinlich" (probabilis) waren (nach Thomas, ebd.).

Die bei einer Frage zutage tretenden Widersprüche (z.B. auch innerhalb der Bibel selbst) wurden mit allen erreichbaren Aussagen in den obigen drei Bereichen gesammelt – wobei sogenannte Sentenzen als spezielle Zitatensammlungen hilfreich waren –, dann mit der scholastischen Methode in der disputatio nach dem Schema:
– videtur quod (Aufzählung einer Ansicht bei Autoritäten)
– sed contra (Gegenüberstellung divergierender Ansichten)
– respondeo dicendum (Lösung)
– plus Kritik der verworfenen Argumente (ad primum, ad secundum etc.) und nicht der Autorität die Konkordanz herbeigeführt.

Ausgerüstet mit dieser dialektischen Arbeitsweise schreckte Thomas jedoch nicht vor ihrer formalistischen Anwendung auch auf nicht-philosophische Texte zurück, indem er z.B. einen Brief des Paulus *zerlegt, abteilt, unterabteilt* hat (Chenu zit.b.: Flasch, 2001, S. 63).

Auch sein Anliegen war wie das seines Lehrers Albertus, Aristoteles für das Christentum zu gewinnen, so dass beider Bemühen zu dessen Ansehen in der christlichen Philosophie beitrug, der er dann später wie Johannes der

Täufer als Vorläufer „Christi in naturalibus", als „Norm der Wahrheit", als „geschriebene Vernunft" oder als „der Philosoph" schlechthin galt.

Somit kann in dieser Zeit die scholastische Methode verstanden werden, dass sie *durch Anwendung der Vernunft, der Philosophie, auf die Offenbarungswahrheiten möglichste Einsicht in den Glaubensinhalt gewinnen (will), um so die übernatürliche Wahrheit dem denkenden Menschengeiste inhaltlich näher zu bringen, eine systematische, organisch zusammenfassende Gesamtdarstellung der Heilswahrheit zu ermöglichen und die gegen den Offenbarungsinhalt vom Vernunftstandpunkt aus erhobenen Einwände lösen zu können* (Grabmann, zit.b. von Aster, S. 136 f). (**Anm.7**)

Mit dieser Aristotelesauffassung gerieten die Dominikaner in heftige Kontroversen mit den Franziskanern, die eher augustinisch eingestellt waren. Die eingreifendste Auseinandersetzung spielte sich allerdings im 13. Jahrhundert an der Pariser Artistenfakultät ab, wo ein radikaler Aristotelismus, geprägt von Averroes Interpretation, hauptsächlich in der Version des klerikalen Professors Siger von Brabant in Wort und Schrift vertreten wurde. Thomas wurde infolge dieser Vorgänge beordert, ein zweites Mal an die Pariser Universität zu eilen, wo er den geistigen Kampf gegen *die Averroisten* (Thomas) in seinem Werk „Die Einheit des Geistes" austrug. In dieser macht- und kulturpolitischen kirchlichen Mission gelangte er im Blickwinkel späterer Zeit zur Krönung seiner Lebensleistung und verschaffte der Kirche den geistigen Sieg, den sie in Gemälden verbreitete, die Averroes zu Füßen des Thomas liegend zeigen und damit an die Schlange erinnern, der der Kopf zertreten wird. (**Anm.8**) Doch war der Sieg nicht so eindeutig errungen und nicht ohne Peinlichkeit für die Kirche. Da er für unser Thema von zentraler Wichtigkeit ist, soll er etwas näher betrachtet werden.

Es mussten schon besonders beunruhigende Vorkommnisse an der ersten christlichen Universität vorliegen, wenn ein erneuter Einsatzbefehl an einen Vertreter der Elite unter ihren Gelehrten erging, wiederholt nach Paris zu gehen. Albertus und Bonaventura, die Häupter der beiden gelehrten Orden, waren unabkömmlich. So wanderte Thomas 1269 seinen Ordensvorschriften gemäß zu Fuß dorthin, wo er bis Ostern des Jahres 1272 blieb.

An der Artistenfakultät waren unter der Ägide der christlichen Professorenkollegen, namentlich des Wallonen Siger von Brabant und des Boethius von Dacien, Übergriffe auf das Gebiet der Theologie vollzogen worden, die aus der Warte des übrigen Klerus unstatthaft und bedrohlich waren. Immerhin durchliefen alle Studenten jeglicher Fachrichtung, sei es der Theologie, der Medizin oder Jura das mehrjährige Grundlagenstudium an der Artistenfakultät und hörten so die aufrührerischen Vorlesungen mit der Frage, wie es einer vom Körper getrennten Seele nach dem Tod möglich sein soll, am

Fege- oder Höllenfeuer überhaupt zu leiden. Die Frage beruhte nicht auf ironischer Polemik, sondern auf ernsthaften philosophischen Grundlagen und Konsequenzen über das Leib-Seele-Geist-Verhältnis, kurz einer philosophischen Anthropologie, die sich aus Aristoteles Schriften ergab und die es „vernünftig" zu bedenken galt. Nicht nur in Vorlesungen, auch in seiner Veröffentlichung „Quaestiones in tertium De anima" (ca. 1269) hatte Siger die Einheit des Geistes (unitas intellectus) philosophisch erörtert. Für die kirchliche Macht- und Mittlerstelle zu Gott war dieses Unternehmen gefährlich. Im Zuge ihrer Machtpolitik hatte sie die meisten Universitäten in ihre Hand bekommen, die dann unmittelbar dem Bischof unterstanden, w.z.b. auch Montpellier seit 1185 (?, lt. Bochnik, S. 30)), um dann ab 1220 den Lehrplan und die Prüfungsordnung festzulegen als auch ab 1230 die Zulassung zum Studium zu bestimmen. Sämtliche Prüfer wurden vom Bischof eingesetzt, nicht-christliche Lehrer aus der vormals Lehrfreiheit ausübenden Universität entfernt (vgl. ebd.). Aber gerade bezüglich der Pariser Hauptuniversität kam es in der zweiten Hälfte des 13. Jahrhunderts zu dem gängigen Ausspruch gegenüber Medizinstudenten (!): „Ubi tres medici, ibi duo atheistici", d.h. wo drei Mediziner zusammenkommen, sind zwei davon gottlos.

Aus alledem geht hervor, dass es bei der philosophisch-theologischen Auseinandersetzung nicht bloß um fachlichen Disput ging, sondern um die Existenzfrage der Kirche und ihre machtpolitische Stellung, die sie an ihrer zentralen Bildungsstätte unterhöhlt sah.

Die expansive Anwendung vernunftgetragener Fragestellungen und Ableitungen ins Gebiet der Theologie setzte mehr als nur einen neuen Akzent. Von der dienstbaren Aufgabe der Vernunft gegenüber den Glaubensoffenbarungen bis zu ihrer allmählichen Eigenständigkeit eines Arkanums galt es, feste Regeln und Grenzziehungen bei ihrem Gebrauch zu beachten und einzuhalten. Während Anselm den Vernunftgebrauch dem Offenbarungsglauben eindeutig nach- und damit untergeordnet, Albert die Eigenständigkeit der Glaubens- von Vernunftangelegenheiten gefordert hatte, erkühnte sich nun eine Gruppe von Gelehrten, die Vernunft zur alleinigen Richtschnur auch in Glaubensfragen zu inthronisieren. Thomas war darüber so ungehalten, dass er von der *Unverschämtheit der Irrlehrer* (errantium impudentia) schon in der Vorrede seiner apologetischen Schrift sprach, als deren geistigen Vater er den arabischen Philosophen Averroes nannte. Die von ihm gemeinten christlichen Kollegen unterließ er jedoch namentlich zu benennen, subsumierte sie als dessen Anhänger unter dem Begriff *Averroisten*. Ihre Auffassung, rein philosophisch in Glaubensangelegenheiten zu argumentieren und sich darin auf Aristoteles zu berufen, ohne damit theologische Glaubenswahrheiten (Dogmen) angreifen zu wollen, hatte Thomas in seinem Sermo „Attendite a falsis prophetis" (Hütet euch vor den falschen Propheten Mt 7,15) (Pluta, in: Flasch, 1998, S. 293) damit zu entlarven versucht, dass er beispielhaft von einer geöffneten Zisterne sprach, die derjenige für andere offenlasse und ihnen so eine Fallgrube schaffe. Auch kam wohl hierdurch das später vom Pariser Bischof Tempier, einem ehemaligen Professor der Universität Paris, in die Welt gesetzte Schlagwort von der „doppelten Wahrheit" auf, das aber in Bezug auf einen Aristoteliker verfehlt war. Denn den Satz vom Widerspruch hatte Aristoteles als das stärkste aller Prinzipien bezeichnet: *Dasselbe kann demselben unter demselben Gesichtspunkt nicht zugleich zukommen und nicht zukommen. Es ist unmöglich, dass sich widersprechende Aussagen zugleich wahr sind. Es ist unmöglich, zugleich mit Wahrheit zu behaupten und zu verneinen* (zit.b. Zemb, S. 64).

Am Ende seiner Abhandlung führte Thomas aus, wenn der Irrlehrer durch die Vernunft eine notwendige Schlussfolgerung ziehe und dennoch durch seinen christlichen Glauben am Gegenteil standhaft festhalte, vertrete er die Ansicht, *der Glaube habe etwas zum Gegenstand, dessen Gegenteil mit Notwendigkeit nachgewiesen werden kann. Weil aber ausschließlich das notwendige Wahre, dessen Gegenteil das nicht mögliche Unwahre ist, mit Notwendigkeit bewiesen werden kann, folgt aus seiner Behauptung, dass der Glaube nicht mögliches Unwahres zum Gegenstand hat, was sogar Gott nicht erschaffen kann – das können*, so empörte sich Thomas, *die Ohren der Glaubenden nicht ertragen* (Thomas, 1987, S. 98).

Die ketzerisch auftretende Vernunft in ihre Schranken zu verweisen, jedoch nicht vom theologischen Dogma sondern vom philosophischen Argumentieren her, war nun auch, als Besonderheit der individuellen Leistung Thomas, sein methodischer Ansatz. Grundlage bildeten die von beiden Kontrahenten benutzten Quellenschriften des Aristoteles, vor allem dessen „De anima"-Text mit dem Ziel, einen *christlich rektifizierten Aristotelismus* (vgl. Karl Werner) vorzuweisen, bei dem für Thomas das umfassendste Konzept der Vernunft vorlag. Es ging also um die „richtige" Art und Weise, von der Vernunft (und zugleich von Aristoteles) Gebrauch zu machen.

Die „Averroisten" hatten nicht mit der Frage nach der Seele, sondern mit der nach dem Intellekt (Geist), aus dem Denken und Wollen hervorgehen, aufgewartet. Auf diese Frage schien die Kirche nicht mehr vorbereitet zu sein, seitdem sie vierhundert Jahre vorher auf dem von Rudolf Steiner öfters erwähnten Konzil zu Konstantinopel (869) den Geist „abgeschafft" hatte, präziser ausgedrückt, den Menschen auf einen Leib und eine Seele mit geistigen Anteilen reduziert hatte, *(nur eine verständige und vernünftige Seele)*. Wäre der einzelne Mensch mit einem eigenständigen göttlich-geistigen Anteil ausgestattet, der nach seinem Tod unvergänglich wäre, so wäre nicht recht eine Mittler- oder Vorrangstellung der Kirche einzusehen, da persönlicher Lohn oder Strafe für die irdischen Taten entfielen. Wäre der göttlichgeistige Anteil auch noch als eigenes „Fünklein" dem sündigen Menschen entzündbar und entwickelbar, so wäre eine umso größere Gefahr für die Kirche vorhanden. Die konzilsamtliche Verabschiedung vom eigenständigen Geistanteil des Menschen bedeutete eine handlichere Operationalisierung des wünschenswerten kirchlichen Zugriffs auf die Gläubigen.

Ein weiteres, wohl nicht zufälliges Ergebnis des gleichen Konzils, von dem allerdings ein authentisches Dokument fehlt, bestand in der Änderung der trinitarischen Formel vom Vater, Sohn und hl. Geist in die modifizierte Fassung, dass der hl. Geist vom Vater und Sohn (zugleich) ausgehe: in spiritum sanctum Dominicum et vivicantem, qui ex patre filioque procedit. Diese filioque-Formel gab es zwar schon 589 n. Chr. bei der Synode von Toledo in Spanien und wurde 787 auf der Synode von Gentilly für das rechtgläubige Glaubensbekenntnis der Kirche Frankreichs entschieden, aber noch Papst Leo III. verweigerte im Jahr 810 ihre allgemeine Einfügung ins Glaubensbekenntnis, während er angeblich die veränderte Version des Credo durch Karl den Großen im Frankenreich aus Furcht geschehen ließ (s.d. Riemeck). Erst 1014, vierzig Jahre vor dem offiziellen Schisma mit der Ostkirche, wurde diese im gesamten Westen geltende lateinische Formel des Credo von der römischen Kirche angenommen.

Sowohl die anthropologische Neudefinition als auch die Reduktion der trinitarischen Formel durch das Konzil zeigen eine dualistische Konzeption. Duale Systeme sind leichter steuer- und manipulierbar, insbesonders wenn sie als sich bekämpfende Extreme vorgeführt werden. In den philosophischen Lehren von Anaximander und Pythagoras waren noch harmonisierende polare Paare vorhanden; bei Plato und dem Platonismus führte der Dualismus zu einer kämpferischen Weltsicht, wie sie (davon natürlich unabhängig) krass z.B. im persischen Zoroastrismus voll hervortrat. Die Kirche steuerte mit ihrer dualen Herausbildung von Leib und Seele eine einseitige Politik an, wie sie sich z. B. in der medizinischen Behandlung Kranker deutlich manifestierte: der Kranke interessierte nicht in seinem körperlichen Leiden, sondern war offensichtlich ein seelisch Kranker, d.h. ein Sünder und die Vergebung der Sünden war deswegen erste und oft einzige „Therapie". Die Aussagen des Kirchenvaters und „Konsuls Gottes", Papst Gregor I. (540-604), in seinen „Ermahnungen an die Kranken" (admonites ad aegros) sprechen eine deutliche Sprache der von Anfang an charakteristischen Abwertung des Leibes im dual bevorzugten System der Kirche.

Nachdem nun der bislang nur gelegentlich brisante Vernunftgebrauch (wie bei Eriugena und Berengar) von den „Averroisten" radikalisiert worden war, stand im 13. Jahrhundert in philosophischer Einkleidung und Entwicklung die alte theologische Geist-Frage wieder auf, in Form eines autonomen Intellektes. Dieser Intellekt sollte, nach Ansicht der „Averroisten", überindividuell, einheitlich und unvergänglich sein – und somit sich konsequenterweise der kirchlichen Gängelung entziehen. Vorschreibbare Moralität, eine steuerbare Gesellschaftsordnung durch die Lehre und Autorität der Kirche, Verantwortlichkeit für die eigenen Taten, eine Jenseitslehre, bei der die Früchte eines gläubigen, gottesfürchtigen Lebens, wie es nach kirchlicher Vorstellung zum Lohn oder bei Verfehlung als ewige Strafe zur Zucht diente, entfielen unter diesen Auspizien. Über die rein kirchlichen Interessen hinaus bedeutete die Idee des nachtodlich passiven Untertauchens in einen kollektiven Geist eine dem spezifisch Abendländischen fremde Seelenvorstellung, das seine Grundlagen im Individuellen und Voluntativen hat. Von daher musste zu dieser Zeit eine solche Auffassung eine ungünstige Konjunktur zu ihrer allgemeinen Durchsetzung gehabt haben.

Eine bedrohliche Revolution konnte der Kirche dadurch wohl nicht erwachsen, zumal sie gerade ihren Anspruch auf Weltherrschaft formuliert hatte und angetreten war, ihn durchzusetzen: Investiturstreit, Kreuzzüge, Inquisition und die Zerschlagung des größten Rivalen, Byzanz, im 4. Kreuzzug.

Jedenfalls erkannte Thomas dadurch scharfsichtig *die Grundlagen der Moralphilosophie gesprengt* (Thomas, 1987, S. 71). Schließlich ging es dabei auch um den Wissenschaftsbegriff (scientia), den Albertus und Thomas innoviert hatten. Albertus hatte sich auf Aristoteles berufen und nicht ohne Tendenz einer doppelten Wahrheit einen eigenständigen Vernunftgebrauch postuliert: *Der Philosoph behauptet nur das, was er auch mit radikalen Argumenten beweisen kann ...*

Wenn jemand den Einwand erhebt, dass Gott mit seinem Willen den Lauf der Natur zum Stillstand bringen kann, wie es einen Zeitpunkt gegeben hat, vor dem kein Werden geschah und nach dem es sich erst entwickelte, d.h. die Erschaffung der Welt, dann antworte ich, dass ich mich um die Wunder Gottes nicht kümmere, wenn ich Naturwissenschaft betreibe (zit.b. Flasch/Jeck, S. 51).

Sieht man nicht allein die Beziehung zu Anselm, sondern zum Beginn der christlichen Ära, wo Gregor von Nyssa bei der beispielhaften Frage nach der Beschreibung des menschlichen Körpers gemeint hatte, das meiste stehe zwar in Fachbüchern (der Heiden), aber man gebrauche besser statt der fremden Stimmen die Kirche als Lehrmeisterin, so wird gerade das Verdienst Alberts um eine von Glaubensfragen unabhängige Naturwissenschaft und des Vernunftgebrauchs ersichtlich. Albertus wie Thomas hatten nicht ohne Gewinn Averroes studiert und sich auf ihn berufen. Nun mussten sie vernehmen, wie ihr Versuch, Aristoteles zu integrieren, indem sie alle Texte der aristotelischen Philosophie den Lateinern verständlich zu machen trachteten und besonders Thomas einen Konkordismus herzustellen sich bemühte, an der radikalen Auslegung der „Averroisten" zu scheitern drohte. Von daher galt es für Thomas, Averroes von Aristoteles zu isolieren, den Aristotelismus zu sichern und als verlässliche christliche Philosophie aufzuzeigen, indem er die gefährliche Formel von der Einheit des Geistes widerlegte (s. Flasch, 1998, S. 245-266).

Entsprechend stellte er Averroes als *Verfälscher* bzw. *Verdreher* (depravator; perversor) der peripatetischen Philosophie hin. Außer diesen beiden polemischen Invektiven hält sich Thomas Kampfschrift streng an die philosophische Methode der Widerlegung, zu der er mit der besseren Direktübersetzung samt Kommentierungen des griechischen Textes ausgerüstet war. Nun sollte der Aristotelismus ein zweites Mal seine zukunftstragende Mission erweisen, die er als Überwinder des platonischen Dualismus in vorchristlicher Ära bewiesen hatte und sich diesmal an der christlichen Philosophie unter Beweis stellen (s.d. Windelband, S. 272).

Was ist nun der textliche Kern der Aussagen in den aristotelischen Schriften? Was leiteten Averroes und die „Averroisten" daraus ab? Wie interpretierte Thomas diese Aufgaben?

In seinem Buch über „Die Seele" (De anima) bezeichnete Aristoteles das Denken als der Seele zugehörig. *Als Geist bezeichne ich aber, wodurch die Seele denkt* (zit.b. Thomas, 1987, S. 60). Durch den Geist (nous; intellectus) werde Allgemeines (universales) und Notwendiges erkannt. Die Seele allerdings steht im Gegensatz zu Platos Auffassung nicht im dualen Verhältnis zum Leib, sondern mache den Leib erst lebendig. Über diese biologische Beziehung hinaus, die die Seele nach Aristoteles kennzeichnet, komme der Geist als das Göttliche in uns *von außen* (außerhalb biologischer Beziehung?) durch *die Tür herein* (in: „De generatione animalium"). Der Geist habe kein leibliches Organ, wie zum Beispiel das Sehen der Augen bedürfe, und sei deswegen „getrennt" (separatus). Desweiteren sei er „unvermischt", z. B. mit den Elementen, damit er sie alle geistig durchdringen und erkennen könne und nicht festgelegt sei.

Nun unterschied Aristoteles zwei Arten des Geistes: den tätigen Intellekt, der alle Dinge intelligibel machen kann, der als Gattungsvernunft unsterblich ist (nous poietikos/intellectus agens). Dann den leidenden Geist, rezeptiven Verstand, der als individuelle Erkenntnisfähigkeit sterblich ist (nous pathetikos/ intellectus possibilis bzw. passivus). Ausschließlich um diesen „möglichen Geist" geht es in Thomas Abhandlung.

Averroes hatte nun den separaten Geist als vom Leib getrennt aufgefasst und als unsterblich gefolgert. Individuelle Unsterblichkeit war im Islam wie im Christentum ein zentrales Dogma. Dieser leibunabhängige Geist (substantia) sei eben einer für alle Menschen. Dennoch vermöge der einzelne Mensch individuell zu denken und zu erkennen. Die Konsequenzen aus dieser Lehre wurden oben schon angeführt, sie stellen die eine Seite des Problems, vor dem Thomas stand, dar. War ihm bei einem aus dem einheitlichen göttlichen Geist existierenden Menschen die Möglichkeit zur moralischen Einwirkung wegen fehlender Verantwortlichkeit in Form von Lohn oder Strafe genommen, wäre ein an den Leib gebundener Geist mit dessen Tod untergegangen und wiederum der kirchlichen Kontrolle entzogen. Zwischen dieser Skylla und Charybdis musste Thomas versuchen herauszukommen und eine andere Textinterpretation anzubieten. Er begründete seine Interpretation folgendermaßen:

Die Seele sei die Wesensform eines organisch gegliederten naturhaften Körpers, erläuterte er anhand der Angaben von Aristoteles. Sie stütze sich also auf ein leibliches Organ (Werkzeuge), Seele sei „die Wirklichkeit des Leibes". Der „mögliche Geist" aber sei ein Teil von ihr als ihr Vermögen. Er sei keine Wirklichkeit des Leibes, da er keine leiblichen Organe besitze, sondern entfalte seine Kraft (virtus) in der jeweiligen individuellen Seele, nicht im Leib. Deswegen trete der Geist von außen heran und sei auch nicht vor der Seele oder dem Leib vorhanden (keine Präexistenz). Das sei die Bedeutung von „getrennt", leibunabhängig von Organen – aber nicht, wie Averroes meine, unabhängig von Leib und Seele! Über die Anbindung des Geistes an die Seelendefinition von Aristoteles verhinderte Thomas, der Aussage von der substantia (usia) des Geistes – die Aristoteles ebenfalls gibt und die Averroes übernimmt – nachzugehen (s.d. Flasch, 1998, S. 258).

Ein besonders delikater Nachweis gelang Thomas, indem er Averroes nicht allein gegen Aristoteles, sondern auch gegen arabische Philosophen wie Avicenna und al-Gazali damit ausspielt, auch sie hätten den Geist im Gegensatz zu Averroes richtigerweise als Teil der Seele, die „Form des Leibes" sei, aufgefasst.

Es konnte hier nicht um alle Feinheiten der Argumentation des Thomas gehen noch darum, eine der beiden Interpretationen der *wegen seiner Dunkelheit berühmten* (ebd., S. 252) Textstelle des Aristoteles zu bewerten, als darum, ihre wesentlichen Differenzen und Konsequenzen nachvollziehbar anzudeuten. Thomas Bedeutung lag nicht nur darin, eine kirchenpolitisch höchstrangige geistige Auseinandersetzung erfolgreich beantwortet, sondern die spezifisch abendländische Integration der Vernunft mit der Glaubensoffenbarung – in seinen Worten „die Einheit des Geistes"- hergestellt zu haben, in die zugleich die antike Tradition (Aristoteles) eingebunden war, um der Glaubenskultur des Mittelalters das Denken instrumentell einzufügen.

Noch im selben Jahr, als Thomas seine Schrift veröffentlichte, verurteilte der Pariser Bischof am 10.12.1270 dreizehn philosophisch-häretische Thesen, darunter die des einen Intellekts aller Menschen und des Verlöschens der menschlichen Seele nach seinem Tod und die von der Unmöglichkeit, nach dem Tod unter einem körperlichen Feuer zu leiden.

Aber auch damit war noch kein Ende der Auseinandersetzung erreicht. Am 1. März 1272 erließ die Pariser Universität ein Statut, in dem allen Magistern der Philosophie – also den Professoren der Artistenfakultät – verboten wurde, rein theologische Fragen zu disputieren. Bei philosophisch-theologischen Streitfragen sei zugunsten des Glaubens zu entscheiden und andere entgegenstehende Gründe zu entkräften.

1274, im Todesjahr des Thomas, veröffentlichte Siger seinen „Tractatus de anima intellectiva", worin er sich auf Alberts Maxime berief: *Gottes Wunder kümmern mich nicht, da ich über Naturinhalte handele*, und begab sich in der Nachfolge Alberts in die Position der „doppelten Wahrheit".

Am 2.9.1276 werden Vorlesungen in Privaträumen der Pariser Universität untersagt, die anscheinend eingerichtet worden waren, um die früheren Anordnungen zu umgehen. Anfang des Jahres 1277 kam es nochmals zu einer Verurteilung von 219 Thesen durch den schon bekannten Bischof Tempier. Die Thesen umfassen sehr heterodoxe Aussagen und beziehen sich auf viele Autoren (die namentlich nicht angeführt werden), lassen sich aber nach Ansicht K. Flaschs nicht immer wörtlich oder sinngemäß in deren Texten belegen. Neben den zu erwartenden Positionen, die von Averroes, Avicenna, Siger, Boethius von Dacien vertreten werden, bleiben bei den verurteilten Thesen Aristoteles und selbst Ansichten von Thomas und Albertus nicht verschont! Gegen Thomas war sogar ein Prozess geplant, den man erst 1325 rückgängig machte, nachdem man seine Lehre 1309 zur offiziellen kirchlichen Lehre erhoben und ihn 1323 heilig gesprochen hatte. Der kirchliche Richtspruch der Pariser Universität, trotz des päpstlichen Auftrags, nach Irrlehren zu fahnden, zunächst ein mehr lokales Ereignis, war nun von einschneidender Bedeutung. Von da an war es mit der Lehrfreiheit ganz vorbei.

Siger von Brabant hatte sich im Jahr zuvor seiner Vorladung zum französischen Inquisitor durch Flucht an den päpstlichen Hof in Orvieto entzogen und wurde dort (vor 1284) von einem klerikalen Wächter erdolcht. Seine frühere Auffassung hatte er noch zuvor revidiert. Es ist unbekannt, ob durch kirchlichen Druck oder aus Überzeugung. Sein eigener philosophischer Versuch war ein notwendiger Schritt in der Geschichte des Vernunftgebrauchs, mit dem man sich inhaltlich dennoch nicht identifizieren muss.

Albertus starb 1280 in Köln, von häretischen Anwürfen unbehelligt und von der Nachwelt als „der Große" geschätzt.

Der durch die arabistische Interpretation Averroes' zustande gekommene Vernunftstreit anhand der aristotelischen Anthropologie mit ihrer trinitarischen Auffassung kulminierte im 13. Jahrhundert in einer entscheidenden Geistesschlacht, in der zunächst die Kirche Sieger blieb. Thomas wurde posthum, wie einst Karl Martell vor ihm auf physischem Gebiet, zum geistigen Retter des Abendlandes proklamiert – von der Institution, die ihm eben noch den Prozess machen wollte. Die größte geistige Konkurrenz durch das Arabertum wurde mit seiner Hilfe aus dem Feld geschlagen und der Sieger schrieb die Geschichte. Die Anregungen zur unabhängigen naturwissenschaftlichen Forschung, das Experiment und die Ausprägung des Rationalismus, wie sie dann später in der neuzeitlichen Ära auftraten, hatten ihre arabischen Quellen und die Namen ihrer Vorläufer längst vergessen (s.d. Khella, S. 529). Steiner bezeichnete das Ereignis der „doppelten Wahrheit" als vorläufig, da das Denken infolge des Sündenfalls eben nicht in der Lage gewesen sei, in die geistige Welt erkennend einzudringen, es also seiner (christlichen) Erlösung bedürfe. Diese Grenze sei im 13. Jahrhundert Thomas gesetzt gewesen, da das christliche Erlösungsprinzip in der Ideenwelt noch nicht habe gefunden werden können. Dies zu realisieren sei eben der Anthroposophie vorbehalten (vgl. GA 74, S. 69 u. 104). Also auch hier wieder – wie bei Goethe, Nietzsche etc. – die Vollendung des Thomas von Aquin und damit der christlichen Philosophie in der Anthroposophie und Person Rudolf Steiners.

Infolge des leibfeindlichen und zugleich seelen*fangenden* kirchlichen Dualismus schlug in dialektischer Umkehr die neuzeitliche rationalistische Methode der Naturwissenschaft in ihren Exponenten Galilei und Descartes in einen ausschließenden, sinnlichkeitsbejahenden und seelenverneinenden Dualismus um, der noch im 21. Jahrhundert nicht überwunden ist. Steiners Blick sah hier klar die dringliche Notwendigkeit, die Einseitigkeit der naturwissenschaftlichen Denkweise mit der geistigen Seite zu vervollständigen. Wieweit hier Steiner selbst konkrete Anregungen gegeben oder gar solide Fundamente gelegt hat, ist für den einzelnen Fall gesondert zu betrachten. Auf biologischem und medizinischem Gebiet hat erst Hamers gewaltige Entdeckung sinnvoller biologischer Vorgänge heutzutage eine nicht mehr gesehene, da zuvor *exstirpierte* (Hegel) geistige Dimension zu der leiblich-seelischen hinzugefügt und die Anthropologie wieder zur Ganzheit gebracht, die der Medizin ein neues Potenzial als Heilkunde erschließt. Es wartet auf seine Anwendung.

Damit wäre also der von Steiner selbst zur Sprache gebrachte fundamentale Bezugspunkt zu dem, was er unter „Arabismus" verstand, ansatzweise umrissen. Steiner bezog diese besondere (un)geistige Dimension der Naturwissenschaft und ihre weit ins Mittelalter reichende Quelle arabischer Herkunft auf die Mission seines eigenen anthroposophischen Wirkens. Hinter den im Mittelalter scheinbar nur kirchen- und evtl. noch philosophiegeschichtlich relevanten Abläufen enthüllte er kulturentscheidende und letztlich eschatologische Hauptereignisse, deren Stellenwert wiederum den Eigenwert und die Dringlichkeit seiner Mission erhöhten.

*

Was aber, wenn sein eigener Ansatz geschichtlicher Spiegelung vertieft würde, indem nach historischen Persönlichkeiten gesucht würde, die ebenfalls wie er zentral Bezug nehmen zur arabisch-islamischen Kultur und in ihrem Persönlichkeitsprofil, soweit es zu ihrer Zeit möglich war, naturwissenschaftlich gebildet und philosophisch fundiert wie er eine geistige Mission beanspruchten? Ließen sich möglicherweise mit diesem Verfahren von ihnen aus umgekehrt neue Aspekte zu Steiners Konzept gewinnen, indem aus freierem historischem Abstand Übereinstimmungen und Abweichungen etc. sein biographisches Profil deutlicher hervortreten lassen könnten und sich so unerwartete Rückschlüsse auf ihn ergäben? Also keine unscharfen Musterungen diverser Persönlichkeiten im zeitlosen Focus eines Problem-Themas, sondern das gedankliche Experiment, ein geschichtlich differenziertes Profil aus der jeweiligen zeit- und personengebundenen Auseinandersetzung herauszukristallisieren, um die eigene Qualität Rudolf Steiners noch anders erfassen zu lernen. Die ungewohnte Optik soll weder der gedanklichen Spielerei dienen noch den falschen Ernst von Reinkarnationsbeziehungen vortäuschen als vielmehr einen Neuzugang wagen, um über den eventuellen Stellenwert der Ergebnisse Steiners biographische Strukturen präziser charakterisieren zu können. Einschränkend für diesen Versuch wie für das gesamte Kapitel muss die zugrundeliegende übliche geschichtliche Überlieferung als Folie benutzt werden, der sich ja auch Steiner selbstverständlich bedient hat. Doch soll wenigstens in einer Anmerkung (**Anm.9**) auf einiges Zweifelhafte der diesbezüglichen Materialien hingewiesen werden.

Da die arabische Kultur am stärksten von den Mauren in die abendländische hereingetragen wurde und die ersten wissenschaftlichen Begegnungen etwa im 10. Jahrhundert stattfanden, wird der Zeitraum von daher begrenzt. Innerhalb dieses zurückliegenden Jahrtausends erfüllen m.E. nur zwei Persönlichkeiten die in Frage kommenden Voraussetzungen: Gerbert von Aurillac (10. Jahrhundert) und Nikolaus von Kues (15. Jahrhundert), die in fast gleichen zeitlich gestuften Abständen zu Steiner aufschließen.

Gerbertus qui et Silvester

Das genaue Geburtsjahr Gerberts ist unbekannt, meist werden die Jahre 945 oder 947, gelegentlich 940 bis 950 genannt. Ebensowenig kennt man seinen Geburtsort im damaligen Aquitanien oder seine Abstammung. Er wird im Benediktinerkonvent St. Géraud in Aurillac unterrichtet. Zur weiteren Fortbildung führte die Gunst des Schicksals den etwa Zwanzigjährigen in die spanische Mark (Katalonien) zum Bischof Hatto von Vich, wo er in dem lokal einzigartigen geistigen Kulturraum, der von der arabischen Hochkultur imprägniert war, für etwa zweieinhalb Jahre Gelegenheit hatte, besonders mathematische und astronomische Studien zu betreiben. Im Jahr 971 begleitete er Bischof Hatto nach Rom, wo er durch seine überlegenen Kenntnisse und seinen Wissenseifer den Papst auf sich aufmerksam machte, der wiederum schleunigst Kaiser Otto I. auf den intelligenten jungen Mann hinwies und ihn gerne in Rom halten wollte. Doch Gerbert bat um die Erlaubnis, zu weiteren Studien fortziehen zu dürfen.

972 studierte er in Reims bei einem der besten Dialektiker überhaupt an der dortigen Kathedralschule des Erzbischofs Adalbero, der sein Freund und Gönner wird. Schon bald vertauschte er den Unterricht mit seiner Lehrtätigkeit in den artes liberales.

980 focht er in Gegenwart des Kaisers Otto II. einen Disput mit dem Gelehrten und präsumptiven Erzbischof von Magdeburg, Ohtrich, aus, den man als den „sächsischen Cicero" bezeichnete. Zu dem Gelehrtenstreit war es gekommen, weil Ohtrich Gerbert der philosophischen Unwissenheit in den artes beim Hof bezichtigt hatte, nachdem er sich – allerdings fehlerhafte – Notizen aus dessen Unterricht hatte ausspionieren lassen. Wegen des sehr ehrenvollen Ausgangs des Disputes für Gerbert wurde er vom Kaiser als Abt des oberitalienischen Klosters Bobbio berufen, in dem sich eine der prachtvollsten abendländisch-christlichen Bibliotheken befand, die dem leidenschaftlichen Gelehrten und Büchersammler Gerbert weitere Studien eröffnete.

Da sich die Mächtigen der Umgebung Klostergüter aneigneten, ohne dass er wirkungsvolle Abhilfe hätte schaffen können, und ihm als Ausländer auch interne administrative Schwierigkeiten erwuchsen, flüchtete er 983 aus Sorge um seine persönliche Sicherheit von dort und war im Jahr darauf wieder in Reims. Dort wurde er durch seinen alten Freund, Erzbischof Adalbero, in die Parteinahme um die Thronstreitigkeiten in Deutschland einbezogen und agierte zusammen mit dem Mainzer Erzbischof Willigis für den noch unmündigen Otto III. gegen dessen rivalisierenden Neffen, den bayerischen Herzog Heinrich der Zänker. Gerbert hatte dem französischen Verbündeten Heinrichs, König Lothar, der sich Lothringens zu bemächtigen suchte, Widerstand zusammen mit der Otto III. ergebenen Partei geleistet. Er forderte nach Gefangennahme eines kooperierenden Grafen samt Sohn und Oheim die deutsch gesinnte Partei zum Durchhalten in dieser gespannten Lage auf, suchte über König Lothars Gattin auf diesen einzuwirken und Adalbero, dessen Verwandte gegen Lothar gekämpft hatten, zu schützen. Nachdem die Eintracht untereinander hergestellt war, starb Lothar ein Jahr darauf. Otto III. hat Gerbert diesen Beistand nicht vergessen.

Im französischen Thronstreit 987/8 nahm Gerbert unisono mit Adalbero Partei gegen die Karolinger für Herzog Hugo Capet. Nachdem Adalbero 989 verstorben war, setzte der zum König gewordene Hugo Capet jedoch nicht den darauf reflektierenden Gerbert auf den Stuhl des Reimser Erzbischofs, sondern den für seine Politik geeigneter erscheinenden Arnulf (Arnoul), seinen Neffen. Erst als König Capet der Intrigen Arnulfs gegen ihn gewahr wurde, ließ er ihn absetzen und im Gegenzug Gerbert anno 991 zum Reimser Erzbischof erheben.

Der Papst allerdings erkannte Gerberts Wahl durch die französischen Bischöfe und den König sowenig an, wie er die Absetzung Arnulfs hinnahm: er verhängte gegen Gerbert das Interdikt. Gerbert hatte in seiner scharfen Mitformulierung der offiziellen Absetzungserklärung Arnulfs das oberstrichterliche Amt des Papstes angetastet, Kritik an päpstlichem Fehlverhalten geübt und die Priorität des Urteils den Bischöfen zugesprochen, was Rom nicht dulden konnte. Sein späterer Rechtfertigungsversuch in Rom scheiterte daran. Ohne seinen Protektor Adalbero und nun mit päpstlichem Tadel behaftet, blieb der seines Amtes als Erzbischof Enthobene nun nicht ohne Angriffe von geistlicher und weltlicher Seite. In dieser Situation rettete ihn die kaiserliche Einladung Ottos III., der am 21.5.996 von Papst Gregor V. zum „Romanorum Imperator Augustus" gekrönt worden war, ihm an seinem Hof als Lehrer und Berater zur Seite zu stehen. Otto III. versprach sich von ihm, im auch kulturell empfundenen Wettstreit mit Ostrom sich *hic et nunc als der Würdigere zu erweisen* (Lindgren, 1976, S. 92). Durch Gerberts früheres Engagement für König Capet hatte sich der gute Kontakt zum Ottonischen Haus zwischenzeitlich abgekühlt; in seiner unhaltbar gewordenen Lage scheint Gerbert ab 995 eingelenkt und sich mit einem Brief an den neu gekrönten Otto III. rechtzeitig in Erinnerung gebracht zu haben.

Zwischen dem etwa fünfzigjährigen Gerbert und dem 980 geborenen Kaiser, der viele Gelehrte an seinen Hof zog, entstand ein förderliches Zusammenwirken beider, das jedoch nie *auf ein besonderes persönliches Vertrautheits- und Freundschaftsverhältnis schließen* (Althoff, S. 95) ließ. Großzügig berief ihn der Kaiser zum Erzbischof von Ravenna und setzte ihn wieder im Kloster Bobbio ein. Als überraschend der dreißigjährige und erst seit 996 als Papst designierte Gregor V., ein Neffe Ottos, starb, erhob der Kaiser 999 Gerbert als ersten Franzosen zum Nachfolger. Unter seinem angenommenen Papstnamen Silvester II. wurde der unter dem ersten „christlichen" Kaiser Konstantin amtierende Papst Silvester I. mit der historischen Verbindung von kirchlicher und weltlicher Macht Programm. In der geschichtlichen Situation der Jahrtausendwende war der Gedanke an die Vorrangstellung einer der beiden Mächte noch nicht denkbar; ihre Verbündung war die höchste Steigerung gleichgesinnter Stoßrichtung. Das schon von Ottos III. Vater verfolgte Konzept der „renovatio imperii Romanorum" (Erneuerung des Römischen Reiches) sollte Rom auch wieder zur Hauptstadt seines christlichen Universalreiches als caput mundi machen. Otto III. schenkte Silvester II. acht Grafschaften, die dessen Vorgänger Papst Gregor V. vergeblich rückgefordert hatte. Otto verwies darauf als einen singulären Akt seiner Freigebigkeit, der nichts mit berechtigten kirchlichen Ansprüchen zu tun habe. Er bezeichnete angebliche historische Urkunden über die Schenkungen an die Kirche, namentlich die zu der Zeit noch nicht nachgewiesene Fälschung der „Konstantinischen Schenkung", als erfunden.

Die an der Tradition orientierten reformerischen kaiserlichen Neigungen, die Latein und Griechisch in die Amtsstuben brachten und eine Renaissance von antiken Titeln, Hof- und Tischbräuchen bescherten, waren auch Silvesters Programm, der bis in seinen Briefstil antikisierende Muster pflegte. Diese Kontinuität wahrend restituierte er daher konsequent seinen ehemaligen Reimser Gegner Arnulf als Erzbischof und befestigte dabei zugleich die traditionellen Vorrechte des Papstes.

Trotz möglicher Differenzen um die Vorherrschaft der beiden Oberhäupter bedurften beide einander: Silvester des kaiserlichen Schutzes, wie ihn seine missliche Erfahrung als Abt von Bobbio gelehrt hatte und Otto des Rates des welterfahrenen Silvesters, des größten Geistes seiner Zeit (vgl. Werner, 1881, S. 106).

Französische Briefmarke zum Gedenken an den ersten französischen Papst Silvester II., Gerbert von Aurillac

Bei ihren gemeinsamen Plänen errichteten sie das Erzbistum Gnesen anno 1000, das aus der Abhängigkeit Magdeburgs gelöst wurde und trugen unmittelbar zur Verselbständigung Polens bei. Ebenso wurde im Jahr darauf in Ungarn das Erzbistum Gran begründet, verbunden mit der Errichtung des Königreichs Ungarn.

Die angekündigte Wiedereroberung Jerusalems blieb unrealisiert. Otto III. starb 1002, nach einem Aufstand Rom den Rücken kehrend und durch Unruhen in Deutschland besorgt. Silvester folgte schon im nächsten Jahr am 12.5.1003, nachdem er seines Ansehens wegen unbehelligt in Rom hatte verbleiben können.

Gerbert, der die Bildung des christlichen Abendlandes überragte, war der Sprung zum höchsten kirchlichen Amt mit Glück gelungen. In seiner Reimser Zeit unterrichtete er mit einigen Neuerungen sechs der sieben artes. Im Trivium begann er mit einer Auswahl klassischer Autoren als Vorschule der Rhetorik u.a. mit Vergil, Terenz, Horaz, Juvenal, Cicero, Cäsar, Sueton, Sallust und Plinius. Für die Rhetorik hatte er selbst einen Abriss verfasst, der allerdings bis heute unauffindbar geblieben ist. In der Dialektik hatte er seine überragenden Fähigkeiten in dem Disput mit dem glänzenden Meister aus Magdeburg unter Beweis gestellt.

Sein besonderer Interessenschwerpunkt war das Quadrivium, in dem er als besonders gelehrt galt. Die Arithmetik galt als die grundlegende Wissenschaft, *da alles vom Schöpfer nach Maß, Zahl, Gewicht* geordnet sei, wie es auch biblischer Überlieferung entsprach (Weisheit Salomonis, 11,21). Für die Multiplikation und Division gilt er als derjenige, welcher das Rechnen mit dem Abacus ins christliche Abendland eingeführt hat. Auf seinem siebenundzwanzig Felder großen Rechenbrett konnte er in großer Geschwindigkeit mit zwei (bis zu) dreizehnstelligen Zahlen rechnen. Er verwandte nicht mehr die umständlichen römischen Zahlzeichen. Die von ihm vorgenommene Benennung der Zahlzeichen ist nicht überliefert, erst im 12. Jahrhundert tauchen bei Radulph von Laon phantasievolle Namen für diese Zahlzeichen auf, die als verstümmelte arabische Zahlworte gerade noch erkennbar sind (s.d. Hunke, S. 53 f). Durch die Berührung mit der arabischen Kultur in der spanischen Mark brachte er die Ziffernrechnung mit, die der umständlichen römischen Zahlenrechnung überlegen war, kannte aber die Null noch nicht, so dass er als Verfasser der „Regeln und Tafeln des Rechnens" auf die unpraktischen römischen Zahlen zurückgriff und noch einige Jahrhunderte im Abendland vergingen, bis die in Ostarabien im Handel gebräuchliche Null zum Durchbruch kam. Von Gerbert ging auch eine mathematische Schule aus.

Zahlen und Zahlverhältnisse waren für die Musiklehre wesentlich, die Gerbert nach langer Pause in Reims wieder einführte. Astronomie gehörte zum unverzichtbaren Bestandteil der Berechnung des beweglichen Ostertermins und anderer kirchlicher Bräuche (computus). Als erster Gelehrter des Abendlandes konstruierte er dazu astronomische Beobachtungsinstrumente und verfasste Lehrbriefe darüber. Für Fortgeschrittene baute er ein Astrolabium, was ihm aus der Begegnung mit der arabischen Wissenschaft möglich war. Schließlich unterrichtete er noch Geometrie, worin er selbst ein Lehrbuch verfasst hatte. Geometrie war üblicherweise als praktische Feldmesskunst ausgerichtet, ansonsten meist eher Erdbeschreibung und zielte bei Gerbert ausschließlich auf praktische Zwecke ab.

Die Philosophie galt Gerbert wie seinem Vorbild Boethius als Gattungsbegriff, der Theologie übergeordnet. Sie bedeutete ihm die Erfassung der

Wahrheit der göttlichen und menschlichen Dinge. Gerade von der Vernunft und Dialektik versprach er sich Gewinn in theologischen Streitfragen und betrat damit scholastischen Boden. Anno 997 verfasste er die dem Kaiser gewidmete Schrift „De rationali et ratione uti". Sicherlich darf man den arabischen Einfluss von Mathematik, Astronomie und möglicherweise auch den Gebrauch der Naturforschung und der Vernunft in Gerberts Werk als Integration mit der überlieferten abendländischen Kultur ansehen. Der Traditionalist Gerbert erweiterte und verfeinerte das abendländische Bildungsgut. Einer seiner Schüler, Bischof Fulbert von Chartres (um 960-1028), der die dortige Kathedrale erbauen ließ, war zugleich der Begründer der dort ansässigen bedeutenden Lehrstätte: der Schule von Chartres. Hier erfuhren ja zum erstenmal die unbekannten Schriften des Aristoteles wie andere naturwissenschaftliche und medizinische Schriften über die Vermittlung arabischer Kultur eine Auswertung im christlichen Abendland. Ein Schüler Fulberts war Berengar (1005-1088), der nach 1030 an der Schule von Tours lebte, deren Leitung er 1040 übernahm. Berengar trat mit kritischer Schärfe der ratio an das eucharistische Geschehen der Wesensverwandlung von Brot und Wein in Leib und Blut Jesu Christi heran und entfachte damit den Abendmahlstreit des 11. Jahrhunderts. Berengar wurde – mehrfach – vom Konzil verurteilt und gezwungen abzuschwören. Der Abendmahlstreit beschäftigte noch bis in die Neuzeit hinein die theologischen Gemüter. Sein wichtigster Nachfolger aber war Anselm von Canterbury, dessen gleichgesinntes Programm „nur mit der Vernunft" (sola ratione) an Glaubenswahrheiten heranzutreten dann der Scholastik den Weg bereitete (Flasch, Einf., S. 202). Übrigens wird schon Gerbert eine Schrift über die Eucharistie zugeschrieben: „De corpore et sanguine Domini". Kritische Fragen zum Verhältnis Vernunft und Glauben beruhten auf späterer Erfahrung und konnten zu seiner Zeit nicht gestellt werden.

Welche Ähnlichkeiten, aber auch Differenzen bestehen zur Biographie Rudolf Steiners, sofern sich ein Vergleich bei völlig verschiedenen Zeitbedingungen überhaupt anstellen lässt?
    Beide ziehen an einen anderen Ort, um dort prägende, für ihr Leben kennzeichnende Anregungen zu erhalten. Gerbert wird in der spanischen Mark mit astronomischen und mathematischen Werken der arabischen Kultur bekannt, Steiner erhält durch den Neudörfler Pfarrer einen für ihn wichtigen Einblick ins heliozentrische Weltbild und vom Hilfsschullehrer des Dorfes ein geometrisches Lehrbuch, an dem er innere Bestätigung und damit sein erstes *inneres Glücks*erlebnis erfuhr.
    In Reims erwuchs aus dem Studenten der Dialektik der artes-Lehrer; an der Wiener TH profilierte sich der Student Steiner als profunder Kommenta-

tor der naturwissenschaftlichen Werke Goethes. Beide bedurften eines Protektors, einmal im Erzbischof Adalbero, dann im verehrten Professor Schröer.

Bestimmend für beide war die überragende Bedeutung der Philosophie, die Gerbert als philosophischer Lehrer, Steiner als philosophischer Grundsteinleger Goethes und mit seiner Erkenntnistheorie und Ethik realisierten.

Für beide gab es allein im Ausland Ehrungen, Gerberts Einsetzung als Abt von Bobbio, in der dortigen Bibliothek forschend, während Steiner ans Weimarer Goethe-Archiv berufen worden war und im deutschen Ausland seinen Doktorhut erhielt.

Wie Gerbert in Sorge um seine Existenz aus Bobbio flüchtete, so verließ Steiner verärgert und enttäuscht über seine aussichtslosen akademischen Pläne Weimar.

In Berlin hatte er danach seinen Wohnsitz für ca. sechsundzwanzig Jahre, Gerbert blieb fünfundzwanzig Jahre in Reims.

Einmischung in politische Aktivitäten wie die Gerberts in die Thronstreitigkeiten lassen sich bei Steiner nur ansatzweise in seinem Beitrag zur Dreyfus-Affäre sehen.

Während Gerberts Wahl zum Erzbischof von Reims durch den Papst annulliert wird, wird Steiners Stellung als Generalsekretär der Theosophischen Gesellschaft schließlich durch A. Besant mit der Annullierung der Gründungs-Charter aufgehoben.

Die Wiedereinsetzung Gerberts als Erzbischof von Ravenna und als Abt des Klosters Bobbio hat auf Steiners Seite analog die Begründung der Anthroposophischen Gesellschaft.

Beide erreichen den Gipfel ihrer Laufbahn als geistliche Herrscher: als Oberhaupt der römischen Kirche Silvester II., als spiritueller Leiter und Oberhaupt der Anthroposophen im europäischen Raum Rudolf Steiner.

Analog zur Polarisierung Steiners gegenüber dem „Arabismus" manifestiert sich diese bei dem zum Papst erhobenen Silvester. Als Führer der Christenheit vertrat Silvester II. einen entschiedenen Weg gegenüber den „Ungläubigen", wenn es um Angelegenheiten der Kirche ging. Von ihm findet sich der erste Aufruf zu einem Kreuzzug gen Jerusalem (den später Gregor VII. wiederholte und ins mauretanische Spanien lenkte), etwa ein Jahrhundert, bevor zu seiner Realisierung geschritten wurde. In seinem poetisch stilisierten Schlachtruf heißt es: *Die Kirche zu Jerusalem an die allgemeine Kirche der Christenheit. Da du dich eines kräftigen Wohlseins erfreuest, unbefleckte Braut des Herrn, von der auch ich ein Glied zu sein mich bekenne, so hoffe ich sehnlichst, mein fast zerbrochenes Haupt durch dich wieder erheben zu können. Wie könnte ich dir misstrauen, dir, der Herrin der Welt, wenn du mich als die Deinige anerkennst? Ist einer, der das schlimme Schicksal, von dem ich getroffen bin, ohne Teilnahme ansehen und wie eine fremde Sache von sich weisen könnte?*

Obschon ich jetzt niedergedrückt bin, so hat doch der ganze Erdkreis in mir den gesegnetsten Ort gehabt. Hier waren die Weissagungen der Propheten, hier sind die Denkmäler der Patriarchen; von hier gingen die Apostel als leuchtendes Licht der Welt aus; von hier hat der Erdkreis den Glauben an Christus erhalten, bei mir hat er seinen Heiland gefunden. Denn obgleich der Heiland seiner Gottheit nach allerorten ist, so ist er seiner Menschheit nach doch hier geboren, hat hier gelitten, ist hier begraben worden, ist von hier in den Himmel aufgefahren. Aber wie der Prophet sagt: „Sein Grab wird herrlich sein!", so sucht der böse Feind es seiner Herrlichkeit zu berauben, indem die Heiden die heiligen Orte verwüsten. Wohlan denn, Streiter Christi, sei der Fahnenträger und der Schlachtgefährte und was du nicht mit den Waffen vermagst, das leiste mittelst deines Rates und deines Reichtums! Was opferst du? Wem opferst du es? Du opferst wenig von viel; du opferst es dem, der dir alles geschenkt hat, was du besitzest, und der es nicht ohne Lohn zurückempfängt, sondern es hienieden vervielfältigt, im Himmel belohnt. Durch mich segnete er dich, damit du dein Vermögen nützest, und er lässt die Sünden nach, damit du mit ihm lebest und herrschest (RGE, S. 193).

Zentrales Anliegen Silvesters war die kirchliche Reformation, die er durch das moralische, politische und religiöse Fehlverhalten mancher seiner päpstlichen Vorgänger zum Herzstück seines Wirkens machte und in den Vokabeln reparatio, reformatio, renovatio in seinen Urkunden Ausdruck verschaffte. Entsprechend meisterte Silvester II. damals seine problematische Vorgehensweise an seinem ehemaligen Gegner Arnulf, den er nun wieder als Erzbischof von Reims einsetzte. Silvester konnte sich in seinem Fall auf die fehlende Zustimmung seines Vorgängers zur Absetzung Arnulfs berufen und vergaß dabei nicht, Arnulf als „Gefallenen", „Sünder" anzuprangern, dessen namentlich nicht angeführten *„Exzesse" die dignitas (Würde) des Amtes nachhaltig beschädigt habe und der päpstlichen reformatio und reparatio bedürfe, zu der er bereitwillig seine Hand reiche* (Kortüm, S. 35). Ohne sich zu kompromittieren gelang es ihm damit, die beharrlich als freiwillige Selbstabsetzung Arnulfs beibehaltene Historisierung nun als Papst elegant auf dem Gnadenweg ins rechte Lot zu bringen.

Dabei galt ihm sein Namensvorbild Silvester I. nach mittelalterlichem Verständnis weniger in Bezug auf die Verbindung zum kaiserlichen Herrscher als Leitbild, vielmehr stand ihm mit Silvester I. dessen enge Zusammenarbeit mit dem Konzil vor Augen, die er als den erfolgreichen Weg für Reformen ansah. Ein weiteres Leitbild des Namenspatrons war mit dessen Funktion als „restaurator ecclesiae Romanae" (Wiederhersteller der römischen Kirche) gegeben, der nach mittelalterlicher Auffassung die Vision hatte, alle Kirchen des „orbis Romanus" wieder aufzubauen.

Steiners Zugehen auf die vorher von ihm abschätzig beurteilte Theosophie kann m.E. nur unter seinen „reformatorischen" Intentionen gesehen werden, d.h. in primärer Hinsicht wollte er eine inhaltliche Korrektur anbringen, indem er den von der Theosophie vernachlässigten speziellen abendländischen Erkenntnisweg des Denkens und der Naturwissenschaft, dessen Bedeutung er mit seinem Beitrag zu Goethe zum Durchbruch zu verhelfen gesucht hatte, an die rechte Stelle zu platzieren gedachte. Nur so wird sein selbstbewusster Umgang mit der Theosophie verständlich, in der er schon bei der Konstituierung der deutschen Sektion unter A. Besant die Versammlung verließ, um andernorts bei den ‚Kommenden' einen Vortrag unter dem Titel „Anthroposophie" zu halten. Von Anbeginn seiner theosophischen Arbeit an muss Steiner sehr klar die Problematik seines von der östlichen Zentrale in Madras abweichenden Kurses gesehen haben und ließ die Entwicklung auf sich zukommen, die letztlich unter den machtpolitischen und dogmatischen Interessen A. Besants eskalieren mussten, wobei auch kein lockendes Angebot an Steiner als reinkarnierter Johannes ihn zum Verbündeten gefügig machen konnte. Mit dem Übertritt der meisten deutschen Theosophen zur Allgemeinen Anthroposophischen Gesellschaft 1913 und der Aufhebung der theosophischen Gründungsurkunde durch die indische Zentrale hatte Steiners langer Atem das inhaltliche Reformprogramm erfolgreich abgeschlossen und musste sich nun dem organisatorischen Aufbau vom neuerrichteten Zentrum aus in der Schweiz widmen. Allerdings behinderten ihn dabei die Auswirkungen des ausbrechenden 1. Weltkrieges nicht allein in seinem Zeitplan, sondern änderten auch seine Vorgehensweise, die jetzt stark in den sozialen und politischen Bereich zielte. Zermürbend wirkten für ihn und seine Absichten die zunehmenden Querelen mit den Mitgliedern, Mitarbeitern und Gegnern und ließen nur einige seiner Initiativen in Kunst, Architektur, Pädagogik, Landwirtschaft, Medizin u.a. zum Tragen kommen. Nach der für ihn zeichenhaften Zerstörung des 1. Goetheanums durch Brandstiftung erwog er ernsthaft die Trennung von der Gesellschaft, entschied sich aber dann nach heftigem Widerstreben zu ihrer nochmaligen grundlegenden Reformierung bis in die Organisationsform hinein, was er mit der sogenannten Weihnachtstagung 1923 unternahm. Diesen Versuch sah er wenige Monate vor seinem Tod als gescheitert an.

Einen so mächtigen Förderer wie den Schüler, Ratsuchenden und Freund Silvesters, Kaiser Otto III., kann man bei Steiner nicht ausmachen, möglicherweise verteilte sich der bei Silvester in Personalunion erscheinende Förderer bei ihm auf mehrere Personen (die adlige Marie von Sivers, die Mäzene des Goetheanums w.z.B. Johann Hirter, Präsident des Verwaltungsrates der Schweizerischen Nationalbank, Frau Geheimrätin Helene Röchling u.a.).

In Resonanz mit dem Arteslehrer findet sich bei Steiner die Beschäftigung mit den literarischen Klassikern, veranlasst von dem Bahnarzt Dr. Hickel und später unter Schröers Führung. Von diesem erhielt er in dessen

Seminaren rhetorische Schulung. Dialektik kann im nach-kantischen Zeitalter als philosophische Auseinandersetzung mit der Erkenntnistheorie gelten. Mathematik gehörte zu Steiners bevorzugten naturwissenschaftlichen Fächern. Musiklehre hatte er in Bruckners Vorlesungen gehört, seine Fähigkeiten in der Kompositionstechnik kamen ihm auf dem Gebiet der Gedankenführung zugute. Geometrie war für ihn wesentliche Grundlage nicht nur in der Neudörfler Schule; als herausragender Oberrealschüler im Fach Darstellende Geometrie dürfte er später einige seiner geometrisch-kosmischen Vorstellungen, die in seinen erhalten gebliebenen Wandtafelzeichnungen zu sehen sind aus so geübtem Vorstellen entwickelt haben; schließlich noch sein überraschender Ratschlag während des 1. Weltkrieges für die Zweigarbeit (Logen), zur Einführung in die Anthroposophie Darstellende Geometrie zu unterrichten (Strakosch, S. 190).

Gerberts Intention war zunächst, durch die Pflege der Wissenschaften eine Einheit von Denk-, Rede- und Lebenskunst (Werner, 1881, S. 56) herzustellen. Später versuchte er eine Einheit von kirchlicher, weltlicher und Verstandesmacht, immer bemüht, *antik-philosophisches Denken und die alte Mysterienkirche* (Wolf, S.144) zu verbinden. Auch Steiner hat auf Vorbilder zurückgeschaut und versucht, sie weiterzuentwickeln: Goethe, Haeckel, Stirner, Nietzsche, Blavatsky. Er erneuerte den Tempelbau und die Mysterienspiele und schuf sein eigenes Bühnenweihespiel. Die „Idee" als grundlegende Ergänzung des Gegebenen, ihre geistige Qualität, waren für ihn bestimmend, um *das Geistige im Menschenwesen mit dem Geistigen im Weltall zu verbinden*.

Nach den unterschiedlichen Mutmaßungen zu Gerberts Geburtsjahr wäre dieser maximal dreiundsechzig Jahre alt geworden, Steiner erreichte das Alter von vierundsechzig Jahren.

Idiota de mente

Nikolaus, der sich später nach seinem Geburtsort Cues (Kues) an der Mosel von Cusa (Cusanus) nennen wird, wurde 1401 als Sohn des wohlhabenden Winzers und Schiffers Johann Krebs (Chrypffs; mehrere Schreibvarianten) und seiner Frau Katharina geboren. Nach unverbürgten Überlieferungen soll er als Zwölf- bis Vierzehnjähriger nach einem Streit mit dem Vater, der ihn im Boot mit dem Ruder geschlagen und ins Wasser geworfen haben soll, zunächst nach Manderscheid zur Burg Kayl gekommen sein, wo er als Küchenhelfer und Buchträger gedient habe. Der begabte Knabe soll dann nach Deventer in Holland in eine Lehranstalt der ‚Brüder vom gemeinsamen Leben', einer Laienbruderschaft, geschickt worden sein, wofür seine spätere Stiftung eines Schulstipendiums in Deventer spricht (s. Meffert, Anm. 36). Historisch gesichert ist sein Studium der Rechtswissenschaften 1415-16 in Heidelberg. Er setzte es an der berühmten Universität in Padua bis 1423 fort und schloss es mit dem Doktor des Kirchenrechts ab. Nikolaus gab sich mit seinem Fachgebiet nicht zufrieden und hörte auch mathematische, astronomische, medizinische und literarische Vorlesungen.

Danach schien er in der Heimat in kirchlichen Diensten zu stehen, ohne noch priesterliche Weihen erhalten zu haben, und erhielt vom Trierer Erzbischof ein Stipendium zugeteilt. 1425 studiert er an der Kölner Universität (Theologie?) und wird 1429 Dekan in Oberwesel. Ein Jahr später ist er Stiftsherr und Dekan in Koblenz. In Münstermaifeld wurde er als Stiftspropst eingesetzt. Eine Professur für Kirchenrecht an der Universität Löwen (Brabant) lehnte er in den Jahren 1428 und 1435 wiederholt ab. *Er wollte in der Politik bleiben* (Flasch, 2001, S. 77).

Nach dem Tod des Trierer Erzbischofs wählte das Domkapitel als Nachfolger Jakob von Sierk. Der unterlegene Kandidat Ulrich von Manderscheid wurde vom Landadel durch Anfechtung der Wahl unterstützt. Er suchte päpstliche Anerkennung, die ihm wie auch seinem Kontrahenten versagt wurde. Stattdessen ernannte der Papst den bisherigen Bischof von Speyer zum Trierer Erzbischof. Der unnachgiebige Manderscheider erkaufte sich den Verzicht seines vorigen Gegners und bemächtigte sich des *einträglichen Bistums* (ebd., S. 35), woraufhin er vom Papst exkommuniziert wurde. In seiner Sache schickt er nun Cusanus als rechtlichen Anwalt 1432 zum Basler Konzil, wohin dieser durch seinen Lehrer aus Padua, Kardinal Cesarini, eingeladen worden war. Dort konnte er aber nichts außer einer Abfindung für seinen Mandanten erreichen, da *das Konzil die Entscheidung des Papstes für rechtskräftig erklärte* (Hagemann, S. 9).

Das mehrjährig andauernde Basler Konzil (1431-35) wurde vor beunruhigenden kirchenpolitischen Ereignissen abgehalten. In Böhmen waren nach der Verurteilung und Hinrichtung des „Ketzers" Jan Hus auf dem Konstanzer Konzil (1415) die verheerenden Hussitenkriege ausgebrochen. Cesarini hatte eben eine militärische Niederlage gegen die Hussiten erlitten, als er seine Teilnahme als Präsident des schon eröffneten Konzils endlich antrat. Die mehr als dreißigjährige Spaltung und Zerrüttung der Kirche mit zwei Päpsten – anschließend noch eine mehrjährige Regentschaft von drei Päpsten – war noch nicht vergessen. Auf dem Basler Konzil galt es, die daraus resultierenden Missverhältnisse in Reich, kirchlicher Union, Stellung des Papstes und Souveränität des Konzils definitiv zu klären und zu überwinden. Absolutistische Bestrebungen des Papstes und die um Superiorität verlangende Konzilsmehrheit stritten dort gegeneinander. So erging die Auflösungsorder des Konzils durch den Papst, die er später wieder zurückzunehmen gezwungen war. Umgekehrt wurde der Papst wegen Ungehorsams angeklagt und seine Absetzung angedroht. Mit viel diplomatischem Geschick und List meisterte Cesarini im Verein mit Kaiser Sigismund die Eskalation beider Parteien.

Nikolaus engagierte sich auf dem Konzil mit seiner aufsehenerregenden Schrift „Über die katholische Einheit", die *höchste politische Bedeutung erlangt(e) als der ‚Katechismus der Reformpartei'* (Ritter, S. 72), worin er die Rechte von Konzil, Papst und Kaisertum bestimmte und auszugleichen suchte. (In ihr wies er auch die Unmöglichkeit der „Konstantinischen Schenkung" nach). So das *geistige Haupt der Versammlung* (K. Jaspers), wechselte er schließlich 1435 seinen Standpunkt und trat für die Sache des Papstes ein. Seine Wendung war vor allem veranlasst durch den Angriff des Konzils auf die Finanzverwaltung der Kirche. Nun sollten alle Einkünfte aus Pfründen, Palliengeldern etc. verboten werden, die hauptsächlich an den Papst gingen. Das regte den Widerstand vieler Konzilsteilnehmer, die ebenfalls im Genuss dieser Abgaben, ihre eigene Existenz und ihren Besitzstand bedroht sahen. Zu ihnen gehörte Nikolaus. *Auch Cesarini und Nikolaus von Kues waren groß in der Ansammlung möglichst vieler Pfründen. Sie neigten immer mehr der päpstlich denkenden Konzilsminderheit zu, und so genügten ihnen schließlich unbedeutende, wenn auch nicht gerade schöne Anlässe, um Basel den Rücken zu kehren* (Riemeck, S. 236).

Um 1436 erwarb er an der Universität Bologna den Doktor des Zivilrechts und wurde als Legat *erfolgreichster Propangandist* (Jaspers, S. 16) der päpstlichen Sache an den deutschen Reichstagen, was ihm den Namen „des Bapstes Eugens Hercules" einbrachte. Als Vermittler in Streitigkeiten im Trierer Erzbistum, mit der hussitischen Kirche Böhmens oder auch in weltlichen Angelegenheiten (bayerische Herzöge, Spanien, England) bewies er sich als fundamentalistischer Vertreter der Kirche. Ende der Dreißiger-Jahre wurde er zum Priester geweiht. Aus Dankbarkeit für die erfolgte Anerkennung des Papstes auf dem Reichstag zu Frankfurt 1446, die Cusanus betrieben hatte, erfolgte dann seine Erhebung zum Kardinal als einer außergewöhnlichen Ehrung, die ihm, wegen des Papstes Tod, erst im Jahr 1449 offiziell zukam.

1437 nahm er als Delegierter am Einigungskonzil mit den Ostkirchen in Ferrara – Florenz teil und holte in Konstantinopel mit einer Delegation den griechischen Kaiser und Metropoliten ab. Auf der Rückfahrt über das Meer ging ihm eine bedeutende Erkenntnis auf, die er im Brief an den Kardinal Julianus so beschrieben hat: *Empfange nun, ehrwürdiger Vater, was ich schon längst auf den verschiedenen Wegen philosophischer Systeme zu erreichen mich bemühte, vorerst aber nicht zu erreichen vermochte, bis ich auf dem Meer,* als ich von Griechenland zurückkehrte, dazu geführt worden bin – ich glaube durch ein Geschenk von oben, vom Vater des Lichtes, von dem alle gute Gabe kommt – dass ich das Unbegreifliche unbegreiflicherweise in wissendem Nichtwissen (docta ignorantia) erkennend umfasse, und zwar durch das Übersteigen der unauflöslichen Wahrheiten des menschlichen Wissens (Nik.v.Kues, S. 515 ff).

1450/1 wird er, mit höchster Vollmacht ausgestattet zur Reformierung der Klöster (reformatio generalis), die dagegen teilweise heftigen Widerstand entwickeln, in Deutschland, Holland, Belgien, Österreich tätig und suchte dabei vierundvierzig Städte auf. Während der anstrengenden Reisen, an denen kein Tag ohne Verordnungen, Rechtsakte, manchmal bis zu zwei Predigten am Tag vergehen und sein Nachtschlaf auf vier Stunden (!) reduziert ist, gelangte er *auf einem Maulesel reitend, ein Silberkreuz voran bei den feierlichen Einzügen in die Städte, die ihn ... opulent bewirteten und beschenkten* (Flasch, 2001, S. 204). So vermittelnd er im Parteienstreit auftreten konnte, so fanatisch und wenig zimperlich mit seinen Mitteln ging er gegen Häretiker und Reformgegner vor. So soll er im Zuge dieser Unternehmungen einen *armen Kleriker, der sich das Bischofsamt anmaßte, im Rhein ertränkt* (Weischedel, S. 129) haben lassen. Bei der Auseinandersetzung mit einer unnachgiebigen Äbtissin kam es zu einem kriegerischen Gemetzel, bei dem auch mitkämpfende Bauern der Truppen des Fürstbischofs getötet wurden. Bis auf vereinzelte kleine Reformierungserfolge scheiterte sein Auftrag, weil er, wie Jaspers meinte, doktrinär-institutionell vorging und nicht die innere Umkehr ansprach (S. 174).

Etwa ab 1452 ging er in sein Bistum Brixen nach Südtirol, wo er in einen jahrelangen heftigen Streit mit dem dortigen Herzog Sigismund geriet, der sich seine eigenen Hoheitsrechte von der Kirche nicht beschneiden lassen wollte. Es kam zu Handgreiflichkeiten und Überfällen und schließlich 1460 zur Gefangennahme von Nikolaus auf der Burg Bruneck. Dort wurden ihm Zugeständnisse als Bedingung seiner Freilassung abgepresst. Gedemütigt meinte er im Juni des selben Jahres: *Ich wünschte nicht, dass mir das, was ich gelitten, nicht hätte widerfahren sollen; ich freute mich der Leiden und hoffte, meine Tage mit einem ruhmvollen Tode für die Gerechtigkeit zu beschließen, aber ich war dieser Ehre nicht würdig ... Das Almosen für die Armen, nicht der Reichtum der Bischöfe muss durch die Temporalien (Einnahmen) der Kirche vermehrt werden. Darum freue ich mich über mein Unglück, weil es mich an Belehrung reicher macht. Ich wollte die Kirche bereichern ..., diesen Irrtum sah ich nicht damals, sehe ihn erst jetzt ein, denn um seinetwegen bin ich bestraft worden* (zit.b. Meffert, S. 84).

Nach dem Scheitern der Reformen ging er zurück nach Rom und wurde dort zur ranghöchsten Person als Verweser des Papstes, Generalvikar in temporalibus, erhoben. Aber er schien in den letzten Lebensjahren *dessen müde, was an der Kurie geschieht* (zit.b. Jaspers, S. 247). Als der Papst ihn um

Unterstützung bei einer opportunistischen Kardinalserhebung gegen die widerständigen Kardinäle bat, bekannte ihm Nikolaus offen: „*Du willst mich zum Beipflichter deiner Wünsche machen; ich kann und will nicht schmeicheln; ich hasse die Kriecherei … Wenn du fähig bist zuzuhören, so gefällt mir nichts, was in dieser Kurie vor sich geht: Niemand obliegt seiner Pflicht in genügendem Maße; weder du noch die Kardinäle kümmern sich um die Kirche. Alle erliegen dem Ehrgeiz und der Habgier. Wenn ich bloß einmal im Konsistorium von Reformen rede, verlacht man mich. Ich bin hier überflüssig. Erlaube, dass ich gehen kann. Ich kann diese Sitten nicht ertragen. Ich gehe in die Einsamkeit, und da ich in der Öffentlichkeit nicht leben kann, so will ich für mich leben.*" Und er brach in Tränen aus. Der Papst wies ihn daraufhin zurecht und setzte fort:: „*Wir glaubten bisher, du seiest vernünftig; aber heute bist du dir selbst unähnlich. Du bittest um Erlaubnis wegzugehen. Wir geben sie nicht … Wir handeln väterlich, aber wir wollen dem, der Unvernünftiges verlangt, nicht nachgeben. Du willst, wie du sagst, Einsamkeit und Ruhe außerhalb der Kurie aufsuchen. Und wo wird der Ort deiner Ruhe sein? Wenn du Frieden suchst, so musst du dich von der Unersättlichkeit deines Geistes trennen, nicht die Kurie fliehen. Wo immer du hingehen wirst, nirgends wirst du Ruhe finden, es sei denn, du mäßigest deine Unbesonnenheit und zügelst deinen Geist. Geh denn in dein Haus, und morgen magst du, wenn es dir gefällt, uns wieder aufsuchen.*" (zit.b. ebd., S. 247 f). Nikolaus verließ beschämt die Versammlung. Wenig später kehrte er zum Papst zurück und, wie Jaspers wiedergibt, in seiner Hartnäckigkeit gemildert.

Bei den – von ihm widerratenen – päpstlichen Kreuzzugsbemühungen gegen die Türken stirbt Nikolaus auf dem Weg in Todi, Umbrien, am 11.8.1464, im Alter von dreiundsechzig Jahren.

Cusanus war ebenso ein in allen Wissenschaftsgebieten bewanderter universaler Geist, wie das schon aus seinen übergreifenden Studien an der ersten italienischen Universität in Padua deutlich wird und sich später an seinen wissenschaftlichen Publikationen zeigte, die neben kirchenrechtlichen und engeren theologisch-philosophischen Themen seine Abhandlung zur Kalenderreform, elf mathematische Schriften und philologische Arbeiten umfassen. Vermutlich hat er auch aufgrund seiner ausgedehnten Legationsreisen die erste gezeichnete Landkarte Mitteleuropas angefertigt, in der sinnigerweise der unbedeutende Ort Cusa eingetragen ist (s.d. Meffert, S. 67). Seine Leidenschaft zum Wissen dokumentiert seine erhaltene Bibliothek im heimatlichen Stift zu Bernkastel-Kues, die bibliophile Zweitexemplare sowie mit handgeschriebenen Bemerkungen versehene Arbeitsbücher enthält. Seine literarischen Nachforschungen in verschiedenen Klöstern während seiner Aufenthalte zum Zwecke ihrer Reformierung und auch die in seinem Auftrag übersetzten Werke gehören ebenfalls zu diesem Wesenszug.

Seine Auseinandersetzung mit dem Islam lieferte er 1460/1 in dem Werk „Cribratio Alchorani", was soviel wie Sichtung, Siebung des Korans heißt. Der Plan dazu war aber bereits viel früher entstanden, als Konstantinopel am 29.5.1453 von den Türken erobert worden war, was Cusanus mächtig erschüttert hatte. Schon kurz danach hatte er geäußert, *das Christentum sollte sich mit Argumenten, nicht mit dem Schwert verteidigen. Wer mit dem Schwert kämpfe, komme mit dem Schwert um* (Flasch, 2001, S. 543). Cusanus unterzog deshalb den Koran einer Prüfung vom Standpunkt des Christentums aus, also unter apologetischen Motiven, um den Irrglauben Muhammads argumentativ zu *eliminieren*, wie er bemerkte. Sein überraschender, neuer Ansatz war, aus dem Koran umgekehrt die Wahrheit des Evangeliums zu zeigen. *(Ego ingenium applicui, ut etiam ex alchoran evangelium verum ostenderem).* Dies war nur möglich, weil er *den Islam für eine dem Nestorianismus entstammende christliche Häresie hielt* (Hagemann, S. 70), also immerhin einen gemeinsamen christlichen Boden annahm. Insofern suchte er die verbindenden, gemeinsamen Bereiche auf, ein Novum in der damaligen Zeit, in der ausschließlich polemisch-antiislamische Kampfschriften in der Tradition christlicher Dogmatik abgefasst waren.

Zum anderen wandte er sich scharf und schonungslos gegen die ihm als Verfälschung der christlichen Lehre erscheinenden Abweichungen im Islam als „Ignoranz" oder „verkehrte Absicht" und Muhammads Verkennung Christi als „bösen Willen" und „Ruhmsucht". *Das Ergebnis: Der Koran könne unmöglich von Gott stammen; dazu enthalte er zu viele Ungereimtheiten, Widersprüche und Schändlichkeiten; es sei eine Blasphemie, ihn Gott zuzuschreiben. Der Koran könne nur vom Satan stammen, dem Gott dieser Welt. Andererseits enthalte er auch Wahrheiten* (Flasch, 2001, S. 546).

Umgekehrt will Cusanus nun die Muslims an die Hand nehmen (manuductio), um sie an die christlichen Glaubenswahrheiten heranzuführen.

Insgesamt ist er damit wenig von seiner schon 1440 einmal in seiner Schrift „De docta ignorantia" (S. 476 f) ausgesprochenen Einschätzung des Islam, er sei absurd, materialistisch und verblendet, abgewichen. Schon in dem Werk über den Religionsfrieden („De pace fidei") 1453, in dem er, von den kriegerischen Fehden unter den Religionsbekennern veranlasst, ein fiktives Himmelskonzil führen lässt, an dem Engel der verschiedenen Völker unter dem Vorsitz des Allmächtigen nach der Eintracht in Religionsfragen suchen und je ein Weiser als Vertreter seiner Religionsgemeinschaft im entrückten Zustand beauftragt wird, die gesamte religiöse Vielfalt auf eine einzige Religion zurückzuführen, hatte Cusanus nur sein „Beweisziel" (Flasch) im Auge, andere Religionen *im Namen eines platonisierend-christlichen Gesamtkonzeptes dahin zu führen, diese Wahrheit als in ihnen vorausgesetzt anzuerkennen. Das gehe leicht, dazu mussten nur ein paar störende Einwände beiseitegeschafft und ein paar*

Äußerlichkeiten als weniger wichtig eingestuft werden (Flasch, 2001, S. 351). In dieser Hinsicht war er so wenig kompromissbereit bzw. offen und nur wegen seiner Auffassung von der gemeinsamen Herkunft des Korans aus evangelischer Quelle zu verbindender Sicht gelangt, wie er in seiner Streitschrift gegen die Hussiten um 1433 („De usu communionis") *keine Spur von Ökumenismus* (ebd, S. 72) gezeigt hatte, deren Glauben er als „Irrlehre" verwarf. Im Umgang mit einer Irrlehre hatte er aber schon früher fanatisch gefordert, dass sie mit Feuer und Schwert auszulöschen sei *(error est igne et ferro exstirpandus)*.

Nicht allein Cusanus produzierte eine aggressive Dynamik gegenüber dem Islam. Silvester II. rief zum Kreuzzug auf, den er gottlob in seiner kurzen Amtszeit nicht mehr realisieren konnte. Steiner ahrimanisierte eine Kultur, zu der Friedrich II. eine andere, konstruktive Antwort gefunden hatte. Interessant hierbei ist auch, dass sowohl Cusanus wie Steiner ein ähnliches Bild verwenden: Cusanus lässt ein Konzil in den himmlischen Höhen unter den Engeln und dem Vorsitz des Allmächtigen stattfinden, das deutlich als literarische Fiktion zu erkennen ist, während Steiner das Bild eines *übersinnlichen Konzils zwischen den Platonikern und Aristotelikern* unter Mitwirkung der Michaelmacht gebraucht, das, als Fiktion entschieden aufgehoben, nun mit Realitätsanspruch hingestellt wird.

Auch in der Methode, biblische Texte zu interpretieren, weisen beide eine bindende bibeltreue Lehrmeinung zurück. Die Bibel könne nach Cusanus nicht die Grundlage des Glaubens abgeben, denn ihr aufgeschriebener Text sei ein späteres Stadium des ursprünglich mündlich weitergegebenen Wortes, der als verbrennbares Papier nicht zum Wesen der Kirche gehöre. Es genüge das Apostolische Glaubensbekenntnis und die je nach Zeitumständen und herrschendem Ritus der Kirche verschiedene Auslegung. *Es gibt keine anderen Gebote als diejenigen, die die Kirche als solche anerkennt* (zit.b. ebd., S. 74). Dennoch ist Cusanus lebenslang bemüht, für die Glaubenswahrheiten der Trinität und Inkarnation Jesu Christi nicht autoritätsbelehnende Zitate wie die Scholastiker vor ihm anzuführen, sondern nach glaubensunabhängigen philosophischen Argumenten zur Begründung zu suchen. Glaube ist ihm nicht durch Offenbarung vollendet, sondern mit „Denknotwendigkeit" aufzusuchen. Selbst seine „Sermones" (Predigten) stellen in ihrer philosophischen Argumentationsweise hohe Ansprüche dar. Nicht ganz so radikal im Umgang mit der biblischen Textgrundlage wie Cusanus hält Steiner die philologischen Auslegungen der christlichen Urkunden für ungenügend, die er mit seiner übersinnlich-philologischen Methode neu erschließen will (z.B. in „Die Geheimnisse der biblischen Schöpfungsgeschichte"). Während Cusanus über den philosophischen Weg den Glauben zu erfassen suchte, interpretierte Steiner in seiner theosophisch/anthroposophischen Epoche die früheren Ergebnisse aus seinem philosophischen Freiheitsbegriff und dem ethischen Individualismus in christlicher Weise. Beide sehen in dem christlichen Begriff der Trinität einen unverzichtbaren Bestandteil ihrer eigenen Position.

In einer seiner Predigten vertrat Cusanus die Glaubensgemeinsamkeit aller, die einem einheitlichen Strom der Urweisheit von Adam und Eva entstammten. Diese Tradition bezeichnete er als maxima mysteria (ebd, S. 30). Nach Cusanus schloss die antike Weisheit eine metaphysisch-religiöse Zukunftserwartung ein, wo Gott sich mit den Menschen verbinde (ebd.). Diesen Weisheitsstrom durch die antiken Mysterienkulte, bei den neuplatonischen Schulen etc. hat Steiner als Vorläufer des Christentums bezeichnet, abzielend auf deren Vollendung im Inkarnationsgeschehen Jesu Christi.

Bei allen drei Persönlichkeiten kommt in ihrem wesentlichen Verhältnis zum Begriff des Wissens ihr Unterschied klar zum Vorschein. Während beispielsweise Benedikt von Nursia noch „wissentlich unwissend, aus Weisheit ungelehrt" sein wollte, strebte Gerbert das Ideal des Gebildeten, die Gelehrsamkeit an, was er durch die überlegene Vorarbeit der Araber dem abendländischen Bildungsgang an den Dom- und Kathedralschulen in die artes liberales eingefügt hat. *Denn Wissen im Sinne persönlich erworbener Bildung (scientia) ist für ihn das entscheidende und einzige Kriterium, das zusammen mit adäquater Lebensleistung (vitae meritum) eine Vorrangstellung des Romanus episcopus begründen kann – eine für einen „gesellschaftlichen Aufsteiger" durch eigene Leistung, wie es Gerbert gewesen ist, typische Argumentationsweise* (Kortüm, S. 59 f). In der Aufgabe der Wahrheitsfindung w.z.B. bei der Synode von Grado bestand für die Konzilsteilnehmer seine Weisung, kritisch und eigenständig „sanctorum patrum collata traditio", also rational unter den Autoritäten der Kirchenväter zu konkordieren. Durch die Vernunft „die Wahrheit der göttlichen wie menschlichen Dinge zu erfassen", ist ihm oberstes philosophisches Ziel *(Divinarum et humanarum rerum comprehensio veritatis)*.

Cusanus schließlich vollzieht den Schritt weg von der aristotelisch-boethischen Logik, die den Inhalt der mittelalterlichen Dialektik abgab und in der Gerbert ein so überlegener Lehrer war. Für Cusanus war diese Art kein geeignetes „Organon" mehr zur Erforschung der Wahrheit. Im ausschließenden Satz vom Widerspruch, den Aristoteles als das stärkste aller Prinzipien kanonisiert hatte und der zum Bollwerk auch der christlichen Philosophie geworden war, waren die Möglichkeiten des intellectus blockiert worden und einseitig auf die aristotelischen Voraussetzungen eingeengt. Cusanus unterschied darum diese untergeordnete Ebene als ratio (Verstand) von der Vernunftebene (intellectus). Indem er sich von der bisherigen Grundlage der Philosophie radikal löste, entwickelte er eine höhere Erkenntnisweise von dem über bzw. vor jedem Widerspruch stehenden Unendlichen, was er als „coincidentia oppositorum" bezeichnete und als

Methode der Erkenntnis von Welt und Natur einsetzte. Das Scheitern der bisherigen Gotteserkenntnis war – nach ihm – auf unzulänglichen methodisch-logischen Wegen erfolgt und führte durch seine Überwindung der herkömmlichen rationalen Vorgehensweise vom anfänglichen Erkenntnisdunkel zur zuversichtlichen Neuorientierung, in der ein ideelles Sehen des Nicht-zu-Sehenden (Gottes) möglich werde; denn im intellectus sei ein unzerstörtes Vorwissen und Vorwegnehmen (Flasch, 2001, S. 536). Erst wenn das „intellectuale Sehen" eingetreten sei, könne es zum echten Glauben kommen, führte er in „De possest" aus. Auf diesem Weg bewegte sich Cusanus lebenslang weiter, nachdem er sich von der traditionellen Logik mit seinem Werk „De docta ignorantia" gelöst hatte, um anhand strenger Denknotwendigkeiten Glaubensinhalte (Trinität etc.) zu beweisen, die noch Thomas für philosophisch nicht beweisbar gehalten hatte.

Das Sehen der Ideen – in platonischer Tradition stehend – griff Steiner in Anlehnung an Goethes naturwissenschaftlichen Schriften (Urbild, anschauende Urteilskraft etc.) in seiner Weltanschauung wieder auf in der Entwicklung des übersinnlichen Schauens. Vor diesem Schritt hatte seiner Meinung nach Cusanus zurückgeschreckt. Steiner glaubte, Cusanus habe durch seinen Beruf als Priester quasi einen inneren Widerspruch gelebt, der es zu dem sonst *völligen Bruch mit dem Kirchenglauben ... nicht kommen ließ* (GA 7, S. 85). *Wir finden ihn auf einem Wege so weit, dass ihn jeder Schritt weiter auch aus der Kirche hätte herausführen müssen* (ebd.). Drei Wege gibt es nach Steiner, *die man gehen kann, wenn man da ankommt, wo Nikolaus angekommen war: Der eine ist der **positive Glaube** ...; der zweite ist die **Verzweiflung**; der dritte Weg ist die Entwicklung der tiefsten, eigenen Kräfte des Menschen* (ebd., S. 99). Hier sah er selbst seinen eigenen Beitrag angesiedelt, wie er im späteren Nachtrag zu seiner „Mystik" (1923) einfügte. Mit der Entwicklung des „reinen Denkens" und der Ausbildung von „Imagination, Inspiration und Intuition" ist ein eigenständiger geistiger Erkenntniszugang möglich, unabhängig von überlieferten Daten historischer Ereignisse. Gerade da landete Steiner aber am selben Ort, wo er den zu kurz geratenen Ansatz des Cusanus steckengeblieben fand: trotz aller Denknotwendigkeiten im positiven Glauben. Deshalb dürfte sich Steiner in der Charakterisierung des Cusanus, der ihm näher steht als Thomas von Aquin, selbst beschreiben, wenn er meint, der mit wissenschaftlicher Erkenntnis der Natur Gegenüberstehende trage schwer an seinem „Reichtum", der ihn mit seiner dadurch geschaffenen geistigen Welt der Natur einsam gegenüberstelle. Er müsse den Weg zurückfinden zur Natur und seinem Reichtum nunmehr eingliedern. *Hier lauern alle schlimmen Dämonen auf den Menschen. Seine Kraft kann leicht erlahmen. Statt die Eingliederung selbst zu vollziehen, wird er bei solchem Erlahmen seine Zuflucht zu einer von außen kommenden Offenbarung nehmen, die ihn aus seiner Einsamkeit wie-*

der erlöst, die das Wissen, das er als Last empfindet, wieder zurückführt in den Urschoß des Daseins, in die Gottheit. Er wird, wie Nicolaus von Kues, glauben, seinen eigenen Weg zu gehen; und er wird doch in Wirklichkeit nur den finden, den ihm seine geistige Entwicklung gezeigt hat (ebd., S. 98 f).

Das von Steiner schon seit seiner Dissertation immer wieder betonte eigene Neue, dem allerdings sein Doktorvater gleich widersprochen hatte und das in seiner späteren Lehre an seiner geistigen Mutter H.P. Blavatsky und den anderen theosophischen Klassikern geprüft werden sollte (s.d. Zinke u. Cranston/Williams), findet sich auch im öfters zu vernehmenden Originalitätsanspruch des Cusanus wieder, der früher nicht vorhandene Lehren zu bieten anpries (*prius inaudita*). Auch Cusanus mathematischer Versuch der Quadratur des Kreises, den andere vergeblich unternommen hatten, mit Hilfe von „Koinzidenzen" endgültig zu lösen, trug er *mit ausdrücklichem Originalitätsbewusstsein* (Flasch, 2001, S. 481) vor. Darüber verschwieg er einige seiner bedeutendsten Quellen. Mit gutem Grund den verketzerten Dominikaner Meister Eckhart, ebenso den gefährlichen Eriugena, unersichtlicherweise auch Thierry von Chartres und Raimundus Lullus (ebd, S. 120). Cusanus Entdeckung des neuen Wissenszuganges erlaube, *große und bislang verborgene Dinge* (c.n. ebd, S. 150) ans Licht zu bringen, wobei kein Zweifel noch ein Hindernis mehr zurückbleibe. Gerberts Originalitätsanspruch ging schon aus seinen Neuerungen in der abendländischen Rechenkunst (abacus) und diversen astronomischen Beobachtungsinstrumenten und dem hinterlassenen Astrolabium hervor, erschöpfte sich aber bei dem *gesellschaftlichen Aufsteiger* (Kortüm) nicht darin. Als Oberhaupt der Kirche prägte er mit seinen Ansprüchen bis in die stilistischen Mittel hinein seine persönliche „Handschrift". So läßt sich für einen Forscher wie Kortüm aus seiner „rhetorischen Ausdruckskraft", der eigentümlichen Argumentationsstruktur, den „intellektuellen Wortspielereien" und der „grammatikalischen Korrektheit der von seiner Kanzlei verwendeten Formulare" Silvesters bislang unbekannter großer Anteil in den Papstdiplomen ablesen, in denen Fehler und Eigenheiten, *wie sie ansonsten in vielen Papsturkunden des 10. und 11. Jahrhunderts recht häufig anzutreffen ... bei den Privilegien Silvesters II. ungleich seltener (zu) beobachten* (Kortüm, S. 51) sind.

Im Gegensatz zu einem seiner Vorbilder Meister Eckhart betonte Cusanus den hermetischen Charakter der Wahrheit. In seiner Schrift „De sapientia" erklärte er, *nicht alle Wahrheit sei für alle bestimmt; die Geheimnisse der Wahrheit dürften nur denen eröffnet werden, deren Affekt ihnen zugewandt sei* (ebd S. 268 f). Bei Steiner wird der esoterisch-hermetische Aspekt der Wahrheit dem stufenweise Zugang durch die innere Schulung entsprechender okkulter Fähigkeiten geregelt, so dass selbst an esoterischen Manifestationen das „offenbare Geheimnis" den Unentwickelten unzugänglich bleibt. Da aber die Zeit (und damit die Menschen) noch nicht reif genug für andere höhere Wahrheiten sei(en), blieb seinen Angaben zufolge manches bei ihm ungesagt oder nur in persönlichen Unterweisungen mitteilbar. Der ungebildete Laie (idiota) wurde zwar von Cusanus in seiner „wissenden Unwissenheit" dem Gebildeten als wegweisend vorgestellt, doch war diese Figur sein literarischer Kunstgriff, den er nicht durchhalten konnte. Spätere Schriften wandten sich an den elitären Personenkreis seiner hochgebildeten Freunde. Somit charakterisiert ihn eher der esoterisch-hermetische Aspekt in seiner Lehre. Gerbert, der auch Silvester hieß (qui et Silvester), wiederum war dem Laien in Form des Laizismus in der Kirche nicht zugetan und fasste den päpstlichen Beschluss, dass kein Laie es wage, einem Kleriker ein Verbrechen anzulasten *(ut nullus laicus crimen clerico audeat inferre,* zit. b. Kortüm, S. 47), da er als Abt des Klosters Bobbio in seiner Karriere empfindlich am Einfluss der Laien gescheitert war und ein weiteres Mal, als der französische König 989 *nicht den monachus Gerbert, sondern den laicus Arnulf* (ebd.) zum Nachfolger des verstorbenen Reimser Bischofs gemacht hatte.

In „De ludo globi", dem „Kugelspiel", spricht Cusanus von der Weltseele oder Weltgeist oder Weltkraft, die als Elementarseele in den Elementen, als vegetative Seele in den Pflanzen, als sensitive Seele in den Tieren lebe (Flasch, 2001, S. 597). Höre sie dort zu schaffen auf, so bleibe sie aber als Seele erhalten. Steiner differenziert diese Sicht mit der theosophisch-anthroposophischen Gliederung in spezifische Wesensglieder (physischer Leib, Ätherleib, Astralleib, Ich-Organisation) und der goetheschen Analogie der Gruppenseele (Urtier).

Für Silvester II. steht die Kirche in Eintracht und ohne Konkurrenz oder gar Unterwerfung unter die weltliche Macht da, wie er es in zwei Schreiben, an den Dogen von Venedig und den Patriarchen von Grado formuliert hatte, wo die pia potestas catholici principis (fromme Macht des katholischen Fürsten) und die iusta severitas (gerechte Strenge) des Patriarchen vereint für eine erfolgreiche Tagung des ihm angelegenen Konzils sorgen sollten. Cusanus hatte als Konzilsteilnehmer zunächst die Konzilspartei gegenüber dem Papst unterstützt, schwenkte aber hinterher zur päpstlichen Gegenpartei um und trug ihm als sein „Herkules" erfolgreich die Unterstützung des deutschen Reichstages zu. Steiner in seiner geschichtlichen und soziologischen Stellung war um die Akquisition derer bemüht, die den Kirchen entgingen und derer, die in die Kirche gingen. Dem „Laien" analog war ihm der in okkult-geistigen Fähigkeiten Unentwickelte.

Da nach Cusanus dem Menschen entsprechende Anlagen verfügbar seien, wie Sinnesorgane für die Sinnesdinge, die ratio für Verstandesinhalte und der intellectus für intelligible Inhalte, so sei die von Gott als dem conditor intellectus konstruierte Welt ein Buch, in dem er zu uns sprechen wolle. Die Natur sei das göttliche Buch, worin die Menschen die Antworten finden könnten, wenn sie es zu lesen verstünden („De beryllo"). Die Lesbarkeit der Natur war der programmatische Ansatz Steiners seit seiner Bearbeitung der Goetheschen Schriften.

Cusanus wie Steiner kommen in ihren Ansichten zu einer Rangerhöhung des Menschen. In „De docta ignorantia" weist Cusanus dem Planeten Erde aus seinen philosophischen Ansichten heraus keine kosmische Mittelpunktsstellung mehr zu, wie das bis zu seiner Zeit von allen wesentlichen Naturforschern und Philosophen gesehen wurde. Dabei begründete gerade der Geozentrismus den niedrigsten Platz der Erde in der Schöpfung, da in der Antike wie im Mittelalter, bei den Griechen wie den Arabern, das Zentralste zugleich das Niederste darstellte, denn bei einer (Welt)Kugel ist der Mittelpunkt innen im Verhältnis zur Kugeloberfläche „unten". Insofern waren die Bewohner der Erde zugleich miterniedrigt gewesen. *Unter den einfachen Körpern ist die Erde wie ein Exkrement,* schrieb Albertus Magnus (zit.b. Braque, S. 18) und ein persischer Gelehrter sprach davon, dass die Erde der Abtritt der Welt sei. Nun kam Cusanus mit der Aufhebung des geozentrischen Weltbildes und schrieb, es sei *nicht wahr, dass diese Erde das Unterste und Schlechteste ist. Denn obwohl sie mehr im Zentrum der Welt zu sein scheint, so ist sie, wie gesagt, dennoch aus demselben Grund dem Pol näher* (N.v.Kues, S. 399). Die Erde ist also ein „edler Stern" (ebd., S. 401) und damit auch die Stellung des Menschen erhöht. Steiner erkennt den kosmischen Christusimpuls, den die Erde in ihrer gegenwärtigen evolutionären Mittelpunktsstellung nach ihrer Verkörperung im Saturn-Sonnen-Mondenzustand und den zu erwartenden drei folgenden Erdverkörperungen empfangen hat, neben der Aufgabe der menschlichen wie menscheitlichen Höherentwicklung als Zentralgeschehen der Schöpfung.

Alle drei Persönlichkeiten vollzogen eine steile Karriere in einer geistlichen Organisationsform: Gerbert stieg an die Spitze der Kirche als Papst Silvester II. auf, Cusanus wird nach seiner außergewöhnlichen Kardinalserhebung noch zum päpstlichen Vertreter in dessen Abwesenheit, und Steiner, zunächst theosophischer Generalsekretär in Deutschland und Österreich, wird spirituelles – und später auch amtliches – Oberhaupt seiner europaweit verbreiteten Anthroposophischen Gesellschaft.

Jeder der drei geriet in schwierige politische Verwicklungen: Gerbert bescherte der zunächst verbündete, später aber abtrünnige König Hugo Capet eine zunächst gescheiterte Laufbahn mit der anvisierten Investitur der vakanten Reimser Bischofsstelle; Cusanus verwarf seine konziliare Position zugunsten des Papstes, was ihm gut bekam, und führte dann dem Papst die deutschen Fürsten zu, was ihm wiederum zum päpstlichen Segen seiner Karriere gereichte. Schließlich erlitt er Schiffbruch durch den Tiroler Grafen. Steiner geriet als Herausgeber mit politisch heiklen Artikeln (Dreyfus-Affäre) in Schwierigkeiten, bot mit seinem theosophischen Engagement Angriffsfläche in der Liebknecht-Schule, kontaktierte in den ersten Kriegswochen vor und nach der „Marne-Schlacht" inkognito den Chef des Generalstabes von Moltke und propagierte nach dem 1.Weltkrieg öffentlich seine Dreigliederungsidee auf der politischen Bühne. Auch seiner ideologischpolitischen Kollision mit der Besantschen Ausrichtung der Theosophie auf den östlichen Weltheiland mag hier vielleicht nochmals gedacht werden.

Neben ihren ideellen Anliegen spezifischen Wissens und der Wege zur wahren Erkenntnis kennzeichnen wesenhaft die kräftezehrenden Bemühungen um eine Reformation der eigenen Organisation das Wirken der drei geistigen Vorkämpfer. Silvester konnte in seiner kurzen Amtszeit der reformatio seiner geistlichen Organisation zu keinem dauerhaften Erfolg verhelfen; Cusanus, der seit dem Basler Konzil der reformatio der Kirche dienen wollte (Flasch, 2001, S. 86), scheiterte nach langen Jahren resigniert. Steiner brach über dem Reformierungsversuch seiner Gesellschaft mit der sogenannten Weihnachtstagung zusammen, die er in persönlichen Äußerungen als misslungen bezeichnet hatte.

Der in Steiners Leben so merkwürdige geistige Bruch im vierzigsten Lebensjahr, seiner in eine Sackgasse geratenen Karriere als Intellektueller auf der esoterischen Bühne emporzuhelfen, findet ihre Parallele in dem Werk „De conjecturis" des vierzigjährigen Cusanus, ein Hauptwerk, *das von „De docta ignorantia" abrückt* (ebd., S. 143). Es richtet sich nicht mehr an die Allgemeinheit einer universitären Lesergemeinde, vielmehr leitet der individuelle Text einen elitären Freund an. Mit einem neuen Schlüssel einer *ars generalis* („Wissenschaftswissenschaft"; Flasch) hat Cusanus nun alles Verborgene durchdrungen und seine frühere Zurückhaltung war nun einer Erkenntniszuversicht gewichen.

In beiden Biographien stellen diese Ereignisse schon den zweiten Bruch dar; den ersten hatten sie Mitte der Dreißig begangen. Cusanus mit seiner Wendung beim Basler Konzil, Steiner im Hinblick auf Goethe („Goethes Weltanschauung") und – noch stärker bei Nietzsche akzentuiert (psychopathologische Analyse). Bei Gerbert findet ein politischer Bruch in der Parteinahme für den französischen Herzog und späteren König Hugo Capet statt, der ihn beim ottonischen Kaiserhof vorübergehend in Ungnade fallen ließ. Dieser Einsatz kostete ihn zunächst die erstrebte Vollendung auf dem Reimser Erzbischofsstuhl – gleich nach seiner Erlangung wurde er vom Papst abgesetzt und geriet fast völlig aus der Bahn, bis ihn die wiederaufgefrischte Erinnerung des neuen Kaisers zu höchsten Würden führte.

Gegen Ende ihres Lebens erlitten alle drei Persönlichkeiten schwere isolative Attacken. Papst Silvester II. musste die Demütigung hinnehmen, zusammen mit dem Kaiser Rom (caput mundi) zu verlassen. Otto III. starb kurz darauf und Silvester überlebte ihn nur um wenige Monate. Kardinal Cusanus musste sich auf seinem Südtiroler Besitztum im Streit mit dem dortigen Grafen gefallen lassen, gefangengesetzt und nicht ohne Abpressen von Bedingungen wieder freigelassen zu werden. Auch indem er sich das in christlicher Einsicht als *Belehrung* deutete verhinderte ihn dies nicht, sich in Resignation nach Rom zurückzuziehen. Rudolf Steiner wurde durch die Zerstörung des Goetheanumbaus aus seinen eigenen Hallen vertrieben und fühlte sich zudem von seinen Anthroposophen isoliert, dass er den ernsthaften Rückzug von der Gesellschaft erwog. Verlassenheit, Niedergeschlagenheit und Demütigung bildeten die nicht zu leugnende Signatur am Ende der drei biographischen Wege. Aber sie bedeuteten keinen Schlussakkord ihrer anderstönenden posthumen Wirksamkeit.

In allen drei Philosophen lebte das hehre Bewusstsein, Geburtshelfer eines neuen Zeitalters zu sein: Gerbert qui et Silvester, dessen höchste Gelehrsamkeit ein Jahrhundert nach seinem Ableben mit dem Mythos eines Schwarzmagiers und faustischen Teufelspaktierers ausgestattet wurde, arbeitete an dem Aufgang des Lichtes der Vernunft. Seine Saat ging über seinen Schüler Fulbert und dessen Kathedralschule zu Chartres an Berengar von Tours und Anselm von Canterbury schließlich in der Scholastik als Weg der Vernunft auf.

Cusanus Sekretär hatte in der Vorrede zu einem Erstdruck aus der auf Wunsch seines Kardinals eingerichteten ersten italienischen Buchdruckerei zum ersten Mal vom zu Ende gehenden Zeitalter als vom Mittelalter (media aetas) geschrieben (Flasch, Einf., S. 605 f). Cusanus wusste um das *unerhört Neue*, das er zu bringen hatte und das die traditionell aristotelische Logik überschritt.

Steiner sah seine Mission im zu Ende gehenden „finsteren Zeitalter des Kali Yuga" (1899) darin, der Bewusstseinsseele der neuen Zeit entsprechend mit seinem Weg der *Erkenntnis höherer Welten* den Menschen zum Verständnis des zentralen Christusereignisses zu bringen und so mit seiner Anthroposophie *das Geistige im Menschenwesen zum Geistigen im Weltall* zu führen (GA 26, S. 46).

Das gedankliche Experiment, die Viten aller drei hochbegabter, universaler Persönlichkeiten zu vergleichen, zeigte bei ihnen ähnliche Aufgabenstellungen, überraschende Kehrtwenden, gemeinsame christliche Fundamente besonders in apologetischer Hinsicht, abweichende philosophische Wege, die zueinander wie höherführende Stufen erscheinen, individuelle Leistungen und steile geistige Karrieren. Zunächst braucht damit nicht mehr gewonnen zu sein, als eines jeden Singularität von (konstanten) Mustern durchwoben zu erkennen, die alle drei charakterisieren. Dabei fallen Rudolf Steiners Persönlichkeit und Vita Aspekte zu, die seine biographische Aufgabe als notwendige, sein Scheitern als spezifisch – und nicht ohne mögliche fruchtbare Folgen – erhellen.

Nachwort

„Stillstand ist Rückschritt". Die fruchtbaren Einsichten, die Hamers neue biologische Erkenntnisse zum Verständnis der Persönlichkeit beibringen, macht ihre Anwendung in der biographischen Forschung gerade bei der außergewöhnlichen Lebensleistung Rudolf Steiners erforderlich. Gefestigt mit belegbaren Zitaten aus seinem Schrift- und Vortragswerk wurde er mit seinen Aussagen an Äußerungen von Zeitgenossen oder auch Urteilen von kompetenten Forschern des entsprechenden Fachgebietes reflektiert, um über ihn selbst und seine Arbeitsweise Aufschluss zu bekommen.

Was macht ausgerechnet Steiners Person für eine Modell-Biographie so interessant? Sein Lebenswerk befasst sich in unablässiger Weise mit der vorhandenen Divergenz und angestrebten Konkordanz von Natur(wissenschaft) und Geist(eswissenschaft), von den kaum auslotbaren Existenzbedingungen des Menschen im Kosmos eines geistigen Naturverständnisses. Für diese Problematik eigneten ihm ein geschärfter Blick und eine klare wissenschaftlicherkenntnistheoretische Konzeption. Deren fortdauernde Aktualität verleiht ihm darum nicht den Rang eines Klassikers, vielmehr den des Modernen. Weiterhin bestehen neben seinem Aufruf, ihn zu prüfen, vor dem mancher seiner Anhänger mit *positivem Glauben* – analog zu Cusanus – reagiert, auch sein Bekenntnis zum exzessiven Anspruch auf *Wahrhaftigkeit*. Da menschliches Maß nur *immer strebend sich bemüht*, fordert dies gradezu zu einer Untersuchung des Phänomens Rudolf Steiner heraus. Wer das Anliegen der vorliegenden Arbeit also missverstehen will, dem ist nicht zu helfen.

Die Untersuchungen spiegeln die Uneinheitlichkeit in Persönlichkeit und Werk Rudolf Steiners. Über die Qualität seines erkenntnistheoretischen Beitrages musste anders geschrieben werden als über die vermeintlich geisteswissenschaftliche Methode der „Esoterischen Vorträge". Es war nicht möglich, um eines einheitlichen Blickpunktes willen alles über einen Leisten zu schlagen und damit einen einzigen Aspekt zu hypertrophieren.

Es hätten andere Mittel bereitgestanden, mit Rudolf Steiner ‚fertig zu werden'. Man hätte Maß genommen mit Adornos Devise *Okkultismus ist die Metaphysik der dummen Kerle*, hätte ihn beim überlangen Ringfinger genommen, der nach dem fachlichen Urteil Ursula von Mangoldts vom restlichen Menschen zeigt, wie *allein der Ehrgeiz nach einer sozialen Stellung in der Welt wesentlich für den Menschen sein (...) und zu herrschsüchtigem Geltungsdrang und Ichübersteigerung führen (wird)*. Erich Wilks probate Typenlehre hätte den fast hundert Prozent lunaren Steiner als betont *intellektuell* konstituierten und *rechthaberischen* Charakter ermittelt. Sodann wäre, vom astrologischen Experten Döbereiner gedeutet, sein *subjektivierendes Bild der Wirklichkeit* herausgearbeitet worden u.s.w.u.s.f. und der interessant zusammengebraute Homunkulus, Sück für Stück geprüft, zum Schluss endlich abgestempelt gewesen. Dem wollte diese Arbeit entgehen! Es ging darum, ihm gerecht zu werden.

So richtig und interessant die angeführten Einzelheiten auch immer sein mögen, sie können an der Persönlichkeit nichts erklären. Sie behaupten, leiten ab, analogisieren – nur hätte mit ihnen kein Instrumentarium zur Verfügung gestanden, manches biographische Rätsel, wie zum Beispiel sein Verhältnis zu Schröer, zu lösen, wie es die wissenschaftliche Methode der Germanischen Neuen Medizin® erlaubt und wie ich es auch am Rätsel von Rudolf Steiners Todeskrankheit schon früher angewandt habe.

Aus der Offenheit gegenüber seiner Persönlichkeit wie dem nicht vorauszusehenden Resultat der Untersuchung wurde auch das Experiment des historischen Vergleiches gewagt. Damit war ein größerer Bogen von tausend Jahren geschlagen, der sicher nicht vordergründig und wissenschaftlich evident auf der Hand zu liegen scheint. Überraschenderweise hat ein Vergleich der beiden mittelalterlichen Persönlichkeiten miteinander schon durch den Mediävisten Hans-Henning Kortüm 1996 in seinem Buch „Menschen und Mentalitäten, Einführung in Vorstellungswelten des Mittelalters", S. 205-211, stattgefunden, was mir erst nach Abschluss meines Manuskriptes zu Gesicht kam. Auf diese erfreuliche Teilbestätigung meines zugrundeliegenden geschichtsperiodischen Ansatzes durch einen so profunden Kenner kann deshalb hingewiesen und bei ihm selbst nachgelesen werden, denn eine nachträgliche Vermengung der originären Argumentationsweisen soll geflissentlich unterbleiben. – Wie auch immer, sowohl die mittelalterliche Besichtigung wie auch die Beschäftigung mit einer Persönlichkeit, die der Vergangenheit des 20. Jahrhunderts angehört, kann den Sinn nach vorne lenken. Der Kampf um den Geist in der Wissenschaft und im Leben hat inzwischen andere, katastrophale Ausmaße bekommen, die nur angedeutet werden können: Wissenschaftsbetrug und Erkenntnisunterdrückung, bei denen wir uns den Luxus erlauben, sie nicht ernst zu nehmen, weil es unserem Denken „unglaubhaft" erscheint, dass es dabei radikal ums Leben und um Freiheitsrechte geht!

Steiner müsste als Heutiger, gehörte er unserer Zeit an, statt mit Haeckel sich mit Hamer auseinandersetzen, dessen Bedeutung ihm nicht entgangen wäre. Es unterliegt für mich keinem Zweifel, dass er auch hierin all seinen Schülern und Anhängern vorangegangen wäre. Aber es besteht auch kein Zweifel daran, dass er bei Hamer mehr gefunden hätte, als was bei Haeckel zu finden war. Steiner hatte das Abenteuer des Geistes angenommen – es ist noch nicht beendet.

Anmerkungen

Grundsatzbemerkung:

Der Wissenschaftler und Arzt Dr. R.G. Hamer hat seine Neue Medizin inzwischen, aus notwendig gewordenen Gründen des Markenschutzes, mit der zusätzlichen Bezeichnung Germanische N.M. versehen, die ihm zu Unrecht von vielen übel ausgelegt wird. Denn folgt man seinen eigenen Worten, so zollt er damit dem germanisch-deutschen „Volk der Dichter und Denker, der Musiker, Erfinder und Entdecker" seinen Respekt, also Errungenschaften einer *Kulturstufe*, und steht damit in guter, unverdächtiger Tradition eines Fichte und Schiller, die Deutschtum dezidiert nicht nationalistisch, sondern als eine moralisch hochstehende Qualität verstanden wissen wollten, die sogar über die zufällige Volkszugehörigkeit, die religiöse Anschauung und Hautfarbe hinausreicht.

Wenn auch andererseits mit der Bezeichnung Germanische Neue Medizin® niemals gemeint sein kann, dass es eine Naturwissenschaft geben könnte, der z.B. ‚germanische' Eigenschaften i. S. einer ‚germanischen Biologie' etikettiert werden könnten, so haben die Erfahrungen mit den Naturwissenschaften im 20. Jahrhundert gezeigt, dass sie selbst keinen kontrollierenden „archimedischen Punkt" für die aus ihnen hervorgehenden Probleme und Gefährdungen haben (Schipperges) und hierbei nur unter Aufbietung höchster ethischer Anforderungen und Verantwortlichkeit dem Wohl der Menschen dienen können, was immerhin in der BRD der Forschung und Lehre gesetzlich die Bindung an die Verfassung vorschreibt. Da Hamers wissenschaftlicher Impetus somit offenkundig an diese historische Forderung anklingt, zugleich auch an die Ansprüche der deutschen Klassik anschließt, steht er über dem polemischen Zerrbild und Missbrauch, der mit ihm getrieben wird, und zeigt daran vorbildlich den ethischen Anspruch, der sich in seinen Erkenntnissen und ihrer Benennung realisiert.

*

1. Die Möglichkeit, den Namen Blie rein lautlich von (mhd. und plattdeutsch) bli = Blei abzuleiten, das im traditionellen Zusammenhang mit der Textilfärbung steht (Bleigelb, Bleiweiß) und damit quasi in der historischen Berufswelt dieses Familienzweiges, halte ich aufgrund des Eigenverständnisses der Familie, ihren Namen auf Blüh zu wechseln, für nicht gegeben.

2. Die m. E. autobiographischen Angaben im „Märchen vom Quellenwunder" lassen allein Neudörfl für das geschilderte Erleben in Frage kommen, da auch das Vorkommen einer Quelle *an einem nahen Ort* Pottschach ausschließt, wo solche nicht vorhanden sind. Nachdem *dreihundertsechzig Wochen zum drittenmal verstrichen waren, war längst der Knabe Mann geworden und von dem Elternhaus und dem Waldesgrund in eine fremde Stadt gezogen.* Damit ist deutlich der Wegzug nach Weimar anno 1890 gemeint. Rechnet man für dreihundertsechzig Wochen ca. sieben Jahre, so ergibt die Differenz von einundzwanzig Jahren zu 1890 das Jahr 1869, in dem Familie Steiner nach Neudörfl gezogen war. Im nahegelegenen Rosalienwald gab es zu Steiners Zeiten drei Quellen, von denen die Quastquelle inzwischen versiegt ist und wegen der Bodenbeschaffenheit als *Felsenquelle* ausscheidet. Lediglich die Marienquelle mit ihrem Säuerling, seit Ende der Zwanziger Jahre des 20. Jahrhunderts gefasst und baulich geschützt, als auch die nur wenige Dutzend Meter weiter oberhalb entspringende Süßwasserquelle kommen dafür in Frage, zumal letztere steinigen Boden aufweist.
3. Einzig das Entleih-Journal über diesen Zeitraum, Band 1890-92, fehlt in dem Bestand der Anna Amalia-Bibliothek.
4. Gerhard Wehr macht auf S. 119 f seiner Steiner-Biographie auf die gegensätzlichen Aussagen zur philosophischen Qualität Haeckels im Früh- und Spätwerk Steiners aufmerksam.
5. Die Geschwister von Franziska Blüh/Blie:
Juliana, geb. 26.1.1820
Franz, geb. 14.4.1821
Joseph, geb. 17.11.1823
Anna Maria, geb. 27.10.1824
6. *In der mittelalterlichen Wissenschaft war unglücklicherweise der gedruckte Text, der ursprünglich vielleicht auf Erfahrung beruhte, an die Stelle dieser Erfahrung getreten und verhinderte jede weitere Forschung. Dies wird durch Galileis Erzählung in seinen „Dialogen" (Zweiter Tag) gut illustriert, wo er von einem Arzt spricht, der eine Leiche sezierte, um zu demonstrieren, dass das Nervensystem seinen Ursprung im Gehirn und nicht im Herzen hat – und dabei die Vielzahl der Nerven freilegte, die vom Gehirn ausgehen, und den einen Nerv, der vom Herzen kommt. Aber der anwesende Aristoteliker sagt angesichts dieses Beweises: „Du hast mir diese Sache so klar und einleuchtend gezeigt, dass ich, würde nicht der Text des Aristoteles das Gegenteil besagen ..., deine Auffassung als richtig anerkennen müsste."* (L. Mumford, Mythos der Maschine, Franfurt 1981, S. 394)
7. Steiner merkt in GA 109/111, 31.3.1909 zu Recht an: *Scholastik kommt aus dem Griechischen „scole", bedeutet also „Aufmerkung", was irrtümlich übersetzt wurde in „scuola", Schule.* Dennoch betont K. Khella die Lesart:

Bei den Arabern in die Schule gehen, wobei er auf den unterschlagenen, weil überragenden Einfluss der arabischen Philosophie als Quelle der mittelalterlichen Philosophie und philosophischen Fachsprache verweist. Vor allem die beiden Dominikaner Albertus Magnus und Meister Eckhart schließen sich von daher auf, s. d. K. Khella, Arabische und islamische Philosophie sowie K. Flasch, Meister Eckhart.

8. Dieses bekannte Bild von Benozzo Gozzoli ist abgedruckt in der Aristoteles-Bildmonographie bei Rowohlt, Zemb, S. 45.
9. Für die Brüchigkeit der in diesem Kapitel referierten geschichtlichen Daten, Personen und Zusammenhänge sei auf folgenden zur Zurückhaltung mahnenden Ausschnitt der Dokumentenbasis hingewiesen:
    a) zum Konstantinopolitanischen Konzil des Jahres 869
    Zu diesem Konzil gibt es keine originalen Konzilsakten. Angeblich seien diese bei einer räuberischen Plünderung der zurückkreisenden Legaten verlorengegangen und nur eine als persönlich bezeichnete Abschrift des Konzilsteilnehmers Anastasius Bibliothecarius gebe von den bedeutsamen Ergebnissen des Konzils der Nachwelt Kunde.
    b) zur Tradition der Pariser Universität
    H. Denifle, der sich in seinem Werk „Die Entstehung der Universitäten im Mittelalter" 1885, auch mit der Namensliste der dortigen Magister für den Zeitraum von 1229-1360 befasst hatte musste feststellen, dass das Original verloren ist, dafür mehrere widersprüchliche Abschriften existieren, z.B. zunehmende (!) Widersprüche in der chronologischen Reihenfolge, fehlende, zusätzliche und vertauschte Namen, die sein noch zurückhaltendes Urteil: *höchst nachlässig redigiert* hervorriefen.
    c) zum Dokument des Pariser Bischofs Tempier
    Die darin ersichtliche *konfuse* Arbeitsweise der aufgelisteten Thesen wird u.a. mit der kurzen Zeitdauer von drei Wochen ihrer Erstellung entschuldigt (Flasch, S. 55). Im Zeitalter der Scholastik mit ihrer formalistischen Vorgehensweise und den zu diesem Thema schon vorliegenden damaligen Sentenzen (Zitatensammlungen) wurde die verurteilte Thesensammlung immerhin von der ersten Universität des christlichen Abendlandes ohne erkennbare Gliederung und Zitiernachweis etc. herausgegeben. Erstaunlicherweise nimmt der Fachmann für mittelalterliche Philosophie, Kurt Flasch, daran nicht nur keinen Anstoß, sondern findet für das Konvolut entlastende Argumente und eine Gliederung!
    d) zu Gerbert
    Gerberts Schüler und Biograph Richer ist nicht in der Lage, das Geburtsdatum und den genauen Geburtsort Gerberts zu nennen!

Obwohl seine „Historiae" als Originalschrift gilt wird diesem Verfasser von der Zunft keineswegs historische Zuverlässigkeit zugebilligt, i.G. sei er mit verbürgten Daten *leichtfertig* umgesprungen und habe *auch mit anderem die historische Wahrheit* getrübt (GT, S. 74). Als Zeitgenosse Lothars von Frankreich auch persönlich mit ihm bekannt gewesen berichtet er von dessen Tod im Spätherbst 984, als dieser Verdun eingenommen hatte. Aus Gerberts Briefen geht aber der 2. März 986 als Todeszeitpunkt hervor (ebenso aus der Eintragung im Gebetbuch der Frau Lothars). Auch über weitere Angaben zur Persönlichkeit Lothars bemerkt ein Historiker: *in jedem Punkt die krasseste Ignoranz* (Jahrbuch des deutschen Reiches unter Otto III.).
Zum Aufenthalt Gerberts in der spanischen Mark, der ihm die intensive Aufnahme mathematischer und astronomischer Erkenntnisse der arabischen Literatur ermöglicht haben soll, werden die Urkundenforscher in den Bibliotheken von Vich und der anderen Klöster betreffs Gerberts gezielten Literaturwünschen nicht fündig. Das von ihm in zwei Briefen gesuchte „Libellus de multiplicatione et divisione numerorum" eines Josephus sapiens lässt sich nicht ermitteln (Lindgren, S. 27 f). Ein gewisser Lupitus Barchinonensis als Adressat für astronomische Lektüre bleibt unbekannt (ebd., S. 29). Für die Existenz eines dritten Mittelsmannes bestehen die biographischen Angaben aus reinen Vermutungen (s. Lindgren, S. 30-34). Der für das Kloster von Vich aus dem Jahr 971 greifbare Bibliothekskatalog – also in unmittelbarer zeitlicher Nähe zu Gerberts Aufenthalt – verzeichnet kümmerliche 63 Titel, bei denen für mathematische Literatur Fehlanzeige vorliegt. Daher sucht Lindgren die unauffindbaren Titel in *Privatbibliotheken* (S. 41). Gerberts *recht unvollkommenes Schulbuch* (GT) „Regulae de numerorum abaci rationibus" gibt es nur *in der interpolierten Fassung* und ist wie die „Isagoge geometriae" in mehreren Handschriften vertreten.
Karl Werner konstatiert in der Einleitung zu Gerberts Schrift „Rationali..." *unlösliche Schwierigkeiten* über Personen und Zeitdaten (S. 261) und stimmt der *Klage über den verderbten Zustand, in welchem Gerberts Schriften der Nachwelt überliefert worden seien* eines anderen Autors unbedingt zu.
Die Briefe Gerberts, dessen Kenntisse der Zeitbestimmung die eines jeden anderen Abendländers überragten, scheinen durch fehlende Datumsangaben die Gelehrten zu einer abweichenden chronologischen Reihenfolge veranlasst zu haben (s.d. Werner, S. 245-258). Dazu existieren zwei verschiedene Fassungen der Briefe, die einmal als private, zum anderen als für die Öffentlichkeit bestimmte bezeichnet werden.

Manchen Experten fiel die *in Formen einer ciceronianischen Prosa gegossenen Stilistik seiner Briefe auf, die im 10. Jahrhundert ihresgleichen sucht* (Kortüm, S. 31).

Langosch kommt bezüglich Gerbert als *dem bedeutendsten Kopf, „das Wunder seines Jahrhunderts"*, zu dem Schluss, er sei *durch und durch Humanist (!) und passte mehr ... zur karolingischen Renaissance als zum sächsischen Schrifttum des 10. Jahrhunderts* (GT, S. 76). Vielleicht hatte Langosch mit seinem Humanismusgespür mehr Recht, als er zu meinen glaubte.

e) Der verschollene, ursprüngliche Koran soll eine Übersetzung des Pentateuch, der fünf Bücher des Moses, ins Arabische sein. s.d. P. Théry, De Moise à Mohammed, 1963.

Steiner hat seinerseits die offizielle Geschichtsbetrachtung als eine *fable convenue* bezeichnet, insofern bei ihrer Darstellung die hinter den Kulissen stattfindenden geistigen Vorgänge unberücksichtigt blieben. Es kam ihm aber nicht in den Sinn, mit der ihn auszeichnenden übersinnlichen Forschungsmethode, in der *Akasha-Chronik zu lesen,* die überlieferten Daten, Personen und Zusammenhänge geschichtlicher Verläufe kritisch anzuschauen. In seinem naiven Realismus gegenüber der geschichtlichen Überlieferung spielte er damit auf der historischen Klaviatur dieselben Töne, wenn auch unter anderen Vorzeichen, die sich möglicherweise einmal wie im Indizien-Fall Hrotsviths als solche erweisen könnten, mit ihrer Unhaltbarkeit sein eigene Glaubwürdigkeit einzubüßen.

Zeittafel

1860   *25. Mai*: Heirat der Eltern Franziska Blie und Johann Steiner aus Niederösterreich im heimatfernen Prestranek (bei Triest)
1861   *25. bzw. 27. Februar*: Geburt von Rudolf Joseph Lorenz Steiner in Kraljevec
1862   Umzug nach Mödling
1863   Umzug nach Pottschach
1864   *15. November*: Geburt der Schwester Leopoldine
1865/6   erstes hellsichtiges Erlebnis des Knaben, *28.Juli 1866*: Geburt des Bruders Gustav
1867   Besuch der Dorfschule und Wiederherausnahme durch den Vater; Unterricht durch den Vater bis der Nachfolger des alten Dorfschullehrers tätig wird
1869   Umzug nach Neudörfl (Transleithanien/Ungarn), Besuch der Dorfschule
1872   *Oktober*: Realschulbesuch in Wiener Neustadt (Cisleithanien)
1874   etwa ab der 3. Realschul-Klasse Vorzugsschüler; langjähriges Erteilen von Nachhilfeunterricht
1879   *Juli*: Matura mit Auszeichnung; *Oktober*: Studium an der Technischen Hochschule Wien mit dem Ziel Realschullehrer (Stipendium); Umzug nach Inzersdorf bzw. Oberlaa; entscheidende Begegnung und Freundschaft mit seinem Professor der Literaturgeschichte Karl Julius Schröer
1882   Schröer wirbt erfolgreich bei Prof. Kürschner um die Herausgeberschaft seines Studenten Rudolf Steiner bei dem Projekt der Kommentierung der naturwissenschaftlichen Schriften Goethes in der „Deutschen Nationallitteratur"; Umzug nach Brunn a.G., erst Feldgasse 55, dann Gattringer Str. 34 (Gliedererhof)
1883   *Februar*: Steiner beendet Niederschrift zu Band 1; *Oktober*: Steiner verläßt die TH Wien ohne Abschluss
1884   *März*: Band 1 der naturwissenschaftlichen Schriften Goethes erscheint; *Juli*: Hauslehrertätigkeit bei Familie Specht in Vöslau
1886   *Mai*: Manuskript „Grundlinien einer Erkenntnistheorie der Goetheschen Weltanschauung" an Kürschner übersandt;
Juni: Zerwürfnis mit Schröer, das erst zum Jahresende oberflächlich gekittet werden kann; Umzug mit Familie Specht nach Wien, Kolingasse 19, wenig später separate Wohnung in der Kolingasse 5

1889	*Juli/August*: Besuch des Goethe-Archivs in Weimar, wo er lt. einer Anfrage vom Juni 1886 seine Mitarbeit an der Sophien-Ausgabe zugesagt hatte
1890	*September*: Umzug nach Weimar, Junkerstr. 12; freier Mitarbeiter am Goethe-Archiv
1891	*Oktober*: Externen-Promotion an der Universität Rostock zum Dr. phil.
1892	Umzug in die Prellerstr. 2, zu Frau Anna Eunike, seiner späteren Ehefrau; „Wahrheit und Wissenschaft" erscheint als leicht veränderte Fassung seiner Dissertation
1893	„Philosophie der Freiheit", sein philosophisches Hauptwerk erscheint
1897	Beendigung seines Archivauftrages; „Goethes Weltanschauung"; Umzug nach Berlin; mit O.E. Hartleben Herausgeber des ‚Magazin für Litteratur'; Umzug in die Habsburgerstr. 11
1899	*Januar*: Dozent an der Wilhelm Liebknecht-Arbeiterbildungsschule; *Oktober*: Umzug in die Kaiserallee 95; Heirat mit Anna Eunike
1900	*März*: O.E. Hartleben tritt als Mit-Herausgeber zurück; *September*: erster Vortrag in der ‚Theosophischen Bibliothek' mit dem Thema „Nietzsche"; lernt dort im Verlauf seiner Vorträge seine spätere zweite Frau, Marie von Sivers kennen; Steiner beendet die Herausgeber-Tätigkeit des ‚Magazin für Litteratur'; *Dezember*: Schröer stirbt, ebenso der Berliner Freund Ludwig Jacobowski
1902	Steiner wird Mitglied der ‚Theosophischen Gesellschaft'; *Oktober*: nach Begründung der deutschen Sektion wird Steiner deren Generalsekretär
1903	Ehepaar Steiner wohnt etwa ein dreiviertel Jahr am Schlachtensee, Seestr. 40; Umzug in die Motzstr. 17; *„Die christlichen Mysterien gehen auf"*
1904/5	Trennung Annas von ihrem Mann
1905	*Januar*: nach Intrigen der Schulleitung legt Steiner seine Dozentur an der Arbeiterbildungsschule nieder
1910	*Januar*: Tod des Vaters
1911	*März*: Tod von Anna Steiner (Eunike)
1912	*Dezember*: Distanzierung der deutschen Sektion der Theosophischen Gesellschaft zum ‚Stern des Ostens' und Rücktrittsforderung an Präsidentin Annie Besant; Anthroposophische Gesellschaft in Köln gegründet

1913	*März*: Annullierung der deutschen Sektion durch A. Besant; *Mai*: Steiner wählt trotz des für München vorgesehenen Bauplanes des Goetheanums (zunächst unter dem Namen Johannesbau) das in der Schweiz gelegene Dornach bei Basel aus; in Dornach bezieht er Wohnung im sog. ‚Haus Hansi'
1914	*Dezember*: Heirat mit Marie von Sivers
1916	Edouard Schures Austrittserklärung aus der Anthroposophischen Gesellschaft
1917	*Februar*: Steiner erhält als Auszeichnung den Orden 3. Klasse für Zivilverdienste von Österreich; Steiners Idee der sozialen Dreigliederung wird an den österreichischen Kabinettschef Arthur Graf Polzer-Hoditz durch dessen Bruder Ludwig und den Bayerischen Reichsrat Otto Graf Lerchendorff herangetragen; in Deutschland erfolgen Zusammenkünfte Steiners mit dem Staatssekretär des Äußeren, Kühlmann und dem späteren Reichskanzler Prinz Max von Baden, um diese Idee den Politikern zu unterbreiten
1918	*24. Dezember*: Tod der Mutter
1919	*September*: Eröffnung der Waldorf-Schule
1921	intensive Zusammenarbeit mit der Ärztin Dr. Ita Wegman
1922	*Oktober*: erfolglose Naturalisationsbemühung Steiners in der Schweiz; *Silvesternacht*: Brandstiftung des ersten Goetheanum
1923	Steiner kündigt den Berliner Wohnsitz; *Juli*: in seinen Briefen an die in Dornach lebende Bildhauerin Edith Maryon taucht zum erstenmal die Bezeichnung „Schnee" auf, den er von ihr besorgt haben will; *Dezember*: Neukonstituierung der Allgemeinen Anthroposophischen Gesellschaft unter dem Vorsitz Rudolf Steiners
1924	*September*: Abbruch der auf siebzig Vorträge in zwanzig Tagen gesteigerten Vortragstätigkeit Steiners und Beginn seines Krankenlagers
1925	*30. März*: Tod Rudolf Steiners; Einäscherung entgegen seinem ausdrücklichem Willen; *April*: Herausgabe von Ascheresten an anonym gebliebenen Empfänger

Danksagung

Zum Schluss möchte ich allen danken, die mir bei meinen Recherchen durch ihr Entgegenkommen, Überlassen von Unterlagen und andere hilfreiche Dienste manche Freude bei der Materialsammlung und Texterstellung bereitet haben, insbesonders:

Rolf Bunkus und Stefan für ihre unbegrenzte freundschaftliche Unterstützung.

Erika und Helmut für ihre Initiative, aus der die Lokaltermine an den Kindheits- und Jugendstätten Steiners hervorgegangen sind.

Herrn Dr. phil. Ruprecht Volz für seine gewinnbringende Durchsicht auf Lesbarkeit des Manuskriptes.

Herrn Prior Benedikt, Stift Geras – Herrn Archivar Winkler, Pfarre Horn – Herrn Prof. Dr. Erich Rabl, Stadtarchiv Horn – Herrn Augustin Stranz, Heimatforscher, Ternitz-Pottschach – Herrn Prof.em. Dr. Erwin Streitfeld, Graz – Herrn Uwe Timm, Mackay-Gesellschaft, Neu Wulmstorf – Frau J. Götz-Métraux, Kirchheim – Marktgemeinde Neudörfl – Gemeinde Katzelsdorf – Gemeinde Unterach – Bundesrealgymnasium Wiener Neustadt – Buchhandlung Thiel, Wiener Neustadt – Stadtarchiv Wiener Neustadt – Österreichisches Staatsarchiv, Bibliothek und Kriegsarchiv, Wien – Goethe- und Schiller-Bibliothek, Weimar – Herzogin Amalia Bibliothek, Weimar – Stadtmuseum Naumburg – Universität Rostock, Universitätsarchiv – Staatsarchiv Kanton Basel – Stadt.

Herrn Lothar Reinholz für seine außerordentlichen Anregungen zur Vertiefung des geschichtlichen Verständnisses.

Meiner Familie für ihre in jeder Hinsicht produktive Anteilnahme an dem Projekt.

Mein besonderer Dank geht an Dr. med. Mag. theol. Ryke Geerd Hamer, den Entdecker der Germanischen Neuen Medizin®, der durch sie die Grundlagen zu dieser Untersuchung gelegt und mit unseren Gesprächen den Anstoß dazu gegeben hat. Er hat mir die Freude gemacht, ihm diese Arbeit widmen zu dürfen.

Es versteht sich von selbst, dass der Inhalt dieser Arbeit vor ihrer Fertigstellung keiner der genannten Personen bekannt war.

Quellen:

Bestattungsakten Rudolf Steiner des Staatsarchivs Kanton Basel-Stadt Archivsignatur E 1
Häuserkataster Stadt Horn 114-227, Karton 247, Stadtarchiv Horn
Kirchenregister der röm.-kath. Pfarre Horn
Österreichisches Staatsarchiv, Kabinettskanzlei, Vorträge Nr. 306/1917
Universitätsarchiv Rostock:
    PD19/1891/92
    PD19/91
    PD 37/1870
    R6H6
Goethe- und Schiller-Archiv Weimar:
    GSA 96/4355
    GSA 96/4356
    GSA 72/1718
    GSA 72/2443
    GSA 72/2733
    GSA 72/BW 5287
Archiv des Bundesrealgymnasiums Wiener Neustadt

Rudolf Steiner Gesamtausgabe:

GA 1a-e	J.W.Goethe, Naturwissenschaftliche Schriften, Mit Einleitungen, Fußnoten und Erläuterungen im Text hrsg. v. Rudolf Steiner, 5 Bde, Photomechanischer Nachdruck nach der Erstauflage in „Kürschners Deutsche National-Litteratur" (1884-1897), Dornach 1982
GA 2	Grundlinien einer Erkenntnistheorie der Goethesche Weltanschauung, mit besonderer Rücksicht auf Schiller, Dornach 1960
GA 3	Wahrheit und Wissenschaft, Vorspiel einer „Philosophie der Freiheit", Dornach 1958
GA 4	Die Philosophie der Freiheit, Grundzüge einer modernen Weltanschauung – Seelische Beobachtungsresultate nach naturwissenschaftlicher Methode, Dornach 1936
GA 5	Friedrich Nietzsche, ein Kämpfer gegen seine Zeit, Dornach 1963
GA 6	Goethes Weltanschauung, Dornach 1963
GA 7	Die Mystik im Aufgange des neuzeitlichen Geisteslebens und ihr Verhältnis zur modernen Weltanschauung, Dornach 1960
GA 8	Das Christentum als mystische Tatsache und die Mysterien des Altertums, Dornach 1976
GA 14	Vier Mysteriendramen, Dornach 1962
GA 18	Die Rätsel der Philosophie in ihrer Geschichte als Umriss dargestellt, Dornach 1968
GA 20	Vom Menschenrätsel, Ausgesprochenes und Unausgesprochenes im Denken, Schauen, Sinnen einer Reihe deutscher und österreichischer Persönlichkeiten, Dornach 1957

GA 21	Von Seelenrätseln, Dornach 1976
GA 26	Anthroposophische Leitsätze, Dornach 1954
GA 28	Mein Lebensgang, Dornach 1949
GA 30	Methodische Grundlagen der Anthroposophie, Gesammelte Aufsätze zur Philosophie, Naturwissenschaft, Ästhetik und Seelenkunde 1884-1901, Dornach 1961
GA 31	Gesammelte Aufsätze zur Kultur- und Zeitgeschichte 1887-1901, Dornach 1966
GA 32	Gesammelte Aufsätze zur Literatur 1884 – 1902, Dornach 1971
GA 33	Biographien und biographische Skizzen 1894-1905, Literatur und geistiges Leben im Neunzehnten Jahrhundert, Dornach 1967
GA 38	Briefe Bd.1: 1881 – 1890, Dornach 1985
GA 39	Briefe Bd.2: 1890 – 1925, Dornach 1987
GA 52	Spirituelle Seelenlehre und Weltbetrachtung, Dornach 1972
GA 74	Die Philosophie des Thomas von Aquino, Dornach 1967
GA 109/111	Das Prinzip der spirituellen Ökonomie im Zusammenhang mit Wiederverkörperungsfragen, Dornach 1979
GA 120	Die Offenbarungen des Karma, Dornach 1956
GA 126	Okkulte Geschichte, Dornach 1975
GA 133	Der irdische und der kosmische Mensch, Dornach 1932
GA 137	Der Mensch im Lichte von Okkultismus, Theosophie und Philosophie, Dornach 1993
GA 139	Das Markus-Evangelium, Dornach 1976
GA 152	Vorstufen zum Mysterium von Golgatha, Dornach 1980
Ga 172	Das Karma des Berufes des Menschen in Anknüpfung an Goethes Leben, Dornach 1980
GA 233	Die Weltgeschichte in anthroposophischer Beleuchtung, Dornach 1980
GA 235-240	Esoterische Betrachtungen karmischer Zusammenhänge, Dornach 1975/1977/1975/1960/1975/1978
GA 254	Die okkulte Bewegung im 19. Jh. und ihre Beziehung zur Weltkultur, Dornach 1939
GA 260a	Die Konstitution der Allgemeinen Anthroposophischen Gesellschaft und der Freien Hochschule für Geisteswissenschaft. Der Wiederaufbau des Goetheanum, Dornach 1966
GA 262	Rudolf Steiner/Marie Steiner-von-Sivers: Briefwechsel und Dokumente 1901 – 1925, Dornach 2002
GA 263/1	Rudolf Steiner/Edith Maryon: Briefwechsel, Dornach 1990
GA 272	Geisteswissenschaftliche Erläuterungen zu Goethes „Faust", Bd. 1, Dornach 1967
GA 283	Das Wesen des Musikalischen und das Tonerlebnis im Menschen, Dornach, 1975
GA 310	Der pädagogische Wert der Menschenerkenntnis und der Kulturwert der Pädagogik, Dornach 1965
GA 311	Die Kunst des Erziehens aus dem Erfassen der Menschenwesenheit, Dornach 1979
GA 318	Pastoral-Medizinischer Kurs, Dornach 1973
GA 327	Geisteswissenschaftliche Grundlagen zum Gedeihen der Landwirtschaft, Dornach 1984

GA 339   Anthroposophie, soziale Dreigliederung und Redekunst, Dornach 1971
GA 346   Vorträge und Kurse über christlich-religiöses Wirken, V, Dornach 1995

Die Liebe und ihre Bedeutung in der Welt, Freiburg 1955

Konferenzen Rudolf Steiners mit den Lehrern der Freien Waldorfschule in Stuttgart 1919-1924, 8 Hefte, Manuskriptdruck, o.O. 1962

Beiträge zur Rudolf Steiner Gesamtausgabe:
BGA Nr. 49/50, Dornach 1975
BGA Nr. 83/84, Dornach 1995
BGA Nr. 112/113, Dornach 1994

Literatur:

Albertus Magnus, Quellenschrift, v. Heinrich Ostlender, Köln 1984
Althoff Gert, Otto III., Darmstadt 1996
Bacon Francis, Neues Organon, hrsg. und mit einer Einleitung v. Wolfgang Krohn, Hamburg 1999
Baer K.E. von, Entwicklung und Zielstrebigkeit in der Natur. Schriften. hrsg. v. Karl Boegner, Stuttgart 1983
Ballmer Karl, Max Stirner und Rudolf Steiner, Siegen 1995
Baumann-Bay Lydie u. Andreas, Achtung Anthroposophie! Ein kritischer Insider-Bericht, Zürich 2000
Beck Walter, Rudolf Steiner – Eine Biographie mit neuen Dokumenten, Dornach 1997
-: Rudolf Steiner – Das Jahr der Entscheidung, Dornach 1984
Belyj Andrej, Geheime Aufzeichnungen, Erinnerungen an das Leben im Umkreis Rudolf Steiners, Dornach 1992
-: Verwandeln des Lebens, Basel 1990
Berthold Kurt, Auf den Spuren der Familie Steiner in Horn, in: Mitteilungen... 1983/1, S. 30-34
Blechschmidt Erich, Vom Ei zum Embryo, Reinbek 1970
-: Wie beginnt das menschliche Leben, Stein a. Rhein 1976
Bloch Ernst, Das Prinzip Hoffnung, Frankfurt a.M. 1980
Bochnik Peter A., Die mächtigen Diener, Die Medizin und die Entwicklung von Frauenfeindlichkeit und Antisemitismus in der europäischen Geschichte, Reinbek 1985
Bock Emil, Rudolf Steiner – Studien zu seinem Lebensgang und Lebenswerk, Stuttgart 1967
Bos Lex, Theo Faiss, in: Mitteilungen aus der anthrop. Arbeit in Deutschland, Stuttgart, S. 203-210
Bozzano Ernesto, Übersinnliche Erscheinungen bei Naturvölkern, Freiburg 1975
Brague Rémi, Geozentrismus als Demütigung des Menschen, in: Internationale Zeitschrift für Philosophie 1, 1994, S. 2-25
Brentjes Buchard, Der Mythos vom Dritten Reich, Drei Jahrtausende Traum von der Erlösung, Hannover 1997

Brod Max, Streitbares Leben, Autobiographie, München o.J.
Bulst Werner, Pfeiffer Heinrich, Das Turiner Grabtuch und das Christusbild, Bd. 1, Frankfurt 1987
Campbell Joseph, Die Kraft der Mythen, Zürich 1994
Clot André, Harun al-Raschid, München 1991
Cranston Silvia, Williams Carey, Leben und Werk der Helena Blavatsky, Grafing 2001
Davis Ronald D., Legasthenie als Talentsignal, Lernchance durch kreatives Lesen, Kreuzlingen 1998
Di Trocchio Federico, Der große Schwindel, Betrug und Fälschung in der Wissenschaft, Frankfurt 1995
Dobe Friedrich, John Henry Mackay als Mensch, Koblenz 1987
Eckstein Friedrich, Alte unnennbare Tage, Himberg b. Wien, 1988
Eliade Mircea, Schamanismus und archaische Ekstasetechnik, Frankfurt a.M. 1980
Emerson Ralph Waldo, Natur, Schaffhausen 1981
Eppinger Heinrich, Humor und Heiterkeit im Leben und Werk Rudolf Steiners, Dornach 1985
Feuerbach Ludwig, Das Wesen des Christentums, Stuttgart 1980
Fichte Johann Gottlieb, Bestimmung des Menschen, Anweisung zum seligen Leben, Berlin 1925
Firgau Werner, Kants Sittenlehre im Urteil Rudolf Steiners, in: Jahrbuch für anthroposophische Kritik 1993, München 1993, S. 45-53
Fischl Johann, Geschichte der Philosophie von den Griechen bis zur Gegenwart, Graz 1964
Flasch Kurt, Aufklärung im Mittelalter? Die Verurteilung von 1277, Mainz 1989
-: Aufklärung und Gegenaufklärung im späten Mittelalter, in: Aufklärung und Gegenaufklärung in der europäischen Literatur, Philosophie und Politik von der Antike bis zur Gegenwart, Darmstadt 1989, S. 152-167
-: Einführung in die Philosophie des Mittelalters, Darmstadt 1994
-: Nikolaus von Kues, Geschichte einer Entwicklung, Frankfurt 2001
Fleischhacker Hedwig, Mit Feder und Zepter, Katharina II. als Autorin, Stuttgart 1978
Gawlik W., Götter, Zauber und Arznei, Schäftlarn 1998
Germann Dietrich, Die Promotion Rudolf Steiners in Rostock am 26.10.1891 und seine Bemühungen um die Venia legendi für Philosophie an der Universität Jena, Manuskriptdruck
Goethe Johann Wolfgang, Die Schriften zur Naturwissenschaft, 9. Bd., Teil A, Zur Morphologie, bearb. v. Dorothea Kuhn, Weimar 1977
-: Naturwissenschaftliche Schriften, hrsg. i.A. der Großherzogin Sophie von Sachsen, II. Abteilung Bde. 6-13, Weimar 1891-1904
Glas Norbert, Geistige Urgründe körperlicher Krankheiten, Stuttgart 1986
Görich Knut, Otto III., Romanus, Saxonicus et Italicus. Kaiserliche Rompolitik und sächsische Historiographie, Historische Forschungen 18, 1994, S. 187-209
Greub Werner, Wolfram von Eschenbach und die Wirklichkeit des Grals, Bd. 2, Binningen 2003
Grosse Rudolf, Die Weihnachtstagung als Zeitenwende, Bd. 1, Dornach 1981
Gsänger Hans, Der Schwarzmeer-Raum und seine Mysterienimpulse in Vergangenheit und Gegenwart, Freiburg 1971
Gunturu Vanamali, Krishnamurti, Leben und Werk, München 1999

Haeckel Ernst, Die Welträtsel, Leipzig 1926
Hagemann Ludwig, Der Ḳur'ān in Verständnis und Kritik bei Nikolaus von Kues, Frankfurt 1976
Hahn Herbert, Rudolf Steiner wie ich ihn sah und erlebte, Stuttgart 1961
Harnischfeger Ernst, Anthroposophie – Ein Rosenkreuzerbegriff, in: Mitteilungen aus d. anthr. Arb. in Deutschl., Stuttgart 1996, S. 244 f
Hamer Ryke Geerd, Vermächtnis einer Neuen Medizin, Bde. 1 u. 2, Fuengirola 1999
 -: Krebs und alle sog. Krankheiten, Kurze Einführung in die Germanische Neue Medizin, Alhaurin el Grande, 2004
Hecker Jutta, Rudolf Steiner in Weimar, Dornach 1999
 -: Julius Wahle, Archivdirektor in schwieriger Zeit, in: Goethe Jahrbuch Bd. 114, Weimar 1998
Heinsohn Gunnar, Steiger Otto, Die Vernichtung der Weisen Frauen, Herbstein 1985
Hellenbach L.B., Die Magie der Zahlen als Grundlage aller Mannigfaltigkeit und das scheinbare Fatum, Leipzig 1923
Henzi Hans, Anthroposophia Theomagica, in: Gegenwart, Bern 1976/6
Hemleben Johannes, Rudolf Steiner, Reinbek 1963
 -: Rudolf Steiner und Ernst Haeckel, Stuttgart 1965
 -: Ernst Haeckel, der Idealist des Materialismus, Hamburg 1964
Howe Ellic, Uranias Kinder, Die seltsame Welt der Astrologen und das Dritte Reich, Weinheim 1995
Huber Joseph, Astral-Marx, in: Kursbuch 55, Berlin 1979, S. 139-161
Hunke Sigrid, Allahs Sonne über dem Abendland, Unser arabisches Erbe, Stuttgart 1960
 -: Kamele auf dem Kaisermantel, Deutsch-arabische Begegnungen seit Karl dem Großen, Stuttgart 1976
Illies Joachim, Noahs Arche, Wege zum biologischen System, Stuttgart 1969
 -: Schöpfung oder Evolution, Zürich 1979
Janz Curt Paul, Friedrich Nietzsche Biographie, 3 Bde., München Wien 1981
Jaspers Karl, Nikolaus Cusanus, München 1968
Kennedy Hubert (Hrsg.), Lieber Tucker, J.H. Mackay an Benjamin R. Tucker, Berlin 2001
Kessler Gerhard, Die Familiennamen der Juden in Deutschland, Leipzig 1935
Kesten Hermann, Dichter im Café, München 1960
Khella Karam, Geschichte der arabischen Völker von den Anfängen bis zur Gegenwart, Hamburg 1994
Kirchner-Bockholt Margarete u. Erich, Die Menschheitsaufgabe Rudolf Steiners und Ita Wegmans, Dornach 1976
 -: Zum Todestag Rudolf Steiners, in: Goetheanum Nachrichtenblatt Nr. ? v. 30.3.1997, S. 4 ff
Kleeberg Ludwig, Wege und Worte, Stuttgart 1990
Kleist Heinrich von, Über die allmähliche Verfertigung der Gedanken beim Reden, in: Deutsche Essays, Bd. 2, S. 35-40, München 1972
Klussmeier/Plaul, Karl May, Das bewegte Leben eines Aussenseiters, Hildesheim 1978
Kommerell Max, Faust Zweiter Teil. Zum Verständnis der Form, in: Dame Dichterin und andere Essays, München 1967
Kornemann Ernst, Weltgeschichte des Mittelmeerraumes von Phillip II. von Makedo-

nien bis Muhammed, München 1967
Kortüm Hans-Henning, Gerbertus qui et Silvester, in: Deutsches Archiv für Erforschung des Mittelalters 55, 1999
Kühn Dorothea, „In Naturerscheinungen verstrickt", Goethes morphologisches Spätwerk und seine Wirkung, in: Goethe Jahrbuch, Weimar 1998
Lain Entralgo Pedro, Heilkunde in geschichtlicher Entscheidung, Salzburg o.J.
Lang Karl, Lebensbegegnungen mit Lebensbetrachtungen, Bomlitz-Benefeld o.J.
Lange Friedrich Albert, Geschichte des Materialismus, Bde. 1 u. 2, Leipzig o.J.
Langosch Karl, Profile des lateinischen Mittelalters, Darmstadt 1965
Laska Bernd A., Der schwierige Stirner, in: Anarchisten, Zur Aktualität anarchistischer Klassiker, Berlin 1993
-: Ein dauerhafter Dissident, 150 Jahre Stirners „Einziger", Eine kurze Wirkungsgeschichte, Nürnberg 1996
Lehrs Ernst, Rudolf Steiner und Otto Erich Hartleben, in: Mitteilungen aus der anthr. Arb. in Deutschl., Stuttgart 1964/4, S. 233-238
Lemmermayer Fritz, Erinnerungen, Basel 1992
Leonhardt Ulrike, Prinz von Baden genannt Kaspar Hauser, Reinbek 2001
Lievegoed B.C.J., Entwicklungsphasen des Kindes, Stuttgart 1982
Lindenberg Christoph, Fehler, Erfindungen und Fälschungen. Zur Memoirenliteratur über Rudolf Steiner, in: Mitteilungen aus der anthr. Arb. in Deutschl., Stuttgart 1990/4, S.261-267
-: Rudolf Steiner, Reinbek 1992
-: Rudolf Steiner, Eine Biographie, 2 Bde., Stuttgart 1997
-: Individualismus und offenbare Religion, Rudolf Steiners Zugang zum Christentum, Stuttgart 1995
Lindgren Uta, Gerbert von Aurillac und das Quadrivium. Untersuchungen zur Bildung im Zeitalter der Ottonen. Sudhoffs Archiv. Beiheft 18, Wiesbaden 1976
-: Die spanische Mark zwischen Orient und Occident. Studien zur kulturellen Situation der spanischen Mark im 10. Jh. Spanische Forschungen der Görresgesellschaft. 1. Reihe. 26. Bd., Münster 1971
Löw Konrad, Der Mythos Marx und seine Macher, Wie aus Geschichten Geschichte wird, München 1996
Lombard Maurice, Blütezeit des Islam, Eine Wirtschafts- und Kulturgeschichte 8.-11. Jh., Frankfurt 1992
Lutz Jakob, Kinderpsychiatrie, Zürich 1972
Mackay John Henry, Abrechnung, Freiburg 1978
Magerstädt Kurt, Einer von den Jungmedizinern, in: Wir erlebten Rudolf Steiner, Erinnerungen seiner Schüler, Stuttgart 1957, S.138-146
Maikowski René, Schicksalswege auf der Suche nach dem lebendigen Geist, Freiburg 1980
Mason Stephen F., Geschichte der Naturwissenschaft in der Entwicklung ihrer Denkweise, Stuttgart 1961
Mayreder Rosa, Mein Pantheon, Dornach 1988
-: Tagebücher 1873-1937, Frankfurt 1988
May Karl, „Ich", Karl Mays Leben und Werk, Bamberg 1976
Mees L.F.C., Wie Rudolf Steiner sprach, Basel 1988
Meffert Ekkehard, Nikolaus von Kues, Stuttgart 1982

Mohr Johann S., Das Rätsel der Todeserkrankung Rudolf Steiners, Alhaurin el Grande 2003
Mommsen Katharina, Goethe und der Islam, Frankfurt u. Leipzig 2001
Morus, Eine Weltgeschichte der Sexualität, Hamburg 1956
Most Johann, Ein Sozialist in Deutschland, hrsg.v. Dieter Kühn, München 1974
Mücke Johanna · Rudolph Alwin Alfred, Erinnerungen an Rudolf Steiner und seine Wirksamkeit an der Arbeiterbildungsschule in Berlin 1899-1904, Basel 1989
Müller Gerhard, Medizin, Arzt, Kranker bei Ambrosius von Mailand, 1964 (Diss.)
Müllner Ludwig, Rudolf Steiner und Brunn am Gebirge bei Wien, Unbekanntes aus seinen Jugendjahren, Wien 1960
Mulot-Deri Sibylle, Sir Galahad, Frankfurt 1987
Munk Anders, Biologie des menschlichen Verhaltens, Stuttgart 1972
Nieke Wolfgang, Die Aktualität der Waldorfpädagogik und Anthroposophie, in: Erziehungskunst Mai 1995
Nikolaus von Kues, Philosophisch-Theologische Schriften, 1.Bd., Wien 1964
Obermeier Siegfried, Die unheiligen Väter, Gottes Stellvertreter zwischen Macht und Frömmigkeit, Bern/München 1995
Oslo Allan, Die Geheimlehre der Tempelritter, Geschichte und Legende, Königsförde 2001
-: Der Kreuzzug der keiner war, Düsseldorf,Zürich 1999
-: Die Freimaurer, Düsseldorf 2002
Peters H.F., Zarathustras Schwester, Fritz und Lieschen Nietzsche – ein deutsches Trauerspiel, München 1983
Pfeiffer Ehrenfried, Ein Leben für den Geist, hrsg. v. Thomas Meyer, Basel 1999
Picht C.S., Gesammelte Aufsätze, Briefe und Fragmente, Stuttgart 1964
Platon, Sämtliche Werke, Bd. 2, Heidelberg o.J.
Ploss Emil Ernst, Ein Buch von alten Farben, Technologie der Textilfarben im Mittelalter, mit zwei Beiträgen von Margarete Bruns, Gräfelfing 1989
Poeppig Fred, Rudolf Steiner, Der grosse Unbekannte, Leben und Werk, Wien 1960
-: Rückblick, Basel 1964
Poppelbaum Hermann, Der arabistische Einschlag im Darwinismus, in: Im Kampf um ein neues Bewußtsein, Stuttgart 194 S. 107-123
Portmann Adolf, Einführung in die vergleichende Morphologie der Wirbeltiere, Basel 1969
-: Goethes Morphologie in unserer Zeit, in: Vom Lebendigen, Frankfurt 1972, S. 221-265
-: Neue Wege der Biologie, München 1962
-: Riten der Tiere, in: Eranos-Jahrbuch 1950, S. 357-401
Probst Franz, Rudolf Steiner in Neudörfl, in: Neudörfler Jahrbücher Bd. 1, Neudörfl o.J.
Raub Wolfhard, Rudolf Steiner und Goethe, Diss., Kiel 1963
Reuter Gabriele, Vom Kinde zum Menschen, Berlin 1921
Riemeck Renate, Glaube – Dogma – Macht, Geschichte der Konzilien, Stuttgart 1985
Rissmann Rudolf, Anthroposophie des 16. Jahrhunderts, in: Die Drei, Stuttgart 1964/1, S.29-47
Rittelmeyer Friedrich, Meine Lebensbegegnung mit Rudolf Steiner, Stuttgart 1980
Ritter Joachim, Nikolaus von Cues, Stuttgart u. Berlin 1941
Samweber Anna, Aus meinem Leben,Basel 1982
Scheeben Heribert Christian, Albertus Magnus, Bonn 1932

Schiller Friedrich, Über die ästhetische Erziehung des Menschen in einer Reihe von Briefen, Bd. 2, München 1966

Schlegel Emil, Religion der Arznei, Ulm Donau 1960 u. 6. Auflage

Schmidt-Brabant, Rudolf Steiner in Berlin, Beginn und Entfaltung der Berliner anthroposophischen Arbeit, Berlin 1991

Schmidt Arno, Abu Kital, Vom neuen Großmystiker, in: H.Schmiedt, Karl May, Frankfurt 1983

-: Sitara und der Weg dorthin, Eine Studie über Wesen, Werk & Wirkung Karl Mays, Frankfurt 1974

Schmidt Erich, Nekrolog Reinhold Köhler`s, in: Goethe Jahrbuch, Frankfurt a.M. 1893, S. 297-304

Schneider Camille, Edouard Schuré, Freiburg 1971

Schöffler Heinz Herbert, Die Akademie von Gondischapur, Aristoteles auf dem Wege in den Orient, Stuttgart 1980

Schumacher Johannes, Deutsche Klöster, Bonn 1928

Schüpbach Werner, Der Arabismus, Schaffhausen 1986

Schwab Edmund, Aus meinen Erinnerungen an Friedrich Eckstein, in: Blätter für Anthroposophie, Mai 1953, S. 178-183

Schwaiger Georg, Heim Manfred, Orden und Klöster, Das christliche Mönchtum in der Geschichte, München 2002

Sigerist Henry E., Die Anfänge der Medizin, Zürich 1963

Simonis Werner Christian, Im Schutze der Meister, Freiburg 1977

Steffen Albert, Aus Rudolf Steiners letzten Lebensjahren, in: Das Goetheanum, Intern. Wochenschrift für Anthroposophie und Dreigliederung, Dornach 24. u. 31.1.1926

Stieglitz Klaus von, Die Christosophie Rudolf Steiners, Witten – Ruhr 1955

Strakosch Alexander, Lebenswege mit Rudolf Steiner, Dornach 1994

Streitfeld Erwin, Karl Julius Schröer, Beiträge zur Kenntnis seines Lebens und seiner Werke, 1.Tl., Budapest 1986, 2.u.3.Tl., Graz 1969 (Diss.)

Stirner Max, Der Einzige und sein Eigentum, Berlin 1924

-: Kleinere Schriften, Berlin 1914

Tajadod Nahal, Das unbekannte Persien, Magier, Ketzer und Christen, Düsseldorf 2003

Tamerl Alfred, Hrotsvith von Gandersheim, Eine Entmystifizierung, Gräfelfing 1999

Tautz Johannes, W.J. Stein, Eine Biographie, Dornach 1989

Thoma Ludwig, Otto Erich Hartleben, in: Gesammelte Werke, Bd. 1, München 1968, S. 273 ff

Thomas von Aquin, Über die Einheit des Geistes, Übersetzung, Einführung und Erläuterung v. Wolf-Ulrich Klünker, Stuttgart 1987

-: Summa Theologica, Bd. 1, Gottes Dasein und Wesen, Salzburg 1934

Thompson u. Cremo, Verbotene Archäologie, Sensationelle Funde verändern die Welt, Essen, München, Bartenstein, Venlo, Santa Fe 1994

Turgenieff Assja, Erinnerungen an Rudolf Steiner und die Arbeit am ersten Goetheanum, Stuttgart 1972

Unger Carl, Schriften, Bd. 1, Stuttgart 1964

Veltheim-Ostrau Hans-Hasso, Der Atem Indiens, Tagebücher aus Asien, Hamburg 1955

Verbeke Gerard, Avicenna, Grundleger einer neuen Metaphysik, Opladen 1983
Vollmer Georg, Die Begegnung Max Heindel mit Rudolf Steiner, Darmstadt o.J.
Vorländer Karl, Kant, Schiller, Goethe, Eine Apologie. Kantstudien 3, 1899, S. 130–141
Wehr Gerhard, Rudolf Steiner, Wirklichkeit, Erkenntnis und Kulturimpuls, Freiburg 1982
Weibring Juliane, Frauen um Rudolf Steiner, Im Zentrum seines Lebens, Im Schatten seines Wirkens, Oberhausen 1997
Weischedel Wilhelm, 34 große Philosophen in Alltag und Denken, Die philosophische Hintertreppe, München 1980
Werfring Johann, Der Ursprung der Pestilenz, Zur Ätiologie der Pest im loimographischen Diskurs der frühen Neuzeit, Wien 1999
Werner Karl, Der Averroismus in der christlich-peripatetischen Psychologie des späteren Mittelalters, Amsterdam 1964
-: Gerbert von Aurillac, die Kirche und Wissenschaft seiner Zeit, Wien 1881
Wiesberger Hella, Rudolf Steiners esoterische Lehrtätigkeit, Wahrhaftigkeit – Kontinuität – Neugestaltung, Dornach 1997
-: Marie Steiner – von Sivers, Ein Leben für die Anthroposophie, Eine biographische Dokumentation von Hella Wiesberger, Dornach 1989
Wilder Smith A.R., Die Naturwissenschaften kennen keine Evolution, Basel 1978
Wilke Andreas, Ent-Scheidungs-Zeit, Die Weihnachtstagung 1923/24 und ihre Folgen: Illusion oder historische Realität, in: Mitteilungen für die Mitglieder der A.G.Chr.Rosenkreutz Zweig Hamb.e.V., Hamburg 2002, S. 17-51
Wilson Colin, Rudolf Steiner, Verkünder eines neuen Welt- und Menschenbildes, München 1985
Wolf Gunther, Gerbert von Aurillac, in: Die Großen, Zürich 1978, S. 138-149
Wollschläger Hans, Karl May, Grundriß eines gebrochenen Lebens, Zürich 1976
Woloschin Margarita, Die grüne Schlange, Lebenserinnerungen, Stuttgart 1982
Zemb J.-M., Aristoteles, Reinbek 1969
Zeylmans van Emmichoven J.E., Wer war Ita Wegman, Eine Dokumentation, Bde. 1 u. 3, Heidelberg 1992
Zimmer Heinrich, Indische Mythen und Symbole, Düsseldorf,Köln 1972
-: Spiel um den Elefanten, Ein Buch von indischer Natur, Düsseldorf/Köln 1979
Zinke Barbara, Die Rezeption traditioneller Erzählinhalte durch die Anthroposophie, München 1979 (Diss.)
Zwetajewa Marina, Begegnungen mit Maximilian Woloschin, Andrej Belyj und Rudolf Steiner, Dornach 2000

Lexika, Sammelbände, Chroniken etc.

Altner Günter (Hrsg.), Der Darwinismus, Die Geschichte einer Theorie, Darmstadt 1981
Aster Ernst von, Geschichte der Philosophie, Stuttgart 1980
Bad Sauerbrunn, Ortschronik in drei Teilen, Bad Sauerbrunn o.J.
Bauer Wolfgang, Dümotz Irmtraud, Golowin Sergius, Lexikon der Symbole, Wiesbaden 2002
Bundesrealschule Wiener Neustadt, Festschrift 100 Jahre 1863-1963
Bundesrealgymnasium Wiener Neustadt, Festschrift 125 Jahre, 1988

Das Blaue Buch, hrsg. von Angelika Lochmann und Angelika Overath, Nördlingen 1988

Das Reich Gottes auf Erden. Kirchengeschichte in Einzelbildern für das kath. Volk, zus.gest. von Anselm Rotzinger, Dresden 1913

Der Rostocker Dr. jur. und Dr. phil., Erstes Beiblatt zu Nr. 138 des Rostocker Anzeiger, 1907

Nochmals der Rostocker Dr. jur. und Dr. phil., Zweites Beiblatt zu Nr. 142 des Rostocker Anzeiger, 1907

Duden Familiennamen, bearb. v. Volker u. Rosa Kohlheim, Mannheim 2000

Einführung in die Leopoldina-Ausgabe, Weimar 2000

Engels Eve-Marie (Hrsg.), Die Rezeption von Evolutionstheorien im 19. Jahrhundert, Frankfurt 1995

Flasch Kurt, Das philosophische Denken im Mittelalter, Stuttgart 2000

-: (Hrsg.) Geschichte der Philosophie in Text und Darstellung, Mittelalter, Stuttgart 1994

-: (Hrsg.) Interpretationen, Hauptwerke der Philosophie, Mittelalter, Stuttgart 1998

Flasch Kurt/Jeck Udo Reinhold, Das Licht der Vernunft, Die Anfänge der Aufklärung im Mittelalter, München 1997

Geschichte der Textüberlieferung der antiken und mittelalterlichen Literatur, Bd. 2, Zürich 1964

Grewolls Grete, Wer war wer in Mecklenburg-Vorpommern?, Bremen 1995

Goethe-Jahrbuch, hrsg. v. Ludwig Geiger, 12. Band, Frankfurt 1891

Illustrierte Geschichte der Medizin, Bd. 4, Vaduz 1992

Lötzsch Ronald, Jiddisches Wörterbuch, Mannheim, Leipzig, Wien, Zürich 1992

Miers Horst E., Lexikon des Geheimwissens, München 1993

Mück Alfred, Pölzleithner Franz, Unterach am Attersee, Chronik, Unterach 1990

Neudörfl, Geschichte und Geschichten, zus.gest. v. Franz Schachinger und Roman Tschirk, Neudörfl 1982

350 Jahre Neudörfl, Dorf an der Grenze, Vom Beginn unserer Geschichte bis zur Gegenwart, Text u. Zusammenstellung Herbert Radel, Neudörfl 1994

Pazeller Karl, Wiener Neustadt, die Schulstadt, in: Festschrift anläßlich der 750-Jahr-Feier der Stadt Wiener Neustadt, Wiener Neustadt 1946, S. 17-26

Prihoda Ingo, Dr. Rudolf Steiner, in: Höbarth zum 30. Todestag, Gedenkschrift der Stadtgemeinde Horn, Horn 1982

Ritter Joachim (Hrsg.), Historisches Wörterbuch der Philosophie, Stichwort „Anthroposophie", S. 378 f

Schuchhardt Wolfgang (Hrsg.), Schicksal in wiederholten Erdenleben, Bde. 1-5, Dornach 1982

Stranz Augustin, Vergessene Vergangenheit, Bde. 1 u 2, Pottschach-Ternitz 1997

Twardawa Susanne, Der Nollendorfplatz in Berlin, Berlin 2002

Vom Werden und Wirken der Hohen Schulen in Österreich, Wien 1968

Windelband – Heimsoeth, Lehrbuch der Geschichte der Philosophie, Tübingen 1948

Witz Hans, Entwicklung des Bahnhofes Wiener Neustadt zum Verkehrsknoten, in: 1841-1991, 150 Jahre Südbahnstrecke Wien – Wiener Neustadt

Namensverzeichnis

Abderhalden Emil 96
Abelaerd Petrus 278
Abu Gafar al-Mansur 280
Adalbero 301f, 306
Adler Victor 55
Adorno Theodor W. 149
Ahlwardt Hermann 242
Ahriman 197, 248
Alanus ab Insulis 277
Albertus Magnus 246ff, 267, 277, 288-292, 295, 298, 320
Alexander IV. (Papst) 288
Alexander der Große 185, 248
al-Gazali 285, 297
Alkuin 284
Ambrosius 231
Anaximander 294
Andersky Robert 20
Anselm von Canterbury 278, 283, 288, 292, 322, 305
Ansorge Paul 71
Aristoteles 186, 232, 248-251, 257, 267, 272ff, 276, 283-290, 292f, 295-298, 305, 316
Arnulf 302f, 307, 319
Aschbach Joseph 252
Asmus Paul 152
Attila 206
Augustinus 283, 288
Averroes (Ibn Ru?d) 274, 276, 284ff, 288f, 291f, 295-298
Avicenna (Ibn Sina) 284f, 297f

Bacon Francis 240, 266, 275, 277
Baer Karl Ernst von 156
Bafomet 117
Bahr Hermann 56f, 74, 88
Balzac Honoré de 192
Bardeleben Karl von 65, 141f
Bartsch Karl 133
Basilios 108
Basilius Valentinus 273

Bebel August 220
Bechstein Reinhold 133
Beda 284
Belyj Andreij 94, 97, 103, 109, 180, 211f
Berengar von Tours 278, 294, 305, 322
Benedikt von Nursia 105ff, 246, 316
Bernardus Silvestris 277
Bernhard von Chartres 277
Bernus Alexander von 86, 96
Besant Annie 81, 86, 88, 98-103, 187, 225, 244, 266, 306, 308, 321
Bierbaum Otto Julius 73
Billroth Theodor 54
Bismarck Otto von 21
Blavatsky Helena Petrowa 49, 57f, 80f, 86, 103, 111, 187, 206, 249, 309, 318
Blechschmidt Erich 161f
Blie Anna Maria
Blie Franziska
Blie/Blüh Josef
Blie Juliana
Bloch Ernst 158, 160f
Bock Otto 77
Bodhisattva Maitreya 101, 248
Böhler Paul 71
Böhme Jakob 48, 89, 273
Bölsche Wilhelm 80
Boethius 273, 283, 304
Boethius von Dacien 291, 298
Bonaventura 291
Brentano Franz 45
Breuer Josef 54
Brockdorff von Cay Lorenz u. Sophie 80f, 88
Bruckner Anton 45, 56, 184, 309
Brüll Ignaz 54
Brunetto Latini 277
Buddha 93, 100, 244
Bulwer-Lytton Edward 192

Byron George Gordon Noel 267

Caesar Julius 206, 304
Campbell Joseph 229
Canetti Elias 95
Cannon Walter B. 165
Cassiodor 106, 284
Celtis Conrad 252f
Cesarini 310f
Christian Rosenkreutz 248
Christlieb Max 68, 71
Christus Jesus 85, 87, 100-104, 106, 116, 123, 204, 272, 275, 278, 307, 314
Cicero 304
Cohen Hermann 57
Colson Rene 241
Columban 108
Comenius Amos 266, 276
Conradi Hermann 146
Crompton Ewans von 71

Dante Alighieri 277
Dareios I. (König) 271
Darwin Charles 44, 72, 145, 153-157, 266, 276f
Daumer Georg Friedrich 149, 225
Deim Lorenz 17
Delage Yves 241
Descartes René 276, 299
Dessoir Max 123
Djebel al-Tarik (Tariq Ibn-Ziyad) 276, 279
Dominikus 287
Dostojewskij Fjodor 57
Drews Arthur 96, 123
Dreyfus 74f, 320
Du Bois-Reymond Emil 234
Dühring Eugen 115, 235, 254
Dürer Albrecht 253
Dunlop Daniel Nicol 205

Eabani (Enkidu) 248, 265
Eckhartshausen 89
Eckstein Friedrich 54, 56-59, 80

344

Einstein Albert 95
Eisner Kurt 76
Elisabeth (Kaiserin) 75
Emerson Ralph Waldo 258
Engels Friedrich 55, 112, 219, 263f
Ennemoser Joseph 48
Erasmus von Rotterdam 253
Erhardt Franz 142
Eschenbach Wolfram von 129
Esterhazy (Fürst) 24
Eucken Rudolf 132
Eunike Anna (Steiner) 68, 77, 86, 90f, 120, 122, 179f, 190, 211, 228f, 245

Fehr Radegunde 122, 178, 228, 230, 245
Felber Emil 72
Fetscher Iring 165
Feuerbach Anselm Ritter von 141, 148, 224
Feuerbach Ludwig 148
Fichte Immanuel Hermann 89
Fichte Johann Gottlieb 44, 49, 126, 128, 141, 149, 151, 159, 185, 236
Flasch Kurt 277
Fludd Robert 89
Förster-Nietzsche Elisabeth 69f, 75f
Formey Alfred 200
Franziskus 287
Freud Sigmund 57, 123
Friedrich II. (Kaiser) 282, 315
Fulbert von Chartres 305

Galen 231
Galilei Galileo 52, 232, 276, 299
Ganesha 92f, 206, 246
Gangl Heinrich 27, 29, 305
Gauß Carl Friedrich 57
Geiger Ludwig 117
Gerbert von Aurillac (Papst Silvester II.) 300-309, 315f, 318-322

Germann Dietrich 135, 140, 142, 144
Gilbert de la Porrée (Gilbert von Poitiers) 277f
Gilgamesch 129, 248, 265
Glas Norbert 263
Goethe Johann Wolfgang von 44, 46-49, 51-54, 59-62, 65f, 69-73, 82f, 86, 104, 114-117, 122, 128, 130ff, 140ff, 149, 152, 159f, 174, 183, 186, 196, 198, 204, 215f, 218, 233, 236, 238, 241f, 244, 249f, 255, 257ff, 262f, 265f, 268, 270, 276, 299, 306, 308f, 319, 321
Goethe Wolfgang 59
Goetz K.E. 117
Gottsched Johann Christoph 47
Gould Glenn 206f
Grazie delle Marie Eugenie 74, 105, 143, 215, 217, 229, 236, 267
Gregor I. (Papst) 108, 294
Gregor V. (Papst) 302f
Gregor VII. (Papst) (Hildebrand) 256
Gregor IX. (Papst) 287f
Gregor von Nyssa 231, 283, 295
Grimm Hermann 62, 114, 250, 258, 266
Grimm Jacob 46, 258

Habermas Jürgen 148
Haeckel Ernst 64, 72, 80, 82-86, 112, 128, 141f, 144f, 152-160, 162, 181, 185, 204, 219, 238f, 244, 250, 256, 262, 266, 277, 309
Haeckel Walter 64, 181
Hahn Herbert 188
Hamer Geerd Ryke 162, 165-169, 173, 189f, 192, 206, 221f, 233, 265, 299
Hamerling Robert 250, 256,f, 265f
Handel Freiherr von 112

Harnack Adolf von 87
Harrison C.G. 86
Hartleben Otto Erich 66, 71-74, 76, 79, 185, 189, 200
Hartmann Eduard von 53, 74, 96, 219, 250, 260-263, 265ff
Hartmann Franz 58, 80
Harun al-Raschid 276, 280f
Hatto von Vich 301
Hauer J.W. 123
Hauser Kaspar 149, 223ff, 248
Hegel Georg Friedrich Wilhelm 44, 141, 149, 185, 239
Heidel Wolfgang Ernst 270
Heindel Max (Grasshoff C.L.F.) 96, 99
Heine Heinrich 175
Heinrich IV. (Kaiser) 256
Heinrich der (Zänker) 301
Heitmüller Franz Ferdinand 71
Hellen Eduard von der 60, 66, 69, 71
Hellenbach L.B. 160
Hellwig Bernhard 237
Helmont von 237, 259
Hennenhofer 225
Heraklit 248
Herbart Johann Friedrich 37, 46
Herder Johann Gottfried 95f
Hickel Carl 44, 140, 308
Hirsch Max 80
Hirter Johann 308
Hochberg Gräfin Luise Karoline Geyer von Geyersberg 225
Hölderlin Friedrich 141, 257
Hofmannsthal Hugo von 57
Hook Hubert van 101
Horaz 304
Horneffer August u. Ernst 70, 75
Hrotsvith von Gandersheim 251ff, 255

345

Hübbe-Schleiden Wilhelm 80f, 100ff, 225
Hufeland Christoph Wilhelm 141
Hugo Capet (König) 302, 320f
Hunke Sigrid 271, 282
Husemann Friedrich 118
Hypatia 248, 275

Ikaros 129
Indra 92
Innozenz IV. (Papst) 287f

Jakel Josepha 17
Jakob von Sierk 310
Jakobowski Ludwig 79ff
Jan Hus 310
Janz Curt Paul 235
Jaspers Karl 312f
Jean Paul 67, 183, 205
Jelinek Laurenz 35
Joachim di Fiore 107
Johannes 100, 291
Johannes Eriugena 283, 294
Johannes Salisbury 277f
Josef II. (Kaiser) 12
Judge W.Q. 80, 103
Julianus 311
Justinian I. 272
Juvenal 304

Kafka Franz 95
Kalckreuth Else von 245
Kali 92
Kalischer Salomon 50f, 60
Kandinsky Wassily 95, 108
Kanner Heinrich 88
Kant Immanuel 33, 44, 46 51, 83, 137, 179, 185, 234, 236, 277
Karl (Kaiser) 112
Karl der Große (Kaiser) 281
Karl Martell 271, 298
Katharina von Russland 206
Kautsky Karl 220
Keller Gottfried 47, 249, 264
Kepler Johannes 52
Keyserling Hermann 123

Kleeberg Ludwig 89
Kleist Heinrich von 202
Knura Johann 33
Koch Max 53, 70, 75
Koch Robert 156
Koegel Fritz 69ff, 75, 228
Köhler Reinhold 64, 122
Köselitz Heinrich (Gast Peter) 70
Koguzki Felix 47
Kopernikus Nikolaus 52
Kornemann Ernst 280
Kortüm Hans-Henning 318
Kosak Georg 35
Kratylos 248, 251
Kraus Karl 57
Krebs Johann u. Katharina 309
Krishnamurti 100ff, 125, 237, 271
Krüger Bruno 124
Kühlmann Richard von 111
Kürschner Joseph 50, 53, 70f, 73, 82, 195, 204, 216
Kully Max G. 122, 130
Kyrill 275

Lackinger 175
Lamarck (Jean Baptiste de Monet) 72, 154
Lang Marie 58, 160
Lange Friedrich Albert 146, 274
Laplace 276f
Laska Bernd A. 148, 151
Lasker-Schüler Else 79
Leadbeater Charles Webster 99-103
Leibniz Gottfried Wilhelm 57, 116, 140f
Leiningen-Billigheim Karl von 58
Leisegang Hans 123
Lemmermeyer Fritz 56, 58, 173, 208
Leo III. (Papst) 294
Leonardo da Vinci 186
Lerchenfeld Otto 111
Lessing Gottfried Ephraim 44

Levi Eliphas 86, 187
Liebmann Otto 82, 132
Lienhard 125
Lindenberg Christoph 130, 218
Lindner Gustav 37
Löger Albert 44
Loeper Gustav von 62
Lorber Jakob 245
Lorenz Ottokar 142
Lothar (König) 301f
Louvier Ferdinand August 268
Ludendorff Erich 112, 225
Ludendorff Mathilde 242
Ludwig der Fromme (Kaiser) 271
Ludwig von Baden 225
Luzifer 248
Lyell Charles 154, 157

Mackay John Henry 66, 75, 77, 79, 146f, 149, 151f, 157f, 254f
Magnus 117
Mahler Gustav 67
Mailänder Alois 245
Malthus Robert 154
Mani 272
Maria 275
Matthiesen 140
Mayreder Rosa 58f, 69, 74, 80, 174, 197, 204, 228, 235
Marajz Franz 27, 29, 34, 305
Marc Aurel (Kaiser) 22
Marc Franz 108
Martianus Capella 106
Marx Karl 55, 71, 79, 112, 132, 148f, 192, 219f, 263f
Maryon Edith 111, 121ff, 188, 241, 245
Max von Baden 112, 225
Maximilian I. (Kaiser) 252f
May Karl 193-199, 231, 243, 249
Mayer Josef 35, 37, 176
Mead George R.S. 86, 101
Meckel Johann 155f
Meister Eckhart 318

Melanchthon Philipp 253
Mendel Gregor 156
Mephistopheles 115f
Merkel 225
Metternich Klemens Wenzel Lothar 14
Michael 248
Michelangeli Arturo Benedetti 206f
Molt Emil 112
Moltke Helmut von d.Ä. 195
Moltke Helmut von d.J. 122, 321
Mommsen Theodor 133
Morgenstern Christian 95
Morris Max 61
Most Johann 149
Muawija 279, 286
Mücke Johanna 245
Müllner Laurenz 143, 227
Muhammad 279, 284, 314
Munk Anders 168

Napoleon I. 206
Nero 251, 267
Nestorius 275
Neumann Wilhelm 105
Neumann-Hofer Otto 72
Neuwirth Matthäus 20
Newton Isaac 83
Nietzsche Friedrich Wilhelm 66, 69-72, 75,ff, 80f, 115, 143, 150, 159, 181, 185, 197, 204, 219, 235f, 244, 250, 253f, 265f, 299, 309, 321
Nikolaus von Kues (Cusanus; Nikolaus Krebs) 300, 309-322
Noll Ludwig 118, 126, 201f
Novalis 141

Octavianus Augustus (Kaiser) 279
Odysseus 118
Oeser Christian 252
Oesterreich Traugott Konstantin 123
Ohtrich 301, 304
Oken Lorenz 141, 155, 239
Olcott Henry Steel 80, 99ff
Olden Hans und Grete (Oppenheim) 66f, 71
Otto I. (Kaiser) 301
Otto II. (Kaiser) 301, 303
Otto III. (Kaiser) 301ff, 305, 308, 321
Overbeck Franz 72

Paracelsus 48, 237, 240, 273
Parsifal 129
Pasteur Louis 156
Paulus 282, 290
Pelikan Wilhelm 240
Petrus Damiani 288
Pirckheimer Willibald 252
Plato 71f, 82, 160, 162, 186, 203, 219, 222, 236, 250f, 255, 257, 267, 272, 275, 278, 283, 289, 294
Plinius d.J. 258, 304
Poeppig Fred 189
Polzer-Hoditz Arthur u. Ludwig 111, 245
Portmann Adolf 161, 165, 222
Pythagoras 294

Radulph von Laon 304
Raimundus Lullus 318
Rajagopal 101
Raub Wolfhard 62f, 115f, 205, 244
Reitlinger Edmund 49
Reuchlin 253
Reuß Theodor 99, 124
Reuter Gabriele 66f, 118, 128, 201
Rittelmeyer Friedrich 105, 114, 188, 204
Ritter J.W. 141
Röchling Helene 245, 308
Rotteck 44
Rudolf (Kronprinz) 251, 267
Rückert Friedrich 79, 112
Ruland Karl 141

Sallust 304
Samweber Anna 230, 245f
Schapur I. (König) 271
Scheerbart Paul 73
Scheler Max 96
Schelling Friedrich Wilhelm Joseph 44, 49, 141, 239
Schiller Friedrich von 44, 49, 52, 60, 115, 140, 152, 174, 198, 204, 234, 241f, 263
Schlegel August Wilhelm u. Friedrich 141
Schleich Carl Ludwig 96
Schleiden Mathias 141
Schliemann Heinrich 198
Schmeer Ernst H. 240
Schmidt Arno 196f
Schmidt Erich 47, 59, 62, 64
Schmiedel Oskar 119, 210
Schnitzler Arthur 57
Schönberger Paul 34
Scholl Mathilde 245
Schopenhauer Arthur 67, 184, 205, 254
Schramm Heinrich 35, 37, 234
Schröer Karl Julius 45-50, 53, 114, 130f, 133, 142, 183-186, 201, 215-218, 229, 236, 250-253, 255, 266f, 306, 308
Schubert Franz 276
Schuurmann 124
Schwartz Eduard 136
Schwartz-Bostunitsch 225
Schweitzer Albert 95
Schuré Eduard 73, 87, 95, 105, 111
Seidl Arthur 70
Semler Engelbert 20
Seneca 106
Seufferth Bernhard 62
Shakespeare William 184, 258
Shaw George Bernhard 81
Shiva 92
Siger von Brabant 267, 274, 291, 298
Sigismund (Kaiser) 311
Sigismund 312, 320
Simenon Georges 192
Singer Isidor 88

347

Sinnett Alfred Percy 101
Sivers Maria von (Steiner) 87f, 90ff, 95, 97ff, 109ff, 119ff, 124, 179f, 186, 190, 205, 211, 213f, 228f, 233, 245-248, 268, 308
Sokrates 162, 222, 252, 289
Sokrates gen. Scholastikos 248
Solowjew Wladimir 162
Sophie von Sachsen-Weimar 59, 61, 225
Specht 54ff, 63, 66, 118, 122, 131, 135, 141, 164, 178ff, 188, 200, 204, 208, 215, 224, 234, 242, 245, 264
Spemann Wilhelm 194
Spinoza Benedictus de 51, 140, 276
Stanhope Lord Philipp Heinrich 225
Staude Otto 140
Steffen Albert 123
Stein Frau von 60
Stein Heinrich von 135-138, 318
Stein Walter Johannes 205
Steiner (Familie) 10, 14f, 17-21, 29, 31ff, 36, 44, 77, 110, 122, 130, 142, 170-173, 175, 212, 227ff, 234
Stieglitz Klaus von 87, 102f
Stinde Sophie 245
Stirner Max (Schmidt Johann Caspar) 66, 72, 75, 82, 84, 145-153, 157-160, 181, 185, 219, 250, 254ff, 266, 309
Strakosch Alexander 213
Strauss Richard 67
Streitfeld Erwin 217
Sueß Eduard 53

Sueton 304
Suphan Bernhard 60-64, 96, 143, 186
Suttner Bertha von 198
Swedenborg Emanuel 187, 245, 250, 266

Taaffe Eduard Graf 56
Tacitus 44, 258
Tamerl Alfred 252
Tempier 293, 297f
Terenz 251, 304
Tertullian 231, 283
Theoderich (König) 283
Theodor von Mopsuestia 275
Thielicke Helmut 151
Thierry von Chartres 277f, 318
Thoma Ludwig 73
Thomas von Aquin 173, 247, 250, 267, 276f, 284, 286, 290-293, 295-299, 317
Thun Leo 216
Tönnies Ferdinand 77
Trithemius von Sponheim 268
Troxler Ignaz Paul 89
Tschechov M.A. 181
Tucker B.R. 158

Ullrich H. 237
Ulrich van Hutten 253
Ulrich von Manderscheid 310
Unger Carl 161, 186

Vaughan Thomas 89
Veckenstedt E. 117
Veltheim-Ostrau Hans Hasso von 102
Vergil 304
Vignon Paul 241
Virchow Rudolf 82, 112, 276
Vischer Friedrich Theodor 53, 250, 258ff, 266, 276

Vollrath Hugo 98f, 102
Voltaire 276
Vorländer Karl 72, 82, 203, 263

Wagner Richard 56
Wahle Julius 60
Waller Marie Elisabeth 110, 245
Walser 54
Wegman Ita 107, 118-121, 126, 205f, 208, 245, 248
Weibring Juliane 136
Weigel Valentin 273
Weinhold Karl 46
Wilhelm von Conches 277f
Wilhelm von Moerbeke 286
Wilhelm von Saint-Amour 288
Wille Bruno 79f
Willemer Marianne von 258
Willigis 301
Willmann Otto 84
Wilson Woodrow 266, 272
Winnetou 231
Wolf Hugo 54, 57f, 199
Woloschin Margarete 202
Wurth Johann 185

Xisuthros (Utnapischtim/Atrachasis/Ziusudra) 129

Zarathustra 248
Zenon Isaurikus (Kaiser) 272
Zimmermann 122
Zimmermann Robert 45, 89
Zitter Moritz 77, 80, 88, 143f
Zola Emile 75
Zwtajewa Marina 182